V. S. Naipaul

Die letzte Kolonie

V. S. Naipaul

Die letzte Kolonie

Streifzüge durch die afrikanische Welt

Roman

Aus dem Englischen
übersetzt von Ulrich Enderwitz

claassen

Die Essays aus diesem Buch erschienen 2002 in dem Band *The Writer and the World* bei Alfred A. Knopf, New York.

claassen ist ein Verlag
der Ullstein Buchverlage GmbH

ISBN-13: 978-546-3-00392-6
ISBN-10: 3-546-00392-6

Gesetzt aus der Caslon 540 bei
Franzis print & media GmbH, München
Druck und Bindung: Clausen & Bosse, Leck

Inhalt

Papa und das Powerpaket

Nach mehr als zwanzig Jahren Volksführerschaft hat einer der schwarzen Kleinkönige der Karibik, Robert Bradshaw von St. Kitts – für seine Anhänger ist er der »Papa« –, Probleme. Vor zwei Jahren wurde er der erste Premier des Dreiinselstaats St. Kitts-Nevis-Anguilla. Der Staat besaß eine Gesamtfläche von 365 Quadratkilometern und eine Bevölkerung von 57 000. Mittlerweile ist er geschrumpft. Anguilla ist abgefallen und scheint mit seinen eigenen Inseltrabanten Scrub Island, Dog Island und Anguillita unwiederbringlich verloren: eine Einbuße von 96 Quadratkilometern und 6 000 Menschen. Auf der Insel Nevis mit einer Fläche von 93 Quadratkilometern herrscht Unzufriedenheit. Auf St. Kitts selbst, seiner Basisinsel, stößt Papa Bradshaw auf gefährlichen Widerstand.

Die vereinigte Opposition heißt WAM, ihre politische Partei PAM. WAM und PAM: Das passt zu dem mörderischen Comic-Strip-Humor der schwarzen Politik. Diese dreht sich nach wie vor ausschließlich um die Frage der Herrschaft, um ein Königtum, bei dem die Regelung der Nachfolge bislang noch aussteht. Erst wenn Häuptlinge wie Papa Bradshaw Probleme kriegen, wenn sie bedroht sind und zurückschlagen – erst dann erfährt man andernorts von ihnen; und es gehört zur Ironie ihres Königtums, dass sie dann als gefährliche Clowns erscheinen. Vormals galt Papa Bradshaws gelber Rolls-Royce als angemessenes Symbol seiner Macht und Entschlossenheit, als Unterpfand der Befreiung der Schwarzen. Kaum jemand außerhalb der Inseln wusste von dem Rolls-Royce; jetzt ist er in aller Munde und fast schon ein Treppenwitz.

Der herausgeforderte Volksführer kann sich eine Niederlage nicht leisten. Unterliegt er, verliert er seine Funktion, wird zu einer lächerlichen Figur.

»Papa Bradsha' hat die Geschichte angefangen«, sagt ein Anhänger. »Solange er lebt, muss er weitermachen.«

Bradshaw rüstet zum Weitermachen. Die Opposition hat keinen Zugang zu den Medien; ihre Anhänger berichten von Schwierigkeiten bei der Suche nach einer Arbeitsstelle. Der Nachwuchs für die Polizei wird von anderen Inseln der Karibik angeworben. Die Armee von St. Kitts, die so genannte Schutztruppe, soll auf 120 Mann aufgestockt worden sein; sie untersteht dem Oberbefehl von Papa Bradshaw. Man erzählt sich von einem Hubschrauber, der für die Überwachung der 153 Quadratkilometer der Insel bereitstehen soll.

Andere Länder haben das bereits durchexerziert, dieses Drama des Volksführers, der an die Macht gelangt, wo er zuvor in aller Gemütsruhe Aufruhr stiftete, und der feststellen muss, dass er die Macht mit dem Verlust der Gemütsruhe bezahlt. Auf St. Kitts sind die Maßstäbe klein, und in dem schlichten Rahmen wirkt das Ganze wie ein Stück auf der Bühne.

Stellen wir uns eine Karibikinsel von ungefähr ovaler Form vor. Kerben wir die Küste ein: hier Strände, dort niedrige Felsenklippen. Unterhalb des schroffen, kahlen, 1300 m hohen Gipfels eines Höhenzugs in der Mitte der Insel wächst Wald. Von dort erstrecken sich grüne Hänge bis zum Meer, mit Zuckerrohr bepflanzt und mit vereinzelten Häusern oder bäuerlichen Parzellen gesprenkelt. Eine schmale Küstenstraße führt rings um die Insel; man kann sich gar nicht verirren. Die Plantagenarbeiter wohnen entlang der Straße, eingezwängt zwischen Zuckerrohrfeldern und Meer. Ihre Holzhäuser zählen zu den kleinsten der Welt.

Die Geschichte von St. Kitts findet man an dieser Straße.

Dort, zwischen den Häusern auf niedrigen Pfählen, deren ungepflasterte Hinterhöfe durch grünes Dickicht bis zum Meer hinunterreichen, landete 1623 Sir Thomas Warner, um die erste britische Kolonie in Westindien zu gründen. In einer schmalen Lücke im Zuckerrohr liegen zwei große Steine, grob behauen von den Ureinwohnern der Insel, den Kariben. Sie auszurotten versuchten mit vereinten Kräften Engländer und Franzosen genau an dieser Stelle, am Bloody River, von dem nichts mehr zu sehen ist als eine Senke in der Straße. Auf dem Friedhof dort liegt Sir Thomas Warner begraben. Nicht weit entfernt davon erheben sich die im 18. Jahrhundert errichteten massigen Festungsanlagen von Brimstone Hill, die einst die zuckerreichen Sklaveninseln und die Geleitzüge schützten, die sich in dem ruhigen Gewässer vor der Insel sammelten, um die Fahrt nach England anzutreten. Die Kanonen drohen noch immer; man hat die Festung restauriert.

Im Südosten erweitert sich der flache Küstenstreifen zu einer kleinen Ebene. Hier liegen, eingebettet in das gleichmäßige Grün des Zuckerrohrs, die Landepiste und die Hauptstadt Basseterre. In der Ebene gibt es eine einsame Vertikale: den hohen weißen Schornstein der einzigen Zuckerfabrik der Insel.

Die Adrettheit und Ordentlichkeit erinnert an die Ordnung der Vergangenheit. Sie kündet von Papa Bradshaws Scheitern. Er hat nicht viel verändert. Durch die Mobilisierung der Zuckerarbeiter brachte er es zu frühem Ruhm; der dreizehnwöchige Streik im Jahr 1948 ist legendär. Den jungen Leuten von heute freilich sagen die Triumphe, die Bradshaw einst auf den Plantagen feierte, wenig. Sie wollen nicht auf den Plantagen arbeiten. Ihnen geht es um die »Entwicklung« – sie meinen die touristische Erschließung – ihrer Insel. Der Luftraum über dem nahe gelegenen Antigua erbebt von Sunjets und Fiesta Jets. St. Kitts besitzt nichts weiter als Prospekte und Pläne; auf der Flugpiste können nur Viscounts landen. Die Insel ist unberührt; es kommen keine Touristen. Bei den jungen Leuten herrscht das Gefühl vor, dass Papa Bradshaw sich an die Zuckerindustrie verkauft hat und keine Veränderung will.

Außerdem beschränkten sich Bradshaws Siege auf St. Kitts. Den Kleinbauern von Nevis bedeuteten sie wenig und den längst unabhängigen Bauern und Fischern auf der mehr als hundert Kilometer entfernten Insel Anguilla gar nichts. Die Leute von Nevis und Anguilla hatten Bradshaw nie gewählt. Er brauchte ihre Stimmen nicht, aber er war verärgert. Er werde den Nevisianern Pfeffer in die Suppe streuen und Gräten in den Reis mischen, erklärte er; Anguilla werde er in eine Wüste verwandeln und die Anguillaner Salz lecken lassen. Das war vor elf Jahren.

»Gott's Segen für Papa Bradsha' un' sein Werk.« Nur die Alten und Frommen unter den schwarzen Plantagenarbeitern sagen das heute noch. Sie haben die *ola* genannten Elendshütten auf St. Kitts, das grausame Vertragsarbeitersystem, die barfüßigen Kinder und die Krankheiten nicht vergessen. Bradshaw selbst arbeitete als junger Mann in der Zuckerfabrik von Basseterre; eine kaputte Hand erinnert an die Zeit seiner Fron. Wie so viele Volksführer ist er über seine anfänglichen Einsichten nie weit hinausgelangt. Tatsache ist aber auch, dass er – wie so viele Volksführer – verantwortlich ist für die Hoffnung und die Aufbruchsstimmung, die sich nun, da er die Fünfzig überschritten hat, gegen ihn selbst kehren.

Auch die verwitterte Stadt Basseterre wirkt klein und überschaubar wie eine Bühnenkulisse. Am Ende der Hauptstraße steht eine Kirche. Auf der Veranda eines kleinen, baufälligen Hauses hängt das handgemalte Schild der PAM. Direkt gegenüber steht ein ebenso baufälliges, aber größeres Gebäude; es trägt die Aufschrift »Haus der Volksmassen« und ist das Hauptquartier der Bradshaw-Bewegung. In spannungsreichen Zeiten wird dieser Abschnitt der Hauptstraße Gazastreifen genannt.

Im Haus der Volksmassen befindet sich eine Druckerei, die jeden Tag 1200 Exemplare einer dilettantischen Minizeitung namens *The Labour Spokesman* druckt. Auch riesige Schlagzeilen können nicht verhindern, dass es manchmal nicht genug zu berichten gibt, um die Titelseite zu füllen; gelegentlich muss unter der Überschrift »Humor« ein Witz aushelfen. Mit Sport lassen sich ein, zwei, drei Seiten füllen. Ein Kricketspieler wie Sobers kann den zuständigen Sportreporter schon einmal ins Schwärmen bringen. »Der schüchterne Siebzehnjährige, bei seinem Debüt gegen England 1954 noch ein echtes Milchgesicht, dürfte mittlerweile auf dem Gipfel seines Ruhmes stehen und als größter Kricketspieler unserer Zeit wie auch des Mittelalters in die Geschichte eingehen. Sollte W. G. Grace bei dieser Bemerkung in seinem Grab zusammenzucken, dann nur, um sich auf die andere Seite zu drehen und zustimmend zu nicken.«

Nur ein paar Türen vom Haus der Volksmassen entfernt liegt der Regierungssitz, ein modernes dreistöckiges Gebäude. Die grauen Kästen der Klimaanlage ragen aus der Fassade; durch die Glaswand sieht man ein Wasserbecken im Innenhof. Das Hotel, ein umgebautes altes Holzhaus, steht gegenüber. Geführt wird es von einem sanften Libanesen der zweiten Generation, dessen Nervenkostüm durch seine große Familie, sein ungeschultes beziehungsweise allzu temperamentvolles Personal, die hin und wieder auftrumpfende Gruppe der Schwarzen und die politische Situation arg strapaziert ist. »Haben Sie unseren Premier kennen gelernt, Sir?« Er unterstützt Bradshaw, geht aber Diskussionen aus dem Weg; er weiß mittlerweile, dass er Beirut nie zu sehen bekommen wird.

Eine kurze Nebenstraße führt zum Pall Mall Square: die Kirche; das Fachwerkgebäude im Kolonialstil des späten 18. Jahrhunderts, das die öffentliche Bibliothek und das Gericht beherbergt; der St. Kitts Club; die Privathäuser, unten Mauerwerk und oben Schindeln, weiß und fragil, mit steilen, vierseitigen Dächern. Der kleine Park ist ungepflegt, die Drahtzäune um den viktorianischen Brunnen in der Mitte sind niedergetrampelt, den verrosteten Laternenpfählen fehlen die Lampen; die Bäume und Blumen freilich und die Bergkulisse machen nach wie vor etwas her. Auf dem Pall Mall Square hält die PAM ihre Versammlungen ab. Wie jedermann auf St. Kitts weiß, ist dies auch der Platz, wo zwischen Bäumen, Blumen und Gebäuden, ähnlich den jetzigen, »neue Neger« aus Afrika versteigert wurden, nachdem man ihnen in den *barracoons*, den nicht weit von den heutigen Öltanks stehenden Sklavenspeichern, eine Erholungspause gegönnt hatte und sie wieder zu Kräften hatte kommen lassen.

Die kleine Insel ist vollgestopft mit Vergangenheit wie mit Zuckerrohr. Bis in die tiefsten Tiefen hinab gärt es.

Allmorgendlich wechselt etwa um zehn Uhr die Wache vor dem Regierungssitz. Der Offizier im grünen Käppi brüllt, Stiefel knallen; und die zwei abgelösten Soldaten werfen noch einen raschen Blick um sich und steigen dann hinten in den wartenden Landrover, um sich zum Hauptquartier der Schutztruppe fahren zu lassen, einer weithin sichtbaren Holzhütte, die droben in der Nähe von ZIZ, der aus einem einzigen Studio bestehenden Rundfunkstation, liegt.

Vor dem Hintergrund der sanften grünen Hügel oberhalb von Basseterre, des strahlend blauen Meeres und des in Wolken gehüllten Gipfels von Nevis langweilt sich ein Schwarzer in verwaschener Fallschirmjägeruniform, dürr, o-beinig und steif, wie ein Zinnsoldat aus Fleisch und Blut.

Es wirkt wie Theater. Doch im Inneren der Hütte sieht man Spuren einer Schießerei. Sie werden als Beweis für den bewaffneten Überfall vorgezeigt, der im Juni 1967, zu Beginn der Krise um Anguilla, auf die Hauptstadt Basseterre verübt wurde. Auch das Polizeirevier wurde angegriffen. Viele Schüsse wurden abgefeuert, aber niemand kam um; die Angreifer verschwanden. Bradshaw fügte den Legenden, die sich um ihn rankten, eine neue hinzu, indem er am nächsten Morgen in der Uniform eines Obersten, ausgerüstet mit Gewehr, Patronengurt und Fernglas, vom Regierungssitz zum Haus der Volksmassen schritt.

Der Überfall bleibt mysteriös. Einige halten ihn für inszeniert, es gibt allerdings Anguillaner, die jetzt die Verantwortung dafür übernehmen und erklären, sie hätten vorgehabt, Bradshaw zu entführen, um die Unabhängigkeit ihrer Insel zu sichern. Der Überfall sei fehlgeschlagen, weil er schlecht vorbereitet gewesen sei – niemand habe sich über das Transportproblem in Basseterre Gedanken gemacht – und weil ein Geschäftsmann auf Anguilla Bradshaw gewarnt habe.

Tage nach dem Überfall wurden führende Mitglieder von PAM und WAM verhaftet. Vier Monate später kamen sie vor Gericht. Die Verteidiger sahen sich Repressalien ausgesetzt, und Bradshaws Anhänger gingen auf die Straße, als sämtliche Angeklagte freigesprochen wurden. Seit damals gilt die Herrschaft des Rechts auf St. Kitts offenbar als bedroht. Das Phänomen Macht ist etwas leicht Fassliches geworden.

Ich sehe sie:
Diese kühnen Männer, diese unvergleichlichen Männer –
Edler als alle anderen Männer, die ein schweres Werk
verrichten –
Die die Wahrheit LEBEN, die leiden:
Diese Polizisten. Wir lieben sie!

Das Poem stammt aus *The Labour Spokesman*. Von Anguilla droht vielleicht keine Gefahr mehr, Polizei und Armee aber haben auf St. Kitts dauerhaft Fuß gefasst.

Zum ersten Mal sah ich St. Kitts vor acht Jahren, nachts, von Bord eines schrottreifen Auswandererschiffs im Hafen von Basseterre. Wir legten nicht an. Die Emigranten schaukelten eine Weile in großen, offenen Booten in der Bucht. Die Lichter des Schiffes huschten über verschwitzte Hemden und Anzüge, rote Augen in emporgewandten ölig glänzenden Gesichtern, Pappkartons und Koffer, auf denen die Namen und die Adressen in England sorgfältig aufgemalt waren.

Am nächsten Morgen, auf dem offenen Meer, war der Spuk vorüber. Die Jacketts und Schlipse und die Koffer waren verschwunden. Wie ich feststellen konnte, während ich zwischen ihnen umherging, handelte es sich bei den Auswanderern um politisch gebildete Menschen. Exemplare von *The Labour Spo-*

kesman lagen herum. Viele der Emigranten von der Insel Anguilla, die kürzlich von einem Wirbelsturm heimgesucht worden war, standen in ständigem Kontakt zu Gott.

Die Emigranten hatten einen Anführer, einen schlanken jungen Mulatten, der nach England fuhr, um dort Jura zu studieren. Er bewegte sich unter ihnen wie ein Agitator, der allgemeines Vertrauen genoss, der sich um ihren Schutz kümmerte. Er kam aus besseren Kreisen; sein politisches Engagement unter diesen Umständen wirkte ungewöhnlich. Dass ich die Leute ausfragte, machte ihn misstrauisch. Er hielt mich für einen britischen Agenten und riet den Emigranten, nicht mit mir zu reden. Sie wurden abweisend; das Gerücht verbreitete sich, ich hätte einen von ihnen einen »Nigger« genannt. Ein junger baptistischer Missionar half mir aus der abenteuerlichen Situation heraus.

Den Namen des Anführers an Bord bekam ich damals nicht mit. Auf St. Kitts und in der Karibik genießt er mittlerweile einen großen Ruf. Er gab sich nicht damit zufrieden, Jura zu studieren. Er kehrte nach St. Kitts zurück, um gegen Bradshaw anzutreten. PAM war seine Gründung. Obwohl erst einunddreißig, hat er schon im Gefängnis gesessen, hat vor Gericht gestanden und ist freigesprochen worden. Er heißt Dr. William Herbert. Die magische Kraft, die ihm die Bevölkerung von St. Kitts zuschreibt, seine Macht, als Herausforderer aufzutreten, rührt nicht zuletzt von diesem Doktortitel her, den er für eine juristische Dissertation erhielt und um dessentwillen er damals nach London reiste.

Eines Morgens kam er in den Speisesaal des Hotels von Basseterre. Kaum waren wir einander vorgestellt, erinnerte er mich an unsere letzte Begegnung. Auf dem spanischen Schiff habe damals ein so großes Durcheinander geherrscht, und er sei noch jung gewesen. Er war noch ebenso ruhelos und lebhaft und westindisch-gutaussehend, wie ich ihn im Gedächtnis hatte: die fünf Monate Gefängnis hatten keine Spuren bei ihm hinterlassen.

»Ich möchte Ihnen keine Angst machen«, sagte er, als er mich später am gleichen Tag aufsuchte. »Aber Sie sollten sich in Acht nehmen. Schriftsteller können verschwinden. Zwei Soldaten werden das Hotel heute Nacht bewachen.«

Wir fuhren zu einer heruntergekommenen, verlassenen Strandbar, einem Etablissement für ausgebliebene Touristen.

»Haben Sie Bradshaw getroffen?«

Im Regierungssitz habe man mich im Verdacht, ein britischer Agent zu sein, sagte ich. Ein Interview wolle mir Mr. Bradshaw nicht geben, an einem Morgen sei er allerdings ins Hotel gekommen, um mich zu begrüßen.

»Er ist ein interessanter Mann. Er weiß viel über afrikanische Kunst und Magie und so weiter. Vielleicht erklärt sich daraus seine Macht über die Leute.«

Wir fuhren weiter, um uns Frigate Bay anzuschauen, das zu dem unbewohnten, mit Gestrüpp und Salztümpeln bedeckten Teil von St. Kitts gehört, der wie ein Schwanz an der eiförmigen Landmasse der Insel hängt. Kürzlich hatte die Regierung für Frigate Bay ein Tourismus-Entwicklungsprogramm über 29 Millionen Pfund angekündigt. Einige Passagiere eines die Insel anlaufenden Kreuzfahrtschiffes waren vor wenigen Tagen hingekarrt worden, um den Ort zu besichtigen; *The Labour Spokesman* hatte das Ereignis als den Beginn der Tourismussaison gefeiert.

»Entwicklung!«, sagte Herbert und wies mit der Hand auf die Ödnis. »Wenn Sie nachts herkommen, erschießt man Sie – nicht gelogen! Es ist Militärgebiet. Sie behaupten, wir planen Sabotage!«

Auf dem Rückweg machte Herbert einen Umweg durch einige Straßen des Armenviertels von Basseterre. Er winkte Frauen und Kindern zu. *»Wie geht's, Leute?«* Viele winkten zurück. Sich auf die Frauen und Kinder zu konzentrieren sei seine Methode, sagte er; sie zögen die Männer nach.

Herbert ist der erste Dr. jur. auf St. Kitts. Neben ihm ist Bradshaw ein vorsintflutliches Wesen, der Volksführer, dem Verzweiflung zur Macht verholfen hat, der Mann der Massen, der als Herrscher einen persönlichen Stil entwickelt, in dem alle glauben können, sich selbst wiederzufinden. Auf St. Kitts und den Westindischen Inseln ist Bradshaw heute eine legendäre Figur – wegen des goldenen Stäbchens, das er, wie man sich erzählt, bei Partys hervorholt, um seinen Champagner umzurühren, wegen seiner goldenen Schnurrbartbürste, wegen der strengen britischen Kleidung, zu der bei einigen hochoffiziellen Anlässen sogar Seidenstrümpfe und Schnallenschuhe zählen, wegen des altmodischen gelben Rolls-Royce. Auf der Insel steht er im Ruf, sich mit Antiquitäten und afrikanischer Kunst auszukennen und belesen zu sein. Angeblich ist er Mitglied in mehreren Buchklubs. Er liest viel Winston Churchill; laut seinem Pressereferenten ist sein Lieblingsbuch *Die gute Erde*, sein bevorzugter Comic Strip *Li'l Abner*.

Was man sich von ihm erzählt, hat seinen Reiz. Auf mich machte er freilich einen gedämpften Eindruck, sowohl was seine Kleidung betraf als auch seine Äußerungen. Ich bedauerte seine geringe Gesprächsbereitschaft; die schreibende Zunft habe ihm, sagte er, schwer zugesetzt. Ich hatte Verständnis. Ich sah seinen Schnurrbart an und dachte an die goldene Bürste. Er ist gut gebaut, ein jugendlicher Einundfünfzigjähriger, einer von jenem Typ Männer, die auf Fotos verlieren. Wir unterhielten uns im Stehen. Er sprach artikuliert, sehr britisch, fast ohne Inselakzent. Er stand halb abgewandt von mir, trug eine Brille mit dunklen Gläsern. Während wir die Stufen des Hotels zu seinem Landrover mit dem Parteislogan »Labour legt los« hinuntergingen, erzählte er mir, dass er pessimistisch sei, was die Zukunft kleiner Staaten wie St. Kitts betreffe. Er arbeite hart, mittlerweile aber erfülle ihn Verzweiflung. Er sei für die Westindische Föderation eingetreten, die jedoch sei gescheitert. Und tatsächlich hatte der Niedergang seiner Herrschaft auf St. Kitts begonnen, während er Minister in der Föderationsregierung war, die ihren Sitz in Trinidad hatte.

Der Führer der Schwarzen ist ein Bauernführer. St. Kitts gleicht einer schwarzen englischen Kirchengemeinde, die weitab von den Zentren der Schönheit und Kultiviertheit liegt. Kraft seiner besonderen Gaben, die ihn an die Macht bringen, verlangt der Volksführer nach Aufnahme in jene höheren Kreise, als deren bloßes Schattenbild die schwarze Gemeinde erscheint. Für Volksführer wie Bradshaw gibt es diese höheren Kreise aber nicht. Sie bleiben auf ewig an das einfache Volk gefesselt, dem sie ihren ursprünglichen Aufstieg verdanken. Sie sind zur Kleinheit verdammt, können sich höchstens selber adeln. Christophe, Kaiser von Haiti, Schöpfer einer schwarzen Aristokratie mit ulkigen Namen, stammte von eben diesem St. Kitts, wo er Sklave war und als Schneider arbeitete; das Vorbild für die Zitadelle in Haiti lieferten eben jene Befestigungen von Brimstone Hill neben der Küstenstraße.

Der Unterschied zwischen Herbert und Bradshaw ist der zwischen Herberts Doktortitel und Bradshaws Spitzname Papa. Beider Auftreten scheint im Widerspruch zu ihrem jeweiligen Titel zu stehen. Herbert hat nichts von der Vornehmheit, die Bradshaw zur Schau trägt. Außerhalb des Gerichts bevorzugt er legere Kleidung, sein Auto ist alt, er baut außerhalb von Basseterre ein Haus, das die auf St. Kitts übliche Miniaturgröße aufweist. Seine Sprache wirkt weniger steif als die Bradshaws und hat eine stärkere dialektale Färbung. Sein Benehmen ist gleichzeitig mittelständisch und volksnah – bei ihm bildet beides eine Einheit. Er wirkt nie angespannt, sondern bewegt sich mit der Selbstsicherheit seiner Klasse und seines guten Aussehens. Und dazu kommt noch der Dr. jur.

»Wer, meinen Sie«, wollte Bradshaws Pressereferent mit einiger Bitterkeit in der Stimme von mir wissen, »ist der Gebildetere von beiden? Herbert oder Bradshaw?«

Die Frage hätte in ihrer Subtilität das Urteilsvermögen der frisch gebildeten jungen Männer überfordert, die Herberts morgendliche Vorlesungen über Ökonomie, Recht und politische Theorie auf dem Pall Mall Square besuchten.

»Lernung ist besser als Bildung«, tröstete Bradshaw seine alternden, schreib- und leseunkundigen Anhänger von den Zuckerrohrfeldern. Es wurde eines seiner geflügelten Worte.

Herbert aber gewann als Anführer des Protests der Gebildeten an Boden. Alles griff er auf. Neue Strompreise wurden verkündet: Großverbraucher sollten weniger pro Einheit bezahlen müssen. In anderen Ländern war das gängige Praxis, Herbert und die PAM indes erklärten, die neuen Preise benachteiligten die Armen auf St. Kitts. Die Armen fanden das auch.

Bradshaw und einer seiner Minister schrieben sich als Jurastudenten ein; Bradshaw war fast fünfzig. Die ausgebleichten Bestätigungen ihrer Mitgliedschaft in einer der Londoner Anwaltskammern kann man im Säulengang des Gerichts am Pall Mall Square bewundern. Es hieß, die beiden Männer nutzten ihre »Studienreisen« nach London zu opulenten Mahlzeiten. Dann spaltete sich Anguilla ab; PAM und WAM waren so lästig, wie ihre Namen vermuten ließen; die internationale Presse erwies sich als feindselig. Der ins Gefängnis geworfene, vor Gericht gestellte und freigesprochene Herbert fand in der ganzen Karibik Beachtung. Bradshaw war isoliert. Er schien am Ende zu sein. Dann aber gewann er einen jungen Anwalt und Dozenten als Pressereferenten.

Dieser Mann hat Bradshaw gerettet und der politischen Entwicklung auf St. Kitts binnen weniger Monate eine neue Wendung gegeben. Bradshaws Taktik hat sich geändert. Er ist nicht mehr das etablierte Oberhaupt, das sich neuer, junger Agitatoren erwehren muss. Er ist wieder Anführer einer Protestbewegung und streitet sich mit Herbert um die Rolle des besseren Agitators. Der junge Pressereferent hat die Argumente und die intellektuelle Hilfestellung beigesteuert. Zyniker nennen ihn Bradshaws Rassereferenten. Die Parole lautet Black Power.

Das erklärte Ziel ist der Sturz jener Ordnung, der die Insel geographischen Ausdruck verleiht. Manchmal spricht der Pressereferent von Revolution. Das Wort ist bis in den von Weißen bewohnten Vorort Fortlands und in den Golfklub gedrungen, bis zu der kleinen Gruppe von Auslandsengländern, die man hier die Flüsterer nennt.

»Was Bradshaw jetzt will, ist ein Neuanfang, beim Land und bei den Leuten« – so hat es jemand ausgedrückt.

So undurchsichtig die derzeitige Politik auf St. Kitts dem Besucher, der nach Prinzipien und unterscheidenden Merkmalen sucht, auch erscheinen mag, sie wird klarer, sobald man begreift, dass beide Parteien, im Vakuum der Unabhängigkeit lavierend, den Protest auf ihre Fahnen geschrieben haben, und dass für beide Parteien Gegenstand des Protests die Vergangenheit, die Zeit der Sklaverei ist. Es geht um die Frage, wer herrschen soll, und diese Frage bietet sich nun vereinfacht dar. Das schwierige Programm der Black-Power-Bewegung – Identität, ökonomische Teilhabe, Solidarität, um es mit den Worten des Pressereferenten zu sagen – ist durch die Übertragung bis zur Unkenntlichkeit entstellt. Allen früheren Bemühungen Bradshaws um englischen Stil zum Trotz kann man mittlerweile hören, dass er ein reinblütiger Aschanti sei. Herbert ist demgegenüber unverkennbar Mulatte.

Herberts Vater vertrat während des berühmten dreizehnwöchigen Streiks die Zuckerfabrik bei den Tarifverhandlungen. Für Herberts Familie war das eine schlimme Zeit. Sie wurden von den Streikenden bedroht und beschimpft; auf St. Kitts erzählt man sich, Herbert, der damals noch ein Junge war, sei Bradshaw eines Tages auf der Straße begegnet und habe geschworen, es ihm heimzuzahlen. Herbert hält es für möglich, dass die Geschichte stimmt, kann sich aber nicht daran erinnern.

Ich wollte von ihm wissen, ob es sich für politische Macht auf St. Kitts lohne, so viel Zeit und Energie aufzuwenden und sich solchen Gefahren auszusetzen.

»Wer sich im Meer befindet«, sagte Herbert, »dem bleibt nichts anderes übrig, als zu schwimmen.«

Auf St. Kitts gibt es immer noch eine Gouverneursresidenz, ein bescheidenes Holzhaus mit breiter Veranda auf einem luftigen Hügel. Der Butler trägt Weiß; den Empfangssalon ziert eine Lithographie mit einer Szene von der Insel, ein Geschenk der englischen Königin; außerdem hängt dort ein signiertes Foto des Herzogs von Edinburgh. Der Gouverneur ist ein Schwarzer von einer anderen Insel, ein von der Königin geadelter, hoch geachteter Akademiker und Anwalt. Eine Funktion erfüllt er nicht; er ist ausgeschlossen aus dem Streit um die Herrschaft, den zwei Rechtsanwälte austragen und bei dem das Recht auf der Strecke bleiben könnte. Er verbringt in seiner Residenz viel Zeit mit der Arbeit an einer Studie über neue Verfassungen im Westindischen Archipel. Der Titel der Studie lautet: *Der Weg zur Macht.*

Der Pressereferent, auf den sich Bradshaw stützt, der Anwalt und Dozent, an den er einen Teil seiner Macht abgetreten hat, heißt Lee Moore und ist ein kleiner, schmächtiger, bärtiger, vom Land stammender Schwarzer um die Dreißig. Bei der Rückkehr von London nach St. Kitts sei er, sagt Moore, noch Gegner der Ansicht gewesen, St. Kitts brauche eine schwarze Führungsschicht. Auf die politische Nützlichkeit des Black-Power-Konzepts sei er erst verfallen, nachdem er mit einem Vortrag zu diesem Thema einen Sturm allgemeiner Erregung entfacht habe.

Jetzt also macht Lee Moore wie Herbert auf der Küstenstraße von St. Kitts die Runde und vermengt Anwaltsgeschäfte mit Wahlkampf, winkt den Leuten zu, mischt Feierlichkeit mit Jovialität. An seinem Auto befindet sich ein Aufkleber, den er aus der Werbung einer Treibstofffirma ausgeschnitten hat: *Greif zum Powerpaket.*

An einem Spätnachmittag begleitete ich ihn auf seiner Tour. Kurz nach Einbruch der Dunkelheit hatten wir eine Reifenpanne. Er hatte keine Lust, den Wagenheber zu benutzen; er wisse nicht, sagte er, wo er ihn ansetzen müsse. Er bückte sich und spähte unter das Auto, scheinbar ratlos. Einige Autos fuhren vorbei, ohne anzuhalten. Ich fing an, mir Sorgen um seine Kleider und sein Ansehen zu machen. Dann kamen zwei Radfahrer vorbei. Sie riefen und machten kehrt, um uns zu helfen. »Wir dachten, Sie wären einer von den Schlägertypen«, sagte der eine. Ein Lieferwagen hielt an. Der Wagenheber wurde nicht benötigt. Sie hoben das Auto mit den Händen an, damit das Rad gewechselt werden konnte.

Als wir weiterfuhren, befand sich Moore in einem Zustand deutlicher Erregung, und ich brauchte eine Weile, bis ich begriff, dass er einen wichtigen Triumph gefeiert hatte.

»So mache ich es immer, wenn ich einen Reifen wechseln muss. Haben Sie gehört, was die Jungs auf den Fahrrädern gerufen haben? ›*Das ist Lee Moores Auto.*‹«

Macht – bereitwillig geleistete Dienste der einfachen Leute und Protektion: ein weiterer Mann des Volkes im Kommen, ein weiterer Schwarzer auf dem Vormarsch.

Nach einer Pause meinte er nachdenklich: »Wetten, dass Herbert immer noch dort stünde!«

Aber wer weiß, vielleicht hätte Herbert den Wagenheber benutzt.

1969

Die schiffbrüchigen Sechstausend

Zwischen den grünen, bergigen Inseln der Karibik wirkt Anguilla wie ein Missgriff, ein schlechter Scherz. Die Insel ist fünfundzwanzig Kilometer lang und drei Kilometer breit und so flach, dass die Anguillaner bei Richtungsangaben nicht sagen, man solle sich links oder rechts halten, sondern man solle nach Osten oder Westen gehen. Anguilla ist steinig und dürr. Es gibt keine Palmen, keine hohen Bäume. Oberhalb der Strände, die noch genauso aussehen, wie sie bei Kolumbus' Landung ausgesehen haben dürften, befinden sich Mangrovendickichte. Die Wälder, die es damals gab, sind längst abgeholzt; als Köhler und Bootsbauer sind die Anguillaner die natürlichen Feinde von allem, was grün ist und so aussieht, als wolle es groß und stark werden.

An einigen Stellen wuchs früher Zuckerrohr, aber selbst in den Tagen der Sklaverei war Anguilla niemals eine Insel der Plantagen. Im Jahr 1825, neun Jahre bevor im britischen Empire die Sklaverei abgeschafft wurde, gab es hier etwa dreihundert Weiße und dreihundert freie Farbige, in der Mehrzahl Gemischtrassige. Dazu kamen etwa dreitausend schwarze Sklaven. Sie stellten eine Belastung dar. Während auf anderen karibischen Inseln die Schwarzen an Samstagen freibekamen, um ihr eigenes Stückchen Land zu bearbeiten, ließ man auf Anguilla die Schwarzen die Hälfte der Woche laufen, damit sie sich ihre Nahrung beschaffen konnten.

Heute zählt Anguilla nur etwa zwölftausend Bewohner. Die Hälfte von ihnen lebt beziehungsweise arbeitet im Ausland: auf den zu den USA gehörigen Virgin Islands, in Harlem und in der Stadt Slough in Buckinghamshire, in Anguilla unter dem Kürzel Sloughbucks bekannt. Auf die meisten von ihnen aber warten Häuser oder Anwesen, in die sie zurückkehren können; die öde Insel ist schon lange aufgeteilt.

Mitte Dezember vergangenen Jahres, als ich mich dort aufhielt, füllte sie sich gerade, weil Weihnachten vor der Tür stand. Seit der Rebellion im Jahr 1967, als Anguilla aus dem Commonwealth-Staat, zu dem es sich mit St. Kitts und Nevis zusammengeschlossen hatte, wieder ausschied, hat keine Viscount der Fluglinie LIAT, *Leeward Islands Air Transport* (»Wir fliegen die alten Freibeuterrouten«), die Insel mehr angeflogen. Die Anguillaner aber gründeten (nachdem sie einen Amerikaner und seine DC-3 zum Teufel geschickt hatten) drei eigene, erbittert miteinander konkurrierende kleine Fluglinien: *Air Anguilla*, *Anguilla Airways* und *Valley Air Services*, jede mit besonderer Uniform und mit eigenen, fünf Passagiere fassenden Piper-Aztec-Maschinen, die regelmäßig für einen Preis von fünf Dollar den fünfminütigen Katzensprung von St. Martin absolvieren.

Mehr als jede andere Gemeinschaft in der Karibik besitzen die Anguillaner ein Heimatgefühl. Das Land gehört seit unvordenklichen Zeiten ihnen; keine demütigenden Erinnerungen sind damit verknüpft. Herrschaftsbauten wie auf St. Kitts gibt es hier nicht, nicht einmal in Form von Ruinen.

Für die Anguillaner beginnt die Geschichte mit dem Mythos eines Schiffbruchs. So kamen die weißen Gründungsväter, die Ahnen der mittlerweile vielfarbigen Sippen der Flemings, Hodges, Richardsons, Websters, Gumbs ins Land. Wann die Schwarzen kamen, ist nicht ganz klar. Nach Auskunft der meisten wurden sie als Sklaven importiert. Ein junger Mann allerdings wusste sicher, dass es sie bereits vor dem Schiffbruch auf der Insel gegeben hatte. Ein anderer meinte, sie seien ein, zwei

Jahre nach dem Schiffbruch eingetroffen. Von woher oder warum, wusste er nicht. »Den Teil habe ich vergessen.« Die Vergangenheit spielt keine Rolle. Die Anguillaner leben schon zu lange wie eine Gemeinschaft Schiffbrüchiger.

Sonderlich gebildet sind sie nicht. Dafür besitzen sie andere Fertigkeiten wie den Bootsbau und die Religion, die sie ständig in Atem hält. Kaum ein Anguillaner handelt ohne göttliche Lenkung. Der Exodus der Inselbewohner nach Sloughbucks, der im Jahr 1960 begann, geschah mit dem Segen Gottes; ähnliches Gottvertrauen steckt auch hinter der Abspaltung von St. Kitts und der Tollkühnheit vieler anderer anguillanischer Entscheidungen der neueren Geschichte.

Trotz ihrer Nähe zu Gott sind die Anguillaner nicht fanatisch. Sie haben die Aufgeschlossenheit der Schwarzen für neue Glaubensrichtungen. Vor acht Jahren überdachte Mr. Webster, der inzwischen abgesetzte Präsident, seine Haltung zu Gott und wechselte vierunddreißigjährig von den Anglikanern zu den Adventisten vom Siebenten Tag. Er wünschte, auf der Insel mehr und vielfältigere Missionsaktivitäten zu sehen. »Wenn die Zeugen Jehovas oder irgendeine andere Konfession eine oder zehn Seelen bekehren, dann tun sie ein gutes Werk und dienen der Gemeinschaft. Unser Grundanliegen ist nämlich, die Anguillaner so fromm wie möglich zu erhalten. Das hält Egoismus und Unmoral fern.«

Die Insel besitzt ihren eigenen Propheten, Richter Gumbs oder »Bruder George Gumbs (Prophet)«, wie er seine Botschaften an das neu gegründete Wochenblatt der Insel unterschreibt. Er genießt durchaus Achtung; Hoch und Niedrig holen seinen Rat ein. Wenn der Geist über ihn kommt, macht er mit Querpfeife und Trommel die Runde; der »kleine schwarze Mann mit Mütze« (anguillanischer Originalton) zieht predigend und manchmal vor Unheil warnend umher. Es heißt, irgendein bestimmter Ort, ein Feld, ein Stück Straße versetze ihn in Aufruhr und ein paar Tage später ereigne sich dann das Unglück. Im Dezember, drei oder vier Tage, nachdem Mr. Webster erklärt hatte, Anguilla werde aus dem Commonwealth vollständig ausscheiden, war Richter Gumbs unterwegs, um zu predigen. Ich erlebte ihn zwar nicht, bekam aber erzählt, Neuigkeiten habe er keine verkündet; er habe die Leute nur aufgefordert zu beten. Keine Kunde von Richter Gumbs war gute Kunde.

Es gibt Loyalitätsstrukturen, die dem Zusammenhalt der Gemeinschaft dienen: In Krisenzeiten übernehmen bestimmte Familien die Verantwortung und handeln beziehungsweise entscheiden für die anderen. Das Muster dieser Loyalitätsverhältnisse ist uralt, seine Herkunft lang vergessen. Die Hautfarbe ist dabei ohne Belang, und nichts ärgert die Anguillaner mehr als die propagandistische Behauptung von der mehr als hundert Kilometer entfernten Insel St. Kitts, die Abspaltung Anguillas sei die Abspaltung einer Sklaveninsel, auf der die Schwarzen treu und brav den Weißen und Braunhäutigen folgten. Die Loyalitäten sind anguillanische, und die Anguillaner bezeichnen sich selbst als Schwarze. Mr. Webster, der jeder Ethnie zwischen dem Mittelmeer und Indien entstammen könnte, versteht sich als Schwarzer. Tatsache ist, dass die Anguillaner mit dem Sinn für Geschichte auch den Sinn für rassische Identität verloren haben. Das ist nicht leicht zu vermitteln, schon gar nicht der Insel St. Kitts, die mittlerweile mit ihrer eigenen Version von Black Power Politik macht.

Die Anguillaner haben sich für den administrativen Zusammenschluss mit St. Kitts nie erwärmen können; Robert Bradshaw hassen sie, seit der Premier aus Verärgerung über ihr fehlendes Engagement erklärte, er werde die Insel in eine Wüste verwandeln und die Anguillaner Salz lecken lassen. Die Vorstellung eines unabhängigen Dreiinselstaats unter Bradshaws Herrschaft machte ihnen Angst; im Februar 1967 kam es zu einem Aufruhr, als St. Kitts aus Anlass der Unabhängigkeitsfeiern ein paar Schönheitsköniginnen herüberschickte, die sich in der High School von Anguilla produzieren sollten. Die Polizei setzte Tränengas ein, jedoch ohne Erfolg. Die Schönen und das staatstreue Publikum wurden eingenebelt, nicht hingegen die aufgebrachten Anguillaner draußen. Am nächsten Tag wurden

Angehörige der hundert Mann zählenden Polizeitruppe von St. Kitts zur Verstärkung eingeflogen. Häuser wurden durchsucht; die Anführer der Anguillaner verzogen sich in den Busch.

Das war das Signal zu einem allgemeinen Aufstand. Das Haus des Statthalters wurde in Brand gesteckt, und der floh. Während der nächsten drei Monate wurden nächtens immer wieder Schüsse auf die Polizeistation abgefeuert. Das Hotel, in dem der stellvertretende Statthalter wohnte, ging in Flammen auf; auch er suchte das Weite. Am nächsten Tag folgte ein Angriff auf den Direktor der Bank. Zwei Tage danach stürmten mehrere Hundert Anguillaner die Polizeistation. Die siebzehn Polizisten ergaben sich kampflos; man setzte sie in ein Flugzeug und schickte sie zurück nach St. Kitts; die Anguillaner stellten eine eigene Polizeitruppe von fünf Mann auf.

Weil sie eine Intervention von außerhalb befürchteten (Jamaika hätte fast Truppen geschickt) und weil sie erfüllt waren von besagtem Gottvertrauen, überfielen die Anguillaner zehn Tage später St. Kitts und beschossen das Polizeirevier und das Hauptquartier der Schutztruppe. Der Überfall, an dem zwölf Männer beteiligt waren, wurde in aller Öffentlichkeit geplant; am Nachmittag gingen die Leute hinunter zum Kai, um dem Kutter zuzuwinken, der nach St. Kitts aufbrach. Fünfeinhalb Stunden später legte er ganz einfach im Hafen von St. Kitts an. Dann stellten die Anguillaner fest, dass sie vergessen hatten, sich um Autos zu kümmern. Eigentlich hatten sie Bradshaw kidnappen wollen; jetzt mussten sie sich damit begnügen, ihm Angst einzujagen.

Einige Zeit später gab es Berichte, wonach fünfunddreißig Männer von St. Kitts in Anguilla eingedrungen waren. Der Mann, der als vorläufiger Präsident amtierte, flog in einer Aztec über das angebliche Landegebiet der Eindringlinge und warf Flugblätter ab, auf denen diese aufgefordert wurden, sich zu ergeben. Man fand aber keine Eindringlinge. Der Kampf war vorbei. Fortan wurden nur noch Worte ausgetauscht; die Abspaltung war vollzogen. Anguilla hatte es geschafft, die kleinste Republik der Welt zu werden.

Der Status der Insel war ungeklärt. Sie betrachtete sich als Mitglied des Commonwealth und erwartete von London irgendeine Art der vertraglichen Besiegelung, irgendeine Bestätigung der Abtrennung von St. Kitts. London wusste nicht, wie es sich verhalten sollte. Tatsächlich hatte schon zweihundert Jahre lang niemand Anguilla haben wollen oder mit der Insel etwas Rechtes anzufangen gewusst. Sie war schlicht und einfach nicht vorgesehen.

Immerhin hatte die Insel ihre Formalitäten. Wenn man der Piper Aztec entstieg, musste man durch Einreisekontrolle und Zoll; beides befand sich in demselben Raum des aus zwei Räumen bestehenden Flughafengebäudes. Der Einreisebeamte hatte eine Khakiuniform an, trug ein Anguilla-Abzeichen und besaß einen Anguilla-Gummistempel. Man brauchte eine Fahrerlaubnis für die Insel; sie kostete einen Dollar; bezahlen musste man im Polizeirevier in dem langen, niedrigen Verwaltungsgebäude. Fünf Mann Polizei reichten aus; Verbrechen gab es kaum. Frauen stritten sich und gebrauchten ordinäre Schimpfwörter; die Polizei sprach bei ihnen vor und »verwarnte« sie; im Wesentlichen war es das auch schon. Es gab ein Gefängnis und einen einzigen Gefangenen. Er befand sich dort schon seit einem Jahr, ein Mann von St. Kitts, der unter Mordanklage stand. Es gab kein Gericht, das ihm den Prozess machen konnte. Mr. Webster hoffte, den Mann deportieren zu können, sobald das Problem der Abspaltung geregelt war.

Im Postamt gab es anguillanische Briefmarken zu kaufen, die eine englische Firma entworfen und hergestellt hatte und die von ihr an Sammler in Übersee mit einem fünfzehnprozentigen Aufschlag verkauft wurden. Zu Störungen bei der Postzustellung kam es nicht; die Anguillaner machten die von St. Kitts verhängte Postsperre dadurch unwirksam, dass sie auf der halb französischen, halb holländischen Insel St. Martin zwei Postfächer mieteten. Im Finanzamt neben dem Postamt hing eine Mitteilung über die neu eingeführte zweiprozentige Einkommensteuer. Andere Steuern, wie die auf Alkohol und Benzin, hatte man gesenkt, um den Konsum zu fördern und die Staatseinnahmen zu verbessern; das hatte auch funktioniert. Die Leute erklärten mir, es gebe mehr Autos auf Anguilla als jemals zuvor.

Die ebenso tüchtige wie sparsame Verwaltung hatte man zusammen mit dem Verwaltungsgebäude übernommen. Ein gewählter Rat aus fünfzehn Personen führte die Regierungsgeschäfte. In einer Gemeinschaft, die sich lange auf nichts weiter als auf Loyalitätsverhältnisse gestützt hatte, stellte diese Art von Regierung einen Gipfel an Raffinement dar. Die Insel regierte sich selbst, und es funktionierte. Nach einem halben Tag dachte der Besucher schon kaum mehr an die Winzigkeit und das Kuriose dieser Republik. Kurios war sie schon – die neue Landesfahne, die ein paar Amerikaner entworfen hatten: ein Kreis aus drei orangefarbenen Delphinen auf weißem Grund und darunter ein türkiser Streifen. Und in der vollmundigen Hymne, die eine »Gruppe« von der Insel komponiert hatte:

... Auf der Insel, wo sich der goldene Mais wiegt im Wind,
Wo die Sonne lacht und Natur erfreut jedes Kind.

Wie der Besucher zu hören bekam, wurden aus Furcht vor einer Invasion die Strände allnächtlich überwacht; alle vierzehn Tage fanden geheime Militärübungen statt – die Anguillaner besaßen mittlerweile mehr als die vier Maschinengewehre, fünfundfünfzig Gewehre, fünfzehn Schrotflinten und zwei Kästen Dynamit, über die sie zum Zeitpunkt der Abspaltung verfügt hatten. Von einer Wiederholung des Überfalls auf St. Kitts war die Rede; man munkelte sogar von der Möglichkeit, ein Jagdflugzeug anzuheuern. St. Kitts erhob nach wie vor Anspruch auf Anguilla und machte in seinen Tourismusprospekten Reklame dafür (»Zauberhafte Insel ... für den Erholung Suchenden, der alles hinter sich lassen will«). Aber die Anguillaner hatten nichts zu befürchten. Sie wussten von den internen politischen Auseinandersetzungen auf St. Kitts, sie wussten, dass dort viele auf ihrer Seite standen und dass die 120 Mann starke Truppe von

St. Kitts genug auf der eigenen Insel zu tun hatte. Die Anguillaner redeten nicht viel über Bradshaw und St. Kitts. Sie redeten mehr über ihre eigenen Streitigkeiten, ihre eigenen politischen Verhältnisse.

Die durch einen Schiffbruch auf die einsame Insel verschlagene Gemeinschaft hatte zusammengehalten. Das Gefühl von Weltläufigkeit aber, das sich mit der Unabhängigkeit eingestellt hatte, das Bewusstsein, dass die Insel ein Kuriosum, berühmt und für Touristen ein Leckerbissen war, begann die alten Sitten und Loyalitäten zu untergraben. Wenige Monate zuvor war auf der urigen Landepiste des Nachts der Motor einer Piper Aztec mit einem Vorschlaghammer zertrümmert worden. Angeblich steckten Familienrivalitäten dahinter.

Auf Anguilla gibt es nur ein einziges Hotel mit elektrischem Licht, das *Rendezvous*. Es gleicht einem unwirtlichen Motel; um neun Uhr gehen die Lichter aus. Es gehört Jeremiah Gumbs, dem Halbbruder von Richter Gumbs, dem Propheten. Betrieben wird es von Jeremiahs Schwester, die viele Jahre in den USA verbracht hat und mit amerikanischem Akzent spricht; das schwarze Amerika ist spürbar präsent.

Ich hatte bereits von Jeremiah Gumbs gehört. Er war mir als »der Anguillaner mit Grips« geschildert worden, als der einzige, der es in den USA zu etwas gebracht hatte. Er spielte als Geldgeber eine beträchtliche Rolle auf der Insel, und er war der Kontaktmann Anguillas zur Welt draußen. Er hatte amerikanischen Zeitungen eine Reihe von Interviews gegeben, bei den Vereinten Nationen die Interessen Anguillas vertreten und eine Delegation angeführt, die bei der OAS vorsprechen wollte, das Gebäude der Organisation aber verschlossen vorfand.

Er war prüfenden Blicks und einschüchternd zugegen (auf St. Kitts hatte man mir geraten, mich niemals über Anguillaner lustig zu machen), während seine Schwester mich herumführte.

»Und hier, junger Mann, können Sie Ihren Rasierer einstöpseln. Was Sie heute Morgen vergessen haben.«

Sie war sehr korpulent und wurde Lady B. genannt. Eine »Persönlichkeit«, keine Frage! Persönlichkeiten legen sich mir wie Mehltau aufs Gemüt; ich beschloss, mich im *Rendezvous* kein einziges Mal zu rasieren.

Beim Mittagessen begann Jeremiah, während er seinen Fisch lutschte, quer durch den Speisesaal mit dröhnender Stimme zu reden, ohne jemanden direkt anzusprechen.

»Sie nennen es Rebellion.« Auch er sprach mit amerikanischem Akzent. »Die friedlichste Rebellion weltweit. Rebellion? Es ist eine Rebellion gegen jahrelange Vernachlässigung, nichts weiter. Wir sind klein – na und? Wieso darf ein kleines Land keine Würde besitzen? Warum darf ein kleines Land keinen Stolz haben? Warum –«

Ich versuchte, seine Tirade zu unterbrechen. »Gumbs. Das ist ein alter Name auf der Insel.«

»*Ein* Mann«, sagte er. »*Ein* Mann hat dieser Insel eine Bücherei geschenkt. *Ein* Mann hat dem Krankenhaus einen Röntgenapparat gestiftet. *Ein* Mann hat all das gemacht. Was hat Bradshaw gemacht? Polizei, Plastikbomben, Tränengas – alles Zeug, das wir bisher nicht kannten. Jetzt sagt er, *ich* sei der große Schurke, der Anführer der Rebellen.«

Derartiges war mir nicht zu Ohren gekommen.

»*Ein* Mann. Joe Louis. Marian Anderson. So einen gibt es nur einmal in einer Generation. Ich engagiere mich eben. Ich erinnere mich, als Kind hatten wir hier auf Anguilla vier Dürrejahre hintereinander. Ich weiß, was Armut ist. Ich erinnere mich an Tage in New York während der Weltwirtschaftskrise, da hatte ich nicht mal das Fahrgeld für die U-Bahn und musste hundert Blocks weit zur Schule laufen. Tage, wo ich nicht mal einen Apfel zu essen bekam.«

Spuren hatte das bei ihm nicht hinterlassen. Er war ein Trumm von einem Mann. Mit seinen fünfundfünfzig Jahren, der scharf geschnittenen Nase, dem Schnurrbart und dem dünnen, ergrauenden Haar wirkte er wie eine Figur aus einem der Schwarzen-Western von vor dreißig Jahren, *Rauchende Colts aus Harlem*, *Harlem in der Prärie*. Ich kam darauf durch die Art, wie er aß, wie er sprach und ging, durch die steinige, staubige Landschaft draußen. Er war der Mann, der Neuland erschloss.

»Sie sind hier, um was zu schreiben, stimmt's?«

Innerlich brennend vor Scham, bestätigte ich ihm das.

»Nur zu, schreiben Sie. Es kommen ständig welche. Sie sitzen am Strand und schreiben den ganzen Tag lang.« Seine Stimme nahm den Singsangton des Amerikanischen an: »Wie von der Natur gewollt.«

Ich schwur mir, nie einen Fuß auf seinen Strand zu setzen.

Am Nachmittag begegneten wir uns auf der staubigen Landstraße, er in seinem hochrädrigen Jeep, ein Neulanderschließer, und ich in dem niedrigen, offenen Mini-Jeep, den ich bei ihm gemietet hatte.

»Kommen Sie zurecht?«

Ich erstickte fast an dem Staub und hatte mich schon zweimal verirrt (die Anguillaner und ihre Orientierung nach Himmelsrichtungen), sagte ihm aber nichts davon: Er hatte mir eine Landkarte verkauft.

»Schreiben Sie und erzählen Sie's ihnen. Erzählen Sie ihnen von diesem Haufen rebellischer Wilder.«

Nach der Abspaltung wehte über Anguilla für kurze Zeit die Stadtfahne von San Francisco, das Geschenk eines Zeitungsherausgebers, der zu den Leuten gehörte, die man auf Anguilla die San-Francisco-Gruppe nannte. Die Gruppe veröffentlichte im August 1967 in der *New York Times* eine ganzseitige Anzeige, um »über Anguilla aufzuklären«.

Die Anguillaner, so stand dort zu lesen, seien nicht schon deshalb rückständig, weil sie kein Telefon besäßen. »Wissen Sie, was ein Anguillaner macht, wenn er einen anderen Anguillaner anrufen will? Er geht über die Straße und redet mit ihm.« Dass es keine Telefone gab, zählte indes zu den Vorwürfen gegenüber St. Kitts; und sich ohne einen Jeep auf der Insel zu bewegen ist nicht leicht. Es gibt am westlichen Ende der Insel (wo hauptsächlich schwärzliche Menschen leben und blonde Exemplare Seltenheitswert besitzen) Leute, die noch nie am östlichen Ende waren (wo viele der Hellhäutigen wohnen).

Die Anguillaner wollten, so hieß es, »auch keinen Hotelkasten«, weil sie dadurch zu »einem Volk von Busfahrern, Kellnern und Dienstboten« würden. Sie wollten nicht mehr als dreißig »Gäste« auf einen Schlag; das Gebot der Höflichkeit verlange, dass jeder Gast vor seiner Abreise wenigstens einmal mit dem Präsidenten zu Mittag gespeist hatte. Sie wollten keine »Touristen«.

Durch die Anzeigenaktion – es wurden für 100 Dollar Ehrenstaatsbürgerschaften angeboten – kamen 25 000 Dollar für Anguilla zusammen. Einige Anguillaner hatten das Gefühl, das Land sei durch die Anzeige lächerlich gemacht worden. Mr. Webster freilich, der sie als amtierender Chef der Regierung unterzeichnet hatte, stand zu der Aktion. Jeremiah Gumbs erweiterte unterdes sein Hotel; andere gründeten Geschäfte unterschiedlichen Niveaus (durchaus denkbar, dass Saufbuden, Souvenirläden und Eiskremständen, Privatunternehmen par excellence, die touristische Zukunft der Insel gehörte). Auch Mr. Webster erklärte, er freue sich, wenn aus Anguilla ein Erholungsort für Touristen werde.

Das war Teil des anguillanischen Durcheinanders. Zu viele Menschen hatten helfen wollen, hatten in Anguilla etwas gesehen, wofür man sich bequem engagieren konnte, eine kleine schwarze Posse. Den Anguillanern entging der Witz, sie hörten aufmerksam zu, kriegten es mit der Angst zu tun und wurden störrisch.

Zu den Mitgliedern der San-Francisco-Gruppe zählte Professor Leopold Kohr von der Universität von Puerto Rico, ein sechzigjähriger Österreicher, der 1938 nach Amerika emigriert war. Kohr vertritt schon lange die Theorie von der glücklichen kleinen Gemeinschaft; sein (mittlerweile vergriffenes) Buch, *A Breakdown of Nations*, erschien 1957 in London. Im Jahr 1958 hielt Kohr eine Rede vor der Walisischen Nationalistischen Partei, die Wales von England abtrennen möchte; jetzt nutzt er einen Studienurlaub für einen Aufenthalt an der Universität von

Swansea. Kleine Gemeinschaften sind nach seiner Ansicht »lebensfähiger als größere Mächte«; Anguilla erschien ihm als »ideales Versuchsgelände«. Unmittelbar nach der Abspaltung der Insel trommelten die Führer der Rebellion auf den nahe gelegenen Inseln Unterstützung zusammen. In Puerto Rico machten sie mit Kohr und der San-Francisco-Gruppe Bekanntschaft. »Es dauerte keine vierundzwanzig Stunden«, sagt Kohr, »da war mein Team akzeptiert.«

Einen frühen Beweis ökonomischer Lebensfähigkeit schien das Gerücht zu liefern, dass Onassis eine Million Dollar für die Genehmigung angeboten habe, seine Schiffe unter anguillanischer Flagge fahren zu lassen. Die Geschichte kursiert nach wie vor auf den Westindischen Inseln, und Kohr scheint sie immer noch zu glauben. Auf St. Kitts und Anguilla indes gilt sie als eine von Jeremiah Gumbs' Erfindungen. Als amtierender Regierungschef schrieb Mr. Webster zweimal an Onassis, ohne eine Antwort zu bekommen. Aus den USA trafen tatsächlich kommerzielle Angebote ein; sie kamen, so Kohr, »von Interessengruppen aller Schattierungen«.

Ein Einheimischer, den ich eines Samstags am Flughafen traf – es herrschte Marktatmosphäre und aus den Aztecs wurden Pappkartons, Körbe und Pakete ausgeladen, während die Frauen auf Briefe, Nachrichten, Geldüberweisungen von den Virgin Islands warteten, wo ihre Männer arbeiteten –, dieser Einheimische also flüsterte mir etwas über die Mafia und ihre Agenten unter den Inselbewohnern zu. (Nach neueren Zeitungsberichten zu urteilen, hat er noch mit vielen anderen Besuchern geflüstert.) Ich erkundigte mich bei Mr. Webster danach. Zu meiner Verblüffung erklärte er, bei diesem Geflüster über die Mafia handele es sich um offizielle anguillanische Politik, die dem Ziel diene, die Mafia fern zu halten. Er riet mir auch, weißen »Spitzeln« nicht zu viel Beachtung zu schenken. Hier beschlich mich das Gefühl, im Sumpf uralter, eingefleischter Inselintrigen zu versinken.

Es gab allerdings Leute, die zwar nicht zurück unter die Fittiche von St. Kitts wollten, die aber doch der Zukunft weniger frohgemut entgegenblickten als Mr. Webster oder Professor Kohr. Während eines Jahres ungewisser Unabhängigkeit hatten sie keine »Entwicklung« entdecken können; sie machten sich Sorgen, was passieren würde, wenn Anguilla offiziell die Mitgliedschaft im Britischen Commonwealth aufkündigte. Wie Rhodesien wäre die Insel dann geächtet. Und würde Geächtete anziehen.

Das neu gegründete Wochenblatt *The Beacon* (maschinengeschrieben und im Offsetverfahren gedruckt, die Ausrüstung das Geschenk einer Bostoner Firma) hatte in einem Leitartikel vor einer einseitigen Unabhängigkeitserklärung gewarnt. Das hatte eine gewisse Nachdenklichkeit im Lande bewirkt; die Unabhängigkeit erschien nicht mehr ganz so einfach.

»Wenn wir uns jetzt an amerikanische Geschäftsleute verkaufen«, erklärte mir der junge Elektriker, der das Blatt herausgab, in der Bar, »dann sind wir in der Karibik und in der ganzen Welt die Lachnummer. Verstehen Sie mich nicht falsch«, fügte er langsam, damit ich seine Worte mitschreiben konnte, hinzu. »Falls Großbritannien nichts unternimmt, sollten wir, finde ich, die Sache selbst in die Hand nehmen.«

»Ich mache Omelette aus seinen Eiern«, sagte an der Landepiste ein junger Mann wütend zu Mr. Webster und hielt ihm *The Beacon* entgegen. Eine so gewalttätige Sprache war bislang eigentlich Bradshaw auf St. Kitts vorbehalten geblieben. Mr. Webster, der seine Bekümmernis nicht zeigte – es war Samstag, sein Tag des Herrn –, beruhigte den jungen Mann.

Verängstigte, Forsche, »Spitzel«, »die Mafia«: das war die Grobeinteilung, die sich dem Besucher aufdrängte, wenn er sich bemühte, das Intrigenspiel zu durchschauen, das sich offenbar an keinen Rassenschranken oder Unterschieden der Hautfarbe orientierte. Die Verantwortung, neu erworbene Begehrlichkeiten und Ängste, die sich jetzt mit dem alten Gottvertrauen die Waage hielten, hatten zu Zerwürfnissen geführt und jenes alte Gefühl der Abgeschiedenheit und Zusammengehörigkeit zerstört, um das sich die Unabhängigkeit eigentlich drehte.

Da gab es den Kanadier mit seiner Idee einer Rundfunkstation, für die er aus irgendeinem Grund längere Strandabschnitte brauchte. Da gab es Jeremiah Gumbs' Plan, eine »Bank von Anguilla« zu gründen (mit dem Bau war tatsächlich schon begonnen worden), der vielen Leuten Angst machte. Dann gab es Jeremiah Gumbs' Vorhaben eines »Zentrums für Physiotherapie«. »Das Problem ist, ob ich den Leuten hier die Sache begreiflich machen kann. Vielleicht werden sie sich genauso dagegen sträuben wie der Amerikanische Ärzteverband.« Was er genau meinte, verstand ich nicht; mir wurde erzählt, er wolle einen amerikanischen Wunderheiler auf die Insel holen. Mir fiel sein Halbbruder Richter Gumbs ein.

Den Glauben der Anguillaner an Jeremiahs Fähigkeit, große amerikanische Investitionen auf die Insel zu holen, hatten diese Projekte erschüttert; als Berater des Regierungsrates wurde er fallen gelassen. Während meines Aufenthalts auf Anguilla gewann ich den Eindruck, dass er in Ungnade gefallen war und im *Rendezvous* vor sich hin schmollte. Seine Haltung gegenüber Anguilla wechselte von einer Mahlzeit zur anderen. Manchmal war er ganz Patriot. »St. Kitts wird dafür büßen müssen, wenn sie uns angreifen. Wenn wir mit ihnen fertig sind, kann die britische Regierung sie mit Zwieback und Sirup aufpäppeln, sage ich Ihnen.« Dann wieder verzweifelte er an den Anguillanern. »Sie haben keine Ahnung, dass sie keine Ahnung haben.« Dazu hatte er noch mehr zu sagen. »Das Problem ist«, erklärte er während einer Mahlzeit, die er in düsterer Stimmung verbrachte, »dass der Kolonialismus aus dem Anguillaner eine leere Hülse gemacht hat.«

Seine Stimmungswechsel standen im Zusammenhang mit der Ankunft, Prüfung und Abweisung eines weiteren Amerikaners, der mit einer Idee angerückt war. Dieser Mann bemühte sich um eine »Konzession«: Er wollte ein Stück Land pachten und für die Dauer von fünfundzwanzig Jahren, wenn ich mich nicht täusche, das Monopol auf den Abbau und die Fertigung von Steinblöcken erwerben. Seine Befragung durch den Regierungsrat und dessen Anwalt, der von Trinidad eingeflogen worden war, dauerte acht Stunden; als er sich abends an Jeremiah Gumbs' Esstisch setzte, sah der junge, leicht gedunsen wirkende Mann in knallgrünen Hosen ziemlich gebeutelt aus. Ich hörte später, er sei gegen Ende der Befragung den Tränen nahe gewesen.

Ein deprimierter Jeremiah Gumbs schlurfte in Hausschuhen im Speiseraum umher, goss Wasser ein, reichte Brot – wie ein Rancher, der noch weiß, was er seinen Leuten schuldig ist. Danach führte er mich durch die Fliegengittertür auf die Veranda. Gnitzen und Moskitos stürzten sich auf uns. Er klatschte die großen Hände zusammen, schlug hierhin und dorthin, mörderisch und bedächtig.

»Was ist das für ein Anwalt? Ein Verfassungsrechtler, ein Firmenanwalt, ein Strafrechtler? Hat er eine Ahnung von wirtschaftlichen Dingen? Sagen Sie Webster, er braucht einen Entwicklungsplan. Sonst schreckt er alle möglichen Leute ab. Und *so* viele gibt es von denen nicht. *So* viele gibt es nicht.«

Am Morgen reiste der betrübte Amerikaner ab, grün karierten Jackett, passend zu den Hosen.

Jeremiah Gumbs litt immer noch. »Er hätt' mächtig viel investiert. Vier Jahre lang hätt' er keinen Gewinn gemacht. Und dann soll ein anderer rangelassen werden? Diese Leute haben keine Ahnung von Wirtschaft. Wenn Webster fähig wäre, sich Sorgen zu machen, dann müsste er das jetzt tun. Der Mann wollte die Straße bauen, das ganze Gebiet erschließen. Die Grundstücke der Leute hätten an Wert gewonnen. Häuser wären entlang der Straße gebaut worden. Aber diese Leute haben ja keine Ahnung. *Ich* habe das Hotel hier aufgezogen. *Ich* habe die Werbetrommel für Anguilla gerührt. Jetzt haben auch andere Leute ihre kleinen Lokale aufgemacht. Der Tourist kommt am Flughafen an, die Taxifahrer sausen mit ihm los, bringen ihn hierhin und dorthin. *Ich* habe dafür geworben.« Er verfiel in einen Singsang. »So sieht doch kein Leben aus. Also, ich weiß nicht. Leben, meine ich, sieht anders aus.«

Er habe, meinte ich, genug für Anguilla getan.

Ehe er nicht noch eine ganze Menge mehr getan habe, werde er keine Ruhe geben, erwiderte er. »Ich liebe dieses Land. Ich liebe die Menschen. Ich weiß, wie Armut aussieht. Ich weiß, wie Dürre aussieht. Ich engagiere mich. Damals, als ich noch ein Junge war ...«

Auf meiner Rechnung fand ich den Betrag für ein Fähnchen von Anguilla. Ich sagte Lady B., ich hätte keins gekriegt.

»Sie möchten eins haben, junger Mann?« Sie schwenkte das Fähnchen, als sie es mir reichte, und mimte die Tambourmajorin. »Anguilla, wir kommen!«

Ich steckte es in die Hosentasche, die Flagge des Gebiets, das Jeremiah Gumbs wohl nicht vergönnt sein würde zu erschließen.

Die Unabhängigkeit als Verwaltungsvorgang: das funktionierte. Die Unabhängigkeit zwecks Erhaltung der alten Gemeinschaft: das schien vernünftig. Die Unabhängigkeit um der »Entwicklung« und des schnellen Touristendollars willen: das strafte sich, wie die San-Francisco-Gruppe in ihrem Romantizismus spürte, selber Lügen. Anguilla würde noch weitere seiner Unterstützer verprellen. Die Unabhängigkeit war gerade erst Wirklichkeit geworden, und schon benötigte die Insel Befriedung.

Die Befriedung kam, mit Macht und absurdem Aufwand – absurd aber nur für den Außenstehenden, der nach einer Posse oder einem handlichen Identifikationsobjekt sucht. Das Problem Anguillas bleibt: das Problem einer kleinen Kolonie, die orientierungslos dahintreibt, ein Stück der über Bord gegangenen Ladung des imperialen Schiffs, ein Volk fast noch im Naturzustand, das sich plötzlich als freies Staatswesen wiederfindet und dessen Ausbeutung weitergeht oder neue Formen annimmt.

Als ich von Anguilla abreiste, instruierte Jeremiah Gumbs gerade die Arbeiter (und eine langsame, nachdenkliche, Sand siebende Arbeiterin), die dabei waren, den barackenähnlichen Anbau des Hotels hochzuziehen. Neulich sah ich ihn ganz zufällig, im schwarzen Anzug und mit einem Ring am kleinen Finger seiner großen linken Pratze, im Delegiertenfoyer der Vereinten Nationen. Vier englische Journalisten schrieben seine feierlichen Worte mit.

Bis zur britischen Invasion sollten nur noch zwei Tage vergehen. Jeremiah Gumbs – amerikanischer Staatsbürger und Besitzer einer Brennstoff- und Heizölhandlung in Edison, New Jersey – trat an diesem Tage vor der Kolonialismuskommission als Sachwalter für Anguilla auf. Seine Ausführungen waren klar und sachlich; er sprach in dem mir vertrauten Ton persönlicher Gekränktheit; aber alles, was er über die geplante britische Invasion zu sagen hatte, traf zu.

Er war erneut das offizielle Sprachrohr Anguillas. Er hatte wieder Gnade vor den Augen der Anguillaner gefunden. Und ich war nicht überrascht, aus der Zeitung zu erfahren, dass der Amerikaner in Grün auf die Insel zurückgekehrt war. Und zwar als Anwalt. Er hatte zwar kein juristisches Examen, besaß aber »eine umfangreiche Sammlung juristischer Bücher«; man hatte ihm gestattet, eine Anwaltskanzlei zu eröffnen. Er tat mehr als das. Er beriet die Anguillaner bei der Ausarbeitung einer Verfassung. (Die vorherige, sehr knapp gehaltene, hatte ein Harvard-Professor entworfen, der aber seinen Einfluss auf der Insel irgendwie eingebüßt hatte.) Der *National Observer* druckte einige Bestimmungen der neuen Verfassung ab. Firmen, egal ob ausländische oder heimische, konnten vom anguillanischen Staat nicht enteignet werden; ausländische Staaten konnten gegen Firmen mit Sitz auf Anguilla keine steuerlichen Forderungen gerichtlich geltend machen. Ein Richter des Obersten Gerichts der Insel musste weder Anguillaner noch Jurist sein; alles was er brauchte war die Erlaubnis, auf Anguilla als Anwalt zu praktizieren; außerdem musste er die Fünfunddreißig überschritten haben.

Der *National Observer* brachte auch ein paar Details der Konzession für die Baumaterialienfabrik, die der Amerikaner im Dezember beantragt hatte: fünfundzwanzig Jahre Steuerbefreiung und für den anguillanischen Staat eine Pachtsumme von fünfhundert Dollar jährlich.

Nach der Landung der Briten auf Anguilla setzte man den Amerikaner in eine Cessna und flog ihn aus.

»Leuten, die den Glauben an die Vereinten Nationen verloren haben, mag das komisch vorkommen«, erklärte eine Woche später Jeremiah Gumbs gegenüber Reportern, »aber auf unserer kleinen Insel gelten die Vereinten Nationen trotz ihrer Mängel nach wie vor als große Hoffnung der kleinen Nationen und Menschen guten Willens in aller Welt.«

Die *New York Times* brachte die Äußerung unter der Rubrik »Zitat des Tages«. Außerdem gab sie in ihrem Nachrichtenspiegel einige Zeilen der zwei Jahre alten anguillanischen Hymne zum Besten. Anguilla stand offenbar bereit für eine Reprise – seines Kampfes um Unabhängigkeit, seiner Posse.

1969

Die letzte Kolonie

Britisch-Honduras ist das letzte britische Hoheitsgebiet auf dem amerikanischen Festland, und der gegenwärtige Gouverneur dürfte der letzte sein. Aber das ist noch nicht gewiss. Nach fünf Jahren innerer Unabhängigkeit mit eigenem Premier und Kabinett gibt es im Blick auf die förmliche Unabhängigkeit immer noch Probleme. Dabei geht es um die Frage, wer die Briten ablösen soll. Guatemala erhebt Anspruch auf Britisch-Honduras und verlangt die Wiedereingliederung des Territoriums in sein Staatsgebiet. Vermittlungsversuche der USA sind bislang fehlgeschlagen. In Britisch-Honduras selbst erhebt die Opposition mit Erfolg den Vorwurf, die Regierung wolle das Land an Guatemala verkaufen. Die Regierung bestreitet das. Aber sie steckt in der Zwickmühle. Um zu beweisen, dass es ihr mit der Unabhängigkeit ernst ist, müsste sie sie haben, aber die Unabhängigkeit bekommt sie erst, wenn sie bewiesen hat, dass es ihr ernst damit ist.

Der Gouverneur vor Ort, der sich im Hintergrund hält und darauf wartet, das Land in die Unabhängigkeit zu entlassen, heißt Sir John Paul. Vorher hat er in Westafrika, in Sierra Leone und Gambia Dienst getan. Britisch-Honduras ist seine letzte Station im Kolonialdienst. Er ist dreiundfünfzig; seine eigene Zukunft liegt im Ungewissen. Er ist kein Beamter mit Pensionsanspruch mehr und hat in England keine Stelle, auf die er zurückkehren kann. In Britisch-Honduras gibt es wenig für ihn zu tun. Er bewilligt im Namen der Königin Gelder, er ist Chef der Zivilverwaltung, er kümmert sich um auswärtige Angelegenheiten. Unmittelbare Verantwortung trägt er nur für die Verteidigung – es gibt eine kleine britische Garnison – und für die öffentliche Ordnung; die Leitung der Polizei teilt er sich mit dem zuständigen Minister.

»Sicherheit und Stabilität. Sehr wichtig, aber ziemlich öde. Ein Vollzeitjob ist das eigentlich nicht. Man fühlt sich einigermaßen isoliert und abgehoben. Ist ja auch richtig so: Das Land regiert sich selbst. Einmischung möchte man tunlichst vermeiden.«

Das Taktgefühl des Gouverneurs wirkt wie Vermeidungsverhalten, erscheint als Ausdruck einer ihm eigenen, kühlen Melancholie. Er ist ein hoch gewachsener Mann, schwer gebaut, aber trotzdem athletisch. Im Büro trägt er ein weißes Hemd mit Schlips, kein Jackett: Seine Kleidung drückt den halb offiziellen Charakter seines Amtes aus.

»Solange es sich um ein abhängiges Territorium handelt, kann der Gouverneur nicht fehl am Platze sein. Aber er hat unter Umständen verdammt wenig zu tun. Noch schlimmer ist es, wenn Sie Generalgouverneur sind. Da gibt es sogar noch weniger zu tun. Das habe ich ein Jahr lang in Gambia genossen. Ich erkannte, dass mir, wenn ich da raus wollte, nichts anderes übrig blieb, als eine Verfassung für die künftige Republik zu entwerfen. Das tat ich. Wir legten sie dem Volk vor, und das Volk verwarf sie.«

Weiße Wasserski und Angelruten lehnen leicht und luftig an der Wand des Amtszimmers des Gouverneurs. Ein halb geöffneter Regenschirm hängt vom grauen Stahltresor herab. An der Wand eine Landkarte: dieses nahezu menschenleere britische Territorium – zwanzigtausend Quadratkilometer, hunderttausend Einwohner –, ein Gebiet, das in Lateinamerika nichts zu suchen hat: der Industriegigant Mexiko im Norden, Guatemala mit seinen hohen Bergen, den politischen Morden, den Blumen und Früchten gemäßigter Zonen, den architektonischen Altertümern der Spanier und der Maya im Westen und Süden.

Die mit Fliegengittern versehenen Fenster des Gouverneursbüros blicken auf die kargen Gartenanlagen des Amtssitzes, die zwei hohen Königspalmen. Unmittelbar dahinter beginnt die Karibische See, nicht blau an dieser Küste und von Katzenfischen wimmelnd, diesen rastlosen Abfallbeseitigern in den Gewässern der auf Sumpfland erbauten Stadt.

Das Empire machte hier nie viel her. Es begann im 17. Jahrhundert mit einem auf die Küste beschränkten Einfall in das amerikanische Kolonialreich Spaniens. Im 19. Jahrhundert vergrößerte sich die Fläche auf das Doppelte. Aber das Gebiet galt immer als gewaltsam okkupiert und zog niemals Siedler an – ein Land mit Plantagen wurde nicht daraus. Die ersten Eindringlinge kamen mit ihren schwarzen Sklaven, um Blauholz zu schlagen; ihre Nachfolger zogen weiter landeinwärts auf der Suche nach Mahagoni. Die Mahagoniwälder sind alle abgeholzt. Geblieben ist Buschwerk mit kleinen, im Busch verstreuten Siedlungen: Maya-Indios, die sich zwischen den mächtigen Ruinen ihrer Kultur wie irgendeine beliebige, schlecht angesehene Einwanderergruppe bewegen; schwarze Kariben, die von der westindischen Insel St. Vincent hergeschafft wurden und die nach Ansicht der afrikanischen Schwarzen tiefschwarz und hässlich sind und schlecht riechen; Spanischstämmige und Mestizen, die von Yucatan hergeflüchtet sind; in den letzten zehn Jahren sind außerdem einige Tausend Mennoniten hinzugekommen, eine bibelgläubige deutsch-amerikanische Sekte, die viele Quadratkilometer tropischen Busch – gekauft für drei Viertel englische Pfund pro Morgen – in die Landschaft der amerikanischen Siedlerzeit verwandelt hat. Die Nachkommen der schwarzen Holzfäller, die heute zwei Drittel der Bevölkerung ausmachen, sind überzeugte Stadtmenschen und leben in der überfüllten Küstenstadt Belize City.

Aus der Luft erscheint Belize City als ein wirrer, weißer Haufen am Rande eines mit Wasser vollgesogenen Landes, dessen Wälder gelegentlich die Sonne als fahle, weiße Scheibe an den Himmel malen. Entlang der Küstenlinie reihen sich regellos abgesoffene Inselchen wie dunkelfarbigere Wolkenschatten; während des Wirbelsturms von 1961 sank eine dieser Inseln, die sich zum leisen Unwillen der Einheimischen im »exklusiven« Besitz von Amerikanern befand, mitsamt ihren drei Ferienhäusern. Wellblechklos hängen über dem träg fließenden Wasser der breiten Kanäle von Belize City; in einem der Nachtklubs dürfen die Touristen die Katzenfische füttern.

Wer in dieser Stadt in einem »schönen trockenen Loch« begraben wird, kann sich glücklich schätzen. Am Spätnachmittag sieht man Schwarze in Jackett und Schlips, mit weißen Taschentüchern winkend, hinter den Leichenwagen zum Friedhof unmittelbar vor der Stadt wandeln. Danach stehen sie ungezwungen und sinnbildhaft zwischen den sie überragenden Grabsteinen, plaudernd und in der Dämmerung unablässig winkend. Es wirkt wie ein Zeremoniell konfusen Abschiednehmens am Rande der Welt. Tatsächlich aber halten sie sich nur die Stechmücken und Gnitzen vom Leib.

In Belize City ist die britische Fahne Symbol des Widerstands der Schwarzen gegen die Ansprüche Guatemalas. Die Schwarzen von Britisch-Honduras waren keine Plantagensklaven. Sie waren Waldarbeiter. Und obwohl bis vor kurzem einige Privathäuser in Belize City noch ihre alten Bestrafungskammern für die Sklaven mitsamt Originalketten vorweisen konnten, blicken die Schwarzen doch mit Stolz auf die Zeiten zurück, da sie, voll und ganz britisch, Seite an Seite mit ihren Besitzern gegen die Spanier kämpften.

»Wenn Sie hier die Sklaverei erwähnen«, sagt der schwarze Oppositionsführer, »dann starren die Leute Sie an und fragen sich, wovon Sie um Gottes willen reden.«

Die Guatemalteken machen gern den Scherz, Guatemala solle Britisch-Honduras wiederbekommen und die Briten ihre Schwarzen. Die Mexikaner haben einen ähnlichen Scherz auf Lager: Mexiko werde Britisch-Honduras nehmen und Guatemala die *negritos*.

Der Vizepräsident von Guatemala, der zu den führenden

Intellektuellen seines Landes zählt, findet das gar nicht witzig. Er will die Schwarzen nicht, und vor Mexiko hat er Angst. Auch Mexiko meldet Ansprüche an – es will gut die Hälfte von Britisch-Honduras, aber aktiv werden will es nur, wenn Guatemala die Initiative ergreift. Der Vizepräsident von Guatemala ist der Verzweiflung nahe. Er ist Indio und Patriot und er glaubt, dass Guatemala Britisch-Honduras, seinen dreiundzwanzigsten Verwaltungsbezirk, nicht mehr wiederbekommen wird, dass die Briten das Land absichtlich verdorben haben, indem sie es mit Schwarzen vollstopften, und jetzt weder von dem Land noch von den Schwarzen mehr etwas wissen wollen.

»Wir haben kein Negerproblem. Ein Neger braucht sich nur in die Brust zu werfen, und schon geben zehn unserer Indios Fersengeld. Wir sind eine schwache Rasse. Die Briten haben die Neger aus dem Kongo, aus Angola und dem Sudan herübergebracht. Sie können in der Hitze gut arbeiten, unsere Indios können das nicht. Die Neger werden nicht so leicht krank. Die Malaria kann ihnen nichts anhaben. Wenn der Neger sich mit dem Indio mischt, erzeugen sie den *sambo*. Das ist eine Rasse, die schnell degeneriert.«

Vizepräsidenten aber wechseln; der Gebietsanspruch Guatemalas kann jederzeit in einen Kreuzzug ausarten. Solange Britisch-Honduras britisch bleibt, wird allerdings nichts passieren; und die Frage, wer die Schwarzen kriegt, bleibt akademisch, solange es einen Gouverneur gibt und die britische Fahne als Zeichen nicht des Protests, sondern der fortbestehenden Ordnung über dem Amtssitz des Gouverneurs weht.

Die Gouverneursresidenz ist ein weißes, zweistöckiges Holzgebäude, das wie ein großes Privathaus aussieht. Es gibt darin nur drei – riesige – Schlafzimmer. Der sachliche Baustil kaschiert das Alter des Gebäudes, mit dessen Errichtung im Jahr 1815 begonnen wurde und das sich von den Gouverneurssitzen aus späterer Zeit deutlich unterscheidet. Man hat sich lange Zeit wenig um das Haus gekümmert, und es hat viele Wirbelstürme überstanden. Die Flutwelle, die dem letzten Wirbelsturm im Jahr 1961 folgte, stand im Erdgeschoss und verunstaltete den Treppenaufgang aus Mahagoni, das einzige Schmuckstück des Gebäudes.

»In Gambia war alles viel großartiger. Vorher hatten dort ostafrikanische Gouverneure residiert. Die hatten – zu Recht, wie ich finde – ganz klare Vorstellungen davon, wie ein Gouverneur unterzubringen ist. Einen bildschönen Garten gab es auch. Aber das Haus hier entspricht natürlich den finanziellen Möglichkeiten des Landes.«

Die Gouverneursresidenz kostet die Regierung von Britisch-Honduras jährlich 11 000 Pfund. Damit muss alles finanziert werden: das mit Monogramm versehene Porzellan und Silber, das die Beauftragten der Krone für die überseeischen Gebiete in London kaufen; die drei Stewards namens Lloyd, Garnett und George; der Koch Leon und die Wäschepflegerin Adela; die zwei Sekretäre im Außenamt des Gouverneurs und der Gouverneur selbst. Der Adjutant des Gouverneurs gehört dem lokalen Freiwilligenkorps an.

»Er arbeitet bei mir als Teilzeitkraft. Seine Tätigkeit umfasst kaum noch offizielle Verrichtungen. Die Fahne wird um sechs Uhr dreißig niedergeholt. Das besorgen die Wachtposten von der Polizei. In Gambia geschah das zeremoniell, mit Trommelwirbel, der den – wie sie es nannten – Abzug begleitete. Einmal haben wir es hier auch so gemacht, und ich muss sagen, ich fand es ganz schön eindrucksvoll. Die militärischen Ehrenzeichen wurden präsentiert, 350 bis 400 Gäste waren anwesend, die Fahne wurde niedergeholt und zum Abzug getrommelt. Es nahm aber unser Budget so stark mit, dass wir es seitdem nicht mehr gemacht haben.

Ungefähr einmal im Monat geben wir einen Empfang. Normalerweise. Das ist die einzige Gelegenheit, wo jeder jeden treffen kann. Ich meine es nicht als Kritik, wenn ich sage, dass die Leute hier dazu neigen, unter sich zu bleiben. Meine Frau kümmert sich um alles selbst. Ich habe keine Haushälterin. Wenn ich also allein bin, ist es mit der Geselligkeit nicht weit her.

Wir hatten ein schönes neues Auto. Es ist gerade zu Bruch gegangen. Ein funkelnagelneuer Austin Princess, möglicherweise Totalschaden. Ich könnte rasen vor Zorn. Wir haben es zur Reparatur nach England geschickt. Jetzt müssen wir uns mit einem 1962er Rover behelfen.«

Für seine Fahrten durchs Land hat der Gouverneur einen Landrover. Diese Fahrten unternimmt er in amtlicher Eigenschaft, aber ohne viel Aufhebens, fast privatim: Der Premier von Britisch-Honduras hat ihm unmissverständlich zu verstehen gegeben, dass er dem Gouverneur nicht in amtlicher Eigenschaft und öffentlich zu »begegnen« wünscht.

»Er ist sehr empfindlich. Man darf kein falsches Wort sagen.«

Vor der Abgeordnetenversammlung ist der Gouverneur nur einmal aufgetreten. Nur einmal hat er – ohne sich recht daran erinnern zu können – die aus schwarzem Rock, weißen Spitzenmanschetten, weißer Krawatte und langem rotem Umhang bestehende Amtstracht zu sehen bekommen, die der Träger des Amtsstabes, ein früherer Schiffsbelader, voller Unmut anlegt. Die Versammlung ist wieder und wieder vertagt worden: Eine Thronrede hat der Gouverneur nie vor ihr gehalten.

»Nicht, dass mir etwas daran liegt«, sagt der Gouverneur.

Er hat wieder mit Malen angefangen. »Das hält mich von dummen Gedanken ab.« Seine Aquarelle aus Gambia – ordentlich, akribisch, schlicht – hängen an den grauen Wänden der Gouverneursresidenz, zwischen alten amtlichen Fotos, einem dunkel gewordenen Ölbild der Berkshire Downs und einem Blick auf die Themse.

»Der Gouverneur«, sagt der Premier, »ist wie Johannes der Täufer. Er wird Tag für Tag kleiner. Die Gouverneursresidenz ist nicht der Regierungssitz. Regierungssitz sind der Amtssitz des Premiers und das Abgeordnetenhaus.«

Unmittelbar neben der Gouverneursresidenz befindet sich der Amtssitz des Premiers, ein uneleganter weißer Holzbungalow mit blauen Verblendungen – Weiß und Blau sind die Farben der Partei des Premiers – und mit einem roten Blechdach.

Im Speiseraum hängt ein überlebensgroßes Porträt des Premiers, das ein heimischer Künstler nach einem Foto gemalt hat. Es zeigt einen jugendlichen, mutwilligen Fünfzigjährigen mit Brille und offenem Hemd. Der Mutwille steckt in den Augen und im Mund; die Lippen sind striemig und wirken ausgedörrt. Mit dem Mund hatte der Künstler Probleme; er kam erst damit zurecht, als er beim Malen der Stimme des Premiers im Radio lauschte. Man kann sie allmorgendlich in der Radiosendung *Aufgewacht und an die Arbeit!* hören. Der Premier ist gemischtrassiger Abstammung: Maya-Indios, Europäer, auch ein bisschen Afrika haben mitgewirkt. Er sieht weißhäutig aus; das Gemälde zeigt ihn schwarz.

Der Abgeordnete und Premier George Price wohnt nicht in seinem Amtssitz. Er wohnt im alten Haus seiner Familie im heruntergekommenen Zentrum von Belize City. Das ungestrichene Haus auf seinen hohen Stelzen ist von Wind und Wetter geschwärzt. Es liegt kahl und verrammelt hinter einem hohen Zaun und hat keine Eingangsstufen.

Der Premier geht früh nach Hause. Er ist unverheiratet; eine Nachbarin kocht für ihn. Er empfängt kaum Besucher in seinem Heim und nimmt selten Akten mit nach Hause. Er liest Romane – Thomas Mann zählt zu seinen Lieblingsautoren – und theologische Schriften. Vor dem Zubettgehen betet er. Er ist um fünf Uhr morgens auf und besucht die Messe um fünf Uhr dreißig. Er quält sich nicht mit politischen Entscheidungen; nach dem Gebet und der Nachtruhe kommen sie wie von selbst. Punkt acht Uhr ist er im Amt. Graue Haare hat er keine.

Als junger Mann besuchte George Price das Priesterseminar – der schwierige Mund kündet vom Eigensinn innerer Berufung –, und selbst seine Feinde bescheinigen ihm, dass ihn weder Alter noch Macht verändert haben. An Geld ist er nicht interessiert; er ist bekannt für seine Neigung, Geld zu verschenken, weshalb es in seinem Vorzimmer stets von Bittstellern wimmelt. Als Dienstwagen hat er einen Landrover; unablässig fährt er durch das leere Land, begrüßt die Leute, kontrolliert sie. Und dann geht Tag für Tag sein öffentliches Leben abrupt zu Ende.

»Mr. Price ist nicht wie andere Menschen«, sagt der Oppositionsführer. »Wir anderen haben Frau und Familie, Freizeit. Mr. Price hat immer nur dasselbe im Kopf. Er will die Briten loswerden, ist aber, wie wir glauben, durchaus bereit, sie durch die Guatemalteken zu ersetzen.«

»Das ist ein heikles Problem«, sagt der Vizepremier. »Das Heikle liegt darin, dass Mr. Price weniger zu verlieren hat, wenn Guatemala die Macht im Land übernimmt. Sein Aussehen und seine rassische Ausstattung bestärken die Leute in der Überzeugung, dass er es tun würde.«

»Gewöhnlich ist es eine gute Methode«, sagt der stellvertretende Oppositionsführer, »sich als religiöser Mensch zu stilisieren. Wen versucht Price hinters Licht zu führen? Er träumt schon lange von einem glorreichen römisch-katholischen mittelamerikanischen Imperium.«

»Price sieht nicht so aus«, sagt der Vizepräsident von Guatemala, »aber er ist ein Neger. Wäre er ein Maya-Indio und ein Patriot, wie er behauptet, würde er sich nicht mit all den Negern da drüben gemein machen.«

Früher, als er nur ein nationalistischer Agitator war und damit in Britisch-Honduras den Vorreiter spielte, waren die Ansprüche Guatemalas nützlich für Price. Als Premier aber ist er durch diese Ansprüche in die Enge getrieben; sie untergraben seine Macht.

»Ich glaube nicht, dass irgendjemand mit einem so raschen Ende dieses Lebens rechnete. Nach Ghana war nichts mehr zu machen, und es gab auch niemanden, der noch etwas hätte machen wollen.«

Ein Besuch in Trinidad in den Jahren 1934/35 verschaffte ihm einen ersten Eindruck vom Leben in einer Kolonie und brachte ihn auf den Gedanken, eine Karriere im Kolonialdienst anzustreben.

»Ich mochte die *Atmosphäre*, die Freundlichkeit der Menschen. Und bedenken Sie, damals gab es in der Industrie und im kommerziellen Bereich weniger Möglichkeiten für Leute wie mich, die eine Public School – das Wort hat heute fast schon einen obszönen Klang – besucht hatten.« Das Eliteinternat, auf das der Gouverneur gegangen war, hieß Weymouth und lag in Dorset. »Hat schon lange dichtgemacht.«

»Noch vor dem Krieg reichte ich meine Bewerbung für den Kolonialdienst ein. Ich studierte in Cambridge, machte im Juni 1939 meinen Abschluss. Ich entschied, dass es besser war, mich als Berufssoldat zu verpflichten und aus freien Stücken dabei zu sein, als abzuwarten und dann als Wehrpflichtiger herumgeschubst zu werden. Den größten Teil des Krieges verbrachte ich in Gefangenschaft. Ich gehörte dem Königlichen Panzerkorps an. Geriet 1940 bei Calais in Gefangenschaft. Nach dem Krieg schickte man mich als Adjutant nach Sierra Leone. Nach der Entlassung aus der Armee trat ich in den Kolonialdienst ein und wurde Bezirkskommissar. Ich hatte große Mühe, meine Entlassung als Berufsoffizier zu erhalten. Nicht, weil sie besonders interessiert an mir gewesen wären – da bin ich mir sicher –, sondern aus Prinzip ...

Die Arbeit als Adjutant war einer der faszinierendsten Jobs, die man sich nur vorstellen kann. Man war damals praktisch auf sich allein gestellt. Man entwickelte sehr enge Bindungen an die Leute. Wir alle hatten ein Gefühl der Zusammengehörigkeit. Heute wird viel auf den Kolonialismus geschimpft ... Die Menschen tendieren dazu, das Empire im Kontext der letzten fünfzig oder hundert Jahre zu sehen. Ich halte es aber für fair festzuhalten, dass es ohne das Empire im Laufe der Jahrhunderte zu keiner Verbreitung von Bildung gekommen wäre. Afrika ist in dieser Hinsicht am fragwürdigsten, vermute ich mal. Aber die Sache hat bestimmt auch ihre guten Seiten gehabt. Das soll keine Kritik an den Einheimischen sein. Sie waren Gefangene ihrer eigenen Verhältnisse ...

Es war die lohnendste Zeit meines Lebens. Unklarheiten gab es nicht. Man wusste genau, was man in dem bescheidenen Rahmen, der einem gesteckt war, zu tun versuchte. Die Schurigelei von Seiten des Sekretariats, wie wir die vorgesetzte Behörde nannten, hielt sich in Grenzen. Die meiste Zeit blieben wir uns selbst überlassen. Der Tag war ziemlich früh zuende – es gab kein elektrisches Licht. Wir hatten kleine Kinder. Die beschäftigten uns ganz schön. Wir lasen viel, waren viel auf Achse. Natürlich ging man damals zu Fuß und kuckte, was sich so tat.«

Schlag acht Uhr fegt der Landrover die kurze Auffahrt zum Säulenvorbau der Gouverneursresidenz herauf. Der Premier, hoch gewachsen und schlank, springt im offenen, bortenbesetzten Yucatan-Hemd hinter seinem Adjutanten aus dem Auto.

»Morgen, Exzellenz!«

Der Premier benutzt gern Titel, und es wirkt immer so, als setzte er sie in Anführungszeichen.

Heute unternimmt er seine allwöchentliche Rundfahrt; der Schriftsteller, der zu Besuch weilt, wird ihn begleiten. In weißem Hemd und Schlips erscheint der Gouverneur, um den Premier zu begrüßen. Es findet ein kurzer, eiliger Austausch von Höflichkeiten statt. Der Adjutant schlägt hastig die Tür des Landrovers zu, und schon sind wir unterwegs.

»Morgen, Miss Virginia.«

Wenn der Premier Leuten zuwinkt, unterbricht er die Unterhaltung, um sich darauf zu konzentrieren; es ist, als erteile er einen Segen.

Neun Männer umringen eine kleine schadhafte Stelle in der Hauptstraße. Die Fahrzeuge des Straßenbauamts sind wieder kaputt. Der Premier macht sich eine Notiz. Später kommen wir an Erdhaufen des Straßenbauamts vorbei.

»Schorsch Price, bring die Straße in Ordnung!«, ruft jemand.

Wir machen oft halt.

»Morgen, morgen.«

Der Premier eilt in seinem flatternden Hemd, seinen weiten gelbbraunen Hosen und seinen großen schwarzen Schuhen mit großen Schritten voran. Der Adjutant saust hinterher, um den Premier vor wütenden Hunden zu schützen. Der muskulöse junge Schwarze, der uns fährt, steht neben dem Landrover und kaut Kaugummi; er ist groß, trägt Stiefel, enge Jeans und Pullover. Dazu eine dunkle Brille.

»Morgen. Ich bin's, Schorsch Price, der Premier. Lasst mich mal in die Küche kucken. Lasst mich mal sehen, was heute bei euch auf'm Herd steht.«

Er lüpft Deckel, beschaut sich Frühstücksteller, teilt seinen Segen aus. Schon stürzen wir wieder zum Landrover.

Als George Price aus finanziellen Gründen vom Priesterseminar abging, fand er einen Job bei einem Landsmann, der es mit Bauholz zum Millionär gebracht hatte. Er blieb vierzehn Jahre lang bei ihm und diente ihm als Sekretär und Reisebegleiter.

»Wir reisten überall hin. Ich erinnere mich, wie ich eines Tages in einem Hotel in Chicago überschlug, welchen Wert die Leute am Speisetisch repräsentierten. Ich kam auf 300 Millionen Dollar. Wenn man die ganze Zeit mit solchen Leuten zusammen ist, hält sich der Neid in Grenzen. Ich hatte schon sehr früh das *Sic transit gloria mundi*-Gefühl. Turton hatte all das viele Geld. Aber er war ein kranker Mann ...

Jedes Mal, wenn ich in eine Bank kam, sagte ich mir: Du betrittst den Tempel der Kapitalisten. Ich glaube, manchmal äußerte ich es sogar laut. Turton gefiel nicht immer, was ich von mir gab. Eines Tages zitierte ich ihm etwas aus der Enzyklika von 1931 – ich glaube, es war *Quadragesimo Anno*. Über die Beziehungen zwischen Arbeitgeber und Arbeiter, den lebendigen Lohn und so. Er hörte zu, und ich dachte, ich hätte Wirkung erzielt. Als ich fertig war, sagte er: ›Schorsch, der Papst hat keinen blassen Schimmer von Geschäften.‹

Turton brachte mich dazu, in die Politik zu gehen. Er sagte: ›Du gehst in die Politik.‹ Er ließ mich 1944 für den Stadtrat von Belize City kandidieren. Ich unterlag. Wenn mir jetzt ein Arzt sagte, ich müsse mit der Politik aufhören, würde ich es nicht tun.«

Aber die Politik ist ständiger Wandel. Der antikolonialistische Politiker, der den Kampf anführt und sein Volk erzieht, macht sich selbst damit in Windeseile überflüssig. Politik als Berufung für den verhinderten Priester, das leere Land als Kirchspiel – das funktioniert nicht mehr. Die Ansprüche Guatemalas haben die Politik in Britisch-Honduras zur Künstlichkeit verdammt und erstarren lassen. Wie die Unabhängigkeit befindet sich auch der Fortschritt auf dem Rückzug. Der Premier hat diese Dörfer zu oft schon besucht; er bringt keine frohe Botschaft mehr.

»Wie es scheint, warten sie nicht mehr auf einen Messias«, meint der Vizepremier. »Offenbar wollen sie politische Mitwirkung. Oder eine kollektive Führung. Ich glaube, Mr. Price spürt die Veränderung im Land. Kürzlich hat er sein Kabinett vergrößert.«

»Ich werde alt«, sagt der Premier. »Ich bin nicht mehr so kämpferisch, wie ich es einmal war.«

»Die Karriere hat einen völlig anderen Verlauf genommen, als man es sich einst vorgestellt hat«, sagt der Gouverneur. »Ironisch ist nicht zuletzt, dass man sich durch seine Arbeit die meiste Zeit über selbst aus dem Beruf herausgedrängt hat. Ich habe extremes Glück gehabt. Vom alten Kolonialdienst sind nur noch ganz wenige übrig geblieben. Genau gesagt, eine verschwindend kleine Zahl.«

Die Außenwelt dringt ein. Die Söhne derer, die vormals mit dem Segen des Premiers zufrieden waren, gehen weg, um zu studieren, und verfluchen bei der Rückkehr die eine wie die andere Partei. Sie reden von Vietnam und Black Power. Sie untergraben die Anhänglichkeit der Schwarzen an die Zeit der Sklaverei.

»Die Weißen kaufen das Land auf. Der englische Kolonialismus hat versucht, die Schwarzen so abzurichten, dass sie mit dem Land nichts anfangen können. Mit vereinten Kräften haben sich die englischen Kolonialisten bemüht, ihre schwarzen Sklaven an die Holzfällerei zu ketten. Für die Schwarzen wurde das Holzfällerdasein zu einem Symbol ihrer Manneskraft.«

Politik hat in Britisch-Honduras seit jeher einen rassisch-religiösen Unterton: die schwarz-protestantische Stadt, das römisch-katholische Land. Jetzt droht das Thema Rasse die alte Politik vollends um ihre Bedeutung zu bringen. Der Premier, unter seiner sorgfältig gepflegten Sonnenbräune – einem Fall von politischem Körperkult – ein Weißer, ist besonders angreifbar.

Der Gouverneur erhält einen Bericht vom letzten Black-Power-Treffen.

»Vergangenen Abend haben sie 150 auf die Beine gebracht. Ich muss gestehen, ich habe kein Wort von dem verstanden, was da geredet wurde.«

Wir sitzen um den neuen kleinen Swimmingpool neben der Gouverneursresidenz und trinken ein Gläschen. Die Brise vom Meer ist feucht.

»Glauben Sie, dass er sich mit mir zum Mittagessen trifft?«, will der amerikanische Konsul wissen. Er ist besorgt: Der Wortführer der Black-Power-Bewegung in der Stadt, der gerade einmal einundzwanzig ist, hat mit einem amerikanischen Stipendium eine amerikanische Universität besucht. »Ich wünschte, mir gäbe jemand zwölftausend Dollar, um meinen Sohn aufs College zu schicken.«

Der Konsul ist freundlich und intelligent. Er hat einige Erfahrung im Zusammenhang mit britischen Kolonien gesammelt, die sich auf dem Weg zur Unabhängigkeit befanden. Er »beobachtete« die Entwicklung in Britisch-Guyana, als die Jagan-Regierung durch schwarze Rassenunruhen und einen von den USA unterstützten Streik gestürzt wurde.

Die USA haben ein Interesse: In Wirklichkeit geht es darum, Großbritannien als imperiale Macht zu beerben.

Der Gouverneur, der Angst hat, auf dem Altenteil zu landen, ist mit seiner eigenen Zukunft beschäftigt.

»Von Staats wegen gibt es keine Verpflichtung, mir eine andere Stelle anzubieten. Ich weiß nicht, was die Zukunft bringen wird. Aber wir haben Glück gehabt. Die große Sorge galt der

Ausbildung der Töchter, und die Durststrecke haben wir mehr oder minder hinter uns.«

Wenn der Gouverneur aus dem Kolonialdienst ausscheidet, wird er mit einer gewissen Zuneigung an die Länder zurückdenken, in denen er gearbeitet hat, nicht aber mit Wehmut. Der schlechte Einfluss des Tourismus auf rückständige Länder erfüllt ihn ebenso mit Sorge wie der Gedanke an all das, was diese Länder noch schaffen müssen.

»Nehmen Sie Gambia. In manchen Gegenden brachte man die Leute einfach nicht dazu, in die Schule zu gehen. Eine entsetzliche Verschwendung menschlicher Ressourcen. So, wie die Dinge stehen, haben diese Leute nicht die geringste Chance, und dabei werden sie sicher, na, sechzig, siebzig Jahre alt.«

Auch die Erinnerung an die mitternächtliche Zeremonie anlässlich der Entlassung Gambias in die Unabhängigkeit wird der Gouverneur mit zurück nach England nehmen: wie die britische Flagge eingeholt wurde, wie die Lichter erloschen und dann wieder aufleuchteten, als die neue gambische Fahne gehisst wurde, wie sie einander die Hände schüttelten, er und die Gambier, die in diesem Augenblick freudig erregt waren, gleichzeitig aber auch imstande, Rücksicht auf seine Gefühle zu nehmen.

Die Fahne, die damals zur mitternächtlichen Stunde eingeholt wurde, befindet sich im Landhaus des Gouverneurs in Hampshire. Sie hing aus dem Fenster, als man den Schulabschluss der Töchter feierte.

Der Premier geht mit dem Gedanken um, sich in der kühlen Region des Mountain-Pine-Höhenzugs ein Haus zu bauen, wohin er sich zurückziehen kann.

»Mr. Price versteht sich aufs Überleben«, meint der Stellvertreter des Premiers. »Er ist der geborene Politiker. Das Ende seiner Herrschaft sehe ich noch nicht.«

In der pfäffischen Ironie des Premiers, die manchmal wie Arroganz wirkt, und in der Routine, mit der er die Tagesgeschäfte erledigt, liegt indes mehr als nur eine Andeutung von Rückzug. Er wird bis zum Ende kämpfen. Aber gleichzeitig erklärt er seinen Anhängern: »Der Tag wird kommen, an dem ich abtreten werde.«

Die Dinge dieser Welt haben ihn nie interessiert, auch wenn er den größten Teil seines Lebens voll und ganz mit ihnen befasst war. Oft denkt er über das Merkwürdige seiner Karriere nach.

»Ich habe immer wieder diesen Traum. Ich bin in der Kirche. Jemand liest die Messe – Turton, mein früherer Arbeitgeber, oder Pinks, einer seiner leitenden Angestellten –, und ich frage mich, warum dieser alte Sünder da oben steht und nicht ich, der so gern dort wäre.«

1969

Das überfüllte Lager

Sechs Zimmerleute verlassen die Insel Mauritius im Indischen Ozean, um für ein Jahr nach Swasiland in Südafrika zu gehen und dort zu arbeiten; *L'Express*, der führenden Zeitung auf Mauritius, ist das eine Meldung auf der Titelseite wert. Sechs Mäuler weniger zu stopfen, sechs Familien versorgt, jedenfalls für ein Jahr. Fünfundzwanzig Krankenpfleger, sowohl Männer als auch Frauen, werden von Krankenhäusern in England eingestellt. In England werden sie aus dem Blickfeld verschwinden, in diesem Augenblick aber genießen sie Ruhm auf ihrer Insel und finden ihre Namen ganz oben auf der Titelseite der *Mauritius Times* abgedruckt. Auf diese fünfundzwanzig Stellen haben sich vielleicht zehntausend beworben. Das schätzt man jedenfalls; so stehen hier die Chancen.

»Eure Majestät«, schreibt ein junger Mauritier an die Leiterin der Krankenpflege in einem schottischen Krankenhaus, »würden Sie mir bitte einen Platz zuweisen?« Der Zeitungskorrespondent, der aus Großbritannien von dem amüsanten Brief berichtet und der – selbst Mauritier – zu der Gruppe der Glücklichen gehört, die es geschafft haben wegzukommen, versichert, mit Schmeicheleien dieser Art erreichten die jungen Mauritier gar nichts. Ihm fehlt es nicht an Mitgefühl; er wisse, sagt er, dass die jungen Menschen auf Mauritius von dem Gedanken besessen seien, die Insel verlassen zu können, und dass sie „vor Enttäuschung körperlich und seelisch permanent erschöpft seien«. Erfolg aber werde einzig und allein derjenige haben, der »über solide Kenntnisse« verfüge, die »auf dem neuesten Stand« seien, und der »einen (wirklich) guten Charakter und Begeisterung für die Krankenpflege« mitbringe.

Es gibt freilich nur allzu viele, die diese Qualifikation aufweisen. Da die Krankenpfleger die einzigen Mauritier sind, die man im Ausland willkommen heißt, begeistert sich ganz Mauritius für die Krankenpflege. Die Mauritier sind eine Nation von Krankenpflegern. Sie umlagern die Türen der Ministerbüros in Port Louis, der Hauptstadt, und warten darauf, dass man sie zum Dienst ruft. Die Minister sind auf Mauritius allmächtig; nur durch einen Minister lässt sich etwas erreichen. Was aber können die Minister tun? Einmal fiel Manna vom Himmel – so der Außenminister –, und Deutschland forderte fünfhundert Krankenpfleger an. Aber Manna regnet es nicht jeden Tag; die Hoffnung, dass Frankreich fünftausend jährlich nimmt, bleibt ein Wunschtraum.

Es gibt einen Staatsminister für Auswanderungsfragen, einen dicklichen, ständig kichernden Mulatten, der früher Automechaniker war. Zahlen zur Emigration kann er aber keine nennen. Er habe sie nicht im Kopf, sagt er, und außerdem sei er durch eine Regionalwahl in Anspruch genommen. »Unsere ganze Kraft widmen wir dieser Nachwahl in Curepipe. Wir meinen, dass Mauritius zur Lösung seiner Probleme ein gutes politisches Klima braucht.«

Der Minister kann keine Zahlen liefern, weil es kaum welche zu liefern gibt. So hängen also die jungen Männer manchmal jahrelang herum und warten darauf, dass sie mit ihrem Arbeitsleben beginnen können. Sie treffen sich in kleinen Klubhäusern aus Beton oder Wellblech, die mit Plakaten des Britischen Informationsdienstes oder mit Ausschnitten ausländischer Zeitschriften dekoriert sind, und reden und reden. Manche fangen an, unter Schwindelanfällen zu leiden und müssen zu Hause bleiben. Viele von ihnen bekommen Kopfschmerzen, jene furchtbare mauritische Migräne, die den Arbeitslosen in den Wahnsinn treiben, den Staatsangestellten zur Zwangspause nötigen und aus gebildeten jungen Männern debile Invaliden machen kann.

Auf Mauritius war es, wo der Dodo das Fliegen verlernte, weil er keine Feinde hatte: Die knapp 2 000 Quadratkilometer große Insel war einst unbewohnt. Mit über tausend Einwohnern pro Quadratkilometer ist die Insel mittlerweile übervölkert.

Im 17. Jahrhundert versuchten die Holländer, die Insel zu besiedeln. Sie fällten die Wälder aus Ebenholz und führten Zuckerrohr als Anbaupflanze ein. Als sie die Insel räumten – angeblich von Ratten vertrieben –, kamen die Franzosen, in der Hauptsache Bauern aus der Bretagne. Sie blieben und prosperierten auch noch, nachdem Anfang des 19. Jahrhunderts die Briten die Insel erobert hatten. Sie bauten Zuckerrohr an und ließen die Arbeit zuerst von Sklaven aus Madagaskar und Afrika verrichten und später, als die Sklaverei abgeschafft wurde, von Vertragsarbeitern, die aus Indien einwanderten.

Das 19. Jahrhundert hindurch waren Arbeitskräfte knapp, und die Einwanderungswelle aus Indien setzte sich bis 1917 fort, so dass heute zwei Drittel der Bevölkerung aus Indern bestehen. Ungeachtet des Zustroms blieben die Bevölkerungszahlen stabil. Im Jahr 1931 gab es noch genauso viele Einwohner wie 1901 – knapp unter 400 000. Dann kam die verhängnisvolle Wende. Im Jahr 1949 gelang es, die Malaria endgültig auszurotten. Die Bevölkerungszahl schnellte in die Höhe. Mittlerweile beträgt sie etwa 820 000, wobei drei von fünf Mauritiern jünger als einundzwanzig sind. Niemand weiß, wie viele arbeitslose oder untätige Leute es gibt – die Schätzungen schwanken zwischen 50 000 und 80 000. Die Bevölkerung wächst pro Jahr um etwa 12 000 Menschen.

Ökonomie und Sozialstruktur entsprechen nach wie vor einer Landwirtschaft treibenden kleinen Kolonie, einem winzigen Bruchstück eines Imperiums: Die Insel ist erst seit drei Jahren unabhängig. Die großen Landgüter, die großen Firmenvertretungen und die Zuckerfabriken befinden sich in der Hand der Weißen (auch wenn es viele landbesitzende Inder und so etwas wie eine indische Aristokratie gibt); die Landarbeit wird von Indern verrichtet, die Staatsverwaltung besorgen Mulatten, die Schwarzen sind Handwerker, Dockarbeiter und Fischer, die Chinesen sind im Handel tätig.

Zucker bleibt die wichtigste Feldfrucht und praktisch das einzige Ausfuhrgut. Fast die Hälfte der Insel ist von Zuckerrohr bedeckt, so dass diese Katastropheninsel aus der Luft leer und grün erscheint und übersät mit Pyramidenstümpfen aus Steinen, die wie die Überbleibsel einer untergegangenen Kultur aussehen. Die Steine stammen aus den Zuckerrohrfeldern: Das »Entsteinen« – und die Felsbrocken sind riesig – ist eine immer neu anfallende Aufgabe. Einst wurden sie mit bloßen Händen aufgesammelt; jetzt erledigen das Traktoren. Die Zuckerindustrie war schon immer auf Effizienz aus, und auf Mauritius sind die Folgen der Effizienz mit Händen zu greifen. Üppiger Wildwuchs ist in dem tropischen Land abgeschafft, man hat aufgeräumt. Der Besucher, der die großen Landstraßen entlangfährt, sieht eine Insel, die sich so gepflegt darbietet wie eine Grünfläche im Park und die ebenso monoton wirkt, abgesehen von den gezackten Vulkanhügeln, grünen Miniaturausgaben des Matterhorn.

Eine Insel von ungefähr ovaler Form und 2 000 Quadratkilometern Fläche mitten im Indischen Ozean, weit weg von allem, besiedelt – wie die Westindischen Inseln auf der anderen Seite des Globus – nur um des Zuckers willen, Teil des großen Verschiebebahnhofs vergangener Imperien, des Herumgeschubses führerloser Gruppen aus unterworfenen Völkern: Für die Reiseschriftsteller, die auch Mauritius nicht ausgelassen haben, ist die Insel »ein verlorenes Paradies«, das sich zu einem »idyllischen Flecken entwickelt«; der Besucher verlasse die Insel mit dem Gefühl, dort »Frieden gefunden« zu haben. Für die Mauritier, die nicht von ihr wegkommen, ist sie ein Gefängnis: Zuckerrohr, so weit das Auge reicht, bis an den Rand des Meeres, und absterbende Kokospalmen, die vom Nashornkäfer befallen sind.

Zwanzigtausend Touristen kamen im letzten Jahr nach Mauritius. Das verlorene Paradies besitzt bereits ein Kasino, und die Kasinogesellschaft trägt der Ferienstimmung in diesen tropischen Breiten Rechnung, indem sie in den führenden Hotels der Insel Spielautomaten aufstellt. Die Touristen ziehen die Spielautomaten dem Kasino vor. Im Parkhotel in Curepipe richten sich die dicken Frauen mit ihren noch dickeren Töchtern nach dem Frühstück an den Automaten häuslich ein; am Spätnachmittag, wenn dazu noch der Fernseher plärrt, kann man im Salon dieses angeblich aus dem 18. Jahrhundert stammenden Gebäudes sein eigenes Wort nicht mehr verstehen.

Das Kasino wird hauptsächlich von ortsansässigen Chinesen besucht, die mit ebenso ausdruckslosen Gesichtern an den hell erleuchteten Tischen des dunkelroten Saales sitzen wie hinter ihren Ladentheken in den Dörfern, nur dass sie die Khakishorts und das Trikothemd mit dem Anzug vertauscht haben. Die unergründlichen Chinesen sind eine Ethnie für sich auf Mauritius; dass Menschen so mit Geld um sich werfen, das sie – einem auf der Insel verbreiteten Gerücht zufolge – durch mühseligsten Unterschleif erworben haben, bleibt ein vielbestauntes Mysterium. Das Gerücht besagt, dass die chinesischen Händler täglich einen Teil ihrer Arbeitszeit damit verbringen, aus jeder Streichholzschachtel in ihrem Laden ein oder zwei Hölzchen herauszunehmen, so dass sie statt, sagen wir, zwanzig Schachteln einundzwanzig verkaufen können und einen zusätzlichen Viertelpenny Reingewinn machen.

Das Kasino sackt mehr als Viertelpennys ein, und viele Mauritier erfreuen sich an dem Erfolg und der modernen Ausstrahlung des Etablissements. Was der Kasinobetrieb dem mauritischen Staatssäckel oder der Tourismusbranche einbringt, gelang mir nicht herauszufinden. Fragte man nach, begegnete man nur einer Art von Eingeborenenunschuld. Dabei weiß jeder, dass im Kasino eine Reihe von Leuten Beschäftigung gefunden haben und dass die Mulattenmädchen, die an den Tischen arbeiten – auf ihren altmodischen, uniform gestalteten Satinroben prangen Schildchen mit ihren Vornamen –, bis vor ein paar Monaten noch arbeitslos waren. Im Handumdrehen haben sie sich die schwierige, moderne Fertigkeit angeeignet, eine »Anpassungsfähigkeit« – ein Wort, das man auf Mauritius immer wieder zu hören bekommt –, in der die Hoffnung für die Zukunft liegt. Auf Mauritius dreht sich alles nur darum: um Arbeitsplätze, Beschäftigung, eine Gelegenheit, Hand anzulegen, tätig zu werden.

Die Touristen kommen von der nahe gelegenen französischen Insel Réunion (offiziell ein französisches Département), aus Madagaskar, England, Indien und Südafrika. Zu Südafrika unterhält man enge Beziehungen. Die Südafrikaner kaufen zu einem mehr als anständigen Preis jedes Kilo des wenig aromatischen Tees, den Mauritius erzeugt; um zu sehen, wie »Made in Africa« auf Afrikaans aussieht, muss man nur den Aschenbecher im Hotelzimmer umdrehen. Für Kämpfer gegen die Apartheid ist Mauritius kein guter Ort. Viele französische Mauritier unterhalten verwandtschaftliche oder geschäftliche Beziehungen nach Südafrika; während der Zeit der französischen »Überreaktion« vor der Unabhängigkeit der Insel (»Wir neigen hier immer zum Überreagieren«) – als die Franzosen ihre treuen Schwarzen hinter ihrer Fahne sammelten (Gegner der Apartheid sollten sich wirklich von Mauritius fern halten) und Gerüchte über eine gemeinsame, französisch-südafrikanische Besetzung der Insel aufkamen –, während dieser Zeit der Überreaktion also siedelten einige Franzosen nach Südafrika über.

Als Gäste sind die Südafrikaner beliebt. Und nicht alle Südafrikaner, die auf die Insel kommen, sind Weiße. SCHWARZE IN SÜDAFRIKA HABEN KEINEN GRUND ZUR KLAGE, so lautet die Schlagzeile auf der Titelseite der *Mauritius Times* anlässlich eines Interviews mit Mr. Ahmed Cajee Khan, einem zu Besuch weilenden indischstämmigen Südafrikaner.

F: Mr. Khan, wie ist die Situation der Inder in Südafrika?
A: Ökonomisch im besten Einvernehmen mit dem Staat ... Einige unserer Leute sind Multimillionäre.
F: Wie ist es zu dieser starken Stellung gekommen?
A: Das ist bei Indern Tradition ...

F: Würden Sie sagen, dass viel von dem, was wir über Südafrika hören, unzutreffend ist?
A: ... Ich war überrascht, als mir jemand auf Mauritius erzählt hat, es gebe an Bord der südafrikanischen Flugzeuge getrennte Toiletten. Das stimmt nicht ...
F: Aber es gibt doch wohl einige erstarrte Fronten?
A: Alle Länder haben ihre inneren Probleme.
F: Mr. Khan, manche sind der Überzeugung, dass die politische Schlacht in Südafrika verloren ist. Teilen Sie diese Ansicht?
A: Nicht im Geringsten ...
F: Ich bin verblüfft, wie wenig Sie an diesem Regime auszusetzen haben. Ist das vielleicht deshalb der Fall, weil Sie weniger darunter leiden als die Schwarzen?
A: Nein! Niemand leidet. Jeder hat Arbeit ... Man muss wohl einfach in Rechnung stellen, dass es immer unverbesserliche Nörgler gibt.

Anfang dieses Jahres tauchten in vielen kleinen Städten und Dörfern Parolen der Black-Power-Bewegung in französischer Sprache und im dort gesprochenen französischen Dialekt auf: *C'est beau d'être noir; Noir ene jolie couleur; Noirs au pouvoir.* Die Idee dazu stammte von Außenminister Gaëtan Duval. Duval selbst ist nicht schwarz. Er ist ein braunhäutiger glatthaariger Mann von vierzig Jahren, so gut aussehend wie ein Popstar und mit dem Kleidergeschmack eines Popstars. Zu seiner Black-Power-Kampagne gehörte, dass er sich in schwarzes Leder kleidete und bei öffentlichen Auftritten auf einem schwarzen Pferd namens Black Beauty erschien. Viele Jahre lang galt Duval als der Wortführer der Schwarzen auf der Insel. Vor zwei Jahren aber vergaß er die Auseinandersetzungen aus der Zeit vor der Unabhängigkeit und führte seine Partei in eine Koalitionsregierung; seitdem ging mit der Popularität der Regierung auch seine eigene den Bach hinunter.

Black Power war Duvals Versuch, etwas gegen den Popularitätsverlust zu unternehmen. Soweit ich verstanden habe, ging es dabei keineswegs darum, braven weißen Bürgern Angst einzujagen, sondern er wollte nur politischen Freibeutern den Wind aus den Segeln nehmen. Duval unterstützt den Handel mit Südafrika und sähe gern mehr südafrikanische Touristen auf der Insel. Er würde es begrüßen, wenn sich mehr Südafrikaner in Ferienanlagen einkauften. Die Statistiken bewiesen, erzählte er mir eines Tages beim Mittagessen, dass ein Hotelzimmer nur zwei Arbeitsplätze schaffe, ein Haus dagegen vier.

* * *

Die Regierung erkennt an, dass die Arbeitslosigkeit ein Problem darstellt. Einem Bericht des Parlaments zufolge müssen bis 1980 130 000 neue Arbeitsplätze geschaffen werden. Von Überbevölkerung hingegen will die Regierung nichts wissen und verwahrt sich gegen alle Forderungen, deren Auswirkungen zu untersuchen. Sie missbilligt die Propagierung »primitiver« Geburtenregelungsprogramme im Fernsehen. Mauritius ist ein konservatives Land, in dem Männer ihre Frauen prügeln; die Regierung will niemanden vor den Kopf stoßen.

Es gibt auch gute politische Gründe für die Harthörigkeit der Regierung. In einem Seminar zur Arbeitslosigkeit, das am Tag nach meiner Ankunft begann, sagte ein Sprecher der Sozialisten, der wichtigsten Partei in der regierenden Koalition: »Wir verwerfen die allzu rasche und einfache Erklärung, der zufolge die Arbeitslosigkeit ihre Ursache in der Übervölkerung und dem Mangel an Kapital und Investitionsmöglichkeiten hat ... Tatsächlich steht fest, dass sich die ökonomisch Mächtigen entweder aus Angst vor einem unzureichenden Schutz ihrer Interessen oder aus Gründen einer sorgfältig ausgearbeiteten politischen Strategie den nötigen politischen Entscheidungsprozessen verweigert haben ... Die mauritischen Verhältnisse bieten deshalb das Bild einer tiefen, fast unüberbrückbaren Kluft zwischen denen, die politisch an der Macht sind, und denen, in deren Händen die ökonomische Macht liegt.«

Die Regierung bringt sich dadurch aus der Schusslinie, dass sie das Gewicht auf die Arbeitslosigkeit legt und die Übervölkerung herunterspielt, und ist bemüht, sich als die Protestbewegung darzustellen, die sie zu kolonialen Zeiten war. Der Protest richtet sich gegen die Reichen, die so oft Weiße sind und deren Fähigkeiten und Geldmittel noch gebraucht werden; und er richtet sich gegen das Zuckerrohr, die Sklavenfrucht, hassenswert und doch unentbehrlich.

Die Regierung erfreut sich allerdings keiner großen Beliebtheit. Wären morgen Wahlen, sie würde gestürzt, aber nicht von ihren alten Feinden, von denen sich ihr die meisten ohnehin angeschlossen haben, sondern von den Jungen, von denen, die in den Jahren der Bevölkerungsexplosion aufgewachsen sind.

Der Premierminister, ein Inder in einem Land mit einer indischen Mehrheit, ist siebzig. Die politische Partei der Jungen, deren plötzliche Popularität die Regierung ins Wanken gebracht hat, wurde 1968 von einem französisch-mauritischen Studenten gegründet, der damals dreiundzwanzig war und noch unter dem Eindruck der Studentenunruhen in Paris stand. Der Premierminister stammt aus armen ländlichen Verhältnissen. Schule und autodidaktische Weiterbildung, in den zwanziger Jahren lange in London, zuerst als Student, dann als Arzt, nach der Rückkehr in die Heimat Gewerkschaftsarbeit, Politik: ein langer, mühsamer Aufstieg gegen eine fast »kolonialbourgeoise« Opposition – und was er erreicht hat, ist bemerkenswert. Im Laufe der vergangenen zwölf Jahre hat er die Grundlagen für einen mauritischen Wohlfahrtsstaat geschaffen. Es gibt umfängliche staatliche Sozialleistungen, es gibt ein System staatlicher Arbeitsbeschaffungsmaßnahmen für Arbeitslose (vier Rupien – dreißig Pence –, vier Tage in der Woche), es gibt für Familien mit drei Kindern im Alter unter vierzehn Jahren einen monatlichen Zuschuss von zehn Rupien – fünfundsiebzig Pence.

Dieser rudimentäre Wohlfahrtsstaat hat die Gesellschaft vor dem Zusammenbruch bewahrt; davon profitiert haben die Jungen. Sie sind gebildeter und besser genährt als ihre Eltern. Ein ausgezeichnetes Fernsehprogramm hält sie auf dem Laufenden. Sie haben höhere Ansprüche, sind kein geduldiger Teil der alten Sklavengesellschaft mehr. Das Problem besteht darin, dass dieser Wohlfahrtsstaat, der möglicherweise Gelder verschlungen hat, die in die Entwicklung des Landes hätten gesteckt werden können, auf dem Boden einer statischen Kolonialwirtschaft entstanden ist, die nach wie vor vom Zucker beherrscht wird. Gehobene Fertigkeiten werden auf Mauritius nicht benötigt. Andernorts finden höchstens Leute mit wirklich gutem Charakter und Begeisterung für die Krankenpflege eine Anstellung.

»Sie geben dem Staat die Schuld. Sobald sie ihr Abschlusszeugnis in der Hand halten, wünschen sie nichts so sehr wie eine Stelle im Staatsdienst. Es gibt gewerkschaftlich organisierte Gruppen in der Landwirtschaft, aber das Gros möchte am liebsten hinter einem Schreibtisch sitzen und den ganzen Tag auf Papier herumkritzeln.« »Die Regierung hat das mauritische Volk an den Bettelstab gebracht. Tatsache ist, dass unser Gesellschaftssystem auf Großfamilien basierte, das hätten wir besser nutzen sollen. All diese staatlichen Zuschüsse aber haben die Familienstrukturen zerrüttet.« »Unser Volk hat keinen Unternehmungsgeist.« »Die Menschen werden invaliditätssüchtig. Simulanten. Meine Praxis ist überlaufen mit Simulanten, die es auf staatliche Entschädigungen für irgendwelche ›Unfälle‹ abgesehen haben.«

So lauten die Kommentare des Mittelstands zum mauritischen Wohlfahrtsstaat, die bis zu einem gewissen Grad durch einen Parlamentsbericht bestätigt werden. Zu viele Menschen leben diesem Bericht zufolge von Sozialleistungen; zu viele Menschen sind im Rahmen von Arbeitsbeschaffungsmaßnahmen »unproduktiv« tätig (manchmal schickt man sie los und lässt sie den Strand säubern); das »beeinträchtigt den Leistungswillen der Beschäftigten, die sehen, dass es möglich ist, mit weniger Arbeit oder sogar ohne Arbeit über die Runden zu kommen«.

Und auch der Besucher von außerhalb ist geneigt, Anstoß daran zu nehmen. All diese gut gebauten, gut gekleideten jungen Männern, die auf dem überfüllten Dorfanger die Nachmittage vertrödeln: Sie sind zu schnell mit dem Mundwerk dabei, stellen sich zu bereitwillig als Publikum zur Verfügung und sitzen reihenweise in ihren Klubhäusern. Sie öffnen den Mund, und schon beginnen die Klagen. »Wenn du einen Job willst, schicken sie dir die Antikrawalleinheit auf den Hals. Das passiert dreimal im Monat.« »Jeden Tag sieht man Leute beim Abgeordneten anklopfen und nach einem Job fragen, weil jeder glaubt, der Abgeordnete wird seinem Sohn, seiner Tochter eine Stelle verschaffen.« »Um bei einem Minister vorgelassen zu werden, muss man Leuten Geld geben. Wir bekommen von den Ministern nur Fotos zu sehen.«

Da sitzen sie und jammern – und drohen. »Man muss die Regierung auswechseln. Sie durch die sozialistische Partei ersetzen. Die Regierung lässt dem Kapitalismus freie Hand.« Die sozialistische Partei ist die Partei der Jungen. Was wird sie tun? Wie will sie den Kapitalismus ersetzen? Eine klare Vorstellung davon gibt es nicht. Aber die Regierung muss bestraft werden. Die Regierung ist die Regierung, und sie kann alles machen, wenn sie wirklich will. »Die Regierung hat nicht versagt, weil ihre Mitglieder dumm oder bösartig, sondern weil sie egoistisch sind.«

Ob sich darin wirklich schon ihr Leben erschöpft, will ich wissen, in diesem Herumlungern auf dem Dorfanger, dem Dominospiel, diesen endlosen politischen Diskussionen im Klubhaus? Gibt es keine anderen Aktivitäten, keine Vergnügungen, keine Feste? »Kein Geld, keine Vergnügungen, Sir.« Rum ist mit fünfundfünfzig mauritischen Cent – knapp vier Pence – pro Schlückchen teuer, *bien, bien cher*; das Einzige, was sie sich leisten können, ist der einheimische Bananengeist, der für zweieinhalb Pence pro halben Liter verkauft wird. »Ich bin seit zehn Jahren nicht im Kino gewesen.« »Nicht einmal beim Diwali [dem hinduistischen Lichterfest] können wir uns vergnügen. Wir können den Kindern nichts schenken und ihnen keine neuen Kleider kaufen.«

Der dicke, drollige Junge mit dem offen stehenden Mund, der »auf Stütze« ist und gerade erst geheiratet hat, ist augenscheinlich der Clown der Gruppe. Gut aussehend und modisch gekleidet, gehört er einem siebzehn Personen umfassenden polygam-muslimischen Geschwistertrupp an. Und der mürrische, fünfunddreißigjährige Mann mit dem Schmerbauch hat in den sechs Jahren, seit er »auf Stütze« ist, sechs Kinder in die Welt gesetzt.

Aber sich darüber zu empören ist nicht fair. Das Zuckerrohr, die Dörfer, in denen die Zuckerarbeiter und ihre Familien zusammengepfercht leben, die kleinen Marktstädte – das ist alles, was der Besucher auf Mauritius entdecken kann. Für Entfaltung ist wenig Raum, außer an der Spitze: für die Franzosen (die stets große Familien hatten), die Chinesen, die Wohlhabenden unter den Indern. Drunten, wo man es im Leben schwer hat, ist die Aussicht begrenzter, und es gibt nichts als dieses gemeinschaftliche Gefühl der Ohnmacht und des Abscheus vor sich selbst.

Der Vater von sechs Kindern weiß, dass der Job, den man ihm als Arbeitsbeschaffungsmaßnahme zugewiesen hat, unsinnig ist; er geht nur hin, um sich in die Präsenzliste einzutragen und sein Geld abzuholen. Die Trupps, die auf der großen Zuckerfarm Unkraut jäten, wissen, dass sie ein Ersatz für Unkrautvertilgungsmittel sind – und ein weniger wirksamer und kostspieligerer dazu. Alle wissen nur, dass die Regierung früher besser war und es aufwärts zu gehen schien und dass sich nun aus Gründen, die sowohl die Regierung als auch die Opposition in der Politik suchen, die Lage verschlechtert.

Die Zeitungen sind so voll von lokalpolitischen Ereignissen, dass für Nachrichten aus dem Ausland kein Platz bleibt. Also politisieren sie in den Klubhäusern – ihr ganzer Aufruhr fließt ins Politisieren. Man darf frei seine Meinung äußern und kann frei wählen; echte Macht ist unerreichbar; das Opium für das Volk ist das Politisieren.

Ein regnerischer Sonntagnachmittag, gleißendes Licht trotz bedecktem Himmel, schwül zwischen den Schauern. In einer beschotterten Seitenstraße dieser neu entstandenen *cité*, einer Handwerkersiedlung aus kleinen Beton- und Wellblechhäuschen unmittelbar außerhalb der Stadt Curepipe, stimmt sich eine Wählerversammlung ein. Es geht nur um eine Nachwahl auf Gemeindeebene, aber auf Mauritius ist eine Wahl eben eine Wahl, und diese hier hat sich zu einer Kraftprobe zwischen der Partei von Gaëtan Duval, dem Außenminister und Black-Power-Wortführer, und der Mauritisch-Demokratischen Union, der UDM, entwickelt. Duval zufolge steht die Abkürzung für *Union des Mulâtres* – Union der Mulatten. Das ist Duvals Angriffslinie. Es mag andere Differenzen geben, aber selbst nach Lektüre sämtlicher Zeitungen wird der Besucher keine weiteren entdeckt haben.

Dies hier ist eine Wahlversammlung der UDM. Ein Publikum hat sich bislang noch nicht eingefunden. Nur ein paar junge Schwarze oder Mulatten, manche in übergroßen Jacketts, die ihren Vätern oder älteren Brüdern gehören, und kleine Gruppen unbewaffneter Polizisten mit spitzen Mützen und schieferblauen Regenmänteln, viele von ihnen indischer Abstammung. Aus einem Lautsprecher, der auf einem Lastwagen montiert ist, dringt eine *sega*, ein Calypso in dem Patois-Dialekt, der auf den dortigen Plantagen gesprochen wird.

Femme qui fume cigarettes
Mo' pas 'oulé.
Li a coule la mort tabac
Dans 'ous la gue'le.
(Frau, die Zigaretten raucht, mag ich nicht.
Sie speichelt dir schalen Tabak in den Mund.)

Immer mehr Jungen kommen herbei. Ein Dreizehnjähriger im Jackett seines Bruders (drei Brüder, sieben Schwestern, Vater arbeitslos, Mutter Köchin) ist gegen die UDM. Ein anderer gemischtrassischer Junge (vier Brüder, vier Schwestern, kein Vater, keine Mutter) schätzt die Versammlungen der UDM, *parce qu'ils redressent le pays.* Hier findet der Wahlslogan der UDM praktischen Ausdruck: Wahlen in diesem Land wären ohne Kinder nicht das, was sie sind – wie andernorts die Weihnachtsfeste. In der Straße wimmelt es von mageren Kinderbeinen; man fühlt sich wie auf einem Schulhof in der Pause. („Wenn ich jetzt durch die Straßen wandere«, sagt Duval später zu mir, »geht es mir wie Gulliver in Lilliput. Kleine Kinder versuchen, mich hochzuheben.«) Die UDM-*sega* tönt unablässig. Auf dem durchnässten, tief liegenden Feld neben der Straße fangen sie an, Fußball zu spielen.

Ein Auto kommt um eine Ecke geholpert und parkt neben dem Lastwagen. Steine fliegen durch die Luft. Und plötzlich prügeln sich wütende Mulatten und Schwarze unter Geschrei und lauten Flüchen rund um das Auto und den Lastwagen. Das Fußballspiel bricht abrupt ab; mit ihren Streichholzbeinchen unter den großen flatternden Jacketts stieben die Kinder auseinander und bleiben dann stehen, um zuzuschauen. Die Musik aus dem Lautsprecher spielt weiter. Die sanftmütigen Polizisten greifen sanftmütig ein und führen zornige Männer, die über die Schulter zurückbrüllen, in verschiedene Richtungen auseinander.

Der Regen, der Busch, die billigen Häuschen, die armseligen Kleider, die Rassenmischung, die beschirmten Gruppen, die gekommen sind, um zu gaffen: vertrauter Aufruhr im Kiez: Erwachsene, die sich vor den Kindern prügeln, Verwahrlosung im überfüllten Lager: das Politisieren der Ohnmächtigen.

Die Aufregung legt sich, der Wagen fährt wieder weg. Die *sega* wird abgestellt. Der Mann auf dem Lastwagen räuspert sich ins Mikrophon, und die Versammlung beginnt.

»M. Duval le zour li Black Power, le soir li blanc.« (»M. Duval ist tagsüber Black Power. In der Nacht er weiß.«)

»Black Power?«, sagt das schwarze Mädchen in der rosa Bluse. »Für mich ist das ein Witz.«

»M. Duval na pas content créole petit chevé. M. Duval mag nicht schwarze Leut mit Kraushaar. *›Quand mo' alle côte z'aut' donne-moi manze macaroni et boire rhum blanc. Moi content manze un pé c'est qui bon.‹* Hört, was er sagt : ›Wenn ich zu anderen Leuten geh, sollen sie mir Makkaroni zu essen und weißen Rum zu trinken geben. Ich ess gern 'n bisschen was Gutes.‹«

In den Augen des schwarzen Mädchens ist auch die UDM ein Witz. »Politiker sind mir egal. Ich komm her, um mich zu *unterhalten*. Hier sind viele wie ich. Fünfundsiebzig Prozent der Mädchen und Jungen hier haben keine Arbeit. Die Leute werden seit der Unabhängigkeit immer ärmer. *Travaillent moins.*«

Sie ist einundzwanzig, klein und dünn, hat schmale, ziemlich eckige Schultern, tief liegende Augen. 1960 ist sie nach der fünften Klasse von der Schule abgegangen. »Seit 1960 hab ich nichts gemacht. Ich hab ein Zeugnis im Maschineschreiben, aber keine Arbeit.« Wie alle anderen jungen Menschen auf Mauritius kann sie jedoch von einem Job berichten, den sie fast bekommen hätte. »Es gab ein Inserat, in dem eine Schreibkraft für eine Tankstelle gesucht wurde. Ich und ein muslimisches Mädchen gingen hin. Das muslimische Mädchen wurde genommen. Warum? Ich weiß nicht. Ich war vor dem muslimischen Mädchen da.« Sie hat sich mittlerweile beruhigt, will niemandem Unrecht tun; damals freilich war sie wütend. »Ich kam nach Hause zurück und sagte zu meiner Mutter: ›Hör nur, was passiert ist. Ich hab den Job nicht gekriegt.‹ Fünf Jahre lang war ich schon arbeitslos gemeldet, das muslimische Mädchen nur fünf Monate. Ich glaube, der Mann von der Tankstelle war ein Muslim, aber ich weiß es nicht. Ich weiß es nicht.« Die Erinnerung ist noch frisch, obwohl es schon vor drei Jahren passiert ist, als sie achtzehn war. Ärger bringt nichts; sie will sich nicht ärgern, will sich nicht beschweren.

Ihr Vater ist Maler, ihre Mutter geht nicht arbeiten. Sie hat vier Schwestern und drei Brüder. »Ich bin die Älteste. Ich wäre gern Lehrerin geworden. Ich bin viele Male bei Gaëtan Duval gewesen, aber er hat immer nur Versprechungen gemacht.« Wenn ihr Vater Arbeit hat, verdient er zwischen zwanzig und dreißig Rupien pro Woche – zwischen anderthalb und zweieinviertel Pfund. Die Miete für ihr Haus in der *cité* beträgt 25 1/2 Rupien monatlich, der Strom kostet weitere neun Rupien. »Wir essen Reis, Curry, Salzfisch. Manchmal essen wir Reis, Öl und gebratene Zwiebeln. Salzfisch ist inzwischen teuer, ein kleines Stück für fünf Cent [ungefähr ein Drittel Penny]. Mit acht Kindern ist es sehr schwierig. Ich kann es ohne Essen aushalten, aber die Kleinen können das nicht.«

Vergnügungen? Kino? »Seit fünf Jahren war ich nicht im Kino. *On n'connaît pas. Connaît pas. Je suis découragée.*« Sie bleibt zu Hause und liest Gedichte; sie besitzt ein Schulbuch mit dem Titel *Eine Sammlung längerer Gedichte.* »Auf Mauritius gibt es keine Freunde.« Sie will sagen, es gibt keinen zwanglosen Umgang mit dem anderen Geschlecht; unbeaufsichtigt geht man nicht zu Treffen, bei denen beide Geschlechter zugegen sind. Will sie mit einem Jungen ausgehen, dann muss der bei ihren Eltern schriftlich um die Erlaubnis bitten; aber es können gar keine Jungen kommen, denn ihre Familie ist zu arm, um jemanden zu sich einzuladen. »Ich habe eine reiche Freundin aus meiner Schulzeit. Ihr Vater ist Polizist. Sie lädt mich zu Partys ein, aber ich kann nicht hingehen, weil meine Mutter mich nicht allein gehen lässt. Vielleicht kann ich irgendwann heiraten. Wenn ich Glück habe.«

Für ein anderes Mädchen, dem ich ein Stückchen weiter die Straße hinunter begegne, sind die Aussichten rosiger. Sie hat eine Stelle als Lehrerin an einer Grundschule. Sie ist gemischtrassisch – gehört zur Hauptbevölkerung, wie man auf Mauritius merkwürdigerweise sagt – und eine auffällige Erscheinung, mit reizvollen, wohlgeformten Lippen und fast glattem Haar, in ihrem Aussehen nur durch ein paar Pickel beeinträchtigt. Der grüne Pullover spannt über ihren kleinen Brüsten; sie trägt einen karierten Rock und einen kurzen, beigefarbenen Regenmantel, einen ordentlichen, gefütterten Regenmantel (gefüttert deshalb, weil Mauritius nur knapp außerhalb der gemäßigten Zone liegt und einen Winter hat). Ihre ganze Eleganz gründet die muntere junge Frau auf fünfzehn Rupien – nicht einmal vier Pfund – Monatsgehalt. Selbstverständlich geht sie auf Partys; selbstverständlich hat irgendein junger Mann um sie »angehalten«, hat aber bei ihren Eltern keine Gnade gefunden.

Die Sonne bricht durch die Wolken. Die Wahlreden gehen weiter. Ganze Familien stehen entlang der Straße vor den kleinen Häusern; ein bisschen fühlt man sich an eine Kirmes erinnert. Hier steht eine Gruppe, die Erdnüsse isst (aus heimischer Produktion: eine neue, ertragreiche Erntefrucht, die zwischen den Zuckerrohrreihen auf den großen Gütern angebaut wird – Teil des Versuchs, von der Monokultur wegzukommen). Die Gruppe umfasst zehn Personen; sie knacken Erdnüsse, machen sich über die Wahlrede lustig, verstreuen auf dem nassen Grasstreifen Erdnussschalen. Zehn Leute, die in dem kleinen Haus hinter der Hecke wohnen. Der große Mann ist arbeitslos. Jenseits der Hecke, am Ende des Gartenpfads, sieht man den Vater: Ich konnte es zuerst gar nicht fassen – konnte nicht glauben, was ich sah. Auf der Schwelle sitzt ein Mann, den man ins Freie gebracht hat, damit er das Wahlkampfspektakel mitbekommt, ein Mann ohne Arme und mit Beinen, die unmittelbar unterhalb der Hüften amputiert worden sind. Tetanus.

Die Symptome der Depression: Benommenheit, ein schwerer Kopf, das Unvermögen, sich zu konzentrieren.

Der Mulatte im Staatsdienst, der nicht mehr jung ist und das Vertrauen in seine rassisch bedingte Vorzugsstellung verloren hat, macht sich Sorgen wegen seines Jobs und seiner Zukunft und wegen der Zukunft seiner Kinder. Er möchte weg, möchte auswandern. Die Fähigkeiten aber, die ihm auf Mauritius von Nutzen sind, nutzen ihm in Australien oder Kanada nichts; er hat kaum Ersparnisse; die Insel zu verlassen kann er sich nur leisten, wenn er seine Staatspension erhält. Und vorzeitig in Pension gehen kann er nur, wenn ihm aus medizinischen Gründen Dienstuntauglichkeit bescheinigt wird. Was Wunder, wenn ihn die Depression tatsächlich dienstuntauglich werden lässt. Schließlich wird er vor eine Ärztekommission zitiert und »entlassen« – aus dem Staatsdienst, aus Mauritius.

Der arbeitslose junge indische Arbeiter oder Arbeitersohn, der seine Jugend verfliegen sieht, wendet sich dem Lernen zu, bemüht sich mit seinen bescheidenen Kenntnissen um ein *Cambridge School Certificate*, einen englischen Schulabschluss – die Presse berichtet immer in großer Aufmachung über das Eintreffen der Unterlagen aus England, das Eintreffen der Ergebnisse – und qualifiziert sich für eine Anstellung, die es gar nicht gibt. »Ich bin neunundzwanzig. Ich bin unverheiratet. Meinen Schulabschluss habe ich 1965 gemacht. Gesamtnote drei. Ich habe mich auf mehrere Posten beworben und nie einen gekriegt. Ich bewerbe mich bis heute. Mit sechsundzwanzig habe ich die Abschlussprüfung noch einmal gemacht. Ich bekam wieder eine Drei. Jetzt arbeite ich als Kontrolleur bei der Arbeitsbeschaffungsbehörde. Kein vielversprechender Job. Er entspricht nicht meinen Qualifikationen. Ich habe mich schon sechs Mal beim Ausbildungsseminar für Lehrer beworben. Das läge mir sehr.« Ihm geht es ganz gut. Manche allerdings verzweifeln. Sie fügen sich in ihre Kopfschmerzen, geben das unerreichbare Ziel auf, ein *Cambridge School Certificate* zu erlangen, und verfallen einem furchtbaren Müßiggang, zu Hause oder im Krankenhaus.

Vom Reiseschriftsteller, der über die Gebräuche dieser heiteren Ferieninsel berichtet, erfahren wir, dass man sich mittels einer Flasche Rum Zutritt zu einer *sega*-Party verschaffen kann. Von Ärzten auf der Insel erfährt man, dass der Alkoholismus ein ernstes und wachsendes Problem darstellt. Rum zu acht Rupien – sechzig Pence – die Flasche ist teuer und fast nur für Touristen erschwinglich; Bananengeist, das gängige Getränk, kostet neun Pence die Flasche. Vor zehn Jahren war einer von zehn in die Nervenklinik eingewiesenen Patienten Alkoholiker, mittlerweile ist es jeder siebte. Amtlich sind diese Zahlen nicht; die Regierung lehnt, vielleicht nicht zu Unrecht, Erhebungen dieser Art ab.

Es ist indes kein Geheimnis, dass viele Fälle geistiger Erkrankung auf Unterernährung und schwere Anämie zurückzuführen sind. Wie es auch auf der Hand liegt, dass diese spindeldürre junge Frau hier in der Familienplanungsklink halb verhungert und schon nicht mehr recht bei Sinnen ist. Ihre Probleme wird keine noch so umfassende Beratung zur Familienplanung mehr lösen können. Zum Frühstück hat sie Tee gehabt; gestern, zum Abendessen, gab es eine Art Suppe: gekochter Reis, in Tee eingeweicht. Mit glanzlosen Augen im skelettartigen Gesicht und einem debilen Ausdruck sitzt sie teilnahmslos auf der Holzbank. Sie trägt einen grünen Sari, ihre knochige Hand hält ein kleines Taschentuch, auf ihrem Gesicht Spuren von Puder. Mauritius ist nicht Indien; jenes Bewusstsein vom Schicksal, vom *karma*, in dem sich die Verzweiflung verliert, gibt es hier nicht mehr. Jeder trägt für sich selbst die Verantwortung, jeder ist Herr seiner selbst.

Vor drei Jahren ließ eine fünfunddreißigjährige Frau eines ihrer Kinder verhungern, um die anderen zu retten. Danach fiel sie in eine Depression.

In den letzten zehn Jahren, und auch schon davor, haben Wirtschaftswissenschaftler Mauritius besucht und alarmierende Berichte mit Schätzungen über das künftige Bevölkerungswachstum und die Entwicklung der Arbeitslosigkeit veröffentlicht. Die Katastrophe erscheint dabei immer erst als Zukunftsmusik; in der Gegenwart, so wird angenommen, wursteln sich die Leute noch irgendwie durch. Von einem mauritischen Journalisten hörte ich, die kleinen Leute hätten ihre besonderen Techniken und könnten mit fünfundzwanzig mauritischen Cent – zwei Pence – pro Tag auskommen. Das stimmt nicht. Aber wer will dem Journalisten, oder sonst jemandem, der auf Mauritius leben muss, einen Vorwurf daraus machen, dass er die Augen vor der längst eingetretenen Katastrophe verschließt?

Die mauritische Wirtschaft ist einem Regierungsbericht zufolge »technisch auf dem neuesten Stand«. Die großen Landgüter, auf denen Zuckerrohr angebaut wird, arbeiten denkbar effizient; sie treiben ständig Entwicklungsforschung und sind weit leistungsstärker als die kleinen Höfe. Jeder Plan zur Zerschlagung der großen Güter in kleinere Einheiten beschwört die Gefahr einer Minderung der Effizienz herauf; ob dadurch wirklich mehr Arbeitsplätze geschaffen würden, ist ungewiss.

Sozial gesehen mag solch eine Aufteilung der Güter attraktiv erscheinen. Die Partei der Jungen, *Mouvement Militant Mauricien* (MMM), verkündet in ihrem neuen, linksorientierten Programm: *»On ne fait bien sûr pas d'omelette sans casser d'œufs.«* (Wo gehobelt wird, fallen Späne.) Dabei ist die Einschätzung der MMM gar nicht so verschieden von der Haltung der Regierung. Beide legen Wert auf die Effizienz der Wirtschaft und nehmen die damit verknüpfte soziale Härte in Kauf. Beide sprechen sie abwechselnd von der Notwendigkeit, die Landwirtschaft vielfältiger zu gestalten und sie zu industrialisieren. Beide würden gern die Zuckerfabriken von den Zuckerrohrgütern, sprich: Management und Kapital von den Anbauflächen, trennen. Und beide scheinen sie zu wissen, dass sie am Ende mit eben dem dastehen werden, womit sie begonnen haben: mit einer landwirtschaftlich geprägten Kolonie, von einem Weltimperium auf einer unbewohnten Insel geschaffen und von Anfang an dazu bestimmt, Teil eines größeren Ganzen zu sein – etwas, das man mit so genannter Unabhängigkeit ausgestattet und sich selbst überlassen hat, ein aufgelassenes Feldlager des Imperiums, ohne jede Aussicht auf ökonomische oder kulturelle Autonomie.

Sowohl die MMM als auch die Regierung sprechen, wie es sich gehört, von einer mauritischen Nation. Als würden Einwandererpopulationen durch Worte und Aufrufe statt durch die Entwicklungschancen, die das Land bietet, zu einer Nation. Niemand hat für diese unabhängigen Insellager eine politische Philosophie formuliert oder jedenfalls zu formulieren versucht; möglicherweise sind die Probleme auch so groß, dass es für sie gar keine Lösung gibt. Die Franzosen haben mit ihrer seltsamen Neigung, sich Imperien sprachlich zusammenzureimen, die benachbarte Insel Réunion zu einem französischen Département gemacht. Welchem Land ließe sich wohl Mauritius als Département angliedern?

Die MMM spricht von einer »globalen Lösung«. Angesichts der mauritischen Probleme geht selbst die Neue Linke in die Knie und zeigt sich kompromissbereit. Tourismus sei erniedrigend, steht im Programm der MMM; zwei Seiten lang werden, ausführlich belegt, die Schrecken aufgezählt, die der Tourismus auf einer Reihe von karibischen Inseln mit sich gebracht hat. Die Situation auf Mauritius aber sei so verzweifelt, schließt das

Programm, dass der Tourismus dennoch entwickelt weden müsse, wenn auch natürlich »*un tourisme visant non la classe très riche des pays étrangers, mais la classe moyenne de ces pays* [ein Tourismus, der nicht auf die sehr reichen Schichten in anderen Ländern, sondern auf die mittleren Schichten zielt]«. Die MMM würde gern 300 000 Touristen jährlich ins Land holen, das Fünfzehnfache der gegenwärtigen Zahl; die Regierung strebt das gleiche Ziel an.

Unter den gegebenen Umständen haben die konkreten Pläne, die vorgetragen werden, häufig einen Zug von Robinson Crusoe, von Pfadfinderromantik. Setzen wir doch die Arbeitslosen für die Anpflanzung von Bäumen an Flussufern ein, schaffen wir einen Nationalen Jugenddienst (zu welchem Zweck? und wie finanziert?): Diese Ideen trug die Labour-Partei auf einem Seminar zum Thema Arbeitslosigkeit vor.

M. Duval, der Black-Power-Mann, hat sein eigenes *Projet Cochon*, seine »Aktion Schwein«. Er verteilt Ferkel an Leute, die bereit sind, sie aufzuziehen, und hofft, auf diese Weise die Schweinezucht in großem Stil auf der Insel zu etablieren. Die Idee sei gut, hat man mir gesagt, Exportchancen seien vorhanden, und gewisse Erfolge seien auch erzielt worden. Aber zufällig ist Schweinefleisch die Lieblingsspeise der Schwarzen; und die Chinesen schwärmen ohnehin dafür. Auf einer Insel voll hungriger Schwarzer und genusssüchtiger Chinesen ist das Verteilen von Ferkeln mit ziemlichen Risiken behaftet. Zahlen konnte ich keine bekommen; offenbar aber sind so viele der ausgeteilten Ferkel in Kochtöpfen gelandet, dass die »Aktion Schwein« heute vielen unter dem Namen »Schweineaktion« bekannt ist.

Die Mietbaracken befinden sich auf dem Grundstück eines großen, verfallenen Hauses in der Hauptstadt Port Louis. Die hohe Betonmauer des Hauses steht noch; dahinter ist der Hof mit ausgeblichenen Zigarettenschachteln, staubigem Zellophanpapier, verwelkten Blättern und zertrümmertem altem Mauerwerk übersät. In einer Ecke, direkt an der Mauer, sitzen ein paar Jugendliche und junge Männer auf Kisten und spielen in der Hitze des frühen Vormittags Karten. Jenseits des Schutts erstrecken sich unter zwei alten Bäumen die Wohnbaracken aus Wellblech und Holz, vielfach ausgebessert und erweitert, in zwei parallelen Reihen – vorbei an der gemeinsamen Wasserstelle und vielen kleinen Geräteschuppen, bis zu den gemeinsamen Toiletten am Ende der Zeile. Der Boden ist hier felsig; wo man Erde sieht, ist sie feucht und schwarz.

Ein rot gefliester Fußboden im ersten Raum rechts; unter dem kahlen Wellblechdach herrscht ziemliche Dunkelheit. Ein Bett, zwei Tische, einige Kisten, eine Wäscheleine. Ein Pin-up-Foto aus dem *Playboy* über dem Bett, ein kleines Bündel auf dem Bett – ein winziges, rotbraunes Baby, zehn Tage alt. Die Mutter war am Morgen bei der Kinderfürsorge, um ein bisschen Milch zu holen, wurde aber weggeschickt, weil sie nicht die richtigen Papiere mithatte. Dabei liegen sie, verschlissen vom vielen Anfassen, dort auf dem Tisch in einer kleinen Plastikhülle. Morgen wird sie wieder hingehen. Ihr viertes Kind: Jetzt schlafen in diesem Raum sechs Personen.

Ihr Mann, ein Elektriker, ist seit zehn Monaten arbeitslos. Früher war er bei der Feuerwehr beschäftigt, und das Koppel seiner Feuerwehruniform, der einzige überflüssige Gegenstand im Raum, baumelt von der Wäscheleine. Heute Morgen ist er zum Hafen gegangen; er hofft, dort fünfzig mauritische Cent zu verdienen, dreieinhalb Pence. Gestern war es nicht einmal so viel, und am Morgen hat sie sich fünfundzwanzig Cent bei einer Nachbarin geborgt. Sie hat ein Mädchen losgeschickt, um etwas zum Essen zu besorgen, aber genug für eine Mahlzeit ließ sich mit den fünfundzwanzig Cent nicht kaufen. Das Mädchen kaufte also einen Laib Brot – das Brot dort drüben – und ein bisschen Chutney für elf Cent und brachte die restlichen vierzehn Cent wieder mit nach Hause; sie liegen da auf dem Tisch, neben der Dose mit Niveacreme, dem zerbrochenen Kamm, der abgenutzten Puderquaste, der halb vollen Flasche Cologne Impériale (einem Geschenk der Krankenschwester aus der Klinik für das Baby), dem Gummipüppchen und einem Bleistift.

Sie nahm vorher die Pille. Aber dann hatte sie Streit mit ihrem Mann, und er warf die Pillen weg, und sie ging nicht in die Klinik, um neue zu holen. Ihr Mann wird wütend, wenn es nichts zu essen gibt. Er schlägt sie dann, und sie läuft weg. Dann aber denkt sie: Was soll der arme Mann machen? Also bleibt sie ein Weilchen weg, weint sich ein bisschen aus und kommt zurück. Sie denkt daran, die Kinder in eine Krippe zu geben und sich nach einer Arbeit umzusehen. Ihrem Brauch zufolge – sie ist Tamilin – dürfte sie vierzig Tage lang nach der Geburt ihres Kindes das Haus nicht verlassen. Dagegen hat sie allerdings schon verstoßen, und sie braucht Geld. Also wird sie losziehen. Sie wird von Haus zu Haus gehen und fragen, wo es Kleider auszubessern oder Geschirr abzuwaschen gibt. Wahrscheinlich wird sie drei oder vier Rupien in der Woche verdienen, zwischen zwanzig und dreißig Pence.

Der nächste Raum ist größer, farbenfroher, heller: Wände in blassem Ocker, Linoleum auf dem Fußboden. Kein Küchenbereich im vorderen Teil: Die Küche befindet sich in einem angrenzenden Raum – dies ist ein Appartement. Eine junge Inderin, eine Bihari, blass und mit feinen Zügen, lebt hier mit einer jungen Schwarzen, einer Freundin vielleicht, die sich in der Rolle des Dienstmädchens eingerichtet hat. Beide sind sie sehr jung, etwa achtzehn, und sehr klein. Die junge Schwarze sieht winzig aus, regelrecht geschrumpft. Eine durchsichtige rosa getönte Bluse zeigt ihren Büstenhalter und ihren schmucklosen knochigen Körper. Kein sexuelles Moment – das schwarze Mädchen strahlt eine merkwürdige Arglosigkeit aus. Sie ist die Dienstmagd, sie lebt durch ihre junge Herrin. Das Bihari-Mädchen ist perfekt proportioniert, sogar die Schenkel wirken gerundet, als sie auf dem Bettrand sitzt und ab und zu in indischer Manier die Knie nervös gegeneinander schlägt. Sie ist augenscheinlich ebenso anämisch wie ihre Magd und vielleicht sogar noch kränker; sie hat die tief liegenden, übermäßig glänzenden Augen der Hysterikerin.

Ein großes Foto von einem Matrosen hängt an der Wand. Er sei Schwede, sagt das Bihari-Mädchen.

»Darum sie nehm *zwei* Zimmer«, sagt das schwarze Mädchen auf Englisch. »Sie koch in andere Zimmer. Sie hier ganzen Tag bleiben.«

Das Bihari-Mädchen erzählt in Patois: »Meine Mutter ist in Petite Rivière zu Hause. Sie lebt allein, seit mein Vater verschwunden ist. Mein Vater verlor den Verstand.« Das sagt sie einfach so. »Vor fünf Jahren hörte mein Vater auf zu arbeiten. Er arbeitete vorher als Zuckerrohrschneider. Dann fing er an, Kopfschmerzen zu bekommen und musste ins Krankenhaus. Und dann ist er verschwunden. Ich war vierzehn. Meine Mutter ging ein bisschen putzen und waschen, um Geld zu verdienen. Im gleichen Jahr im Dezember kam ich hierher nach Port Louis. Ich sagte es meiner Mutter, als ich nach Port Louis ging. Aber es war meine eigene Idee. Ich besuche meine Mutter manchmal; sie kommt nicht hierher. Ich habe zwei Brüder, die in die Schule gehen. Einer hat einen kleinen Job in einem *magasin*. Hier sitze ich jetzt einfach rum und lese und unterhalte mich.«

»Sie Ihnen nicht sag«, erklärte mir die junge Schwarze, »aber sie nicht arbeit. Ganz Monat dieser Mann« – der Mann an der Wand – »geb Mädchen Geld. Fünfzig, sechzig Rupien, ich nicht weiß. Sie hab Baby für dies Matrose. Das Baby sterben. Zwei Jahr her.«

Fotos weiterer Männer stecken in der Glastür der Vitrine. Bei allen handelt es sich um Europäer.

»Kein Mauritius!«, sagt das Bihari-Mädchen auf Englisch, und ihre Stimme klingt beim Wechsel der Sprache plötzlich schrill. »Nicht haben Job hier für Mann.«

Auf dem mit einem Wachstuch bedeckten Tisch liegt ein Postsparbuch.

»Fini«, sagt sie, *»Fini.* Alles ausgeb.«

1967 begann sie mit dem Sparen. Zwanzig Rupien nach einem Jahr, fünfzehn Rupien nach achtzehn Monaten. Dann die regelmäßigen monatlichen Einzahlungen – zehn, zwanzig, fünfundzwanzig, sogar dreißig Rupien – bis in die letzten Monate ihrer Schwangerschaft, bis zur schließlichen Fehlgeburt.

Sechs Monate lang schrumpft das Konto und bleibt anschließend ein Jahr lang leer. Im Februar 1971 eine wundersame Finanzspritze: sechshundert Rupien, fünfundvierzig Pfund, von einem englischen Jungen, der auf dem farbigen Schnappschuss im Glasschrank verewigt ist, einem Familienfoto, augenscheinlich in England aufgenommen. Sie hat ihre Schulden abbezahlt. Sie hat ein Transistorradio gekauft, und sie hat sich Arzneimittel besorgt. Sie fühlt sich müde. Sie hat Sanatogen gekauft, für die Nerven, und *Sirop des Chiens*, für ihr Blut. Alles dort auf dem Tisch, zusammen mit ihrem Sparbuch. Über der Tür ein Herz Jesu, um dieses Hindumädchen und ihre Magd zu beschirmen.

Sie sind nun frei und unabhängig. Die Zuhälter und Banden von Port Louis allerdings lauern auf sie und auch die neuen, von Chinesen betriebenen Bordelle in Pointe aux Sables. An einem dieser Orte sah ich ein paar Tage später die beiden jungen Frauen: das Dienstmädchen, tiefernst, passte auf ihre Herrin auf.

Ein Anwalt erklärt mir: »Ich habe viele mit der Prostitution anfangen sehen, nur damit ein ältester oder jüngster Bruder eine Chance im Leben bekam. Die Mädchen, die an Bord der Schiffe gehen, kommen von den besten Schulen der Kolonie.«

* * *

Das Bandenunwesen begann vor vier oder fünf Jahren. Die Gangs gingen aus den Bruderschaften der auf der Straße herumlungernden Arbeitslosen und Gelegenheitsarbeiter hervor; erst wurden Zuhältergruppen aus ihnen, dann Banden, die man anheuern konnte. Einem Manager, der einen Arbeiter entlassen hat, Säure ins Gesicht schütten – einer der Jobs für die neuen Gangster. Das Honorar dafür: fünfundsechzig Rupien, fünf Pfund.

Nehmen wir die Gang, die wegen Sachbeschädigung vor einem Bezirksgericht steht: drei schwarze Jugendliche, Brüder, und ein schlimm verstümmelter, rothäutiger junger Mulatte. Nehmen wir die schäbig gekleideten Jugendlichen mit ihren wachen Gesichtern, die wegen des denkbar lächerlichsten Diebstahls vor Gericht erscheinen. Es herrscht eine fast familiäre Atmosphäre. Viele der öffentlichen Gebäude auf Mauritius weisen diesen heimeligen Plantagenstil auf; das kleine hölzerne Gerichtsgebäude ist nicht größer als ein Wohnzimmer. Der Richter sitzt vor der Rückwand; links und rechts von seinem Stuhl befindet sich ein Fenster, und unmittelbar vor den Fenstern stehen Obstbäume.

Gesetz ist Gesetz, und auf Mauritius ist ein Job ein Job. Der Polizeibeamte indes trägt schwer an seinen Pflichten. Er sagt: »Dieser Bezirk zählt zu den ärmsten der Insel. Nach der Erntezeit haben sie nichts zu tun. Sie gehen ein bisschen angeln und sammeln Akaziensamen, für die sie anderthalb Cent pro Pfund kriegen. Das Leben ist also hart. Um ein Pfund zusammenzubekommen, braucht man viele Akaziensamen.«

Ein muslimischer Anwalt erklärt: » 1962 waren wir fröhlicher. Wir hoffen, dass es sich um einen vorübergehenden Zustand handelt. Das sagen freilich alle: ›Es kann nicht so bleiben, so kann es nicht weitergehen.‹ Und jetzt verschlimmert diese neue Partei, die MMM, die Situation noch. Die Leute ziehen ihr Kapital ab. Die Preise gehen hoch. Die Steuern steigen. ›Das geht vorüber‹ – damit trösten wir uns alle von Monat zu Monat.«

Ein Arzt, ein Mulatte, sagt: »Ein Junge, der in einer reicheren Gesellschaft möglicherweise in eine andere, gemischte soziale Gruppe überwechseln könnte, fällt hier am Ende deprimiert und frustriert in sein altes soziales Milieu zurück und findet sich damit ab. Diese Schicksalsergebenheit, die von den Indern auf die Übrigen ausstrahlt, bewahrt Mauritius vor dem Zusammenbruch. Wir werden von zwei Mythen beherrscht: Das eine ist die Regierung, und das andere sind die großen Zuckerrohrplantagen – der böse weiße Gott. Der weiße Mann ist zum Mythos geworden. Gäbe es ihn nicht, wir müssten ihn hier auf Mauritius erfinden.«

Ein riesiges Swastikakreuz ist auf die Hauptstraße aufgemalt, die durch das kleine indische Städtchen Triolet führt. Das Swastikakreuz ist ein indo-arisches Glückssymbol und schmückt jedes hinduistische Haus; hier freilich wird es politisch eingesetzt, als Symbol einer neuen Partei, die sich Jan Sangh nennt und die Inder als rassische Einheit beschwört. Das Swastikakreuz ist ebenso wie M. Duvals Black Power eine Reaktion auf die ethnienübergreifende Neue Linke der MMM. Schimäre vertreibt Schimäre: In Triolet hat die MMM ihren ersten Wahlsieg errungen; in diesem Klubhaus aber findet sich nur wenige Wochen nach der Wahl nichts, was an die Parolen der MMM erinnert.

Die üblichen Geschichten vom Überdruss à la Mauritius werden erzählt, von Leuten mit Schulabschluss, die keinen Job kriegen und »einfach zu Hause bleiben und weiterlernen. Sie haben das Leben satt, sind lebensmüde.« Dreißig oder vierzig seien als Krankenpfleger nach England gekommen. »Die meisten von uns kriegen so was aber nicht. Das hängt vom Minister ab. Manchmal gibt er uns keine Ausreiseerlaubnis. Die begünstigen ihre eigenen Familien.« Da ist die Geschichte von dem jungen Mann – dem, der gerade da draußen vorbeigeht –, der das kleine Stück Land, sein väterliches Erbe, »versoffen« hat und dem es jetzt wie allen anderen ergeht. »Jetzt steckt er in der Krise.«

Und ein Beispiel für die mauritische Legende vom verpassten Job findet sich auch. Es ist die Geschichte eines Jungen, den die Hinterlist eines Angestellten vor zwei Jahren um einen staatlichen Posten gebracht hat: eine Anstellung als Botenjunge, die ihm fünfeinhalb Rupien – vierzig Pence – täglich eingebracht hätte. Jeder im Klubhaus kennt die Geschichte und verfügt über eine eigene Version; als der verhinderte Bote auf der Bildfläche erscheint, erweist er sich als gut aussehender, energischer junger Mann, unverkennbar ein Star. Sein Nachbar hat die Stelle bekommen. »Ich bin nicht böse auf ihn. Ich lege die Sache in Gottes Hand.« Seine regierungsfeindliche Einstellung demonstriert er derweilen durch ein fliederfarbenes T-Shirt der MMM.

Jemand sagt: »Bei einem Unfall helfen sich die Menschen

hier gegenseitig. Aber wenn es um Jobs geht, ist das anders. Die Familien sind neidisch aufeinander. Und wenn sie trinken, kommt das böse Blut hoch.«

Sie hätten doch einen solch hoch entwickelten Sinn für Ungerechtigkeit, sage ich. Wie sei es denn mit ihrem Gespür für drohende Gefahren? Sie hätten solches Vertrauen in ihre Rechte, ihre Wahlen, die Macht der öffentlichen Meinung. Sie betrachteten ihre Unabhängigkeit als unwiderruflich und dauerhaft; sei ihnen denn nicht klar, wie zerbrechlich diese Unabhängigkeit sei. Ein Staatstreich, eine bewaffnete Invasion: In dieser Gegend sei beides ohne Weiteres denkbar: Kämen ihnen solche Gedanken nicht in den Sinn?

»Die Regierung passt schon auf«, sagen die jungen Männer im Klub.

Aber während der Abend dämmert und der Verkehr abnimmt und in vielen Radios indische Musikprogramme eingeschaltet werden, während die Unterhaltung träger und weniger aggressiv wird, begreife ich, dass diese jungen Männer das Gespür für Bedrohungen verloren haben. Im Grunde sehen sie sich in der Rolle des Opfers; der Feind hat schon vor langer Zeit über sie triumphiert.

»Auf Mauritius gibt es heute den Nashornkäfer, der eine Kokospalme kaputtmachen kann. Diese Käfer wurden extra eingeführt, damit wir Mittel gegen sie kaufen müssen. Unsere Vorväter kannten diese Käfer gar nicht. Die haben gleich doppelt daran verdient. Erst haben sie unsere Kokosnüsse verdorben, und dann haben sie uns die Mittel zur Bekämpfung der Schädlinge verkauft. Dass das Ministerium für Landwirtschaft dahintersteckt, glauben wir nicht. Wir glauben, dass Fremde dahinterstecken.«

»Sie haben unsere Orangenbäume vernichtet, damit wir Orangen aus Südafrika kaufen müssen. Das ist unser Verdacht. Sie sind gekommen und haben uns erzählt, unsere Orangenbäume hätten irgendeinen Pilz.«

»Jeden Tag hören wir von neuen Krankheiten, die unser Volk befallen und die es vorher nicht gab.«

»Malaria.«

Die Ausrottung der Malaria war es, die zur Bevölkerungsexplosion führte.

»Nein. Malaria gab es hier schon.«

»Cholera. Cholera zum Beispiel gab es noch nicht. Es gibt jetzt noch andere Krankheiten. Ich kann ihre Namen nicht aussprechen. Aber die Menschen leiden an ihnen. Wir glauben, dass auf Mauritius so manches vorgeht.«

»Sysilis.«

Er wird korrigiert. »Syphilis. Die breitet sich aus, besonders in Port Louis. Die Regierung will jetzt die Prostitution legalisieren. Sie geben den Mädchen inzwischen Lizenzen.«

Tatsächlich haben die Japaner, die mit ihren Fischdampfern den Hafen anlaufen, das Lizenzsystem eingeführt.

»Einerseits bekämpft die Regierung die Prostitution. Andererseits leistet sie ihr Vorschub.«

»Sie haben Recht, dass sie das tun, Prostituierte werden. Sie leiden unter Armut. Warum sollten sie es nicht tun? Wie ich selbst weiß –«

»Wenn meine Tochter das macht, bringe ich sie um.«

»Aber die Prostitution ist gut für sie, wenn sie damit Geld verdienen. Viele Studentinnen arbeiten als Prostituierte, besonders in Port Louis.«

»Sie bauen hier ein neues Hotel. Die Regierung wird Mädchen Berechtigungsscheine geben, damit sie als Prostituierte arbeiten können.«

Man unterhält sich in sanftem Ton, gemächlich, ohne Zorn. Draußen auf der Straße droht das Swastikakreuz, ein Machtsymbol, und die Mauern sind mit politischen Parolen und Gegenparolen und mit den Initialen der Parteien bekritzelt.

Manche allerdings haben Glück. Manche schaffen es, wegzukommen. Wie dieser winzige Zwanzigjährige, dem ich in der Nähe der Regierungsgebäude in Port Louis begegnete und der ängstlich seine »Papiere« vor sich her trug, die Kanzleiurkunde in doppelter Ausführung und mit dem kostbaren Namenszug des Ministers und dem Stempel seiner Behörde versehen. Er fährt nach England; ein Krankenhaus hat ihn angenommen. Er ist äußerst klein, ein richtiger Däumling; seine zarte Konstitution rührt von einer Krankheit her, die er mit sechs hatte. Seine Abschlussprüfung an der Schule hat er 1968, mit siebzehn, abgelegt; während der letzten drei Jahre hat er nichts getan, nur auf das hier gewartet. Er macht einen ernsten, leicht trotzigen Eindruck, als scheue er sich, seine Freude zu zeigen, und stehe, falls nötig, bereit, seinen Erfolg zu verteidigen. Dass er einen guten Charakter hat, sieht man auf den ersten Blick. Aber ist er auch von Begeisterung für die Krankenpflege erfüllt? Seit er ein kleiner Junge war, habe er nie etwas anderes machen wollen, sagt er; sogar der Johanniterunfallhilfe ist er beigetreten.

Sein Vater arbeitet in einer Zuckerfabrik und verdient 150 Rupien monatlich, knapp über elf Pfund. Er hat vier Schwestern und zwei Brüder. Ihr übliches Frühstück besteht aus Brot, Butter und Bananen. In den Jahren, in denen er nichts zu tun hatte, half er morgens im Haushalt; danach ging er zum Lesen in die Bibliothek des British Council. Zum Mittagessen – es gibt immer Reis mit Gemüsecurry – kam er wieder nach Hause. Manchmal wurde er krank und konnte nichts essen. Manchmal fühlte er sich einfach zu elend, um etwas zu essen. Er zog dann mit seinen Freunden los, und sie vergnügten sich mit einem »Bad im Fluss«. Jeden Augenblick konnten ihn seine Kopfschmerzen heimsuchen, besonders, wenn er allein war; da es ihm schwer fiel, Schlaf zu finden, blieb er bis Mitternacht draußen auf der Straße und schwatzte mit seinen Freunden. Er war viel mit seinen Freunden zusammen. Sie versicherten sich gegenseitig, sie würden binnen Jahresfrist »gut aufgehoben« sein, das heißt, eine Stelle gefunden haben; auf diese Weise »machte einer dem anderen Mut«.

Gewisse Probleme bleiben aber noch zu lösen: Fünfzig Pfund Kaution und die 1640 Rupien für die Fahrkarte nach London müssen aufgebracht werden – zusammen entspricht das dem

Lohn, den der Vater für fünfzehn Monate Arbeit erhält. Aber die Bank wird aushelfen, und er kann das Darlehen von den acht oder neun Pfund Wochenlohn zurückzahlen, die er in dem englischen Krankenhaus bekommt. Rassenspannungen in England bereiten ihm nicht die geringste Sorge; was die Leute zu ihm oder über ihn sagen, ist ihm egal; wenn er Mauritius nie mehr wiedersieht, macht ihm das auch nichts aus. Er und seine Freunde haben den Glauben an die Politik verloren. Die Politik kann auf Mauritius niemandem mehr helfen. Auch die Regierung kann keinem mehr helfen. »Mit der MMM ist es genauso. Besser, man verlässt sich auf sich selbst.«

In einem größeren, reicheren Land wäre Gaëtan Duval, der Außenminister, vielleicht Schauspieler oder Popstar geworden. Was es dazu braucht, besitzt er: die aufregende Attraktivität (auch wenn sich das gute Aussehen bei dem mittlerweile Vierzigjährigen allmählich verabschiedet und er zu seinem Kummer in der Taillengegend rundlicher wird), das Haar, die Kleidung und die Bedürfnisse eines Schauspielers hat er auch. Seinen Gegnern zufolge bietet ihm die Politik Gelegenheit zu einem »regelmäßigen Bad in der Menge«, während er selbst in bester Schauspielermanier erklärt, er treibe Politik aus »Bedürfnis nach Liebe«. »Man bringt die Leute dazu, dass sie einen lieben, und man empfindet Liebe für sie.« Besonders stolz war er, als ich ihn kennen lernte, auf seine »Black is beautiful«-Kampagne. »In diesen paar Wochen habe ich bei den Schwarzen im Land eine geistige Revolution bewirkt.«

Aber er trete auch für den Handel mit Südafrika ein. Wie lasse sich das mit Black Power vereinbaren?

»*Gar nicht!* Das ist es ja gerade!« Er brüllte vor Lachen, während er sich in seinem Sessel zurückwarf und sein weit geöffnetes, spitzenbesetztes schwarzes Hemd den Blick auf die milchkaffeebraune Brust freigab. »*Madame Bell! Madame Bell!*«, rief er. Und als die weiße Empfangsdame mittleren Alters aus dem Vorzimmer hereinkam, bat er sie, ihm den Text der Lobrede zu bringen, die vierzehn Tage zuvor in Paris auf ihn gehalten worden war, als ihm die *Société des Gens de Lettres de France* den Goldenen Tourismusstern verliehen hatte.

Die Rede wurde in einer Kanzleimappe gebracht, woraufhin Duval daraus vorzulesen begann – obwohl das eigentlich überflüssig war, weil sich der Text ohnehin in den Morgenzeitungen abgedruckt fand. »*Monsieur le Ministre, laissez-moi d'abord saluer le Ministre des Affaires Étrangères, l'Homme d'État, l'Écrivain, le Penseur, l'Homme d'Action. Vous êtes le symbole de tout ce que nous aimons en l'Île Maurice* [Herr Minister, erlauben Sie mir, dass ich Sie als Außenminister, als Staatsmann, Schriftsteller, Denker, Mann der Tat willkommen heiße. Sie verkörpern alles, was wir an der Insel Mauritius lieben] ... So etwas treibt unsere Franko-Mauritier zur Raserei. Dass ein Schwarzer französische Kultur verkörpert. Und ich bin einer von denen, die ihnen das aufs Butterbrot schmieren.«

Bis vor kurzem seien, so Duval, die Franzosen noch der Ansicht gewesen, auf Mauritius gebe es nur zehntausend Französisch sprechende Menschen – eben die Mauritier französischer Abstammung. Nun wüssten sie, dass ein Drittel der Inselbewohner, also auch viele schwarzhäutige Menschen, Französisch sprechen. »Die Franzosen überschütten mich mit Geld. Sie haben mir vier Millionen Rupien gegeben. Diese Woche noch eine Million. Und wir haben kürzlich dreiundfünfzig Arbeitskräfte nach Frankreich geschickt. Den laufenden Wahlkampf führe ich mit meiner *Außen*politik.« Die Südafrikaner allerdings seien langsam. »Sie sind langsamer als die alten Buren.« Er habe sie darum gebeten, ihm drei Jahre lang für sein Schweineprogramm subventioniertes Schweinefutter zu liefern, aber bislang habe sich noch nichts getan.

Jemand trat ins Zimmer.

»Darf ich Sie mit François bekannt machen«, sagte Duval. »Ein Faktotum, ein Freund.« Wir brachen zusammen auf, um nach Curepipe zum Mittagessen zu fahren. Als wir aus dem Hof fuhren, rief Duval jemandem zu: »Gute Nachrichten! Deutschland nimmt weitere sechsunddreißig. Die Lufthansa, in Frankfurt.« Sechsunddreißig Arbeitkräfte.

»Zusätzlich zu den hundert?«

»Ja. Ich werde es morgen auf der Versammlung verkünden.« Während wir die malerische Straße entlangfuhren (die blühenden Sträucher am Straßenrand und die Rabatten auf den Verkehrsinseln wurden von städtischen Hilfsarbeitern instand gehalten), erklärte er: »Als ich dort war, habe ich den Deutschen gesagt, wenn sie etwas für mich hätten, sollten sie es mir besser vor den Wahlen geben. Andernfalls könne es sein, dass sie es jemand anderem geben müssten ... Es ist ganz egal, ob wir diese Gemeindewahl gewinnen oder nicht – wir verfügen über eine so große Mehrheit. Aber ich erzeuge gern Spannung. Anders kann ich nicht leben. Ich kann all das tun, weil jedermann glaubt, ich sei ein bisschen verrückt und irrational ... Was halten Sie von denen hier?« Er entnahm einer vollen Schachtel seine eigens für den Wahlkampf angefertigten neuen Werbefotos und reichte sie mir herüber: er in seinem schwarzen Anzug auf Black Beauty, breitbeinig auf einem Motorrad, mit gekreuzten Beinen an den Kühler seines Sportwagens gelehnt. »Die sind für die Frauen. Im französischen Fernsehen bin ich in indischer Kluft aufgetreten und bekomme heute noch Briefe. Die Engländer mögen mich nicht, selbst wenn sie sich Mühe geben. Die Franzosen sind anders. Wissen Sie, wie man mich in den französischen Zeitungen genannt hat? Einen bildschönen schwarzen Gott.«

Im Restaurant in Curepipe gestand ich ihm – nach ein, zwei Gläsern Wein –, dass ich Mühe hatte, in ihm den Politiker zu sehen. Er könne die Politik an den Nagel hängen, sagte er; er sei Farmer. Ich hätte gehört, erwiderte ich, dass einige der Ferkel, die er verteilt habe, aufgegessen worden seien. Er wurde augenblicklich ernst und reagierte gekränkt; gleich darauf aber meinte er, vielleicht seien einige aufgegessen worden, aber er habe anderes gehört.

François, das Faktotum, der Freund, erzählte etwas in Patois.

Als er verstummte, erklärte Duval: »Ich habe gerade eine traurige Geschichte zu hören bekommen. Der Vater all der kleinen Ferkel ist tot. Black Power.«

Ein Kellner kam und sagte: *»M. Duval, téléphone pour 'ous.«*

»Qui sanne là-ça ?«

»Consul africain.«

»Die Südafrikaner«, sagte Duval.

Als er zurückkam, berichtete er: »Der Konsul hat gerade einen Anruf aus Südafrika bekommen. Sie wollen uns fünfzig Sauen und zwei Eber und für ein Jahr kostenlos das Futter für die Tiere schenken. Ich habe ihn gebeten, mir von Pretoria ein Telegramm schicken zu lassen.« Für die Wahlversammlung natürlich.

»Hatten Sie nicht um Schweinefutter für drei Jahre gebeten?« fragte ich.

»Das war subventioniertes Futter. Das hier ist kostenlos. Sie haben Angst.«

In einem Hinterzimmer des Restaurants feierte eine Hochzeitsgesellschaft des französischen Konsulats. Eine junge Französin kam heraus, geriet beim Anblick von Duval in Ekstase, umarmte ihn, ohne uns anderen die geringste Beachtung zu schenken, und fing an, sich mit ihm zu unterhalten. Dann kam ein Mann im blauen Anzug heraus und sagte: *»Gaëtan, ils te demandent de venir les bénir.«* (»Gaëtan, du sollst kommen und ihnen deinen Segen geben.«)

»Je n'ai pas mon collier de maire.« (»Ich habe meine Amtskette nicht dabei.«)

Er stand aber auf und ging hin. Als er viele Minuten später zurückkam, hatte er glänzende Augen vom Champagner und lächelte. »Ich habe gerade etwas sehr Amüsantes gehört. Dieses Mädchen, das sich verheiratet hat, ist zur einen Hälfte belgisch und zur anderen Hälfte polnisch, müssen Sie wissen. Typisch französisch. Sie war mit ihrem Bruder da. ›Wenn Sie polnisch sind‹, habe ich zu ihnen gesagt, ›warum sind Sie dann nicht hübscher?‹ Und der Bruder hat geantwortet: *›Parce que nous sommes habillés.‹«* („Weil wir unsere Kleider anhaben.«)

Später, im überfüllten Rathaus, ließ Duval ein paar seiner Anhänger eines seiner Wahlkampflieder für mich singen.

Black Beau-tee! Black Beau-tee!
Black is beautiful!
Beautiful, beautiful
Is black!

»So wird die Uniform aussehen«, sagte Duval und zeigte mir ein paar Stoffmuster. »Schwarz und rot. Schwarze Gürtel mit roten Hosen. Schwarzes Hemd. Hochglanz.«

Am nächsten Tag, als ich ins Außenministerium ging, um meine Aufzeichnungen vom Mittagessen abzustimmen, stellte mir Duval im Vorzimmer seines Büros einen kleinen schwarzen Jungen als den Schöpfer seiner Wahlkampf-*sega* vor. Der Junge schlug auf Madame Bells Schreibtisch den Takt und sang:

Mo' dire 'ous: la frapper.
Laisse-mo' trappe-li,
Laisse-mo' batte-li.
Mo' alle condamné,
Jamais mo' va laisser mulâtre
Faire mari de mon endroit.
(Ich sag dir, schlag sie. Lass mich sie kriegen, lass mich sie fertig machen. Lieber geh ich ins Kittchen, als mich von Mulatten rumkommandieren zu lassen.)

»Das Niveau des politischen Denkens hier ist *sagenhaft* niedrig«, erklärte Paul Bérenger, der sechsundzwanzig Jahre alte französisch-mauritische Begründer der MMM. Ein paar Tage zuvor war er aus dem Rathaus, in dem Duvals Männer das »Black is beautiful«-Lied für mich gesungen hatten, beschossen worden. Jetzt – in diesem neuen, klimatisierten Kellerrestaurant in Port Louis, das nach dem Mittagessen nahezu leer war – hatte Bérenger seinen Leibwächter dabei, einen schwarzen Riesen namens Muttur, der eine leichte Neigung zum Verfetten zeigte, aber am Ort immer noch einen großen Ruf als Boxer genoss. Auf seine Weise bewies Bérenger nicht weniger Stil als Duval und stellte auf Mauritius eine nicht weniger schillernde Figur dar. Er war klein, zart gebaut und sprach mit leiser Stimme. Mit seiner getönten, randlosen Brille, seinem dünnen Schnauzer und einer schwarzen Lederjacke, die über seinen Schultern hing, verkörperte er den waschechten Europäer. In seiner Ausdrucksweise oder seinem Akzent ließ sich keine Spur von Mauritius erkennen. Er stellte dar, was er war – jemand, der an den Pariser Studentenunruhen von '68 teilgenommen hatte. »Ein gutes Jahr, wenn ich das sagen darf.«

»Natürlich redet die Regierung nur von *Arbeitslosigkeit*«, erklärte er. »Das Wort macht aus der ganzen Sache ein rein wirtschaftliches Problem, bringt die menschlichen und politischen Aspekte zum Verschwinden ... Vor 1968 mussten sich die Menschen auf Mauritius über ökonomische oder politische Programme nicht den Kopf zerbrechen oder gar welche anbieten. Sie brauchten einfach nur die Rassekarte auszuspielen. Früher sorgten die Leute an der Spitze für Entlastung vom Druck, indem sie die verschiedenen Rassen gegeneinander aufhetzten und sich gegenseitig umbringen ließen; wenn sie könnten, würden sie das auch heute wieder machen ... Die Geschichte dieses Landes ist die Geschichte einer Reihe von Befreiungskämpfen und anschließenden Auseinandersetzungen zwischen den verschiedenen Gruppen. Das ist das Drama dieser Insel. Als Erstes kam der Befreiungskampf der Sklaven. Der Kopf eines aufständischen Sklaven, eines madagassischen Häuptlings, wurde in unserem Museum hier in Port Louis viele Jahre lang aufbewahrt. Dann erhoben sich die Farbigen [die Mulatten]. Im Jahr 1911 kam es hier in Port Louis zu Unruhen zwischen Farbigen und Weißen. Dann die Inder. Die Farbigen folgten dem Beispiel der Weißen und entwickelten antiindische Ressentiments. Das Gleiche taten dann auch die Kreolen [die Schwarzen]. Und der Hauptdrahtzieher bei dieser letzten Entwicklung war Duval. Darin liegt die Bedeutung, die unheilvolle Bedeutung von Duval: dass er die Schwarzen auf die Seite der Weißen gebracht hat. Duval ist ein Mythos. Eine Erfindung. Er ist King Creole. Von den Zeitungen geschaffen. Ein Mythos, der sich überlebt hat. Der aber nicht sterben will.«

Bérenger schnickte mit den Fingern. Der schwarze Leibwächter förderte eine Papiertüte mit Bonbons zutage. Bérenger nahm eines, desgleichen der Leibwächter. »Hustenbonbons«, erklärte Bérenger.

Er entstammt einer alteingesessenen, französisch-mauritischen Familie. Sein Vater war staatlicher Angestellter. Kein Plantagenbesitzer, kein Großgrundbesitzer. Es gibt Leute auf Mauritius, die darin den Schlüssel zu Bérengers schroffer Oppositionshaltung sehen. Im Jahr 1963, mit achtzehn, fuhr er eine Weile als Matrose zur See, ehe er dann in Nordwales zur Universität ging. »Mit der MMM fing es an, als ich 1968 auf Mauritius meine Ferien verbrachte. Das klingt allerdings zufälliger, als es tatsächlich war. Die Regierung leistete uns Schützenhilfe. Wir planten eine friedliche Demonstration aus Anlass des Besuchs von Prinzessin Alexandra. Die Regierung steckte achtzehn von uns ins Gefängnis. Warum Alexandra? Weil Alexandra Ogilvy zum Mann hat, weil Ogilvy Lonrho ist, und weil Lonrho hier über enorme Macht verfügt, Hotels, Zuckerfabriken, Import-Export-Geschäfte besitzt. Hinzu kamen die verschwenderischen Kosten für den Staatsempfang. Ich habe seitdem viermal im Gefängnis gesessen ... Die Lage ist übel. Die Leute spüren, dass die Geschichte jeden Augenblick explodieren kann. Ich bezweifle, dass wir dieses Jahr ohne einen Sturz der Regierung oder Unruhen oder allgemeine Wahlen zuende bringen.«

Ich erzählte ihm, ich hätte in Triolet keine Spur von MMM-Parolen gefunden und den Eindruck gewonnen, dass der Sozialismus, für den sich seine Partei dort stark gemacht hatte, von einem mythologisch-paranoiden Feindbild aufgesogen worden war.

Er antwortete nicht direkt. Er sagte: »Hinter jedem Mythos steckt ein Stück Realität.« Und dann begann er sich tastend, wie jemand, der laut denkt, über das Thema Mythenbildung zu verbreiten. »Die Sachen können in den Köpfen der Leute hier ungeheure Bögen schlagen. Ich vermute, das hat etwas mit der Größe der Insel zu tun ... Die Neigung zur Melodramatik ist unverkennbar. In Port Louis zum Beispiel erzählte man sich von mir, ich hätte einen *elektrischen* Schlagstock. Was damit gemeint war, weiß ich nicht. In Curepipe war es ein Knüppel mit einer Kette. Und meine schwarze Lederjacke gilt als kugelsicher. Ich nehme an, das ist der Grund, warum man auf mich schießt, wenn ich am Rathaus von Curepipe vorbeigehe; und wenn es dann noch einen Minister gibt, der angeblich der Beschützer der Schwarzen ist, schwarzes Leder trägt und auf einem schwarzen Ross sitzt, dann ist der Mythenbildung Tür und Tor geöffnet.

Man lebt mit bestimmten Dingen, ohne über sie nachzudenken. Einer unserer Minister – erst jetzt, während ich hier darüber rede, geht mir auf, wie umfassend diese Neigung zur Mythenbildung ist –, dieser Minister also zog am Wahltag seine Fallschirmjägeruniform an. Ramgoolam [der Premierminister] war früher auch ein Mythos. Er war der *chacha*, der gute Onkel der Hindus. Sehr tatkräftig und mächtig, aber irgendwie über allem schwebend. Einer unserer Schriftsteller hat eine Biographie über Ramgoolam geschrieben. Darin findet sich kein einziges Datum. Das Ganze ist eine grandiose Mythologie und Dichtung und was weiß ich ... Ich glaube, das wirkliche Elend wird erst sichtbar, wenn man sich unser Bildungssystem anschaut. Da ist der sprachliche Aspekt. Die Sprache, die wir alle benutzen, wird verachtet.« (Die MMM verklärt das im Land gesprochene Patois, in dem sie einen wichtigen Bestandteil der »nationalen« Kultur sieht.) »Auch die Franko-Mauritier haben ihre Mythen. Als ich zurückkam, kursierte bei ihnen die Geschichte, *ich* hätte de Gaulle fertig gemacht. Das Gerücht gibt es heute noch. ›Wenn Paul sogar de Gaulle geschafft hat, hat doch der arme alte Ramgoolam nicht die geringste Chance!‹ Sie alle phantasieren vor sich hin. Und der Nährboden ihrer Phantasien ist die koloniale Situation.«

Die zwei Stunden mit Bérenger vergingen rasch. Als er mit seinem Leibwächter aufbrach, lächelte er und sagte: »Ich muss jetzt los und für das Forum heute Nachmittag ein paar ›harte Burschen‹ organisieren.«

Die harten Burschen waren indes nicht nötig. Niemand versuchte, die nachmittägliche Versammlung in der Stadt Rose Hill zu sprengen. Der Saal war mit mehreren hundert Studenten voll gepackt. Eine gemischtrassische Zuhörerschaft, ein gemischtes Podium und Ideen, die begierig aufgenommen wurden: Es war die geistig lebendigste Veranstaltung, die ich auf Mauritius erlebt hatte. Und die bloße Tatsache, dass sie stattfand, sprach – wenn auch vielleicht nur in den Augen des Besuchers – für das liberale Regime, gegen das sie sich richtete.

»Das ist ein Imitat«, erklärte Sir Seewoosagur Ramgoolam, der Premierminister. »Sie versuchen Mao, Fidel Castro nachzumachen. Phantasterei? Phantastereien kennen sie nicht; sie glauben, dass ihre Ideen hier Wurzeln schlagen können. Es *gibt* Armut. Aber wir bemühen uns, sie durch Sozialleistungen in Grenzen zu halten. Wir geben ungefähr dreißig Millionen Rupien für Sozialhilfe aus. Man kritisiert uns deswegen, tadelt uns, weil wir zum Beispiel Familien Beihilfen gewähren. Meine Antwort ist: ›Es werden Kinder geboren. Ich kann nicht zulassen, dass sie unterentwickelt aufwachsen. Wenn sie gut genährt, gut gebildet sind, fallen sie der Gesellschaft nicht zur Last. Andernfalls bleiben sie geistig zurück.‹«

Ein anderes Vokabular, andere Sorgen – ein anderes Leben. Der Premierminister ist fast so alt wie das Jahrhundert, und die poetische Biographie, von der Bérenger sprach, ist der Versuch, einer Geschichte gerecht zu werden, die – so bescheiden die Dimensionen sein mögen – denkwürdig ist: der Geschichte eines Mannes, der in einer bedrückten, führungslosen Gemeinschaft, in einer landwirtschaftlich geprägten Kolonie, in der dunkelsten Zeit des Kolonialismus an die Macht gelangt. Wenige politische Führer in Kolonien haben so viel Mut und Zähigkeit bewiesen wie Ramgoolam; wenige haben, nachdem sie an der Macht waren, sich so bemüht, alte Feindschaften zu begraben und menschlich zu herrschen. Und doch ist der neue Staat, in all der Unfertigkeit, in der er sich nach wie vor präsentiert, bereits bedroht, und zwar von mehr als nur einer Seite.

Bérenger sagt: »Dieses Gedrängel um die Büros der Minister, all diese Leute, die eine Anstellung suchen – das wird von den Ministern selbst befördert. Jeder von ihnen möchte Ramgoolam im Amt nachfolgen, und jeder versucht, seine Trümpfe auszuspielen, sich in Position zu bringen.«

Der Premierminister sagt: »Wir haben jetzt den Ausschuss für den öffentlichen Dienst. Dieses Antichambrieren bei den Ministern ist falsch. Es ist ein Überbleibsel aus Kolonialzeiten.«

Der alte Feind. Und auch der neue: »Kolonialismus ist eine zerstörerische Einrichtung. Er schafft Parasiten und Gefolgschaften. Und sie sind nach wie vor unter uns – Angehörige aller Rassen, die von der Anwesenheit einer fremdem Macht in diesem Land profitierten. Ich weiß nicht, ob sie sich völlig mit den neuen Verhältnissen abgefunden haben. Diese neue Bewegung, die MMM, halte ich für einen Versuch eben jener Leute, sich auf Umwegen wieder in Position zu bringen. Ich glaube, sie haben es ganz besonders auf mich und auf meine Partei abgesehen.«

Der Premierminister hat ein lädiertes Auge, seit ihn in seiner Kindheit eine Kuh mit ihrem Horn dort verletzt hat. Der Salon seines neuen Hauses in Port Louis, das auf demselben Grundstück steht wie sein früheres Haus, ist voll gestopft mit Erinnerungen an seine lange politische Karriere: signierte Porträts, Fotos von Begegnungen auf dem Flugplatz, pompöse offizielle Geschenke aus den verschiedensten Ländern. Hier, inmitten seiner Souvenirs, bewirtet er ständig Gäste. Er mag zwanglose Abendgesellschaften, Unterhaltung, Klatsch. Er würde sich gerne zur Ruhe setzen, nur noch Legende, »allem enthoben« sein.

Die Gemütsruhe aber schwindet. Das Lager ist überfüllt, die Notausgänge sind verrammelt. Die Menschen sind unzufrieden und haben kein Gespür für die Bedrohlichkeit der Lage.

1972

Macht?

Der Karneval auf Trinidad ist berühmt. Während der beiden Tage vor Aschermittwoch ziehen die rund eine Million Inselbewohner – Schwarze, Weiße, die später gekommenen portugiesischen, indischen und chinesischen Einwanderergruppen – in kostümierten »Banden« durch die heißen Straßen und tanzen zur Musik von Blechblaskapellen. In diesem Jahr nahm die Sache eine überraschende Wendung. Nach dem Karneval kam es zu Black-Power-Unruhen. Auf die Maskerade und die Musik folgten Wut und Schrecken.

Das hat seine eigene Logik. Karneval und Black Power sind nicht so weit auseinander, wie es den Anschein hat. Die Touristen, die sich am Karneval erfreuen, wissen im Grunde nicht, was sich da vor ihren Augen abspielt. Und auch die Inselbewohner selbst, die so lange damit zugebracht haben, ihre Vergangenheit zu vergessen, sind sich der finsteren Ursprünge ihres Karnevals nicht mehr bewusst. Die Banden, die Fähnchen und die Kostüme haben wenig mit der Fastenzeit und viel mit der Sklaverei zu tun.

Die Sklaven auf Trinidad arbeiteten tagsüber und lebten nachts. Dann verschwand die Welt der weißen Plantagenbesitzer, und an ihre Stelle trat eine weniger bedrohliche, geheime Phantasiewelt, eine Welt der schwarzen »Königreiche«, »Regimenter«, Banden. Die Menschen, die tagsüber Sklaven waren, sahen sich als Könige, Königinnen, Prinzen, Prinzessinnen. Es gab hübsche Uniformen, Fahnen und bemalte Holzschwerter. Jeder, der einem Regiment beitrat, bekam einen Titel verliehen. Nachts spielten die Sklaven Herren und äfften die Rituale der Oberwelt nach. Die Könige besuchten und bewirteten einander. Bei den Zusammenkünften war unter Umständen ein Sekretär zugegen, der eifrig Protokoll führte.

Einmal, im Dezember 1805, geschah es, dass die nächtliche Phantasie in den Arbeitstag überschwappte. Es wurde damals ernstlich darüber geredet, einige weiße Plantagenbesitzer einen Kopf kürzer zu machen und anschließend heiliges Wasser zu trinken, Schweinefleisch zu essen und zu tanzen. Die Verschwörung wurde entdeckt, und noch vor dem Weihnachtsfest fanden auf dem Marktplatz der Hauptstadt Port of Spain Hinrichtungen am Galgen und auf dem Richtblock, Verunstaltungen mit dem Brenneisen und Auspeitschungen statt.

Das war der erste und letzte »Sklavenaufstand« auf Trinidad. Die nächtlichen Königreiche wurden aufgelöst. Aber die Phantasien blieben. Sie mussten bleiben, denn ohne diesen Hauch von Verrücktheit wären die Negersklaven vollständig verzweifelt und hätten vielleicht Erde gefressen, um sich auf diese Weise allmählich umzubringen; viele auf Trinidad taten das. Der Karneval, den die Touristen sehen wollen, ist ein Ausdruck jener Verrücktheit, der die Sklaven am Leben erhielt. Er ist der ursprüngliche Traum von Black Power, Stil und Gepflegtheit; und er zehrt stets von der wirklichen Welt so, wie sie sich in den Augen der Betroffenen darstellt.

Während des Kriegs fand die Bewunderung für die Sowjetunion – tatsächlich eine Bewunderung für »stilvolle« Dinge wie Stalins Schnauzer und extravagant klingende Generalsnamen wie Timoschenko oder Rokossowsky – ihren Niederschlag in der Gründung einer Bande, die sich »Rote Armee« nannte. Eine rivalisierende Bande namens »Casablanca« entsprang der Bewunderung für Humphrey Bogart. Phantastereien, die aber ernst genommen wurden und eine Funktion erhielten: Dicht unter der Oberfläche, wenn auch vielleicht uneingestanden, hat es immer die Vision eines Schwarzen Millenniums gegeben, eine Vision, bei der es ebenso sehr um Rache wie um eine heile Welt für die Schwarzen ging.

Etwas von dieser Verrücktheit des Karnevals eignet all den Inseln, deren Bewohner – zuerst als Sklaven und dann als links liegen gelassene Koloniale – den Eindruck gewannen, ohne Lebenssinn und von der wirklichen Welt ausgeschlossen zu sein. Auf St. Kitts mit seinen sechsunddreißigtausend Bewohnern hat der Premier Papa Bradshaw die Verzweiflung dadurch zu dämpfen versucht, dass er die Erinnerung an Christophe, Kaiser von Haiti und Erbauer der Zitadelle, der als Sklave auf St. Kitts zur Welt kam, wieder zum Leben erweckte. Bis man sie vor sich selbst rettete, glaubten die sechstausend Bewohner von Anguilla allen Ernstes, sie könnten sich von jemandem aus Florida eine Verfassung schreiben lassen und als unabhängiger Staat ins Geschäft kommen.

Die Rastafarier auf Jamaika halten sich für Abessinier und den äthiopischen Kaiser Haile Selassie für Gott. Das ist eine der unvorhergesehenen Folgen der italienischen Propaganda im Krieg gegen Äthiopien. Die Italiener behaupteten damals, es existiere eine schwarze Geheimgesellschaft namens Niya-Binghi (»Tod den Weißen«), die mehrere Millionen Mitglieder zähle. Das gefiel einigen Jamaikanern, die sich mit der Gründung eigener kleiner Niya-Binghi-Gruppen die Zeit vertrieben. Kürzlich besuchte der Kaiser Jamaica. Die Rastafarier erwarteten, einen schwarzen Giganten zu sehen; stattdessen trat jemand auf, der wie ein Hindu aussah, sanftgesichtig, braunhäutig und klein. Die Enttäuschung war zwar groß, aber die Sekte hat trotzdem irgendwie überlebt.

Diese Inselbewohner sind aufgewiegelt. Sie besitzen bereits schwarze Regierungen, und die Macht liegt in schwarzen Händen, aber sie wollen mehr. Sie wollen etwas, das mehr ist als nur Politik. Wie die entwurzelten Bauern im mittelalterlichen Europa sehnen sie sich nach Kreuzzügen und Heilsbringern. Jetzt haben sie Black Power. Das ist nicht die Black Power der USA. Bei der handelt es sich um den Protest einer benachteiligten Minorität, die einige der Reichtümer Amerikas endlich in greifbare Nähe gerückt sieht und meint, dass nur Selbstverachtung und Diskriminierung sie davon trennen. Auf den Inseln aber kommen solche Botschaften in verzerrter Form an.

Die Medien können den Benachteiligungen nicht die gleiche Realität verleihen wie den Protesten. Man sieht berühmte Großstädte im Aufruhr; junge Angehörige der eigenen Rasse treten mit Gewehren bewaffnet aus Gebäuden; trotz ihres Triumphs gebeugte Sportler recken in einer quasireligiösen Geste die schwarzbehandschuhten Hände empor; vor den Kameras, die endlich Geschmack am schwarzen Stil gefunden zu haben scheinen, stoßen gut aussehende Sprecher der Protestbewegung Drohungen aus. Das ist Macht. Auf den Inseln wirkt es wie der Anbruch des schwarzen Millenniums. Ein politisches Programm braucht es da nicht.

Auf den Inseln tragen die intellektuellen Zweideutigkeiten der Black-Power-Bewegung zur Stärke ihrer Botschaft bei. Nachdem sie die menschenunwürdige Behandlung der Schwarzen in aller Schärfe analysiert haben, ergehen sich ihre Sprecher gewöhnlich in ebenso unklaren wie geheimnisvollen Andeutungen und Drohungen. In den USA dient das dem Protest und entspricht den Erwartungen des weißen Publikums, an das sich der Protest richtet. Auf den Inseln spricht es die alte, apokalyptische Stimmung der schwarzen Massen an. Etwas Konkreteres, etwas, das Ähnlichkeit mit einem politischen Programm hätte, könnte sich schlicht in Lokalpolitik verwandeln und auf die Macht reduzieren, die sich bereits in schwarzen Händen befindet.

Black Power als Ausdruck von Wut, Dramatik und Stil, als revolutionärer Jargon, bietet jedem etwas: dem Arbeitslosen, dem Idealisten, dem Aussteiger, dem Kommunisten, dem politisch Enttäuschten, dem Anarchisten, dem Studenten, der nach den vielen Kränkungen, die er im Ausland hat erdulden müssen, zornig heimkehrt, dem Rassenkultler, dem altmodischen schwarzen Prediger, der seit Jahr und Tag an den Straßenecken verkündet, dass nach dem Volk Israel jetzt Afrika an der Reihe sei. Black Power bedeutet Kuba und China; aber es bedeutet auch die Vertreibung der Chinesen und der Juden und der Touristen aus Jamaika. Es bedeutet Identität und Rassenmischung zugleich. Es bedeutet, dass man heiliges Wasser trinkt, Schweinefleisch isst und tanzt; und es bedeutet, dass man nach Abessinien zurückkehrt. Eine Bewegung dieser Art hat es in der Karibik seit der Französischen Revolution nicht mehr gegeben.

So taten sich vor etwa achtzehn Monaten auf Jamaika Studenten und Rastafarier zusammen, um im Namen von Black Power gegen die schwarze Regierung auf die Straße zu gehen. Studentischer Idealismus, studentischer Protest, aber die Vergangenheit ist hier wie Treibsand. In der Mittelschicht kursierte das Gerücht – ein Gerücht wie aus den Tagen der Sklaverei –, ein weißer Tourist solle umgebracht werden, aber nur als Schlachtopfer, nicht in böser Absicht.

Gleichzeitig machte sich auf St. Kitts Papa Bradshaw nach langjähriger Herrschaft Black Power als bloße Worthülse zunutze, um der Opposition den Boden zu entziehen. Auf der einen Straße, die rund um die winzige, verarmte Insel führt, kursierte in Gestalt eines aus der Werbung einer Treibstofffirma ausgeschnittenen Aufklebers unablässig die Botschaft: *»Greif zum Powerpaket.«*

Weit weg, auf dem mittelamerikanischen Festland, in Britisch-Honduras, dessen Bewohner nur zur Hälfte schwarz sind, war Black Power gerade erst in Erscheinung getreten und untergrub bereits die gemischtrassische Verfassung, zu der sich Regierung und Opposition bis dahin beide bekannt hatten. Überträger der Infektion war ein aus den USA zurückgekehrter einundzwanzigjähriger Student, der sich – unnötig zu erwähnen – als Stipendiat der amerikanischen Regierung in den USA aufgehalten hatte.

Er war mit der Botschaft von der Würde des Bauern und von einer Revolution zurückgekommen, die vom flachen Land ausgehen sollte. Meiner Ansicht nach entstammte die Botschaft einer ganz anderen Art von Land und betraf die Revolution eines ganz anderen Volkes; sie passte nicht zu den hier lebenden Schwarzen, die in der Hauptsache Stadtvolk waren mit schlichten städtischen Bedürfnissen. (Während meines Aufenthalts dort kündeten die Schlagzeilen von einem Einheimischen, der einen amerikanischen Fernkurs im Fach Gefängnisverwaltung mit Erfolg absolviert hatte.)

Aber das spielte keine Rolle. Eine Botschaft war eingetroffen. »Die Weißen kaufen das Land auf.« »Was der schwarze Mann braucht, ist Brot.« »Für die Schwarzen wurde das Holzfällerdasein zu einem Symbol ihrer Manneskraft.« Das war der Jargon der Bewegung, wissenschaftlich verbrämt und chiliastisch. Er übertrumpfte die Brot-und-Butter-Proteste der Lokalpolitiker; er erstickte jede Diskussion. Der Zulauf, den die Bewegung erhielt, wuchs von Tag zu Tag.

Erregung! Und vielleicht stellt solche Erregung die einzig mögliche Form der Befreiung dar. Black Power bedeutet auf diesen schwarzen Inseln Protest. Aber es gibt keinen Feind. Der Feind ist die Vergangenheit: die Sklaverei, die koloniale Vernachlässigung, eine Gesellschaft, die durch und durch ungebildet ist. Der Feind ist die Kleinheit der Inseln, das Fehlen von Rohstoffen. Opportunismus oder ein geborgter Jargon liefern Phantomfeinde: rassische Minderheiten, »Eliten«, »weiße Neger«. Aber am Ende sind es immer die gleichen Probleme – es geht um Würde und Identität.

In den Vereinigten Staaten mag Black Power Siege erringen. Aber es sind amerikanische Siege. Die kleinen Inseln der Karibik bleiben Inseln, verarmt und ungebildet, unter Quarantäne gestellt, mit Menschen, die nirgendwo gebraucht werden. Sie mögen Politiker bekommen, die weniger unschuldig oder weniger korrupt sind; weniger hilflose kriegen sie nicht. Die Schwarzen auf den Inseln werden auch weiterhin auf die Bücher, Filme und Waren anderer angewiesen sein; in diesem entscheidenden Punkt werden sie auch weiterhin ein als Gesellschaft halb fertiges, abhängiges Volk bleiben, eine Dritte Welt der Dritten Welt. Sie werden ewig nur verbrauchen, nie selber erzeugen. Ihnen fehlen die Naturschätze; sie werden niemals die höheren Fertigkeiten entwickeln. Identität beruht letztlich auf Leistung, und Leistung kann hier nicht anders als kümmerlich sein. Wieder und wieder werden Führer auftreten, die den Protest auf ihre Fahnen geschrieben haben, und wieder und wieder wird der Himmel auf Erden nahe scheinen.

Vor fünfzig Jahren, in einem Augenblick, als Spanien zu zerfallen drohte, erkannte Ortega y Gasset, dass disparate Volksgruppen nur zusammenfinden, wenn sie »morgen etwas vollbringen« wollen. Auf den Inseln fehlt diese Zukunftsperspektive. Chiliastische Erregung reicht nicht aus, um sie zusammenzuhalten, nicht einmal, wenn sie allesamt schwarz wären. Und mancherorts, wie etwa auf Trinidad, in Guyana und Britisch-Honduras, ist nur die Hälfte schwarz. Das Streben nach der schwarzen Identität und der Gemeinschaft der unterdrückten Schwarzen ist eine Sackgasse, Raserei um der Raserei willen, die Selbstquälerei von Menschen, denen dunkel ist, was sie morgen tun sollen.

In *We Wish to Be Looked Upon* (»Wir möchten geachtet werden«), einer Studie, die letztes Jahr im Verlag »Teachers College Press« erschien, legen Vera Rubin und Marisa Zavalloni Untersuchungen vor, die sie in den Jahren 1957 und 1961 – damals stand die Unabhängigkeit bevor, und es herrschte messianischer Optimismus – unter Oberschülern auf Trinidad durchführten. (Eric Williams war durch einen überwältigenden Wahlsieg 1956 plötzlich an die Macht gekommen.) Die Schüler wurden aufgefordert, sich schriftlich über ihre »Erwartungen, Pläne und Hoffnungen für die Zukunft« auszulassen.

Schwarzer: Ich wäre gern ein berühmter Mann, nicht nur in der Musik, sondern auch in Soziologie und Ökonomie. In den USA würde ich gern eine schöne Filmschauspielerin mit massig Geld heiraten. Ich wäre auch gern als einer der führenden Millionäre überall in der Welt bekannt.

Schwarzer: In der Politik hoffe ich, mich mit Leuten wie

Chruschtschow und anderen Feinden der Freiheit auseinander setzen zu können. Ich wäre gern imstande, sie im Wortstreit zu besiegen und alt aussehen zu lassen.

Schwarzer: Ich wäre gern ein international berühmter Mann, jemand, der sich dank seines politischen Genies so viel Achtung bei seinem Volk erwirbt, dass er in Frieden mit ihm leben kann.

Schwarzer: Ich möchte westindischer Diplomat werden. Ich besäße gern eine magnetische Anziehungskraft auf Männer und eine noch stärkere auf Frauen. Ich müsste sehr intelligent und schlagfertig sein und mindestens sieben Sprachen fließend sprechen. Ich bräuchte viel Phantasie und die Fähigkeit, im richtigen Augenblick das Richtige zu sagen. Wenn ich diese Eigenschaften hätte und über einen tollen Weitblick und noch über andere nötige Fähigkeiten verfügte, die ich jetzt noch nicht absehen kann, dann könnte ich Wunder für die ganze Welt wirken, indem ich Wunder für mein Volk wirkte.

Inder: Ich werde ein Buch mit dem Titel *Der Zauber der Musik und der Literatur* schreiben. Dieses Buch wird so großartig sein, dass es mit jedem Shakespeare-Stück mithalten kann; dann werde ich nach Indien zurückkehren, um in der Filmindustrie Geniales zu vollbringen.

Inder: Ich will Abenteuer erleben. Ich werde die Erde bereisen – zu Wasser, zu Lande und in der Luft. Und dann stifte ich Frieden zwischen verfeindeten Völkern.

Inder: Wenn ich aus meinen Tagträumen erwache, meine ich oft, ein anderer Mensch zu sein, ein großer Wissenschaftler oder Ingenieur, aber dann komme ich zu mir und bin wieder ich selbst.

Farbiger (Mulatte): Später im Leben würde ich mich gern in die Politik einbringen und ein bisschen was für die Verbesserung und den Fortschritt dieser unserer jungen Föderation tun.

Farbiger: Ich bin besessen von der Idee, Staatsmann zu werden, ein klassischer Staatsmann, nicht bloß so ein Volksverhetzer, der irgendwelchen Eingebungen folgt und viel Lärm um nichts macht.

Weißer: Ich werde bei einem beeidigten Wirtschaftsprüfer in die Lehre gehen und lernen, was zu lernen ist. Wenn es mir passt, verlasse ich die Firma und trete in einen anderen, großen Konzern ein, um mich dort an die Spitze hochzuarbeiten.

Weißer: Ich möchte ein bescheidenes Leben führen, ein bescheidenes Einkommen beziehen, eine langsame, aber sichere Karriere in einer Anwaltsfirma machen; Oberster Richter der Föderation oder etwas Ähnliches will ich nicht werden ... Schauen Sie sich um. Alle anderen Jungs schreiben bestimmt darüber, dass sie mal berühmt werden wollen. Keinem von ihnen wird das gelingen, denn Hoffnungen sind trügerisch.

Weißer: Zu dem Zeitpunkt hat mein Vater vielleicht schon Anteile an der Firma, und ich übernehme sie dann ganz. Ich werde sie weiter ausbauen und mich bemühen, das fortzuführen, was er geschaffen hat.

Wären da nicht die ruhigen Antworten der weißen Befragten, der Eindruck des Hinterwäldlerischen, Abstrusen, Rückständigen, den die Gesellschaft macht, wäre komplett. Aber der weiße Schüler lebt in keiner gar so anderen Welt. Trinidad ist klein; die Insel wird von zwei Zeitungen und zwei Radiostationen mit Informationen versorgt, und die Kinder besuchen alle die gleichen Schulen. Der Austausch zwischen den Rassen vollzieht sich ungehinderter, als das normalerweise der Fall ist; die freien Berufe werden von einer nicht unbeträchtlichen schwarzen und indischen Mittelschicht beherrscht. Stellt man dies in Rechnung, erkennt man, dass hinter der Traumtänzerei der schwarzen und indischen Schüler – dem diffusen Liebäugeln mit Diplomatie, Politik, Friedensmissionen – mehr steckt als Naivität. Es handelt sich vielmehr um die karnevaleske Verrücktheit einer lebhaften, gut informierten Gesellschaft, die sich als Teil der großen weiten Welt sieht, aber gleichzeitig wahrnimmt, dass sie aus geographischen, historischen und rassischen Gründen von dieser Welt abgeschnitten ist.

Der Untertitel des Buches von Rubin und Zavalloni lautet: »Eine Untersuchung über die Hoffnungen und Erwartungen Jugendlicher in einer sich entwickelnden Gesellschaft.« Der Euphemismus freilich führt in die Irre. Diese Gesellschaft bedarf genauerer Bestimmung. Brasilien entwickelt sich, Indien entwickelt sich. Trinidad ist weder unterentwickelt noch entwickelt es sich. Es ist voll und ganz Teil der westlichen Konsumgesellschaft; es erfreut sich eines hohen materiellen Versorgungsniveaus. Aber es genügt nicht einmal dem Attribut provinziell: Es hat keine Metropole, in die jemand vom Land oder aus der Kleinstadt sein Talent tragen könnte. Trinidad ist schlicht klein, es ist abhängig, die dort zur Welt gekommenen Menschen – Schwarze, Inder, Weiße – spüren, dass sie, nicht unbedingt als Einzelne, wohl aber als Gemeinschaft, verdammt sind zur Minderwertigkeit, was Fähigkeiten und Leistungen betrifft. In Kolonialzeiten ließ sich die rassische Benachteiligung als wichtiger Faktor geltend machen, und sie bleibt, wie auf der Hand liegt, nach wie vor eine wesentliche Triebkraft. Aber die ganze Wahrheit ist sie nicht mehr.

Tatsächlich ist auf den Inseln die Frage der schwarzen Identität mittlerweile ein sentimentales Alibi, das die eigentlichen Probleme nur verdeckt. Nötig ist der Zugang zu einer Gesellschaft, die in jedem denkbaren Sinne größer ist und den Menschen die Möglichkeit zum Wachstum bietet. Für einige Territorien könnte Lateinamerika diese größere Gesellschaft sein. Die Kolonialherrschaft in der Karibik setzte sich über die Geographie hinweg und schuf unnatürliche Verwaltungseinheiten; das ist Teil des Problems. Trinidad zum Beispiel wurde von Venezuela abgetrennt. Geographisch ist das absurd; darüber wäre neu nachzudenken.

1970

Michael X und die Black-Power-Morde auf Trinidad: Friede und Macht

1

Eine Winkelfeile ist eine dreiseitige Feile (dreieckig im Querschnitt), die man auf Trinidad benutzt, um Entermesser zu schärfen. Am 31. Dezember 1971 kaufte in dem Landstädtchen Arima, das gut fünfundzwanzig Kilometer von Port of Spain entfernt liegt, Steve Yeates solch eine Feile mit einer Länge von fünfzehn Zentimetern. Yeates, ein dreiunddreißig Jahre alter Schwarzer, ehemals Angehöriger der Royal Air Force, war der Leibwächter und Begleiter von Michael de Freitas – auch unter den Namen Michael X oder Michael Abdul Malik bekannt. Die Feile, die aus dem Eisenwarengeschäft Cooblal stammte, kostete einen Dollar Trinidader Währung, zwanzig englische Pence. Sie wurde »Mr. Abdhul Mallic, Arima« auf die Rechnung gesetzt, und Yeates unterschrieb mit »Muhammed Akbar«. Das war sein »muslimischer« Name. In Maliks Gruppe in Arima – »Kommune« oder »Organisation« genannt – fungierte Yeates als Oberbefehlshaber der »Frucht des Islam«, außerdem war er Oberstleutnant der Schwarzen Befreiungsarmee Maliks (und möglicherweise deren einziges Mitglied).

Maliks »Kommune« befand sich in einem Wohnhaus in einer Vorortsiedlung, die Christina Gardens heißt. Das Haus, das Malik elf Monate zuvor, unmittelbar nach seiner Rückkehr aus England, gemietet hatte, lag auf einem 6000 Quadratmeter großen Grundstück. Auf diesem Stück Land mit blühendem Garten und ausgewachsenen Obstbäumen betrieben Malik und seine Kommune »Landwirtschaft«. Jedenfalls berichtete er dies früheren Genossen in England und andernorts.

Malik hatte vierzehn Jahre in England verbracht. Er war dort 1957 – mit vierundzwanzig Jahren – als Michael de Freitas, Matrose aus Trinidad, hingekommen. In Notting Hill, wo er sich niederließ, betätigte er sich als Zuhälter, Dealer und Spielhöllenbetreiber; er arbeitete auch als Schläger für Rachman, den Immobilienhai, der sich auf Häuser in den Slums, Mieter aus Westindien und Mietwucher spezialisiert hatte. Dann folgte eine religiös-politische »Konversion«, und Michael de Freitas gab sich den Namen Michael X. Für die Presse und den Untergrund war er ein gefundenes Fressen. Er wurde zum »Führer« der Black-Power-Bewegung, zum schwarzen Untergrund-»Poeten«, zum schwarzen »Schriftsteller«. Im Jahr 1967, auf dem Gipfel seines Presseruhms, wurde er aufgrund des »Gesetzes zum Schutz der ethnischen Beziehungen« *(Race Relations Act)* wegen einer Brandrede gegen die Weißen, die er in Reading gehalten hatte, verurteilt und für ein Jahr ins Gefängnis geschickt. Im Jahr 1969 gründete er mit Unterstützung eines reichen weißen Gönners seine erste Gemeinschaft, das Schwarze Haus, ein »Stadtquartier« in Islington. Das Projekt scheiterte. Gleichzeitig geriet er wieder mit dem Gesetz in Konflikt. Und im Januar 1971 setzte sich Michael X – er hatte mittlerweile als Black Muslim den Namen Michael Abdul Malik angenommen – nach Trinidad ab.

Die Landkommune in Christina Gardens war nicht Maliks einziges »Projekt« auf Trinidad. Gleichzeitig arbeitete er an einem »Kaufhaus des Volkes«. Briefköpfe waren schon gedruckt und der Werbetext für eine Broschüre vorbereitet: »Leere Regale zeigt den Mangel an Groszügigkeit [*sic*] der Besitzenden gegenüber den Habenichtsen ... Die Ehrenmauer trägt die Namen unserer Helden und von denen, die geben ... Allah allein gebührt die Ehre, und alle Schuld fällt auf uns.« Das Einzige, was fehlte, war das Kaufhaus, aber in einer Notiz zu dem Projekt hatte Malik geschrieben: »Der Schlüssel zum Erfolg sind

Public Relations.« Während seiner Zeit in England hatte Malik einiges gelernt; genauer gesagt, hatte er gelernt, mit Worten umzugehen. Auf Trinidad war er nicht einfach ein Mensch, der sich einer ihm in England drohenden Strafverfolgung durch die Flucht entzogen hatte. Er war ein Black Muslim auf der Flucht vor »Babylon«; er bot dem »industriellen Komplex« die Stirn. Trinidad war weit genug weg, so konnte er behaupten, mit seiner neuen Kommune im blühenden Garten des Hauses, das er im Vorort eines Landstädtchens gemietet hatte, Landwirtschaft zu betreiben.

Am 1. Januar 1972 ließen sich der Kommune zwei Besucher zurechnen, die in einem Mietshaus auf der anderen Straßenseite wohnten. Der eine war ein Schwarzer aus Boston, der auf die Vierzig zuging, einen goldenen Ohrring trug und sich den muslimischen Namen Hakim Jamal zugelegt hatte. Die andere war Gale Ann Benson, eine siebenundzwanzig Jahre alte, geschiedene, bürgerliche Engländerin, die seit etwa einem Jahr mit Jamal zusammenlebte.

Jamal war Mitglied der amerikanischen Black-Power-Bewegung. Einige Monate zuvor, als ihn Gale Benson in London herumreichte, hatte er sich gegenüber dem *Guardian* als »unerträglich gut aussehend, unwiderstehlich braun, wahnsinnig ausdrucksstark« beschrieben. Das war seine Art. An einen weißen Genossen in den USA schrieb er: »Geld ist ein Ding der Weißen – das, was sie bewachen. Ihre schwerste Last.« Und Jamal tat alles, ihnen die Last leichter zu machen: Er steckte voller Pläne für schwarze Aufbauarbeit mit Hilfe weißen Geldes; einer dieser Pläne hatte ihn auf die Westindischen Inseln geführt. In mancher Hinsicht ähnelte er Malik. Aber Malik machte in schwarzer Landwirtschaft und schwarzen Kommunen, während Jamal auf schwarze Schulen und schwarze Schreibe setzte; die zwei Männer kamen sich nicht in die Quere. Malik behauptete, der weltweit bekannteste Schwarze zu sein, und Jamal war offenbar seiner Meinung. Jamal selbst nahm für sich in Anspruch, Gott zu sein. Und Gale Benson übertrumpfte sie beide: Sie hielt Jamal für Gott.

Dadurch zeichnete sich Benson in der Kommune aus: ihren Privatkult um Jamal. Nicht dadurch, dass sie Weiße war; es gab dort noch andere Weiße, da es sich für Leute wie Malik nur lohnte, schwarz und zornig zu sein, wenn es hin und wieder Weiße gab, die ihm dabei zusahen. Benson trug Kleider afrikanischen Stils und gab sich den neuen Namen Halé Kimga. Das war kein muslimischer oder afrikanischer Name, sondern ein Anagramm aus Gale und Hakim – ein Anzeichen dafür, dass ihrer Verrücktheit ein Moment von gutbürgerlichem Unernst innewohnte.

Einige Wochen später erklärte Maliks Frau gegenüber einem Reporter der Trinidader *Evening News*, Benson sei »eine sehr geheimnisvolle Person« gewesen. Sie musste das wohl ironisch gemeint haben, denn sie fuhr fort: »Sie war eine Art Imitat ... segelt unter falschem Namen und spielt die Rolle von jemandem, der sie nicht ist.« Eine dreißigjährige Schwarze, eine Oberschullehrerin, sagte über Benson: »Sie war hübsch. Anders. Schlicht. Roch nach Geld.« Weiß, sorglos, aber auf ihre ruhige, bürgerliche Art alle in den Schatten stellend: Benson konnte der Eindruck, den sie hervorrief, nicht verborgen bleiben. Der absurde Kult, der absurde Name, die absurden Kleider – alles an Benson, woran man sich auf Trinidad erinnert, deutet auf die ungebildete Eingebildetheit der bürgerlichen Aussteigerin hin.

Ein Imitat unter Imitaten zu sein – das war freilich in der melodramatischen Atmosphäre der Kommune gefährlich. Sie war eine Fremde, undurchsichtig. Man verdächtigte sie, eine Agentin zu sein; von einer besonderen Abteilung des britischen Geheimdienstes namens M10 wurde gemunkelt. Ihre Hinrichtung am 2. Januar 1972 vollzog sich plötzlich und rasch. Man packte sie am Hals und stach wieder und wieder zu. In diesem Moment fiel alle Verrücktheit und aller Unernst von ihr ab; sie wusste jetzt wieder, wer sie war, und wollte leben. Vielleicht lag darin bereits der ganze Grund für den Mord: in dem Überraschungseffekt, in dem Wunsch, zu sehen, wie ein sorgloses Leben in einem ausgedehnten Augenblick der Todesangst endete. Sie wehrte sich; die Schnitte an ihren Händen und

Armen zeigten später, wie heftig sie sich gewehrt hatte. Es musste neun Mal auf sie eingestochen werden. Eine besonders tiefe Wunde unten am Hals brachte sie schließlich zum Schweigen, und anschließend wurde sie in ihren Kleidern afrikanischen Stils verscharrt. Ganz tot war sie noch nicht; in ihren Eingeweiden fand man Erde aus dem Loch, in dem sie vergraben lag.

Auf Trinidad gab es damals einen jungen indischen Wahrsager, Lalsingh Harribance, dessen unheimliche und kühne Prophezeiungen Schlagzeilen machten. *The Bomb*, ein viel gelesenes Wochenblatt, brachte einen Artikel über Harribance, und Malik, der schon für *The Bomb* geschrieben hatte, ließ sich vom Herausgeber Harribances Adresse geben.

Harribance lebte im Südteil der Insel, in der Stadt Fyzabad, die eine zweistündige Autofahrt auf kurvenreicher Straße von Port of Spain entfernt liegt und in deren Umgebung Öl gefördert wird. Malik fuhr mit einigen Mitgliedern seiner Kommune in zwei Autos dort hinunter. So pflegte Malik auf Trinidad zu reisen – mit »Gefolge«, in großen amerikanischen Mietwagen, mit Chauffeur. Rawle Maximin, Mitinhaber der von Malik protegierten Autovermietung und dessen Freund aus Kindertagen, war mit von der Partie. Sie kamen spät abends in Fyzabad an und erfuhren, dass Harribance zwar zu Hause war, aber niemanden mehr empfing. Als Seher konnte er sich das herausnehmen. Sie beschlossen zu warten.

Laut Rawle Maximin warteten sie in den Autos bis zum nächsten Morgen. »Und gerade als ich dachte: ›Soll das etwa heißen, dass sie uns nicht mal ein bisschen Kaffee oder irgendwas rausschicken?‹, schickte Harribance eine Frau mit Kaffee. Michael bekam Harribance zu sehen. Und der sagte zu Michael: ›Sie werden nicht auf Trinidad bleiben. Sie werden nach Jamaika gehen. Und dann werden Sie über die Neger in den Vereinigten Staaten herrschen.‹ Aber dann, als wir abfuhren, sagte er zu Michael: ›Ich möchte Sie wiedersehen.‹ Michael hat ihn aber nie wiedergesehen.«

Harribance schloss sich übrigens kurz danach dem ständigen Strom von Intellektuellen an, die in die USA abwandern. Er wurde von einer Amerikanerin geheiratet, und man erzählt sich auf Trinidad, er sei jetzt an einer amerikanischen Universität tätig und arbeite an der Erforschung außersinnlicher Wahrnehmungsphänomene.

Patrick Chokolingo, der Herausgeber von *The Bomb*, hat zu Maximins Erzählung vom Besuch bei dem Wahrsager noch eine Ergänzung zu bieten. »Bei einer Frage an Harribance ging es gezielt ums Hängen. Der Vetter von Harribance hat mir die Geschichte erzählt. Malik wollte unbedingt wissen, ob er am Galgen enden würde. Die Antwort lautete, er werde *nicht* am Galgen enden.«

Nach einem Ereignis tauchen viele Geschichten auf. Möglich aber, dass diese Prophezeiung – das Versprechen der Verschonung und weiteren, großen Erfolgs – eine gewisse Erklärung für das bietet, was danach folgte.

Auf einer der hinteren Seiten des Trinidader *Guardian* vom 13. Februar 1972 stand eine kleine, ominöse Nachricht zu lesen: TAUCHER KÖNNEN LEICHNAM NICHT FINDEN. Steve Yeates – Muhammed Akbar, Oberbefehlshaber der »Frucht des Islam«, Oberstleutnant der Schwarzen Befreiungsarmee Maliks, Anführer von dessen Kommune, sein Leibwächter und Vertrauter – war ertrunken.

Ertrunken war er drei Tage vorher in der Bucht von Sans Souci, die allen Trinidadern, die im Meer baden gehen, als eine der gefährlichsten Buchten an der felsigen Nordostküste bekannt ist. Um ein kleines, in der Mitte gelegenes Schelf herum, wo das Wasser einigermaßen ruhig ist, hat die Strömung tiefe Löcher in den Meeresboden gegraben; schon wenige Meter vom Strand entfernt, in hüfthohem Wasser, ist es nicht leicht, die Füße am Boden zu behalten; jede sich brechende Welle zieht den Badenden hinaus nach Westen, in Richtung eines Wusts von Felsbrocken, eines langen Riffs und hoher, schwerer Brecher. Ertrunkene werden in der Bucht von Sans Souci selten geborgen. Hat das Wasser sie erst über das Riff hinausgespült, dann werden sie, wenn man den Fischern glaubt, von großen Zackenbarschen gefressen, die man dort Grouper nennt. Vor Sans Souci, in Balandra und in Mission, gibt es weniger gefährliche Buchten, aber Maliks Gruppe, die aus elf Personen bestand, hatte in Sans Souci zum Baden Halt gemacht. Zwei von den Mädchen waren rasch in Not geraten. Yeates hatte eine der beiden gerettet und war beim Versuch, auch die andere zu retten, verschwunden. Danach war ein Fischerboot rausgefahren und hatte das zweite Mädchen gerettet, doch der Leichnam von Yeates wurde nie gefunden.

Ominös an der Meldung im *Guardian* war die Tatsache, dass sie als Erklärung aus Maliks eigenem Mund erschien, von ihm selbst zwei Tage nach dem Ereignis abgegeben. Patrick Chokolingo, dem Herausgeber von *The Bomb*, gefiel die Sache nicht. »Ich fand es merkwürdig – wie die Geschichte präsentiert wurde –, weil in meinen Augen jeder, der in Verbindung mit Malik stand, Nachrichtenwert hatte und dieser Ertrinkungstod mehr Schlagzeilen verdiente. Ich rief ein paar Leute und die Polizei an, und ein Polizeibeamter ließ tatsächlich fallen, dass sie Malik verdächtigten, Yeates ersäuft zu haben – aber das erfuhr ich eben nur hinter vorgehaltener Hand. Sie können sich vorstellen, wie überrascht ich war, als Malik am nächsten Tag in meinem Büro auftauchte und von mir verlangte, eine Geschichte über Yeates zu bringen, über einen Helden, der versucht hatte, ein indisches Mädchen zu retten – auch hier war Malik bemüht, aus der Geschichte etwas zu seinem Vorteil rauszuschinden. Mir rutschte die Bemerkung heraus: ›Aber, Michael, die Polizei sagt, du hast den Mann umgebracht.‹ Und er sagte: ›Was die Polizei sagt, ist mir egal.‹«

Das war am Dienstag, dem 15. Februar. Um 23 Uhr 25 in der Nacht zum Sonntag bekam die Feuerwache von Arima Meldung, dass Maliks Haus dort in Flammen stand. Für ein einstöckiges Haus mit Böden und Wänden aus Beton und einem Wellblechdach brannte das Feuer unerwartet heftig. Der hintere Anbau aber, der vom Haupthaus durch eine Betonterrasse getrennt war, blieb unversehrt; nichts von dem, was dort aufbewahrt wurde, litt Schaden – weder die afrikanischen Kunstobjekte, die Malik aus England mitgebracht hatte und deren Wert er auf 60 000 englische Pfund veranschlagte, noch das 400 Pfund teure Klavier, bei dem es sich angeblich um ein Geschenk von John Lennon handelte. Ein mysteriöses Feuer: Kein Mitglied der Kommune war anwesend, und Malik war mit seiner ganzen Familie am selben Tag nach Guyana geflogen.

Diese Reise nach Guyana war kein geringes Ereignis. Begleitet wurde die Familie Malik von einem Schwarzen aus Guyana, einem geschniegelten, modisch gekleideten Dickwanst namens McDavidson, einem jener aufstrebenden, nichtssagenden Typen, die durch die politischen Entwicklungen in der Region hoch gespült worden waren. McDavidsons Ehefrau bekleidete einen zweitrangigen Ministerposten in der Regierung von Trinidad, und sein Neffe gehörte als Juniorminister für Jugendfragen der Regierung von Guyana an. Malik hatte McDavidsons Flugticket bezahlt, McDavidson telefonierte mit dem Büro des Premierministers von Guyana, und als Maliks Reisegruppe in Guyana ankam, wurde sie vom Juniorminister für Jugendfragen empfangen und mit zwei Karossen abgeholt. Ein solcher Empfang hatte natürlich sofort Presseberichte zur Folge, dass Malik nach Guyana geflogen sei, um als Gast der Regierung an den Feierlichkeiten zum zweiten Jahrestag der Gründung der »Genossenschaftlichen Republik« Guyanas teilzunehmen, und dass er sich unter den Gästen des Festbanketts befunden habe, das der Premierminister von Guyana, Mr. Burnham, am Samstagabend gab. Diese Berichte wurden rasch dementiert. Wahr ist jedenfalls, dass Malik am Sonntag vor einigen Mitgliedern der Sozialistischen Jugendbewegung sprach, dem »Jungvolk« der Partei Burnhams.

In Arima hatte man die Straße, die zu Maliks ausgebranntem Haus führte, mit Leichtmetallgattern abgesperrt und ließ die Absperrung durch schwarze und indische Polizisten bewachen, die mit automatischen Gewehren ausgerüstet waren (auf Trinidad waren diese Waffen neu und wurden wegen ihres perforierten Laufs »Klarsichtgewehre« genannt). Der Leiter der

Feuerwehr hatte den Verdacht, dass Brandstiftung vorlag; die Polizei machte sich Sorgen wegen eventueller Waffenverstecke.

Um drei Uhr am Dienstagnachmittag entdeckte die Trinidader Polizei bei der Durchsuchung des Geländes, das Malik und seine Kommune als Anbaufläche nutzten, unter einem kürzlich angelegten Salatbeet, das neben einer pfirsichfarbenen Hibiskushecke im filigranen Schatten eines exotischen Baumes lag, ein Grab von knapp zwei Metern Länge. Den Schätzungen nach war das Grab sieben bis zehn Tage alt, und die Leiche in Bluejeans und grünem Baumwollhemd, die man in gespreizter Haltung am Boden liegend fand, war so schrecklich verwest, dass die Polizisten und herbeigerufenen Totengräber nicht ohne Weiteres erkennen konnten, ob es sich um einen Mann oder eine Frau handelte; das Gesicht verzerrt und um die entblößten Zähne, von denen einer eine Goldkrone trug, halb weggefault. Man zog die Bluejeans nach unten: weiße Unterhosen. Keine Frau. Ein Mann, schwarz oder negroid, gut einssiebzig groß, der Kopf fast vom Körper abgetrennt.

Aber nicht Steve Yeates, dessen Tod durch Ertrinken Malik der Presse gerade einmal eine Woche vorher gemeldet hatte. In Steves Gebiss gebe es kein Gold, erklärte sein Vater, als er mit der Polizei ins Leichenschauhaus von Port of Spain ging. Steves Haar sehe anders aus; die Suche nach der Narbe auf dem Rücken, die Steve von einem Kampf in England zurückbehalten hatte, erübrigte sich für den Vater. Nicht Steve Yeates sei das, erklärte eine anonyme Anruferin am nächsten Tag gegenüber *The Bomb*: Der Leichnam sei der eines anderen »Bruders« in der »Organisation«. »Der Mann starb letzte Woche, Montagnacht, und das Ganze war ein Unfall. Sie wollten ihn nicht umbringen. Ihm nur eine Tracht Prügel verpassen ... Er starb, weil er ein Dummkopf war und sich nicht an die Regeln der Organisation halten wollte.«

Und das war schon so ziemlich die ganze Wahrheit. Der Leichnam wurde am folgenden Tag als der des fünfundzwanzigjährigen Joseph Skerritt aus Port of Spain identifiziert, eines Mannes, der (wie übrigens auch Steve Yeates) einmal wegen

Vergewaltigung vor Gericht gestanden hatte, an dem ansonsten aber wenig Bemerkenswertes war: das schwarze Schaf einer ehrbaren Familie aus der unteren Mittelschicht, einer von Tausenden halb gebildeter junger Männer, die arbeitslos und zu nichts nutze in der Stadt herumlungerten und in Straßen, die mit Slogans wie SCHWARZ IST IN und HAUPTSACHE SCHWARZ bekritzelt waren, ihr drittes Lebensjahrzehnt verbummelten. Das letzte Mal lebend gesehen hatte man Joe Skerritt vierzehn Tage vorher, am 7. Februar. An diesem Tag war Malik mit Gefolge in dessen Haus in Port of Spain aufgetaucht, um ihn nach Arima mitzunehmen.

Maliks Haus war das einzige auf der westlichen Seite der Zufahrtsstraße. Nördlich des Hauses, jenseits einer am Rand des Grundstücks gepflanzten Reihe junger Kokospalmen und eines hohen Maschendrahtzauns, erstreckte sich ein unbebautes Gelände, das nach etwa sechzig Metern an einer schmalen, von Bäumen überhangenen Schlucht mit träge fließendem, flachem, abgestandenem Wasser endete. Am Südrand dieser Schlucht fand man zwei Tage nach der Entdeckung von Joe Skerritts Leiche ein zweites Grab. Es war nur einen guten Meter tief, und der Gestank wurde rasch unerträglich. Ein blaues geblümtes Kleid, rotes Höschen, ein verrenkter, verwesender Leichnam: Gale Benson.

Sie war am 2. Januar erstochen worden. Und hier, am Steilufer der Schlucht, hatte sie mehr als sieben Wochen lang gelegen. Niemand hatte sie vermisst, nicht einmal die zwei Besucher aus England, die sich damals in der Kommune aufhielten. Aber sie hatten zweifellos auch Wichtigeres zu tun. Simmonds, die Frau, gut genährt und mit großen, weit auseinander stehenden Zähnen, verriet *The Bomb*, sie sei während ihres sechswöchigen Aufenthalts in der Kommune »total verknallt« in Steve Yeates gewesen: in Muhammed Akbar, den Oberbefehlshaber der »Frucht des Islam«, der am 31. Dezember (vor dem Neujahrstag, der auch auf Trinidad ein Feiertag ist) ins Eisenwarengeschäft Cooblal gegangen war und eine fünfzehn Zentimeter lange Winkelfeile gekauft hatte.

Und Jamal – Bensons Herr und Meister –, was hatte Hakim Jamal gemacht? Simmonds erinnerte sich, dass er eines Morgens im Januar, nachdem am Abend zuvor ein gemeinsames Essen stattgefunden hatte, erklärte, er und Benson hätten sich gestritten und sie sei gegangen. Und damit hatte sich's. Achtzehn Tage danach verließ Jamal Maliks Kommune und kehrte in die Vereinigten Staaten zurück. Er ging nicht allein. Er ging in Begleitung des »Mitarbeiters«, den er Mitte Dezember aus den Vereinigten Staaten herzitiert hatte, eines Mannes, der im Hintergrund geblieben war und an den man sich kaum erinnerte: ein amerikanischer Schwarzer, der in der Kommune unter dem afrikanisch klingenden Namen Kidhogo oder Kidogo bekannt war.

Auf Trinidad häuften sich nun die Gerüchte über neue Funde in der Kommune; so hatte man angeblich eine Konservendose mit verschiedenen Penissen gefunden. Aber das Grundstück hatte seine Toten herausgegeben. Sechs Männer wurden wegen der beiden Morde angeklagt. Fünf von ihnen waren Bürger Trinidads, der sechste Amerikaner. Das war nicht Jamal, sondern sein Mitarbeiter Kidogo. Er zählte zu den Fünfen, denen der Mord an Benson zur Last gelegt wurde. Er hielt sich in den USA versteckt. Jamal gab Interviews und war jetzt ebenso ernüchtert und erpicht darauf, davonzukommen, wie alle anderen. Er sprach von einer »Atmosphäre der Gewalt« in der Kommune; er sei froh, sagte er, noch am Leben zu sein; er würde, behauptete er, Malik gern treffen, um ihm einige Fragen wegen Benson zu stellen.

So also endete Maliks Kommune in Ernüchterung und Versuchen, sich reinzuwaschen. Das Grundstück war durchwühlt, das Haus abgebrannt. Zurückgeblieben waren nur die zwei Hunde Maliks, verwirrte Tiere, die nie bellten oder heulten und rastlos auf dem Gelände und der Straße herumtollten, vom Geräusch jedes haltenden Autos in Aufregung versetzt. Aber kein Auto brachte die Menschen zurück, auf die sie warteten.

In Guyana befand sich Malik auf der Flucht. McDavidson, der

mit Maliks Familie von Trinidad nach Guyana gereist war und sich als Onkel des Juniorministers für Jugendfragen um ihren Empfang dort gekümmert hatte, rasierte Malik den Black-Power-Bart ab und schnitt ihm die Haare kurz. Jemand anderer besorgte ihm neue Kleider und ein neues Paar Schuhe; in seinem neuen Outfit quartierte sich Malik unter einem anderen Namen – möglicherweise als »Mr. T. Thompson« – in einem anderen Hotel ein. Michael de Freitas, Michael X, Michael Abdul Malik, und jetzt Mr. Thompson, Mr. Lindsay, Joseph George. So viele Namen, so viele Identitäten, so viele verschiedene Weisen, sich den Menschen zu präsentieren: Das war sein großes Talent, aber nun, am Ende, stand er kurz vor dem Nervenzusammenbruch.

Er blieb drei Tage in seinem Hotelzimmer, bei ständig geschlossenen Vorhängen. Gegenüber dem indischen Zimmermädchen begründete er das damit, dass er Malaria habe und kein Sonnenlicht vertrage. Die Bar und die Hotelküche erhielten von ihm keine einzige Bestellung. Er schickte das Zimmermädchen los, das ihm Sandwiches und nichtalkoholische Getränke, Papier und zwei Kugelschreiber besorgen musste. Er hatte verschiedenen Leuten Wesentliches mitzuteilen. Er sei nur ein »Mittelsmann«, erklärte er McDavidson; der wirklich wichtige Mann, der Mann mit dem »Riesenplan«, werde in Kürze aus den Vereinigten Staaten nach Guyana kommen, um ihn zu treffen. Das Zimmermädchen, das die Thermosflasche mit eisgekühltem Wasser, um die er sie gebeten hatte, in sein Zimmer brachte, sah ihn »Briefe schreiben«. Er fühlte sich freilich mit dem Kugelschreiber nicht wohl; er hätte lieber ein Tonbandgerät gehabt. In dem abgedunkelten Hotelzimmer wurde das Tonbandgerät für ihn zu einer fixen Idee, und einmal war er kurz davor, seine Frau anzurufen und zu bitten, ihm eins zu bringen. »Ich wollte«, berichtete er später, »alles auf Band aufnehmen, was mir widerfahren war. Ich wollte es aufgezeichnet wissen.« Worte waren ihm wichtig; er hatte von Worten gelebt. Worte konnten Ereignisse gestalten, und nie waren Worte wichtiger gewesen als gerade jetzt.

In England hatten ihm Leute erzählt, er sei ein Schriftsteller, ja, mehr noch, ein Dichter; und oft hatte er im Marihuana-Nebel (»Ich bin high, herrlich«) versucht, ein Schriftsteller zu sein, hatte sich auf ein, zwei Seiten ausgetobt und war dann stecken geblieben. In diesen Schreibversuchen verschmolzen manchmal Wirklichkeit und Fiktion miteinander. Mit Worten schuf er seine Vergangenheit um; Worte lieferten ihm eine Vorlage für die Zukunft. Und bizarrerweise hatte er einmal über ein Abenteuer geschrieben, das mit dem in Guyana Ähnlichkeit hatte.

Der Ich-Erzähler, vielleicht Malik selbst, ist auf der Flucht. Mit nur zwanzig Pfund in der Tasche findet er Aufnahme bei jemandem namens Frank, der ihm sagt, er könne sechs Monate bleiben. In der folgenden Nacht bleibt der Schlaf des Erzählers frei von Albträumen. Dann geht die Tür auf. »Mein Freund Mein Retter Frank, mit einem [unklar] Frühstück und einer Zeitung, übers ganze Gesicht strahlend. Du bist heute in der Zeitung, sagt er, und mich erfasst wieder Panik, sie haben mich gefunden. Ich denke [unklar] mehr. Lass mich mal sehen!, sage ich, und da war ich, das Bild gar nicht so schlecht, und ein kurzer Bericht. Einer der berühmteren Söhne Trinidads kehrt heim, um seinen Roman fertig zu schreiben. In einem Exklusivinterview in – und so geht es immer weiter, ich lächle erleichtert, die Vorstellungskraft der Journalisten hier ist nicht anders als anderswo –« An dieser Stelle bricht das Fragment ab.

In Guyana freilich nahm der Albtraum kein plötzliches Ende. Die Berichte in den Zeitungen Guyanas, die er im Hotel las, wurden immer schlimmer. Und zwei Tage, nachdem der Leichnam von Gale Benson entdeckt worden war, verließ er das Hotel, nahm ein Taxi nach Süden in die Bauxit-Stadt Mackenzie (die heute Linden heißt, nach dem Vornamen Mr. Burnhams, des Premierministers von Guyana) und machte sich von dort auf dem Südwestpfad ins Landesinnere auf, in seinem neuen, langärmeligen blauen Hemd und seinen rot karierten Shorts, mit einer Flugzeugtasche, in der sich ein Teil seiner Niederschriften aus dem Hotel (einige hatte er im Hotelzimmer zurückgelassen), ein paar Zehndollarnoten in Guyana-

Währung, Kekse, Milch, Sardinen und weitere Konserven sowie ein Entermesser befanden.

Dreihundert Kilometer entfernt, jenseits des Urwalds und der braunen Savanne mit ihren riesigen Ameisenhaufen, lag die brasilianische Grenze. Wie es scheint, wollte er dorthin, aber später erklärte er: »Ich kannte jemanden im Landesinneren, einen guten, klugen Menschen, den ich um Rat fragen wollte. Ich dachte, ich würde ihn finden ... Ich habe immer gern Rat von Leuten eingeholt, die Dinge sehen können. Hier auf Trinidad gibt es einen Mann namens Harribance. Ich gehe zu ihm. Ich mag diese Leute. Ich dachte, ich würde diesen Menschen aufsuchen und mich mit ihm beraten und herausfinden, was los ist, weil ich mit der Sache nicht klarkam.«

Er war drei Tage lang unterwegs. Er lief jetzt barfuß: Die neuen Schuhe, die man für ihn in der Hauptstadt gekauft hatte, passten nicht oder drückten zu sehr. Am dritten Tag, etwa um vier oder fünf Uhr nachmittags, sah er zwei Landrover. Staatliche Landrover, eine Gruppe Landvermesser, ein Camp. Er wartete zwei oder drei Stunden lang. Ungefähr um halb sieben ging er zu den Männern im Camp. »Guten Abend, meine Herren«, sagte er und stellte sich als Journalist vor. Sie gaben ihm eine Tasse Kaffee. Er begnügte sich mit der allzu unbestimmten Erklärung, er wolle »weiter den Pfad entlang«, und nach ungefähr einer halben Stunde verließen er, ein Mann namens Caesar und ein weiterer Mann in einem Landrover das Camp.

Malik erkundigte sich bei Caesar nach dem Weg nach Brasilien und danach, woran er glaube. Caesar, ein gut aussehender, großer, tiefschwarzer Mann, sagte, er gehöre einer lokalen Gruppe an, die sich zum afrikanischen Erbe bekenne und so etwas Ähnliches sei wie eine Black-Power-Gruppe. Malik – jetzt wieder X – erklärte, Polizisten rund um die Welt suchten nach ihm. Er muss aber wohl den Verrat geahnt haben. Schnell im Kopf, wie er war, bat er Caesar, zwei Nachrichten zurück in die Hauptstadt Georgetown mitzunehmen. Die eine war für Mrs. Malik bestimmt: Caesar solle ihr ausrichten, dass er, Malik, in Sicherheit sei. Die andere war für den Führer von Caesars Black-Power-Gruppe: Caesar solle ihm sagen, dass es in der Gruppe einen Polizeispitzel gebe.

Nach acht oder zehn Kilometern setzten sie den mittlerweile ruhelosen Malik an einem Ort namens Bishop's Camp ab. Bishop war ein kleiner, ältlicher Schwarzer, der einsam und allein auf seiner »Farm« im Busch lebte; sein »Camp« bestand aus zwei strohgedeckten Unterständen, von denen der eine nicht einmal Wände hatte. Er gab Malik ein bisschen Reistopf zu essen und Kräutertee aus Ginsterblüten. Tausende von Polizisten seien hinter ihm her, erklärte Malik, und Bishop sagte (so, als wolle er Maliks erdichtetes Abenteuer vom Mann auf der Flucht, wenngleich in einem unvorhergesehenen Milieu, Wirklichkeit werden lassen), er könne für den Rest des Jahres dableiben.

Malik war müde und redete in dieser letzten Nacht, die er in Freiheit verbrachte, wirres Zeug. Er erkundigte sich wiederholt nach Brasilien und wollte wissen, wie sicher er im Camp sei; er habe kein Vertrauen zu Caesar. Er dachte an die Kommune auf Trinidad zurück, und die fiktiv betriebene »Landwirtschaft« verwandelte sich in ein Faktum. Er werde Bishop beibringen, wie man »Grünzeug anbaut«, sagte er. Er suche einen Job: Er verstehe sich aufs »Gärtnern«. Bishop solle Senf und Sellerie in Kästen setzen und nach drei Wochen im Abstand von 40 Zentimetern auspflanzen. Er wollte von Bishop wissen, ob der Fluss weit weg sei. Er sei nicht weit weg, sagte Bishop; Malik aber verkündete, er werde ihm zeigen, wie man Wasser aus dem Fluss holen könne, ohne hingehen zu müssen. England kam Malik in den Sinn und vor allem Rachman, der Hausbesitzer in den Slums, für den er in der ersten Zeit seines Aufenthalts in London gearbeitet hatte. Bishop hatte Mühe, ihm zu folgen. Er verstand Malik so, dass dieser eine große Pension in London gehabt habe, mit einem großen Garten, dass er einen großen Hund und einen Revolver besessen habe und dass Mieter, wenn sie nicht zahlen konnten, rausgeflogen seien, dass er aber zu Guyanern immer nett gewesen sei.

Bishop stellte für Malik in dem offenen Unterstand ein niedriges »Feldbett« auf. Malik ächzte, als er sich hinlegte, und schien sich unwohl zu fühlen. Er habe kalte Füße, klagte er; Bishop gab ihm einen Sack für die Füße. Malik schlief bald ein, Bishop aber konnte nicht schlafen – Maliks Entermesser machte ihm Angst. Die ganze Nacht über beobachtete er ihn.

Ungefähr um halb sechs Uhr morgens – es war noch dunkel – bellten die Hunde, und Bishop sah die Polizei kommen; Caesar war bei ihnen. Sie umstellten den Unterstand und warteten. Es wurde rasch hell, und der Polizeiinspektor konnte »die Gestalt eines hellhäutigen Mannes, der auf dem niedrigeren, westlich stehenden Feldbett lag«, ausmachen. Um fünf vor sechs rückten sie gegen ihn vor. Der immer noch ängstliche Bishop deutete auf Maliks Flugzeugtasche und Entermesser. Um sechs Uhr – bei Tagesanbruch – klopfte der Inspektor Malik auf die Schulter und weckte ihn.

Er sei, sagte Malik später, erleichtert gewesen, als er die Polizisten sah. Die Füße taten ihm weh, und er bezweifelte, ob er noch hätte laufen können. Sie brachten ihn nach Georgetown; am nächsten Tag wurde er zum unerwünschten Einwanderer erklärt und nach Trinidad ausgeflogen.

Als die Leiche von Gale Benson entdeckt wurde, war das eine Sensation; aber die erste gerichtliche Untersuchung galt dem Mord an Joseph Skerritt, der unter dem Salatbeet vergraben worden war. Wegen dieses Mordes standen vier Monate später Malik und drei aus seiner Kommune vor Gericht. Als man Skerrits Grab entdeckte, hatte eine unbekannte Frau bei *The Bomb* angerufen und erklärt, der noch nicht identifizierte Leichnam sei der eines »Bruders«, der sich nicht »an die Regeln der Organisation gehalten« habe. Und der Mord an Skerritt machte in der Tat den Eindruck einer Exekution.

Malik war ungebildet, aber in England hatte man ihm eingeredet, er sei ein Schriftsteller; und er gab sich alle Mühe, einer zu sein. Es gab auch andere, die ihm – dem Zuhälter und Gauner – erklärten, er sei eine Führerpersönlichkeit (wenn auch beschränkt auf die Schwarzen). Also hatte er Bücher über Führertum gelesen und sogar einmal etwas zu dem Thema geschrieben – wobei er freilich stark von seinen Lesefrüchten zehrte. »Mich groß zu inszenieren brauche ich nicht«, schrieb er mit Blick auf seine Position, »denn ich bin der Bekannteste Schwarze in der ganzen [weißen, westlichen Welt *durchgestrichen*] Nation.« Führer seien Arbeiter, Macher, Männer, die Mittel auftrieben – »egal, ob Geld, Hämmer oder Sägen«. Die »Massen« strömten von sich aus solchen Führern zu. Es sei allerdings nicht immer angenehm, ein Führer zu sein. »Führer werden selbst von denen gefürchtet, die ihnen am nächsten stehen ... andere wiederum beneiden sie ... hier braucht man eine eiserne Hand, denn unter Umständen ist man versucht, den Zweifler mit einem Geschenk zu besänftigen, und das einzige wirkliche Geschenk, das man geben kann, ist Schweigen.« Fast mit Sicherheit Worte, die er irgendwo aufgelesen hatte; aber Worte waren der Stoff, dem Malik seine Existenz verdankte. Und Joe Skerritt war ein Zweifler.

Im Jahr zuvor hatte sich Skerritt, als man ihn der Vergewaltigung anklagte, an Malik um Hilfe gewandt, und Malik hatte das Mädchen dazu überredet, Skerritt keine weiteren Schwierigkeiten zu machen. Dann aber verschlechterte sich Skerritts Verhältnis zu Malik; er fing an, sich vor ihm zu verstecken. Mrs. Skerritt hatte gar das Gefühl, dass ihr Sohn es gegenüber Malik an Dankbarkeit fehlen ließ. Schließlich, am 7. Februar, suchte Malik ihn mit einigen aus seiner Kommune in Port of Spain auf und nahm in »für ein paar Tage« nach Arima mit.

Skerritt hing am Tag des Mordes im Garten herum und machte dieses und jenes. Am Abend stiegen er und drei von der Kommune in ein Mietauto, um ein bisschen herumzufahren. Als sie auf der Schnellstraße waren, die Arima mit Port of Spain verbindet, erklärte Abbott, der Fahrer, sie wollten eine Polizeistation überfallen, um sich Waffen zu besorgen. Skerritt wollte davon nichts wissen, und Abbott fuhr schnurstracks zurück nach Christina Gardens. Malik sagte: »Junge, Joe, du sagst, du willst arbeiten, und jetzt schicke ich dich zum Arbeiten, und du willst nicht?« Er sah Skerritt an, schüttelte den Kopf und erteilte dem Mann, der Skerrit zu seiner Schlafstelle bringen sollte, den Auftrag, ihm eine Bibel oder sonst was zum Lesen zu geben.

Ein spontaner Einfall, könnte man meinen; aber den Zeugenaussagen beim Prozess nach zu urteilen war das, was folgte, sorgfältig geplant. Am Morgen fuhr Steve Yeates Mrs. Malik und ihre Kinder nach Port of Spain. Das war nichts Ungewöhnliches. Malik verkündete, die Kommune werde an diesem Tag eine »Sickergrube« ausheben. Das kam nicht überraschend. Das Grundstück war überschwemmungsgefährdet, und eine Sickergrube konnte bei der Drainage helfen. Malik hatte sich von einem Fachmann instruieren lassen. Man musste ein Loch graben, das bis zur nächsten, tiefer gelegenen Bodenschicht reichte, und dieses Loch dann unten mit Steinen und oben mit Erde füllen.

Den ganzen Morgen über hoben also einige Männer – von Malik überwacht, der zu diesem Zweck seine »schriftstellerische Tätigkeit« im »Arbeitszimmer« gelegentlich unterbrach – das Loch aus, während zwei andere mit dem Jeep Steinladungen zum Haus brachten. Joe Skerritt, der »alte Sachen« angezogen hatte – Jeans und grünes Hemd –, brachte mit der Schubkarre die Steine von der Stelle, wo sie vom Jeep abgeladen wurden, zur entfernten Nordwestecke des Gartens. Ungefähr um ein Uhr mittags war die Grube tief genug. Malik befahl den Männern im Jeep, zu einer Farm zu fahren, die alle kannten, sich dort »abzukühlen« und dann mit einer Fuhre Mist zurückzukommen.

Als sie weg waren, blieben Malik, drei Männer und Joe Skerritt im Garten zurück. Einer der drei Männer entfernte sich von der Grube. Malik stieg mit seinem Revolver im Schulterhalfter und einem Entermesser in der Hand in die Grube hinab und sagte zu Abbott: »Ich bin so weit. Bring ihn her.« Abbot legte den Arm um Skerritts Hals und sprang mit ihm in die Grube. Malik, der mit der linken Hand Skerritts langes Afrohaar gepackt hatte, versetzte ihm einen Schlag ins Genick und schleuderte ihn dann – immer noch mit der Linken – zur Seite.

Die Art, wie er das tat – »voller Verachtung« –, entsetzte Abbott. Skerritt schrie laut »O Gott! O Gott« und taumelte in der Grube umher. Malik, der wieder aus der Grube herausgestiegen war, hob einen großen Drainagestein mit beiden Händen hoch und schmetterte ihn auf Skerritts Kopf; Skerritt, dem Tode nahe, heulte wie ein kleines Kind: »Das sag ich! Das sag ich!« Malik schleuderte drei oder vier weitere Steine auf Skerritt, und dann war Skerritt still. Anschließend begannen die vier Männer – der vierte war zurückgerufen worden, um mitzuhelfen –, die Grube aufzufüllen, zuunterst die Steine, obendrauf Erde.

Als die zwei Männer mit der Ladung Mist auf der Ladefläche ihres Jeeps von der Farm zurückkamen, sahen sie, dass der Steinhaufen weg und die Sickergrube halb gefüllt war; sie halfen mit, die Arbeit zu Ende zu führen. Und als bald darauf Maliks Familie aus Port of Spain zurückkam, war die Kommune wieder die Kommune. Was Skerritt betraf, den »komischen jungen Mann«, der tags zuvor aufgetaucht war – er hatte sich einfach wieder davongemacht. Der dumme Junge war nach Kanada oder in die Vereinigten Staaten gegangen, aber er würde sich wundern, wie schwer man es »draußen« hatte – das jedenfalls bekam Mrs. Skerritt erzählt. Und so lautete auch Maliks Version während des Prozesses – dass Joe Skerritt einfach verschwunden war.

* * *

Abbott, der mit Skerritt in die Grube gesprungen war, wurde für zwanzig Jahre ins Gefängnis geschickt. Malik wurde zum Tod am Galgen verurteilt. Einige hielten zu ihm. Einer von ihnen war sein Jugendfreund Rawle Maximin, der Garagenbesitzer, dessen Autos Malik häufig gemietet hatte. Maximin besuchte Malik im Staatsgefängnis von Port of Spain. Viele Monate später, während Malik auf das Urteil im Berufungsverfahren wartete, sagte er eines Tages zu Maximin: »Du warst damals mit dabei, als ich Harribance besuchen fuhr. Kannst du dich daran erinnern, was er sagte?« »Er hatte es nicht etwa vergessen«, erklärte Maximin. »Er wollte es nur aus meinem Mund hören. Also sagte ich zu ihm: ›Harribance hat dir erzählt, du würdest von Trinidad nach Jamaika gehen und schließlich über die Neger in den Vereinigten Staaten herrschen.‹ Und er sagte: ›Gut, gut.‹ Und fing an, in der kleinen Zelle hin und her zu tigern.«

Über die Neger herrschen: Letztlich existierten also für Malik und seine Gönner (in der Hauptsache Weiße, die ihm auch weiterhin Geld schickten) die Neger nur, damit er über sie herrschen konnte. Malik sah sich selbst als einen Menschen, der immer weiter aufgestiegen war: zuerst ein halb gebildeter Eckensteher in Port of Spain, einer von Tausenden, dann ein Matrose, dann Zuhälter und Gangster in Notting Hill, dann der X von London, dann, mit siebenunddreißig, der »Bekannteste Schwarze in der ganzen weißen, westlichen Welt«. Als Londoner Größe kehrte er im Januar 1971 nach Trinidad zurück. »Ich bin nicht hier, um Karriere zu machen«, erklärte er gegenüber dem Trinidader *Express*. »Die habe ich schon gemacht.« Aber er glaube, »Hilfe leisten« zu können. »Ich interessiere mich nicht für Wahlen und so'n Zeug. Die einzige Politik, die ich je verstanden habe, ist die Politik der Revolution – die Politik der Veränderung, die Politik eines völlig neuen Systems.«

Revolution, Veränderung, System: Londoner Worte, Londoner Abstraktionen, die jede Bedeutung annehmen konnten, die Malik – der bereits seine Bande, seine »Kommune« um sich sammelte – ihnen zu geben wünschte. Es gab Leute in London, die erwarteten, dass Malik, ihr ganz persönlicher perfekter Neger, auf Trinidad ein neues Regime einführen werde. Ein Treffen hatte stattgefunden, und jemand hatte ein Protokoll angefertigt. Die neue Regierung würde für die Gründung der ersten Internationalen Hochschule der Alternative sorgen, wo »die Gegenkultur der Alternative« zu Hause sein würde. Worte, und immer neue Worte: »Ich kann nicht in die Einzelheiten gehen«, hatte Malik erklärt. »Aber so viel kann ich sagen: Die neue Hochschule wird eine Versuchsanstalt für die Erprobung eines neuen, gesunden Lebensstils sein.« Allerdings dürften –

der schwarze Mann lässt grüßen, das ewige Spiel mit Zuckerbrot und Peitsche – die Weißen, die Maliks Trinidad besuchen kämen (versprochen wurde eine Airbus-Verbindung mit allen internationalen Metropolen), nicht vergessen, dass im Herzen jedes Schwarzen »ein berechtigter Hass auf den weißen Mann« wohne; irgendwie müssten sie damit fertig werden, dass sie »zur Rasse der Unterdrücker gehören«.

Der Führer, alleiniger Sprecher aller Schwarzen, gefährlich durch seinen berechtigten Hass – aber bei seinem Prozess waren die vielen Zuhörer gut gelaunt, ja, geradezu fröhlich. Niemand lachte höhnisch; er war ein Märtyrer in fehlender Sache. Nur Simmonds, die weiße Frau, die während ihrer sechs Wochen in der Kommune in Steve Yeates »total verknallt« war, nur sie, die zum Prozess aus England einflog, posierte vor den Fotografen mit geballter Faust; aber sie hatte auch ein Rückflugticket. Für die Bewohner Trinidads war Malik zu einer »Type« geworden, einer Karnevalsfigur, einer Judasattrappe, die man beim Karfreitagsumzug mit Schlägen traktierte. Und nichts anderes war er in London gewesen, selbst in den großen Tagen, in denen die Zeitungen ihn als X hofierten: der Militante, der den Leuten nur die Zeit vertrieb, der Führer ohne Gefolgschaft, der Black-Power-Mann, der Mann der »Schwarzen Macht«, der weder Macht hatte noch schwarz war. Nicht einmal schwarz war er, sondern ein »hellhäutiger Mann«, ein halber Weißer. Das, befand man auf Trinidad, war das Schönste an der ganzen Chose.

2

Zum Schwarzen wurde Malik in London. Und vielleicht konnte nur jemand, der wusste, dass er eigentlich kein Schwarzer war – jemand, der wusste, dass er jederzeit die Couleur wechseln und ein anderes Spiel spielen konnte –, sich so in die Rolle vertiefen und sie so auf die Schippe nehmen. Er war seicht und mittelmäßig, aber er spürte, dass in dem provinziellen, reichen, behaglichen England das Thema Rasse für Links und Rechts

Unterhaltungswert besaß. Und er wurde jemand, der die Leute unterhielt.

Er war X, der Militante, der Mann, der ständig drohte, das nächste Mal Feuer zu legen; zugleich war er der Dealer, der Zuhälter. Er war ein Schwarzer für jedermann und nicht über Gebühr negroid. Er hatte zwei Ideen, die auf seinem Mist gewachsen waren. Zum einen meinte er, die für die Westindischen Inseln zuständigen Hochkommissariate in London kümmerten sich zu wenig um ihre jeweiligen Staatsbürger. Die andere, ausgefallenere Idee betraf die Uniformen der Polizei auf Trinidad, die er geändert sehen wollte; so, wie er von dieser Idee besessen war, handelte es sich wohl eher um eine fixe Idee. Alles Übrige hatte er von anderen übernommen, jede Einstellung, jede Feststellung: angefangen von dem X, das er sich zulegte, und dem Übertritt zum Islam bis zur Kritik an den weißen Liberalen (»sie machen den schwarzen Mann kaputt«) und der schwarzen Bourgeoisie (»für die existieren die Menschen aus dem Ghetto nicht«).

Er war der verkörperte Schwarze der sechziger Jahre, mit dem Londoner Milieu als Bühne: Gerade, dass er so wenig originell, so formbar war, dass er in der Lage war, den Leuten den gewünschten Schwarzen zu liefern, machte ihn akzeptabel für die Presse.

»Michael X hat einmal zu mir gesagt«, schreibt Richard Neville in *Playpower*, »dass Hippies die einzigen Weißen seien, mit denen sich seinesgleichen verständigen könne.« Und Malik war stets offen für Handlungsanweisungen, die seine Rolle als Schwarzer betrafen. Ende 1965, als er an seiner Autobiographie arbeitete (die anschließend dann durch die Hände eines englischen Ghostwriters ging und 1968 unter dem Titel *From Michael de Freitas to Michael X* erschien), schickte er das Manuskript an einen englischen Berater und erhielt ein langes Memorandum zurück. »... An dieser Stelle können Sie einen Blick auf das Verhältnis der Schwarzen zu den Weißen weltweit werfen. Nutzen Sie Südafrika, Rhodesien, England, Portugal und Amerika, um die Herzlosigkeit der weißen Gesellschaft zur Sprache zu bringen. Nutzen Sie die Sklaverei, nutzen Sie die neueren Massenmorde an den Juden in Auschwitz und Bergen-Belsen ... Kapitel 15, ›This I Believe‹ [›Daran glaube ich‹], braucht einen kraftvollen Schluss, der vielleicht sogar Angst einjagt. Ihre persönliche, authentische Erklärung, die Erklärung eines entwurzelten Schwarzen in diesem besonderen historischen Kontext ...«

So führte ein Klischee zum nächsten. Und wie nicht anders möglich, genügten die Rassenklischees, auf die Malik im Zuge seiner »Gegenkultur« verfiel, nicht immer revolutionären Ansprüchen. Einmal schrieb er – wobei er als Adressaten zweifellos die Untergrundpresse im Auge hatte – eine Art Parabel über einen Angelsachsen namens Harold, einen Juden namens Jack und einen Schwarzen, der er selbst war. »Gemeinsam ist uns nur, dass wir zwei Hände, zwei Füße und einen Kopf haben. Ich muss gestehen, dass meine Glieder unendlich schöner anzusehen sind, denn ihre Körper bedeckt eine ungesund fahle, weißliche Haut, über die sogar sie selbst sich keine Illusionen machen. Bei unserem Gespräch äußerte Harold sein Verlangen, wohin zu gehen, wo die Sonne scheint, und sich zu verwandeln. Ich kann ihn verstehen, denn während er das sagte, beobachtete ich, wie seine Augen meine schöne, goldbraune Haut liebkosten, das Erbe, das mir meine afrikanischen [*Einschub*: und portugiesischen] Vorfahren hinterlassen haben.«

»Für drei Menschen, die so unterschiedliche rassische Eigenschaften haben wie wir«, sei »echte Verständigung eine schwierige Aufgabe.« Aber sie seien gute Freunde und bereit, sich über ihre »geheimsten Wünsche« auszutauschen. Harold, der Angelsachse, suche nach der Wahrheit. »Jack ist weniger schlichten Gemüts«: Jack, der Jude, wolle »Sachen für Leute herstellen, wobei er sich naturgemäß seinen eigenen Leuten am meisten verbunden fühlt und Juden mit allem zu versorgen wünscht, was sie brauchen, mit Geld, Kleidern, Fabriken«. Und Malik, der Schwarze, sehe »die große Kluft, die unsere verschiedenen Rassen trennt, denn mein eigenes Streben gilt dem Glück, ich will Freuden für mich und andere schaffen und

Lachen hören, will geben ... Aber in was für ein seltsames Dihlema stürzt uns das, wenn ich ihm, dem Wahrheitssucher, mein kleines Geschenk gebe und er, der Sucher, in meiner kleinen Geste nach einer tieferen Motivation sucht oder Jack, wenn er ein Kleidungsstück macht und ich sage, wie hübsch, kann ich eins haben, und er will dafür *x* Pfund von mir.«

Maliks mit fremder Feder geschriebene Autobiographie war ein Flop; einer seiner weißen Gönner kaufte die meisten Exemplare auf. Das Buch schlägt einen wild entschlossen munteren Ton an; es gibt jede Menge Sex und Partys – der fremde Federführende, der mit leichter Hand unterdrückte Schwarze in hemmungslose Herumtreiber verwandelt, scheint sich gelegentlich durch den Gedanken an ein Michael-X-Musical aufgeputscht zu haben. Aber leicht zu lesen ist das Buch nicht.

Es bietet nicht die Geschichte eines Lebens oder die Entwicklung einer Persönlichkeit. Aufgrund der Bekanntheit, die er in London als der X genießt, als der schwarze Zuhälter, der jetzt Führer der Schwarzen ist, setzt der Ich-Erzähler die Kenntnis seiner Lebensgeschichte voraus und ist ausschließlich damit befasst, in seinen zahlreichen schwarzen Rollen zu paradieren. Ereignisse scharen sich in wildem Durcheinander um ihn, er hat keine Persönlichkeit, er ist nichts als eine planlose Abfolge von Rollen. Auf Seite 116 – er trifft sich gerade mit einem namentlich nicht genannten jungen Immobilienmillionär, der sich für Kunst interessiert – entpuppt sich der Erzähler ohne jede Vorwarnung als Maler (»meine abstrakten Gemälde und surrealistischen Porträts«), und diese Rolle behält er genau siebzehn Zeilen lang bei. Genauso plötzlich, genauso erfolgreich und fast genauso kurz sind seine Auftritte als schwarzer Dichter, als Schriftsteller und sogar als Lehrer eines Kurses »Englisch für Anfänger« an einer Schule, die sich London Free School nennt.

Die einzige andere nennenswerte Figur in Maliks Autobiographie ist seine Mutter, und sie stellt uns genauso vor Rätsel wie er. Erst einmal erscheint sie als eine grimmige, altmodische schwarze Frau, deren Sorge Äußerlichkeiten gilt und die ewig die Schönheit der weißen Haut preist. Sie mag es nicht, wenn ihr Sohn mit schwarzen Kindern spielt und mit schmutzigen Händen heimkommt; sie ist eingebildet; wenn sie in Port of Spain auf den Markt geht, weigert sie sich, mit den *marchandes* das französische Patois zu sprechen, wie sie auch von ihrem Sohn verlangt, dass er Englisch spricht; ihn schickt sie auf eine »vornehme« Schule. Dieser Darstellung eignet ungeachtet ihrer Übertreibungen eine gewisse Logik. Dann aber, gerade einmal zwanzig Seiten später, ist die Mutter plötzlich eine hysterische, streitsüchtige Trinkerin, die entsetzliche Negerkleider trägt. Eines Tages findet ihr Sohn sie, wie sie im Hühnerstall schläft; sie behauptet, das sei ihr neues Schlafzimmer. Dann wieder ist sie plötzlich eine »Nutte«; sie kommt nach London und verwandelt sich in eine erfolgreiche, muntere Puffmutter.

Die Kindheit des Führers, des Rebellen, der Schwarz zu lieben lernte, ergibt keinen Sinn mehr; die Gewichtung stimmt nicht. Bestimmte Informationen über seine Mutter sind für den Ich-Erzähler zu wichtig, um sie wegzulassen. Aber sie erscheinen wild verstreut im pikaresken Bild: Dahinter verbirgt sich ein Leiden, das größer ist, als der Erzähler zugeben will. Trägt man die Fakten zusammen, lässt sich die Kindheit des Führers völlig anders verstehen.

Maliks Vater war ein portugiesischer Ladenbesitzer, der später Trinidad verließ, um auf St. Kitts Geschäfte zu machen. Seine Mutter war eine ungebildete Schwarze aus Barbados. Auf Trinidad, und zumal in der engstirnigen, kleinbürgerlichen Schwarzengemeinschaft von Belmont in Port of Spain, war sie eine Außenseiterin, mit anderen Manieren und fremdem Akzent. Wenn sie das dort übliche französische Patois nicht sprach, dann deshalb, weil sie es nicht konnte. Sie war eine Fremde mit einem »roten Bastard«, und der schwarze Taxifahrer, mit dem sie zusammenlebte, sorgte dafür, dass sie das nie vergaß. (Das Einzige, was der portugiesische Mann ihr hinterlassen habe, pflegte er zu sagen, sei eine große Fotze und ein roter Bastard. Das findet sich nicht in der Autobiographie; es stammt aus der Erklärung, die Malik bei seinem Prozess abgab.)

Der Mutter gereichte der Sohn zur Schande; dem Sohn, der in Port of Spain aufwuchs und das St. Mary's College besuchte (eine der besseren Schulen, aber nicht gar so »vornehm« – die Schulgebühren beliefen sich auf wenig mehr als drei Pfund pro Quartal), wo jeder über seine familiären Umstände Bescheid wusste, gereichte die Mutter zur Schande. Sie war ungebildet, ständig betrunken und boshaft; beide machten einander das Leben schwer. Er floh vor ihr, wann immer er konnte, zog mit seinen Freunden in die Berge. Einmal warf er alle ihre Kleider auf einen Haufen und verbrannte sie. Sie aber verfolgte ihn und machte ihm in aller Öffentlichkeit Szenen, auch noch, nachdem er vom College geflogen war, und sogar noch als Erwachsenem. Entrinnen konnte er ihr nur, indem er Trinidad verließ und Seemann wurde; irgendwann spielte er auch mit dem Gedanken, nach Guyana zu ziehen. Schließlich ging er nach England, aber sogar dorthin folgte sie ihm und entstieg dem Zug, der sie vom Schiff zum Bahnhof Waterloo brachte, in einem roten Bademantel.

Im Jahr 1965, als Maliks Stern in London aufging und er sich, wie er fand, bewiesen hatte, begann er einen Brief an seine Mutter.

London, 1. April 1965

Liebe Mama,

meine Hand zittert und mein Kopf tut mir weh, ich will dir ein paar Sachen sagen, denn ich habe keine Angst mehr. Ich bin ein Neger, du hast mir gesagt, ich wäre anders, aber das stimmt nicht, ich habe es versucht. Geschämt habe ich mich nicht dafür, dass ich ein Neger bin, sondern für dich. Ich möchte dir als Erstes sagen, was mich dieses vergangene Jahr dazu gebracht hat, zu schreiben. Ich war zu Hause, und Steve rief an und fragte, ob ich wüsste, was mit dir passiert ist. Nun, man hatte dich verhaftet. Mit über sechzig Jahren wegen Betreibens eines Bordells, das hätte ich vielleicht noch können verstehen, ich hätte können irgendjemand die Schuld daran geben, dem Weißen, meinem Vater, mir selbst, aber als du de Freitas für deinen Namen ausgabst, weil du, wie du gesagt hast, deinen eigenen Namen schützen wolltest, da war es aus. Seit damals sind *x* Monate vergangen, und ich hab mich grade erst so weit erholt, dass ich etwas dazu äußern kann. Ich hasse dich nicht, das ist unmöglich, ich würde gerne denken, dass du gedankenlos gehandelt hast, aber ich sagte, all die anderen Sachen, die du gemacht hast, waren auch gedankenlos, diese Demütigung war eine zu viel, du denkst gewöhnlich über die Sachen lange nach, ehe du sie tust, erinnerst du dich, als du auf Trinidad noch mit deinem Mann zusammen warst und ihn auf dem Bett mit kochendem Wasser überschüttet hast, du hast dir das genau überlegt, nicht wahr, hau ab ...

Sie war mit dem Mann ins Bett gegangen und, als er schlief, wieder aufgestanden; das Wasser hatte sie vorher heiß gemacht. Der Vorfall fehlt in der Autobiographie. Alles andere taucht auf; aber in der aufgeblähten, pikaresken Erzählung gehen die Leidenschaft und das Leiden unter, erscheinen simpel, im Kern verändert, um einer geglätteten Darstellung der Jugendjahre des Führers Platz zu machen.

Dieser Brief ist das Aufrichtigste und das Rührendste, was Malik je geschrieben hat. Er erklärt so vieles: warum er seinen Namen von de Freitas in X umänderte, warum er so viele Rollen spielte, warum er so sehr auf Beifall angewiesen war. Eine gepeinigte Kreatur steckte in dem Kostüm des Rassenclowns. Black Power verlieh dem Leben Ordnung und Logik; es bot Malik ein komplettes System. Ein Buch selber schreiben konnte er nicht; aber er zog es vor, in einer Vorbemerkung zu seiner Autobiographie mitzuteilen, dass ein Ghostwriter sie verfasst habe, weil schwarzes Englisch und weißes Englisch etwas Verschiedenes seien.

Ein Londoner Journalist, der zu Maliks Karriere einiges beigetragen hat, meint: »Michael fuhr mit der Presse Schlitten und die Presse umgekehrt mit ihm. Und heraus kam ein Monster.« Das Monster existierte bereits, aber trotzdem ist an der Feststellung etwas dran. Gemacht wurde Malik in England. England verschaffte ihm Freunde, einen Sinn für Eleganz, einen Zeitungsruhm, den er für Anerkennung halten konnte, und Geld. England gab ihm ständig Geld; niemand brauchte Geld so dringend wie er, dem immer neue Projekte zum Wohle der Schwarzen einfielen. So kam ihm zum Beispiel Ende 1966, als seine Frau mit ihren Hypothekenzahlungen in Rückstand geriet und Mahnschreiben von einem Anwalt erhielt, der Gedanke, die Westindischen Inseln bräuchten eine angemessene Vertretung vor Gericht. Er interessierte Leute für diese Idee. Der Londoner *Oz* verkündete im Februar 1967, Westindien brauche Rechtshilfe; oben auf der Seite stand in fetten Buchstaben, was zu tun war: »›Verteidigung‹ kostet Geld. Schicken Sie es an Michael Abdul Malik, Leith Mansions, Grantully Road, W9.«

England machte es Malik in vieler Hinsicht leicht. Aber England war am Ende auch sein Verderben. Er überschätzte die Bedeutung seines Zeitungsruhms. Er überschätzte die Bedeutung der Randgruppen, die ihm Entfaltungsraum zu bieten schienen. Er war ein Unterhaltungskünstler, ein Schauspieler – aber er war nicht der einzige. Er durchschaute jene mittelständische Schicht nicht, die nur weiß, dass ihr nichts passieren kann, die keine Überzeugungen kennt, nur Reflexe und chaotische Reizzustände, und die hin und wieder zu spielen beliebt: Menschen, die mit der »Revolution« liebäugeln, als gingen sie ins Theater, Revolutionäre, die Hochburgen der Revolution besuchen, aber mit einer Rückfahrkarte in der Tasche, Menschen, für die Maliks Black-Power-Version ein exotisches, aber ungefährliches Freudenhaus darstellte. Malik glaubte, an der Unantastbarkeit seiner Gönner teilzuhaben. Halb vor sich hin kritzelnd (»Kein Geld«), halb Memoranden entwerfend (»Brief vom Anwalt«), schrieb er eines Tages: »Meine Erbschaft ist London – die ganze, große Stadt.«

Sein Ruhm währte nicht lange. Er begann 1965 und endete 1967, als Malik wegen Verstoßes gegen das 1965 verabschiedete

»Gesetz zum Schutz der ethnischen Beziehungen« ins Gefängnis geschickt wurde. In einem großen Artikel im *Observer* enthüllte Colin McGlashan im Juli 1965, es gebe in England eine militante Schwarzenorganisation, ein Aktionsbündnis zur Herstellung von Rassengleichheit, *Racial Adjustment Action Society* (RAAS) genannt, mit über fünfundvierzigtausend Mitgliedern, »unter nahezu vollständiger Geheimhaltung« gegründet von Michael de Freitas. »Einige Einwanderer«, berichtete McGlashan, »sprechen bereits von Michael X.« Die Story klang gut: »... revolutionärer Elan ... eine fast schon landesweite Organisation ... Staunen erregend professionell ... Untergrundtechnik ... System von Zellen ... finanziert aus Spenden und Mr. de Freitas' eigenen Mitteln ... in bester revolutionärer Tradition geben sich die Organisatoren mit einem Hungerlohn zufrieden ... ein scheuer, feiner, hoch intelligenter Mensch ... die authentische Stimme schwarzer Verbitterung ... Sagt ein Freund: ›Es ist ein Verbrechen gegen die Menschlichkeit, dass es Leute wie Michael geben muss ...‹«

Die Story war gut, und wenn sie wie eine Aneinanderreihung von Zeitungsklischees klang, dann nur deshalb, weil das, was man McGlashan als gute Geschichte verkaufte, eine Aneinanderreihung von Zeitungsklischees war. Seiner drei Jahre später veröffentlichten Autobiographie zufolge war Malik zu der Zeit, als McGlashans Artikel erschien, wohl mehr mit einer schönen weißen Witwe beschäftigt, die er Carmen nennt. Die dreißigjährige Carmen war ein »herrliches, schmiegsames Geschöpf« und reich. Einmal öffnete sie ihre Handtasche und gab Malik »ein Bündel Zehnpfundnoten«; ein anderes Mal schrieb sie einen Scheck über 500 Pfund für ihn aus. Er nahm alles, was sie ihm gab – »Ich habe keinen Zweifel daran, dass mir in dieser Nacht der Lude zu Hilfe kam, den das Ghetto in uns Schwarzen erzeugt« –, aber alles geschah für die gute Sache, das Aktionsbündnis für Rassengleichheit. Dennoch litt er: »Meine Reden wurden immer bitterer.« Und da war Nancy, eine andere Weiße, seine feste Freundin. Carmen musste gehen. »Nachdem Carmen weg war, hatte die RAAS keine Einkünfte mehr.« Und im

Verlauf von vier Seiten, die zugleich die Geschichte von Carmen umfassen, sinkt die Zahl der Mitglieder in der RAAS von fünfundsechzigtausend »Eingeschriebenen« auf zweitausend »Aktive«.

Malik liebte seinen Zeitungsruhm. Jede Erwähnung seines Namens in der britischen Presse, egal wie geringfügig oder kritisch, heftete er ab (sein Lieblingsblatt muss der *Daily Telegraph* gewesen sein). Von McGlashans Artikel hob er zwei Kopien auf, und als er seine RAAS-Broschüre herausbrachte – die eigentlich eine Broschüre über Michael X war, mit sämtlichen Pressemeldungen über ihn und ohne dass auch nur ein einziger anderer Name auftauchte –, verwendete er Äußerungen von McGlashan sowie Zitate aus dem *Daily Mirror*, dem *Daily Telegraph*, der *Sunday Times*, den *Peace News* und der *New York Times* (»Studenten, Intellektuelle, Gemäßigte und Radikale werden allesamt umworben. Einige haben sich der Bewegung bereits angeschlossen.«).

RAAS war natürlich ein Gag, eine Obszönität. Die Initialen bilden eine jamaikanische (nicht trinidader) Verballhornung des Wortes »Arsch«. Ein grober Scherz, der in der Autobiographie noch auf groteske Weise ausgewalzt wird. »Erstens ist RAAS ein westindisches Wort für ein Menstruationsbluttuch. Es besitzt eine gewisse symbolische Bedeutung hinsichtlich der Art und Weise, wie dem schwarzen Mann die ganze Zeit über sein Lebensblut abgezapft worden ist. Zweitens gibt es ein ähnlich klingendes afrikanisches Wort, *ras* (vom arabischen *ra's* – Kopf), das Herrscher oder Anführer bedeutet.« Ein »satirischer« Scherz, den freilich nur jemand machen konnte, der sich bewusst war, dass er zu gegebener Zeit von seiner Rolle als Schwarzer Abstand nehmen konnte.

Maliks Schwarzer war tatsächlich eine groteske Figur: nicht amerikanisch, nicht westindisch, sondern ein Amerikaner, den ein roter Mann aus Trinidad für ein britisches Publikum als Karikatur geschaffen hatte. Westinder sind keine schwarzen Amerikaner. Amerikanische Schwarze sind eine ghettoisierte Minderheit. Westinder stammen aus Ländern mit schwarzen

Bevölkerungsmehrheiten und schwarzen Staatsapparaten; sie verfügen über so etwas wie eine politische Tradition. Boscoe Holder, ein schwarzer Tänzer aus Trinidad, der sich damals in London aufhielt, sagt: »Als ich von dem Typ hörte, der sich X nannte, dachte ich: ›Wieder so ein Hochstapler von unserer Insel.‹ Und ich wünschte ihm Glück, weil er in England war und sie mir erzählten, dass er aus Trinidad kam.« Das war die westindische Reaktion: Der Possenreißer wurde als solcher erkannt und akzeptiert, aber im Übrigen hielt man ihn auf Distanz. Ab und an versetzte Maliks Zeitungsruhm einen Studenten, Schriftsteller oder Politiker in Erregung. Als 1965 McGlashans Artikel erschienen war, spielte der Führer der Opposition auf Trinidad – einer weitgehend von Indern getragenen Partei – mit dem Gedanken, Malik als Mitstreiter im Wahlkampf nach Trinidad zu holen.

Aber festhalten konnte Malik diese Menschen nie. Und in London brauchte er sie auch eigentlich gar nicht. Ein Westinder, den Malik jüngst kennen gelernt hatte – und der schließlich die Rolle seines politischen Stellvertreters übernehmen sollte –, war ein junger Trinidader namens Stanley Abbott, der wie Malik seine College-Ausbildung abgebrochen hatte und wie er ein roter Mann mit spanischen oder portugiesischen Vorfahren war (Abbott nannte sich gelegentlich De Piva). Er war 1965 mit neunzehn Jahren nach England gekommen und geriet in London rasch auf die schiefe Bahn – eine verlorene Seele mit unaufhörlich wachsendem Strafregister: 1956 mutwillige Sachbeschädigung, 1958 gewaltsamer Einbruch, zwischen 1958 und 1962 Jugendstrafanstalt und Bewährungszeit, 1964 tätlicher Angriff.

Und der Westinder, der Malik am nächsten stand, war damals bereits Steve Yeates – ein Schwarzer, aber in anderer Hinsicht das Ebenbild Maliks, ein Aussteiger aus Belmont, Maliks Heimatbezirk in Port of Spain: Steve Yeates, der bald schon den Black-Muslim-Namen Muhammed Akbar erhielt; der vom St. Mary's College, Maliks alter Schule, flog, weil er eine vierzehnjährige Schülerin aus einer Reformschule der Karmeliterinnen geschwängert hatte; Steve Yeates, der später, im Alter von sechzehn, während er eine andere Oberschule besuchte, angeklagt war, im Pfadfinderinnenheim in Belmont gemeinsam mit neun anderen ein Mädchen vergewaltigt zu haben, und der, freigesprochen, aber mit Schande bedeckt, von seiner Familie nach England geschickt wurde, wo er in die Luftwaffe eintrat, dann jedoch wegen irgendwelcher Probleme desertierte; Steve Yeates, der bei einem Kampf eine Stichwunde davongetragen hatte, die eine bleibende Narbe hinterließ.

Dass Malik keine ernst zu nehmende Unterstützung aus Westindien erhielt, sprach eigentlich gegen ihn. Aber er wendete es zu seinem Vorteil; die amerikanische Black-Power-Bewegung lieferte ihm ein komplettes System. Wenn gebildete Westinder mit Malik nichts zu tun haben wollten, dann nur, weil sich die schwarze Bourgeoisie und Intelligenz, »eine winzige Minderheit innerhalb einer Minderheit«, von »den Menschen im Ghetto« abgekoppelt hatte. Der Schwarze, der nicht ausgestiegen war, der eine Ausbildung abgeschlossen hatte, eine Fertigkeit oder einen Beruf ausübte, war kein richtiger Schwarzer; niemand brauchte sich mit ihm ins Benehmen zu setzen. Der echte Schwarze war elementarer. Er lebte an einem »Ghetto« genannten Ort, der zwar schrecklich war, aber auch beneidenswerte Freuden bereithielt; und im Ghetto lebte der Schwarze in enger Nachbarschaft mit dem Verbrechen. Er war Zuhälter oder Drogendealer; er bettelte und stahl; er sah, wie gesagt, gut aus; und dieser gut aussehende Schwarze war jetzt höchst erbost. Der echte Schwarze glich, wie sich zeigte, Malik, und nur Malik konnte für ihn sprechen.

Maliks revolutionärer Schwarzer verkörperte in vieler Hinsicht den wohlbekannten großmäuligen Herumtreiber. Aber ersonnen war er für einen Provinzschauplatz, und Malik hatte ein sehr genaues Gespür dafür, welche Art Schwarzen die britischen Zeitungen haben wollten oder tolerieren würden. Im *Guardian* vom 9. August 1971 stellte Jill Tweedie die Grenzen britischer Toleranz klar.

Tweedie beschäftigte sich an diesem Tag auf ihrer Seite mit

zwei Schwarzen. Die eine war Annie P. Barden, Sozialarbeiterin an einer ausschließlich von Schwarzen besuchten Grundschule in Washington, D. C. Tweedie machte es ihrer Gesprächspartnerin nicht leicht. Annie Barden wollte über ihre Arbeit erzählen, Tweedie wollte etwas über Rassenprobleme, Drogen und militante Schwarze hören. Es würden Filme über Drogen gezeigt, erklärte Annie Barden; Themen wie die Sklaverei und die Situation der Schwarzen im Süden würden »durchgesprochen«; Militanz habe sie bei ihren Schülern (von denen einige erst vier waren und keiner älter als dreizehn) nicht bemerkt. Aber was sei mit Malcolm X und Martin Luther King? In welcher Form sei Annie Barden selbst mit Rassenvorurteilen konfrontiert worden? Habe sich wirklich etwas geändert? Wie viele Amerikaner sähen im Schwarzen ein menschliches Wesen? Die Mehrzahl? Die Hälfte? Gebe es für ihre Schüler auch nur *irgendeinen* Job? Verschlossen seien den Schwarzen die akademischen Berufe ja vielleicht nicht, erschwert sei ihnen der Zugang aber doch wohl? Auf den nachgerade penetranten Versuch, ihr einzureden, ihre Tätigkeit an der Schule sei Zeitverschwendung, weil sie Schwarze sei, reagierte Annie Barden damit, dass sie ihrer Interviewerin Tee anbot. »Die ganze Sache«, notierte Tweedie, »bringt sie offenkundig in Verlegenheit.«

Für ihren anderen Schwarzen, einen Mann, hatte Tweedie weit mehr Zeit – und Zeilen – übrig. Er gehörte den amerikanischen Black Muslims an und hielt sich in England auf, um für seine Autobiographie zu werben. Womit er seinen Lebensunterhalt bestritt, ließ sich nicht klären. Er habe in Kalifornien eine Malcolm-X-Montessorischule ins Leben gerufen, lehre aber nicht an der Schule, weil er Weiße hasse – »Kein SS-Mann hätte mehr Verachtung in das Wort ›Jude‹ legen können«, notierte Tweedie – und nicht wolle, dass sein Hass auf Zweijährige abfärbe. »Wenn man jemanden umbringt, dann muss man damit einen Sinn verbinden. Man sollte Menschen töten, weil sie böse sind, nicht weil sie weiß sind ... Sie nennen mich Nigger, aber ich habe mir meinen eigenen Nigger kreiert. Mein

Nigger bin ich, unerträglich gut aussehend, unwiderstehlich braun, wahnsinnig ausdrucksstark.« Tweedie war hingerissen: »Dieser Schwarze ist ein gut aussehender Mann, ein Brigant mit einem Goldring im Ohr ... hoch gewachsen und mager, auf Agro-Musik abfahrend, manchmal ganz offenherzig, manchmal unter einem Firnis honigsüßer Worte, die einem ungefähr so eingehen wie ein Schlag in die Nieren. Einer Frau tritt der Agro-Fan maskiert entgegen, jede Äußerung sexuell aufgeladen ...«

»Mir persönlich«, so Tweedies Fazit, »kam Miss Bardens Passivität weitaus deprimierender vor als Hakim Jamals Zorn und auch weit weniger Hoffnung erweckend, was die Zukunft betrifft.« Hakim Jamal – das war der Name des Briganten mit dem goldenen Ohrring. Bei der Autobiographie, für die er in England Reklame machte, handelte es sich um einen verspäteten Abklatsch der Schwarzenbiographien aus den sechziger Jahren: Armut und Selbsthass, Drogen, Islam, Reform, berühmte Leute, Sex, Hass. Sein Anspruch, Gott zu sein, hatte ihm einen Auftritt im »Kuriositätenkabinett« des Radioprogramms *World at One* eingebracht. Tweedie allerdings hatte er offenbar verschwiegen, dass er der liebe Gott war. Und wenn er in seiner Malcolm-X-Schule nicht unterrichtete, dann deshalb, weil sie nur ein Jahr lang und mit einem einzigen Lehrer existiert und bereits fünfzehn Monate zuvor dichtgemacht hatte; jetzt gab es sie nur noch in den Broschüren, die er mit sich herumschleppte. Was Annie Barden betraf, so war sie zweifellos in die Grundschule in Washington zurückgekehrt und kümmerte sich um ihre tausend Schüler.

Malik hatte Ende der sechziger Jahre (Tweedies Artikel erschien 1971) das richtige Gespür, was die Art von Neger anging, nach der es die Leute verlangte. Die Rolle freilich war kräftezehrend. Selbst wenn der schwarze Rebell gewollt hätte, er durfte keinen Beruf ausüben; er durfte nicht den Eindruck erwecken, in »Lethargie« zu verfallen; jede Andeutung eines Pausierens konnte seinen Ruf zerstören. Niemand erwartete von ihm, dass er seine Drohungen in die Tat umsetzte, aber sich produzieren musste der arme Schwarze ununterbrochen.

Im Juli 1967 fuhr Malik – als Ersatz für den international bekannteren Stokely Carmichael – nach Reading und sprach vor einer gemischtrassischen Gruppe von etwa siebzig Leuten. »Wenn ihr jemals einen Weißen seht, der euer schwarzes Mädchen angrapscht, bringt ihn auf der Stelle um.« Eine ganz harmlose Äußerung, das übliche Kabarett. Aber Malik wurde unter Berufung auf das »Gesetz zum Schutz der ethnischen Beziehungen« unter Anklage gestellt. Bei seinem Prozess forderte er einen der Richter auf, Platz zu nehmen und sich »abzuregen«; er ließ den Koran mit warmem Wasser abwaschen, ehe er den Eid auf ihn leistete; und man gestattete ihm, vor seiner Vernehmung islamische »Reinigungsrituale« zu vollziehen. Er wurde für ein Jahr ins Gefängnis geschickt. Alle Zeitungsberichte von seinem Prozess wurden ausgeschnitten und für ihn gesammelt. Der Karneval aber war jäh vorbei.

Im April 1965, als seine ruhmreiche Zeit begann, hatte er an seine Mutter geschrieben: »Ich habe keine Angst mehr.« Seine Rolle als Rassenclown hatte ihn die Qualen seines früheren Lebens vergessen lassen. Jetzt aber war das Spiel aufgeflogen. Black Power war keine Macht in England, sein Zeitungsruhm bot ihm keine Sicherheit. Die Autobiographie aus fremder Feder erschien während seines Gefängnisaufenthalts und erhielt kaum Besprechungen. Mit seiner öffentlichen Bekanntheit ging es bergab. Als er acht Monate später freikam, nahm zwar das Fernsehen Notiz davon, aber ein großes Ereignis war es schwerlich. Ein karnevaleskes Element blieb erhalten: Vor den Gefängnistoren wurde Malik von einem Schwarzen empfangen, der sich als Variation zum Thema X den Namen Freddie Y gegeben hatte. Malik selbst aber hatte sich gewandelt.

Er plante einen zweiten Band seiner Autobiographie. Zuerst liebäugelte er mit dem Titel *My Years with RAAS* – der alte Malik, der alte Spaßvogel. Im Zuge seiner inneren Verfinsterung aber verfiel er stattdessen auf *Requiem for an Illusion*. Welche Illusion war das? England? Seine Vorstellung, dass es in England einen Platz für ihn gab? Seine Karriere als der X?

Dem langen (mindestens fünfzig Seiten umfassenden), primitiven Stück Roman über sich selbst, den er später zu schreiben begann, ist zu entnehmen, dass er angefangen hatte, ein Ressentiment auszubrüten, das sich bald zum Hass verdichtete – nicht gegen die Weißen oder die Engländer, sondern gegen das englische Bürgertum, das er kennen gelernt hatte: gegen die Menschen mit Geld und Beziehungen, die ihn im Doppelsinn des Wortes begönnerten, Leute, die ohne Sorgen lebten, alles regeln konnten und Schwarze verachteten, während sie gleichzeitig von ihnen fasziniert waren. In seinem Roman, einem kindlichen, der Wirklichkeit übergestülpten Tagtraum (in dem er in eigener Person und mit eigenem Namen auftritt), lässt er diese bürgerliche Faszination zu Ehrfurcht, ja, zu Liebe werden, um sie dann unvermutet in körperlich empfundenen Schrecken umschlagen zu lassen. Der Schauplatz ist nicht London, sondern Guyana. Malik wird dort als Held gefeiert, als großer Redner, und auf der Straße gibt es Leute, die ihn zum König ausrufen wollen.

Bei Malik fällt es schwer, von einem Plan zu sprechen; er war jemand, der sich vom Gang der Ereignisse forttreiben ließ. Aber es scheint, als habe er sich nach seiner Entlassung aus dem Gefängnis dem Gedanken an wirkliche Macht zugewandt. Im Jahr 1968 schloss er sich den Black Eagles an, einem Haufen von Schwarzen, die sich offenbar einbildeten, ein Notting-Hill-Pendant zu den Black Panthers zu sein. Malcolm X, Michael X; Black Panthers, Black Eagles. Der »Premierminister« der Schwarzen Adler war ein Ex-Steelbandmusiker aus Trinidad, der sich den Namen Darcus Awonsu zugelegt hatte. Malik wurde sein »Minister ohne Geschäftsbereich« und durfte per Charterflug nach Kanada reisen, um an einem Kongress schwarzer Schriftsteller in Montreal teilzunehmen; nun stellte er fest, dass er bei den Schwarzen von Chicago und Toronto den Ruf genoss, als einziger Mann in England aufgrund des »Gesetzes zum Schutz der ethnischen Beziehungen« ins Gefängnis gewandert zu sein. »Unterwegs erst herausgefunden, dass ich Held bin«: das steht in seinen Notizen für *Requiem for an Illu-*

sion, und es verrät auch etwas darüber, wie er seine frühere Karriere als der Zuhälter X sah. »Heldenimage in Übersee größer.« Irgendwie hatte er es geschafft: Er fing an, sich für den »bekanntesten Schwarzen in der weiten Welt« zu halten.

Im folgenden Jahr erhielt er einen weiteren Beweis dafür. Nigel Samuel, der Sohn eines Immobilienmillionärs, bot Geld für ein Projekt in Islington an: das Schwarze Haus. Eine Reihe von Läden und Büros sollten auf Basis eines über einundzwanzig Jahre laufenden Pachtvertrags in ein »Stadtquartier« für Schwarze verwandelt werden. Ein Glückstreffer: Hier konnte der schwarze Revolutionär seine kreative Seite, sein »Panther«-Format unter Beweis stellen. Aber Malik war dafür nicht begabt. Der Glaube an das Schwarze Haus war gleichbedeutend mit dem Glauben an ein Wunder; man musste Maliks magische Überzeugung (die halbwegs wahnsinnige Zuversicht des Hochstaplers, die ihn so überzeugend machte) schon teilen, dass Worte und Schlagzeilen genügten, um das Beschworene Wirklichkeit werden zu lassen. Binnen eines Jahres war das Scheitern des Schwarzen Hauses besiegelt; wie Hakim Jamals Malcolm-X-Schule, wie RAAS, wie die Schwarzen Adler, wie die Unternehmungen so vieler Schwarzer, die nicht aus einem Gefühl der Berufung handeln, sondern sich in den Fallstricken eines Spektakels verfangen, bei dem sie für ein fremdes Publikum Schwarze simulieren – wie all diese Projekte existierte auch das Schwarze Haus nur in Broschüren und Briefköpfen.

»Entstehung von Panthern ähnlich amerikanischem Vorbild – mit fehlender Heimbase, nur Abklatsch, wo doch die Nation erst dem Selbst Kraft gibt.« Dies aus den Notizen für *Requiem*. Es liest sich wie ein Versuch, das Scheitern des Schwarzen Hauses wegzuerklären, den Eindruck zu erwecken, als sei das Scheitern Teil seines Plans gewesen. Malik aber probierte in diesem Jahr vieles aus; in Gedanken hatte er angefangen, England hinter sich zu lassen. Er war zusammen mit Nigel Samuel in einem Charterflugzeug nach Timbuktu geflogen; und später hatten sie in Guinea Stokely Carmichael besucht. Malik hatte einen ziemlich ungeschliffenen Emissär zur *Organisation für*

Afrikanische Einheit, OAU, in Addis Abeba gesandt. Und er und Steve Yeates, und für kurze Zeit auch Nigel Samuel, waren nach Trinidad gereist. Königtum verlangte nach einem schwarzen Land. Alles deutete jetzt darauf hin, dass er zu guter Letzt nach Trinidad zurückkehren würde.

Trinidad steuerte im Jahre 1969 auf eine Revolution zu. Die schwarze Regierung von Eric Williams war seit 1956 an der Macht; und eine Situation, vergleichbar der ethnischen Aufbruchsstimmung, die ihn einst an die Macht gebracht hatte, schien nun im Begriff, ihm die Macht wieder zu entreißen. Das politische Leben auf der erst kürzlich unabhängig gewordenen Insel stagnierte; die Intellektuellen fühlten sich durch die neuen Männer in der neuen Politik ausgeschlossen; die amerikanische Black-Power-Bewegung, die auch auf Trinidad Wellen schlug, verlieh dem Unmut im Volk eine neue Zuspitzung. In den Vereinigten Staaten war Black Power der Protest einer schlecht gestellten Minderheit. Auf Trinidad, mit einem schwarzen Bevölkerungsanteil von 55 Prozent sowie asiatischen und sonstigen Minoritäten, die bereits von der Regierung ausgeschlossen waren, nahm Black Power eine andere Bedeutung an und ergänzte den rationalen Protest um ein uraltes Motiv: ein mystisches Rassebewusstsein, die chiliastische Erwartung eines unmittelbar bevorstehenden Schwarzen Reichs.

Eine Revolution ohne Programm und ohne Kopf: Hier gab es für Malik etwas zu holen. Aber er kam politisch nicht so recht aus den Startlöchern. Er »marschierte« mit einigen streikenden Busfahrern, gab ihnen aber Rätsel auf, als er nicht über das sprach, was sie auf die Straße trieb, sondern sich über eine seiner fixen Ideen verbreitete: die Notwendigkeit, die Trinidader Polizei in andere Uniformen zu stecken.

Auch von einer »Kommune« war die Rede. Randolph Rawlins, ein linker Trinidader Journalist und Akademiker, der die Einfältigkeiten und Zynismen der ethnischen Politik in Westindien leid war, begab sich an einem Sonntag zu dem Haus am Strand, dem Standort der geplanten Kommune, wo Malik sich aufhielt. Malik hörte sich Bänder mit Stokely Carmichaels Reden an. Steve Yeates war anwesend und ein »Gefolge« junger Männer. »Sie waren absolut unterwürfig«, berichtet Rawlins, »und folgten jedem Wink. Maliks Tochter war krank. Er sagte zu einem der Männer: ›Geh und hol einen Arzt.‹ Der Typ antwortete, er wisse nicht, wo einer zu finden sei. ›*Geh* und hol den Arzt‹, wiederholte Malik. Ich war es müde, dazusitzen und zuzusehen, wie dieser Mensch finster dreinblickte und Schwachsinn schwatzte. Ich ging an den Strand.«

Schon damals also ein »Gefolge« auf Trinidad; und als Malik und seine Familie Nigel Samuel wieder nach England begleiteten, blieb Yeates zurück. Nach dreizehn Jahren Englandaufenthalt war er endgültig heimgekehrt. Von Malik – der mit seinem Schwarzen Haus beschäftigt und mit Nigel Samuel in Afrika zugange war – erhielt Yeates in diesem Jahr, 1969, nur selten Briefe. Im Oktober schickte Malik Grüße an »alle die Brüder« und stellte einen zweiten Besuch von Samuel in Aussicht; im November kündigte er seine unmittelbar bevorstehende Rückkehr an – er werde mit einer Gruppe von dreizehn Leuten kommen. Nichts geschah, aber Steve Yeates wartete. Eines Tages befragte ihn sein Vater, der eine kleine Bar in Belmont besaß, nach seinem Verhältnis zu Malik, und er antwortete: »Das ist eine lange Geschichte, Paps.« Eine lange Geschichte: der schwarze Yeates, mit feinen Gesichtszügen und »weichem, lockigem Haar, das man gern gestreichelt hätte«, jetzt aber mit der englischen Narbe auf dem Rücken und mit dem Black-Muslim-Namen Muhammed Akbar, der Oberbefehlshaber der »Frucht des Islam« und Oberstleutnant der Schwarzen Befreiungsarmee Maliks.

Eine schwarze Frau, die ihn aus Kindertagen kannte, als »er der Schwarm aller kleinen Mädchen in Belmont« war, verguckte sich erneut in ihn.

»Er würde nie mehr nach England zurückkehren, sagte er. Über sein Leben in London oder seine Zeit bei der Luftwaffe sprach er nicht viel. Manchmal erklärte er mir, ich würde nichts mit ihm zu tun haben wollen, wenn ich ihn in London gekannt hätte. Steve hatte jede Menge Freunde, aber aus London kam er als Einzelgänger zurück. Er mochte keine Partys oder Plätze, wo zu viele Menschen auf einem Haufen waren. Er wanderte. Jede Nacht. Solange er in Port of Spain war, wanderte er im Savannah-Park herum. Manchmal machte er Halt und trank ein Kokosnusswasser. Manchmal, wenn ich ihn begleitete, setzte er sich auf eine Bank und unterhielt sich mit mir. Er arbeitete nicht, hatte aber immer Geld. Er hatte mir erzählt, er wäre Flugzeugmechaniker. Ich fragte ihn, warum er sich nicht einen Job bei einer der Fluggesellschaften suchte. Er wolle nicht gebunden sein, sagte er. Über seine Ansichten verriet er mir nie etwas, aber er las eine Menge. Castro, Che Guevara. Das eine Mal schien er in der Schwarzenszene drinzustecken. Aber dann erzählte er dir wieder, dass er mit dieser weißen Frau zusammenlebte und zwei Kinder mit ihr hätte, und man hatte keine Vorstellung davon, wo er hinging und wo er herkam. Irgendwie wirkte er angeödet. Gelegentlich wartete er auf einen Anruf, und dieser verschlüsselte Anruf kam dann auch. Er wartete eindeutig auf Malik. 1970 haben wir uns getrennt. Aus heiterem Himmel. Das letzte Mal habe ich ihn in der Karnevalsnacht gesehen.«

Mit dem Karneval jenes Jahres kam auf Trinidad die Black-Power-Revolution, die sich schon geraume Zeit angekündigt hatte. In Port of Spain wurde täglich gegen die Regierung demonstriert; überall, sogar in den Schulen, tauchten revolutionäre Flugschriften auf; Regimentsteile erklärten sich für die Demonstrierenden. Sogar die asiatische Landbevölkerung wurde angesteckt. Ein spontaner, anarchischer Ausbruch: eine friedfertige Gesellschaft, die zwischen ihrem Wunsch nach Ordnung und ihren verschiedenen Erlösungsvorstellungen hin und her gerissen war. Aber die Polizei hielt die Stellung; eine venezuelanische oder amerikanische Landeaktion war nicht nötig. Der Aufruhr legte sich.

Steve Yeates nahm an den Vorgängen keinen Anteil. Und

Malik machte später unfreundliche Bemerkungen über die Revolution. »Ich verstehe Menschen nicht, die auf allen möglichen politischen Unsinn abfahren«, äußerte er laut Bericht des Trinidader *Express*. »Sie wollen Macht oder das, was mit der Macht einhergeht, aber das setzt harte Arbeit voraus.«

Das war jetzt seine Lesart und vielleicht auch seine Selbsttäuschung: dass er in England Arbeit geleistet hatte, dass er es durch seine Arbeit zum weltweit bekanntesten Schwarzen gebracht hatte und dass es jede Menge Talmi-Schwarze gab, die ernten wollten, ohne gesät zu haben. So versuchte er, all jene ins Unrecht zu setzen, die begonnen hatten, ihn wegen seines Umgangs mit den Geldern für das Schwarze Haus zu kritisieren. Und zugleich gab er auf diese Weise zu verstehen, dass er der wahre Führer der Revolution auf Trinidad war, auch wenn er sie verpasst hatte. Schwarze gab es jetzt nur noch, damit Malik sie führen konnte: Das Leben hatte sich zwar der Kunst nicht gefügt, aber das Spiel hatte aufgehört, bloßes Spiel zu sein: durch Lug und Trug, Enttäuschung und Selbsttäuschung hindurch hatte Malik die Position erreicht, die jeder, der auf ethnischer Grundlage nach Macht strebt, einnimmt. Und es kann kein Zufall sein, dass er im März 1970, unmittelbar nach der Revolution auf Trinidad, mit seiner umfassendsten Geldbeschaffungsaktion begann, um vor der Rückkehr nach Trinidad noch rasch den großen Schnitt zu machen.

Er rief zur Unterstützung für sein Bauprojekt eines Schwarzen Hauses auf. Der Bischof von London wurde um seinen »weisen Rat« hinsichtlich der »spirituellen Bedürfnisse« der »vielen Tausende« gebeten, »die am Schwarzen Haus teilnehmen werden«. Der Appell an Charles Clore fiel direkter aus: »... eine phantastische, weltweit berühmte Realität ... einzigartiges Projekt ... zeigen wir der Welt, dass Großbritannien nicht willens ist, aus dem großen Wettlauf um Kultur und Fortschritt auszusteigen ...«

Gleichzeitig zog Malik Patricia East von Patrick East Associates (International Public Relations), die sich um die PR von

Sammy Davis jr. in England kümmerte, als Beraterin hinzu; East bot an, sich der Angelegenheit »persönlich« anzunehmen. Das Schwarze Haus müsse, erklärte sie, sofort als gemeinnützige Einrichtung eingetragen werden. Ihrer Ansicht nach sollte das Ziel die Errichtung einer ganzen Kette von Schwarzen Häusern überall im Land sein. Und sie entwarf eine Kampagne, die unter anderem »den Namen Michael X als Inbegriff des Gemeinwohls in Umlauf bringen« sollte. Da war noch ein weiterer Punkt. Für ihre Dienste forderte East 3500 Pfund (zuzüglich Spesen) im ersten Jahr, in vierteljährlichen Raten und im Voraus zu zahlen. Das entsprach wohl nicht den Erwartungen, und East »verlor den Kontakt« zu Malik, wie sie sich heute ausdrückt.

Malik machte sich auf eigene Faust an die Arbeit. Ein Standard-Bettelbrief zum Thema »Friede und Liebe« wurde entworfen: »... Die kulturellen Unterschiede dürfen die Menschen nicht daran hindern, in Frieden zu leben. Menschen mit Bildung sind wahre Apostel der Gleichheit.« Ein geschäftsmäßigerer Brief ging an die Canada Life Insurance; sie war nicht zu gewinnen. Charter Consolidated lehnte ebenfalls ab, zweimal. Ein Erinnerungsschreiben wurde an Charles Clore geschickt, der nicht geantwortet hatte; daraufhin schrieb Clores Sekretärin die Absage.

In diesem Stadium muss Malik der Gedanke gekommen sein, dass mit seinem »Image« etwas nicht stimmte. Canon Collins erhielt von »Bruder Francis (Direktor für Planung und Entwicklung)« eine Einladung, das Schwarze Haus noch einmal zu besuchen, »diesmal wenigstens zum Lunch«. Und Malik entwarf Briefe – »Lieber Bruder« – an die Vorsitzenden der Studentenverbände an den Universitäten von Cambridge, Oxford, Reading, Swansea, Cardiff, Edinburgh und Glasgow und wollte eingeladen werden, um einen Vortrag über Black Power oder die Alternative Gesellschaft zu halten. Er behauptete, »vor ungefähr drei Jahren« an den meisten dieser Universitäten schon einmal gesprochen zu haben, spielte scherzhaft auf seine Gefängnisstrafe an, benutzte Ausdrücke wie »bekakeln« und »kommunizieren«. In seinem Brief nach Edinburgh erwähnte er Alex Trocchi, Ronnie Laing und Jim Haynes »als Freunde, weil Sie mich möglicherweise nur unter dem Namen Michael X kennen«.

Gleichzeitig suchte er als Muslim, als »Arbeiter und Produzent«, als Erbauer einer Moschee, als Bekehrer der Ungläubigen und Erzieher der Jugend (»Wir sind in der Lage, über Fünfhundert direkt und eine noch nicht ermittelte Vielzahl indirekt zu schulen«) Zugang zur Schatzkammer des Emirs von Kuwait zu gewinnen. Er schrieb an den Kuwaitischen Studentenverband und bat um eine Einladung nach Kuwait: »Als Sprachrohr unseres Volkes bin ich zu Vorträgen an all unseren führenden Universitäten in England eingeladen.« Er schickte eine mit Widmung versehene Kopie seiner fremder Feder entsprungenen Autobiographie an die Kuwaitische Botschaft und bat – zweifellos um des dramatischen Effekts willen –, das Buch in Anwesenheit eines Botschaftsbeamten zu verpacken und zusammen mit einem Brief als Diplomatenpost an den Emir zu schicken. An den kuwaitischen Botschafter schrieb er zwei Briefe. In dem einen bat er um eine Audienz, »selbst wenn es nur fünf Minuten sind«, und wies auf den zweiten Brief hin, den er in einen Briefumschlag gesteckt hatte, auf dem »X« stand. Hier kam er zur Sache: »Wie Sie wissen, sind die größten Immobilienbesitzer in diesem Land Juden. Unsere Vermieter sind Juden. Wir müssen sie loswerden ... Wir möchten Sie bitten, dieses unser Ersuchen um unmittelbare finanzielle Hilfe als eine Angelegenheit zu behandeln, die höchste Dringlichkeit und Priorität beansprucht. In Geld ausgedrückt sind 100 000 (einhunderttausend) Pfund eine sehr realistische Zahl, die den dringlichsten Bedürfnissen entspricht ... Ihr Bruder im Islam, Michael Abdul Malik.«

Seinen Kontaktleuten bei den Black Muslims in den USA präsentierte er eine andere Art von Muslim – frömmstes Harlem. Er berichtete von Erfolgen (»ein Stadtquartier ... ein herrlicher Ort zum Leben«), offenbarte seine Ängste wegen der Juden. Aber er kehrte die Vorgehensweise um, die er gegenüber den Kuwaitis gewählt hatte. Erst kam die harte Forderung, dann das Gesülze. »Wir brauchen unbedingt eine massive Kapitalspritze ... Manchmal fühle ich mich sehr einsam und allein gelassen, wenn ich das Wort des Gesanten [*sic*] verkünde. Manchmal, wenn unsere Not sehr groß ist und nirgends ein Ausweg zu sehen, pflegte ein Bruder, der nie mit dem Heiligen Apostel [*sic*] gesprochen hat, zu mir zu sagen: ›Warum breitest du nicht dein Herz vor ihm aus, er wird dir sicher helfen.‹ Aber irgendwo in mir drinnen – und vielleicht ist das so, weil ich die Ehre hatte, bei ihm zu sitzen und ihm in die Augen zu schauen – empfinde ich es als meine Pflicht, hinauszugehen und in der Wildnis von Babylon nach dem zu suchen, was wir brauchen.«

Später, anlässlich seiner Aussagen vor Gericht, fasste Malik diese Periode folgendermaßen zusammen: »Ich kehrte ins Vereinigte Königreich zurück und fing an, meine geschäftlichen Angelegenheiten abzuwickeln; ich machte gewisse Vermögenswerte flüssig, die meine Familie während der vielen Jahre erworben hatte, die wir in Europa verbrachten.«

Er legte es darauf an, einigen Leuten in seiner Umgebung den Eindruck zu vermitteln, dass er das »Flüssigmachen« mit Erfolg betrieb; Geld oder der Anschein von Geld würde ihm jene »Rekruten« verschaffen, um die es ihm zu tun war. Aber er ging zu weit. Wie jemand, der den Phantastereien seiner eigenen Bettelbriefe auf den Leim geht, begann er von völlig abwegigen Summen zu reden und brachte sich damit selbst in die Bredouille. Er behauptete, von Nigel Samuel 250 000 Pfund für das Schwarze Haus bekommen zu haben, und es gab Leute, die ihm das glaubten. (In der *Sunday Times* vom 12. März 1972 nannten Reporter der Rubrik »Einblicke« eine Zahl von äußerstenfalls 15 000 Pfund.) Aber für 250 000 Pfund hatte das Schwarze Haus wenig vorzuweisen; im Februar 1970 war ein Scheck in Höhe von 237 Pfund an die Londoner Elektrizitätsgesellschaft geplatzt, und manchen Leuten dämmerte es im Verlaufe dieses Jahres der Spendenaufrufe, dass Malik vielleicht vorhatte, sich mit Geld im Wert von einer Million Trinidader Dollar nach Trinidad abzusetzen.

»... Drinnen festgestellt, dass Drohungen wirklich werden – wie dass zum Beispiel jemand auf einen schießt – Probleme mit Schwarz und Weißen wegen Organisationsfragen.« Die Notizen für *Requiem for an Illusion* sind schwer verständlich. Aber wie in seiner Autobiographie entstellt Malik die eine Geschichte dadurch, dass er sie in viele unzusammenhängende Geschichten zerreißt; und die Notizen selbst liefern später den Schlüssel zum Verständnis. »Beziehung nach draußen – Märchen von ungeheurem Reichtum – Wie konnte es dazu kommen.« Malik gewann den Eindruck, dass in London Gefahren auf ihn lauerten. Und selbst später, auf Trinidad, begleitete ihn immer die Angst – vielleicht war mit so etwas gedroht worden –, dass seine Kinder entführt werden könnten.

Und es gab auch wieder Ärger mit der Justiz. Im gleichen Jahr waren Malik und sieben seiner Anhänger des Versuchs beschuldigt worden, von einem Londoner Geschäftsmann – »einem jüdischen Geschäftsmann hier am Ort«, wie Malik in einem Brief an die Black Muslims in den USA schrieb – mit Drohungen Geld zu erpressen. Es war eine komplizierte Geschichte um eine Stellenvermittlungsagentur, einen schwarzen Amerikaner, einen Job und einen als Pfand für die Vermittlungsgebühr hinterlegten Ring. Die Summe, um die es ging, war gering, fünf Pfund. Aber der Geschäftsmann war an einer Hundeleine durch das Schwarze Haus geführt worden, und der Fall hatte öffentliches Aufsehen erregt. Malik hatte aus irgendeinem Grund die Presseagentur Neues China angeschrieben und den Fall ihrer Aufmerksamkeit anempfohlen; aber was als »Posse« erschien, verlor diesen Anschein, als im November im Old Bailey gegen fünf seiner Männer der Prozess eröffnet wurde.

Die Flucht nach Trinidad gewann jetzt an Dringlichkeit. Aber Black Power hatte Malik ein komplettes System zur Verfügung gestellt; sogar in diesem Stadium bewährte es sich noch als Passform. Er gab Interviews, trat im Fernsehen auf, präsentierte sich nun als Black Panther. Mit Black Power habe er nichts mehr zu tun, erklärte er; fortan wolle er sich konstruktiver Arbeit widmen. Die Leitung des Schwarzen Hauses übergab er Stanley Abbott, einem Landsmann aus Trinidad, zu dem er im vorangegangenen Jahr – während Steve Yeates sich auf Trinidad aufhielt – enge Beziehungen geknüpft hatte: Der hellgesichtige Abbott mit den verträumten, verletzlichen Augen, einsfünfundsechzig groß, adrett und kraftvoll, mit geradem Rücken und ungeheuer muskulösen Armen. Inzwischen war er dreiunddreißig Jahre alt und seit fünfzehn Jahren weg von zu Hause, mit einem bereits zerstörten Leben, mit frischen Verurteilungen, die er sich in den vergangenen beiden Jahren eingefangen hatte, Verurteilungen wegen Besitzes von Marihuana, wegen Diebstahls und wegen tätlichen Angriffs. Abbott glaubte an die 250 000 Pfund von Nigel Samuel, Abbott glaubte an Maliks Reichtum, und Abbott war Malik treu ergeben.

Alles war nun bereit für Maliks Flucht nach Trinidad. Steve Yeates, sein Leibwächter, erwartete ihn dort. Dann aber dachte Malik an die gescheiterte Black-Power-Revolution auf Trinidad, an die Bänder mit Stokely Carmichaels Reden, die er abgespielt hatte, und an die Streikenden, mit denen er marschiert war, und plötzlich war er sich nicht mehr sicher, wie man ihn aufnehmen würde. Also setzte er sich bei Plattenmusik, die ihn »in Stimmung bringen« sollte – »denn diese Stadt ist voller ... und Gemeinheit, und ich möchte mich rein fühlen und die Wahrheit sagen« –, eines Tages hin und fing an, einen Brief an Eric Williams, den Premierminister von Trinidad, zu schreiben. Der Brief nahm rasch einen hysterischen, marihuanageschwängerten Zug an und erstreckte sich einschließlich eines langen Postskriptums über siebzehn Seiten.

Wie er das so oft schon getan hatte, schrieb er, um sich zu rechtfertigen. Die Desorientierung seiner frühen Jahre hatte er erfolgreich in ehrfurchtsvolles Staunen über sich selbst verkehrt; er verfügte über so viele Schemata, um Ordnung in seine chaotischen Erfahrungen zu bringen. Nun berichtete er also einmal mehr über die Entbehrungen seiner Kindheit, über seinen Namen de Freitas (»ihm haftete so viel Schmutz an«), über seine Karriere in Notting Hill (»ich betrieb die erfolgreichste

Kette von Spielhöllen und Bordellen, die in England jemals ein Schwarzer betrieben hat«), über seine Berühmtheit (»ich weiß, dass mein Name jedermann ein Begriff ist« – das PR-Konzept von Patricia East, »den Namen Michael X als Inbegriff des Gemeinwohls in Umlauf [zu] bringen«, hatte augenscheinlich Eindruck auf ihn gemacht).

Während er schrieb, wuchs die Ehrfurcht vor der eigenen Person. Er sah sich »ein gefahrvolles Leben an der wirklichen Front führen« und ließ sich durch das kriegerische Bild zu wilden Phantasien über seine Existenz in England inspirieren:

»Hier oben vollführen wir einen Drahtseilakt, der im Augenblick Ähnlichkeit mit einem Himmelfahrtskommando hat, Militärisch können Sie uns nicht zu Hilfe kommen, aber wir hier können Ihnen Beistand leisten. Sie können nicht London, Birmingham Liverpool usw. bombardieren, um uns zu kriegen, es gilt Mann gegen Mann, wir sind bereit. 52 000 Mann englische Truppen stehen in Deutschland, die Zahl der Reservisten ist niedrig, und der Irische Konflikt enthielt genug Sprengstoff, um 9 000 aus Deutschland abzuziehen, die schlecht ausgerüstet waren. Ich weiß nicht, wie lange wir noch durchhalten können, Vor ein paar Wochen war im englischen Parlament von Gasöfen die Rede, aber unsere Moral ist ungebrochen.«

So viele Persönlichkeiten in diesem letzten Jahr in England, so viele verschiedene Stimmen: Die wirkliche Person war schon lange verloren gegangen. Und doch kam er mit der Rolle des Schwarzen, mit der er sich vermarktete, überall durch.

Nach drei Wochen unter Stanley Abbotts Leitung ging das Schwarze Haus im Chaos, in einer Plünderungsorgie unter. Und damit war Maliks Karriere in London am Ende. Abbott traf Malik in der Nacht, bevor der sich davonmachte. Von einem Packen Fünfpfundnoten gab Malik Abbott zweihundert Pfund. »Flüssig gemachte« Vermögenswerte: ein flüchtiger Blick auf echtes Geld. Als Malik später aus Trinidad einen Brief an Abbott schickte mit dem einen Wort »Komm«, nahm Abbott das nächste Flugzeug.

3

Nach vierzehn Jahren endete seine Londoner Karriere in der Flucht, und man hätte meinen können, er sei erledigt. Aber Malik ließ es sich auf Trinidad ein Jahr lang als freier Mann gut gehen.

Das Trinidad des Jahres 1971 bildete für ihn das perfekte Umfeld. Mit seiner Erdölwirtschaft war Trinidad reich; den Lebensstandard der Insel erreichten in Südamerika nur noch Venezuela und Argentinien. Jeder Konsumartikel war zu haben, und Malik hatte sich bald schon in dem Landstädtchen Arima, in einem ziemlich neuen Haus mit großem Garten, bequem eingerichtet. Trinidad war freilich weit weg. In London, Chicago und Toronto, den Zentren für die Beschaffung von Geldmitteln, ließ sich Trinidad als eine verarmte Insel verkaufen, auf der sich ein Schwarzenführer, um der Verfolgung zu entgehen und gleichzeitig gegen den »industriellen Komplex« zu protestieren, gut niederlassen und in einer »Kommune« konstruktiver Arbeit widmen konnte, zusammen mit verzweifelten Schwarzen, die nichts weiter brauchten als seine Führung und kleine Geldzuwendungen, um schwarzen Ackerbau zu treiben, schwarze Feldfrüchte anzubauen. Und später dann sogar ein bisschen schwarzer Fischfang: ein Fischdampfer (zu beschaffen durch »einen Vertracksabschluss mit der Schichting-Werft, Travemünde«) würde 18 000 Pfund kosten, wobei »anfängliche Machbarkeitsstudien dafür sprechen, dass der Gewinn ... 30 000 Pfund monatlich übersteigen dürfte«. Diese Art von Chancen bot das abgelegene Trinidad seinen faszinierten Schwarzen; das Einzige, was sie brauchten, war Führung.

Und auf Trinidad gab sich Malik als Londoner Berühmtheit. Kurz nach seiner Ankunft nahm er Raoul Pantin vom Trinidader *Express* ins Visier. »Er wollte, dass ich dieses Interview mit ihm machte. Ich sollte beides, Fragen und Antworten, vorbereiten und dafür sorgen, dass es gut klang. Er suchte jemanden, der sich auf das Geschäft verstand und für Geld zu haben war. Als ich mich widersetzte, hielt er mir entgegen: ›Wie, glauben Sie wohl, wäre ich berühmt geworden, wenn ich nicht Leute in England hätte auftun können, die das für mich machten?‹«

Manchen zeigte er ein Schreiben, das angeblich von einem englischen Anwalt verfasst war und in dem stand, Malik könne in England nicht mit einem fairen Prozess rechnen. Malik stand auch mit berühmten Leuten auf Duzfuß. Die Namen kannte man auf Trinidad nicht unbedingt, und es konnte passieren, dass sie verballhornt wurden – so wurde aus Feliks Topolski Saponski oder Topalowski, Hofmaler der Königin, und aus Alex Trocchi Trotsky –, und manche mutmaßten auch, Malik gebe nur mit den Namen an. Ein publizistisch gut ausgeschlachteter Besuch John Lennons, der sich im April 1971 in Maliks Haus aufhielt, brachte die Zweifler indes zum Verstummen.

Malik war erfolgreich, besaß Geld, hatte Stil. Rawle Maximin war Mitbesitzer der Autovermietung, die Malik regelmäßig beehrte. Maximin ist ein großer, gut aussehender Mann, halb indisch, halb venezuelanisch, ohne Rassenkomplexe und herzlich uninteressiert an dem ganzen Thema. Sein geschäftlicher Erfolg aber, der vielleicht seine eigenen Erwartungen übertrifft, lässt ihn bedauern, dass er nicht über mehr Bildung verfügt. An Malik erinnert er sich als an jemanden, der ihm nie das Gefühl gab, kein vollwertiger Mensch zu sein.

»Michael hat mich sehr beeindruckt, als er zurückgekommen is. Er is immer groß aufgetreten. Wenn sie Orangensaft in der einen Bar für einen Dollar das Glas verkaufen, und sie verkaufen denselben Orangensaft in einer anderen Bar für zwei Dollar, will er den Zwei-Dollar-Saft. Geh mit ihm in den Supermarkt, er packt zwei Einkaufswagen voll, einen nur mit Fleisch. Man hört die Fleischstücke in den Wagen knallen – so tiefgefroren und hart, wie die sind. Er will nicht alles, was er kauft, und manche Sachen vergammeln. Aber er will, dass die Leute das sehen. Anderes Beispiel. Er handelt nie. Und obwohl wir gute Freunde waren, hat er nie gesagt: ›Leih mir das Auto.‹ Er hat immer gefragt: ›Wie viel kostet das Auto?‹ Er hatte ’n eigenes Auto, aber er hat meins gemietet, um Eindruck zu machen. Er will diese Leute um sich herum. ›Ich bin der Führer.‹ Ich hab ihn sehr gemocht habe. Er hat mich immer als richtigen Menschen behandelt. Und er hat immer gegeben. Ich hab noch ein Paar schwarze Socken von ihm.«

Stil und Geld – das fiel auch einer schwarzen Frau, einer Lehrerin, auf, die in Maliks Haus in Arima kam, um eventuell Maliks Kinder zu unterrichten, damals, als er fürchtete, sie könnten gekidnappt werden, und er sie deshalb nicht in die Schule gehen ließ.

»Wenn dir die Zigaretten ausgingen, bekamst du kein Päckchen angeboten. Du bekamst eine Stange angeboten. Erfrischungsgetränke kartonweise. Michael redete darüber, was er für dieses oder jenes bezahlt hatte, und er redete über die Hunde, die er aus London kommen ließ. Mich beeindruckte, wie das Haus ausgestattet war. Alles roch nach Geld. Egal, in welches Zimmer man ging, alles geschmackvoll eingerichtet. Das Haus war sehr sauber, alles vom Feinsten und aufgeräumt.«

Der Bengel aus Belmont mit der ordinären schwarzen Mama, die Waschfrauenkleidung trug, hatte es geschafft. Und mit dem Erfolg hatte sich auch sein Verhalten geändert. Patrick Chokolingo, der Herausgeber von *The Bomb*, hatte Malik 1965, am Anfang seines Ruhmes, in London getroffen. »Er erzählte mir, der weiße Mann sei ein Teufel. Ich sagte zu ihm: ›Aber Sie leben in einem Land der Weißen und Sie sind zum Teil selbst Weißer.‹ Er sagte: ›Mag sein. Aber mein Herz ist schwarz. Die haben es schwarz gemacht.‹ Er fesselte mich; ich fand ihn aufregend.« Kurz nach Maliks Rückkehr nach Trinidad im Januar 1971 besuchte ihn Chokolingo im Hotel Chagacabana.

»Er hatte sich in einer der *cabanas* einquartiert, und Steve Yeates war bei ihm. Ich hatte das Gefühl, dass er mich zu beeindrucken versuchte – damals in London kam mir das nicht so vor. Er verkaufte mir Michael, und sein ganzes Gehabe hatte sich geändert. In der Wohnung nahe Marble Arch in London hatte er ein bisschen wild gewirkt, ein bisschen fanatisch, leicht erregbar, er zappelte ununterbrochen. Auf Trinidad saß er mit übereinander geschlagenen Beinen in einem Lehnstuhl, und seine Stimme war anders. Sie klang jetzt ganz sanft und überredend. Das war das Erste, was mir auffiel – dass ich mit einem völlig anderen Menschen sprach.«

Der neue unbeschwerte Ton, die entspannte Haltung: Auch anderen fiel die Veränderung auf. Malik lebte von Worten, seinen eigenen und denen anderer Menschen. Er brauchte stets ein Vorbild, und einen Schlüssel zum Verständnis seines neuen Auftretens liefert vielleicht die 1968 erschienene Autobiographie aus fremder Feder. Malik berichtet nicht viel über Rachman, den Londoner Immobilienhai, für den er als Schläger arbeitete. Aber was er erzählt, ist merkwürdig erfüllt von Bewunderung. Rachman erscheint in seinem Buch cool und stilbewusst, fast wie eine Hollywood-Figur, »ein gut aussehender Mann mit markigem Gesicht«. Eingeführt wird er nach Hollywood-Manier: Er sitzt an einem Schreibtisch, umgeben von seinen Schäferhunden und zwei Leibwächtern, von denen der eine einfach dasitzt, während der andere eine Zeitung liest. »Er war sehr gut angezogen und sehr gepflegt und sprach mit ruhiger Stimme, die ich ihn nie habe heben hören. Kurz, er strömte einen stillen Charme aus.« Rachman residierte in Notting Hill als »Gutsherr«. Mag sein, dass sich Malik auf Trinidad in einer ähnlichen Rolle sah.

Chokolingo bat Malik um einen Beitrag für *The Bomb* und stellte fest, dass er »offene Türen einrannte«. Malik begann mit einer Serie über Bordelle. »Er werde sich nicht zufrieden geben, erklärte er, ehe er Trinidad nicht von Bordellen befreit habe. Er könne nicht akzeptieren, dass chinesische Männer hierher kämen und die kleinen Mädchen von Trinidad kaputtmachten. Ganz besonders aufs Korn nahm er die koreanischen Chinesen, die in Port of Spain Bordelle betrieben. Zwei wurden vor

Gericht gestellt. Einer erhängte sich in seiner Zelle.« Dann aber kam die Polizei zu Chokolingo und erzählte ihm, dass die Sache ein Fischzug gewesen sei: Malik habe von zwei Bordellbetreibern 10 000 Trinidad-Dollar – 2000 englische Pfund – erpresst. Das reiche Trinidad, von Jahren rassistischer Politik zermürbt und durch den Aufstand der Black-Power-Bewegung von 1970 in Anspannung versetzt, machte so etwas möglich. Später, als er sich eingelebt hatte, ging Malik mit dem Gedanken an eine mit 50 000 Pfund ausgestattete Stiftung um, die nach seiner Frau benannt werden sollte; er erstellte eine Liste ortsansässiger Honoratioren, die man um einen Beitrag bitten konnte.

Und er vernachlässigte auch nicht die »landwirtschaftliche« Seite. Chokolingo berichtet:

»Irgendwann im Jahr 1971 fuhr Michael rauf nach Toronto und Chicago, und eines Tages rief er mich aus Toronto an. Er sagte: ›Erinnern Sie sich an diese Raupe, die den Kohl der Kleinbauern an der Autostraße vernichtet hat?‹ Raupe? Kohl? Und dann begriff ich, dass am anderen Ende welche zuhörten, und sagte: ›Ach, ja. Natürlich.‹ Und er sagte: ›Also, ich habe hier diese Leute von der Universität von – den Namen habe ich vergessen –, die vorhaben, das zu untersuchen, und ich möchte, dass Sie einige dieser Raupen in eine Flasche stecken und sie an folgende Adresse schicken.‹ Das nächste Mal kam der Anruf aus Chicago. Diesmal war ich rascher im Bild. ›Das Projekt mit den Bauern und ihren Trockenflächen an der Ostküste – hier sind Leute, die vorhaben, Schlick aus dem Orinocobecken auszubaggern und ihn auf den Flächen dort abzukippen. Sie können das den Bauern mitteilen.‹ Kurz nach seiner Rückkehr fing er an, mit Geld um sich zu werfen. Er kaufte eine sechssitzige Staatskarosse und einen Jeep.

Und die »Kommune« auf Trinidad wurde immer größer. Keine landwirtschaftliche Kommune wuchs so schnell, in keinem Kibbuz reiften die Früchte so rasch. Schon nach wenigen Monaten berichtete Malik aus seinem Vorstadtgarten Leuten in den USA, mit denen er im Briefwechsel stand, von dem zunehmenden Bedarf der Kommune an »mobilem Gerät – einem weiteren Traktor, einem Bulldozer« und prahlte zugleich mit »ein [*sic*] eindrucksvollem Überschuss an Kokosnüssen, Limonen, Orangen, Grapefruit, Mangos, Milch, Antherium[*sic*]-Lilien, Kuh- und Pferdedung«.

Er hatte eine Option auf den Kauf des Hauses zum Ende des Jahres – die 1000 Pfund, die er bezahlt hatte, waren faktisch eine Jahresmiete –, aber allgemein hielt man das Haus für sein Eigentum. Eines Tages erzählte er einer Besucherin – der schwarzen Lehrerin –, er habe auch das im französischen Stil erbaute große Haus hinter seinem Anwesen gekauft und wolle es neu herrichten. Ringo Starr sei der nächste Beatle, der zu Besuch kommen werde; ihn werde er dort unterbringen. Er schaute sich in Guanapo, in den nördlich gelegenen Hügeln, ein Grundstück an, das 4000 Pfund kosten sollte; er kaufte es nicht, »inkorporierte« es aber später seiner Kommune, als »eine zusätzlich erworbene Landfläche ... die für den Anfang sechzig junge Männer und Frauen aus den USA aufnehmen und im Rahmen eines Wiederaufbauprogramms beschäftigen kann«.

In Carenage, einer am Meer gelegenen Slumsiedlung westlich von Port of Spain, mietete er für 35 Pfund monatlich ein Haus von Oswald Chesterfield McDavidson, einem schwarzen Impresario aus Guyana, der mit Schönheitswettbewerben und dergleichen zu tun hatte und Ehemann einer Ministerin in der Regierung von Trinidad war. Dieses Haus fungierte als »Kaufhaus des Volkes«. Seine Verwalter waren Steve Yeates und Stanley Abbott, und es diente dem Vertrieb der »Erzeugnisse« der Kommune. Es wurden Briefköpfe gedruckt und eine Broschüre vorbereitet. Ihr zufolge sollten die Erträge des Kaufhauses monatlich wechselnden schwarzen Einrichtungen zufließen.

In Arima selbst gab es einen Hof für die Zucht von Rennpferden, den ein weiterer Jugendfreund aus Belmont, ein Portugiese, betrieb, zu dem Malik nun geschäftliche Beziehungen knüpfte. Auch dieser Pferdehof wurde der Kommune »eingegliedert«: Von ihm kamen die Milch und der Dung, die Teil jenes »eindrucksvollen Überschusses« der Kommune waren.

Alles an Maliks Kommune existierte; nichts gehörte ihm. Es war so, als wäre er als Erwachsener in jene Kinderzeit in Belmont zurückkehrt, als er ein Fahrrad stahl und verhaftet wurde. Er hatte kein gewöhnliches Fahrrad gestohlen. Er hatte ein besonderes Rennrad gestohlen, das einem bekannten Radrennfahrer, St. Louis, gehörte; dann hatte er behauptet, das Fahrrad sei sein eigenes, ein Geschenk seines Onkels, und war damit in Belmont, wo St. Louis wohnte, herumgefahren.

Trinidad war Maliks Herrensitz. Trinidad hat eine Bevölkerung von knapp über einer Million. Ein Großteil davon lebt im Nordwesten der Insel, zwischen dem Höhenzug im Norden und dem flachen Zuckergürtel, in einem städtischen oder halb städtischen, planlosen und immer weiter ausufernden Siedlungsgebiet, das sieben Kilometer westlich von Port of Spain beginnt und etwa fünfundzwanzig Kilometer östlich der Stadt endet. Die Wohngebiete dringen immer tiefer ins Ackerbauland vor; die Hänge sind immer höher hinauf mit Häusern und Blockhütten übersät und weisen von Jahr zu Jahr größere braune Placken auf; freie Flächen, außerhalb wie innerhalb der Stadt, werden zugebaut. Die bebauten Gebiete ersticken; die Straßen sind mit Autos verstopft; das Eisenbahnnetz liegt still. Schwarze Aaskrähen bewachen die Einfahrt nach Port of Spain, und über einem großen Teil des östlichen Stadtrands, wo illegale Einwanderer von den anderen Inseln die grünen Hänge aufgewühlt und in staubige, rote Barackensiedlungen verwandelt haben, hängt nun der Gestank der neuen Müllhalde der Stadt, der in den Mangroven schwelt, die einst den Scharlachsichler beherbergten.

Es ist die Verkommenheit einer reinen »Konsumgesellschaft«, die keine landwirtschaftliche oder industrielle Basis hat – die Landwirtschaft ist im Niedergang begriffen, und die Industrie, soweit es sie gibt, steckt in den Kinderschuhen, verdankt sich staatlichem Protektionismus und ist inflationär. Was dieser Gesellschaft ihren Unterhalt sichert, bekommt der

Besucher selten zu sehen: das Erdöl, nach dem vor der nördlichen und südöstlichen Küste im Meer gebohrt wird sowie auf der Insel selbst im Süden, in den Waldreservaten, die einem Staat im Staat gleichkommen.

Der städtische Nordwesten Trinidads ist ein einziger großer, parasitischer Vorortkomplex, durch den auf magische Weise immer wieder Geld strömt. Weite Teile der Bevölkerung sind überflüssig und wissen das auch. Die Arbeitslosigkeit ist hoch, aber ewig herrscht Mangel an Arbeitskräften. Der Anblick physischer Verwahrlosung, das Bewusstsein, dass hier ein Land ausgeplündert statt aufgebaut wird, erzeugt große Spannungen; Zynismus breitet sich wie eine Seuche aus. Die Rassenzugehörigkeit spielt keine Rolle, aber die Situation ist wie geschaffen für die Hysterie und die Ersatzhandlungen einer rassistischen Politik. Und die rassistische Politik – die auf Unterdrückung und bequeme Erlösung schwört und den Feind nur als Konstrukt, als Weißen, Braunen, Gelben, Schwarzen kennt – hat die Gesellschaft an den Rand des Zusammenbruchs geführt.

Malik, der raffinierte Kerl, der schon immer in Rassismus gemacht hatte, fand auf Trinidad seine perfekte Tarnung. Er schuf nichts, aber er machte aus Rasse Geld (egal, von wem es kam) und Erfolg; und das machen zu können hofften viele. Ein junger »Black Panther« – beteiligt an einer massiv vom Staat unterstützten landwirtschaftlichen Kooperative, die nichts erzeugte, weil nicht gearbeitet wurde – äußerte über Malik sogar noch nach dessen Sturz bewundernd: »Er war Premier seiner selbst und seiner kleinen Gruppe. Er war wie ein eigener kleiner Staat.« Während seines Jahres auf Trinidad drang Malik an vielen Punkten in die dortige Gesellschaft vor. Man wusste über ihn Bescheid, aber unter den zynischen, schmarotzenden neuen Männern auf Trinidad war das gleichbedeutend damit, dass man ihm Achtung entgegenbrachte.

Er hätte es weiter bringen können. Aber dann, gegen Ende des Jahres, nahm sein Leben eine neue Wendung. Hakim Jamal und Gale Benson trafen aus Guyana ein: Benson, die siebenundzwanzigjährige geschiedene Frau aus England in ihrer Selbststilisierung als weiße Sklavin des schwarzen Herren Jamal, und Jamal, der sich mehr oder minder von einem Deutschen aushalten ließ und in ständiger Sorge ums Geld und um seine zusammengestoppelten Projekte lebte. Seine Masche waren schwarze Schulen für die ganz Kleinen und schwarze Publikationen. Er hatte seine in Kalifornien lebende Familie im Stich gelassen und war jetzt seit etwa einem Jahr mit Benson zusammen; die beiden bildeten ein nomadisierendes Gaunerpärchen, das in einem VW-Bus die USA durchstreifte. Sie waren gerade von einer Werbetour für Jamals Autobiographie aus England zurück und hatten dort einen Besuch in Guyana arrangiert, wo sich Jamal verlegerisch betätigen wollte. Er hatte gehofft, die Regierung des Landes als Geschäftspartner gewinnen zu können. Aber nach einmonatigem Aufenthalt in Guyana forderte man ihn auf, das Land zu verlassen.

Als echter Amerikaner führte Jamal die Siebensachen seiner getürkten Existenz immer mit sich: lebensgroße gedruckte Fotos seiner Person, Broschüren über seine nichtexistente Malcolm-X-Montessorischule und Exemplare seiner Autobiographie. Er benutzte das Buch, um sich in Rawle Maximins Autovermietung einzuführen. Er gab Maximin ein Exemplar und erfuhr von ihm, dass Michael X sich auf Trinidad aufhielt. »Und es war, als hätte ich ihm gesagt, unter dem Sessel da liegt eine Million Dollar.« Später fuhr Maximin Jamal vom Hilton in Port of Spain nach Arima. »Er wollte wissen, wie weit ich in dem Buch gekommen war. Nicht sehr weit, sagte ich. Er nahm das Buch und las laut daraus vor, während wir fuhren. Und nachdem er angefangen hatte, wollte er einfach nicht mehr aufhören. Diese Nacht blieb er bei Michael. Am Morgen fuhr ich zum Hilton und brachte Gale nach Arima.«

Welche Beziehungen diese drei im November und Dezember 1971 unterhielten, werden wir nie erfahren. Besonders gegenüber Weißen, von denen er wusste, dass sie das aufregend finden würden, pflegte Jamal sich als Gott auszugeben, und als Gott war er Bensons Herr. Maliks Kommune in Arima aber erschien Jamal als erfolgreichere Organisation, die große Möglichkeiten barg; er beschloss fast auf Anhieb, Malik als *seinen* Herrn anzunehmen. Er fackelte nicht lange und ließ sich in dem Haus schräg gegenüber, das er mietete, häuslich nieder; und bald schon schickte er einem weißen Freund in Kalifornien eine hochfahrende Abschiedsnotiz, in der er erklärte, er sei mit den Weißen fertig und befinde sich erstmals in seinem Leben unter Freunden.

Geld war knapp – Ende November hatte Jamal in einer kanadischen Bank in Port of Spain fünfhundert Trinidad-Dollar, hundertvier Pfund, eingezahlt, und einen Monat später waren sie auf vierundneunzig Dollar, neunzehn Pfund, zusammengeschrumpft –, aber Ideen hatte er reichlich, sie flogen ihm förmlich zu. Jamals schwarze Schulen und schwarze Publikationen verschmolzen mit Maliks schwarzer Landwirtschaft zu einer phantastischen schwarzen Initiative. Am 10. Dezember schrieb Malik an einen Brieffreund in den Vereinigten Staaten: »Wir produzieren jetzt Haufen von Literatur.« Vieles davon – Durchschlag für die Kommune – hackte Jamal auf der Schreibmaschine herunter. Malik war kein Schreiber; Jamal, einem Amerikaner, ging die Prosa des Handelsvertreters leicht von der Hand. Jamal brauchte einen Hafen, Malik war auf die Ideen anderer angewiesen. Ihre Talente und Rollen ergänzten sich und gerieten nicht in Konflikt miteinander.

Möglich, dass Gale Benson jetzt noch mehr als vorher zur Außenseiterin wurde. Sie trug Kleider afrikanischen Stils, die sogar auf Trinidad ausgefallen wirkten; sie hatte sich den Namen Halé Kimga gegeben, ein Anagramm aus Gale und Hakim; sie unternahm Betteltouren für ihren Herrn und Meister. Aber ihr Kult betraf nur Jamal. Dem allgemeinen Wohl schien sie nicht zu dienen, und sie hatte eine besondere Art, die Leute vor den Kopf zu stoßen. Rawle Maximin erschien sie »sehr ernsthaft«. Als er ihr anbot, sie in Nachtklubs am Ort zu führen, wo man tanzen konnte, sagte sie: »Dazu bin ich nicht hergekommen.« Als sie Lourenço, den spanischen Besitzer des

Pferdehofs kennen lernte unterhielt sie sich mit ihm auf Spanisch; Lourenço war das gar nicht recht.

Gleichzeitig gab es einiges Missfallen in den Vereinigten Staaten. Jamal hatte, während er Malik und der Kommune diente, einige seiner alten Gefährten vernachlässigt; man gab Benson die Schuld daran. Man fand, dass sie ihn zu vollständig mit Beschlag belegte. Im Dezember, drei Wochen ehe sie erstochen wurde, unterschied ein Amerikaner, der sich gegenüber Freunden in Guyana kritisch über Benson äußerte (von dem Brief erhielt Jamal auf Trinidad Kenntnis) zwischen Halé Kimga, der Verehrerin, und »Gailann, der Sekretärin«. Das weist auf noch einen weiteren Punkt hin: darauf, dass Benson ungeachtet ihrer afrikanischen Kleider englischer Herkunft war, und dass sie bürgerliche Umgangsformen hatte, die nicht zu ihrer Rolle als Sklavin passten. »Sie war eine Art Imitat«, sollte später Maliks Frau äußern.

Jamal diente Malik. Möglich aber, dass er ihn auch unter seine Kontrolle brachte und ihm eine neue Vorstellung von seiner Rolle auf Trinidad vermittelte. Jamal dachte und handelte im Rahmen der heftigen, leidenschaftlichen Rassismen der Vereinigten Staaten; Weiße waren seine fixe Idee. Einen Ort wie Trinidad verstand er nicht; er verstand nicht Maliks Position als »Premier seiner selbst und seiner kleinen Gruppe« in einem schwarzen, unabhängigen Trinidad. Er sah die Sache auf amerikanische Weise, als den Triumph eines »Niggers«. Und das feierte er in einem achtseitigen Artikel über Malik (Teil der Kommune-Literatur), der für jüngere Leser bestimmt war – Jamals erste Liebe gehörte ja Montessorischulen für Schwarze.

»Er ist immer der Gebende. Man findet es schlimm, dass Menschen ihn missverstehen. Er lehrt nicht einfach durch Reden, er führt es dir durch Beispiele vor; er pflanzt Obsthaine [*sic*]. In seinem Vorgarten hängen Obstkulturen von den Bäumen herab, reizende Blüten, die intensive Pflege brauchen, aber sie [tragen Frucht und *durchgestrichen*] blühen. Er baut Gemüse für seine Tafel an und speist auch die Vorübergehenden, die zu essen brauchen ... Seine Hühnerfarm, die Tausenden von Bewohnern Trinidads Fleisch liefert. Seine Kühe, die Milch für Babys und für unsere eigene Gesundheit geben. Dann gibt es da auch noch den Stall für Pferde, Vollblutpferde. Während er sie dir zeigt, hält er Vorträge über sie, aber der Vortrag ist wirklich, weil über ein bestimmtes Pferd geredet wird, da ist das Pferd. Wenn er über das Kühemelken spricht, ist man auf dem Bauernhof, sieht zu, wie die Kühe gemolken werden ... Man verdient es kaum, diesen Mann zu hören, ihn zu sehen, mit ihm zu reden. Einen Mann, den England zu zerstören versuchte, weil sie wissen, dass dieser Sklave, dieser gefangene Afrikaner, irgendwoher die Kraft hatte, zu VERSTEHEN – und was noch schlimmer ist – er versteht den Sklaven – er liebt den Sklaven – und Bruder Michael Abdul Malik hat den Nerv, die Frechheit – schwarz zu sein. Selbst dann, wenn er alles sein könnte, was er wollte, reich, berühmt, schick, sorglos – ist Bruder Malik offenbar schon zu sehr damit beschäftigt, froh und glücklich zu sein als ein NIGGER.«

Die Karikatur einer Karikatur; aber Jamal schuf ein Monster, indem er Malik in einen Amerikaner verwandelte – ihn, der in der Sorglosigkeit Trinidads lebte – und mit dem heftigen Rassismus amerikanischen Zuschnitts ansteckte, den Malik bis dahin nur nachgeäfft hatte. »Nigger«, Erfolg als Triumph einer Vergeltung übenden Rasse: dies zählt zu den Themen des Romans, den Malik mit sich als Hauptfigur in einen billigen linierten Block im Quartformat schrieb, mit Bleistift oder Kugelschreiber, auf gut gefüllten Seiten ohne Absätze, in kleiner Schrift, kaum Streichungen, auf jeder Seite oben die Anzahl der Wörter vermerkt. Mindestens fünfzig Seiten wurden beschrieben; und einige von ihnen überlebten die Ereignisse, die sie so begierig vorwegzunehmen scheinen.

Ort der Handlung ist Guyana. Ein gut ausgestattetes Haus, das von Malik, wird geschildert: modernes, aus England importiertes Mobiliar, Teppichboden, Musiktruhe, Platten, »ein riesiges Bücherregal Shakepeare [*sic*] Shaw Marx Lenin Trotzki Konfuzius Hugo«. Der Erzähler nimmt ein Buch in die Hand, »Salammbo jenes Meisterwerk von Flaubert«, und stellt fest, dass es frei von Staub ist. »Ich finde heraus, dass er die Bücher nicht nur besizt, sondern sie auch tatsächlich liest und versteht Ich war völig sprachlos, buchsteblich. Ich nahm Platz und staunte dieses Wunder, Mike, an.«

Die Erzählerin ist eine dreißigjährige Engländerin, Lena Boyd-Richardson. Sie lebt seit vier Jahren in Guyana und hat in der Firma Clarkson einen Scheinposten, den Sir Harold, ein Freund ihres Vaters, für sie geschaffen hat; sie ist »fest überzeugt davon, dass diese Eingeborenen alle faule tauge Nichtse sind«. Ihr Haus liegt nicht weit entfernt von Michael Maliks Haus; oft sieht sie »Michael an einer Kokospalme lehnen, wie eine Statue auf einem Podest, wie irgendein Gott, und seine kleinen Untertanen, seine Leutchen, Neigen sich vor ihm«. Er hat die Angewohnheit, sie in Pidgin-Englisch zu grüßen: »Möcht heut wern reg'n, Ma'm«; aber kennen lernen sie sich erst, als sie aus irgendeinem Grund (die ersten Seiten sind verlorenen gegangen) in sein Haus kommt. Und dann »redete er, um der Sache die Krone aufzusetzen und mich noch mehr zu verwirren, sogar mit einem leichten Londoner Akzent«. Er legt in der Musiktruhe ein bisschen Jazz und den »Thihikosky 1812« für sie auf. Dann ist es an der Zeit, »mich von diesem Erstaunlichen Mann zu verabschieden und ihm zu versprechen, dass ich mich wieder melde«. So endet das erste Kapitel.

Kapitel zwei trägt den Titel »Kollision mit dem Schicksal«. Lena ruft nicht wieder an; aber sie fährt jeden Tag an Maliks Haus vorbei, und ihr beginnt aufzufallen, dass »seine Augen manchmal Spöttisch blicken und lachen«. Sie bemerkt seinen hellen Teint und macht sich Gedanken über seinen Müßiggang, seine abgetragenen Kleider, sein »komisches Doppelleben«. »Und dann wieder ertappe ich mich dabei, wie ich nachts meine Türen verschließe ... Tatsache ist, dass ich [Furcht *durchgestrichen*] Angst habe ich habe eine Todesangst vor diesem Mann, diesem Mike, dem grinsenden Affen, und ob ich will oder nicht, ich mag ihn, etwas an ihm zieht einen zu ihm hin.

Ich frage mich, wie er ohne diesen Riesenbart aussehen würde.«

Es folgt die Kollision mit dem Schicksal. Als Lena eines Tages durch die Stadt fährt, überrollt sie fast ein junges Mädchen. Das Mädchen ist Jenny, Mikes älteste Tochter, und Lena bietet ihr an, sie heimzufahren. Jenny ist beunruhigt, sie hat »Angst davor, was Papa machen wird, wenn er davon erfährt«, lässt sich dann aber doch nach Hause bringen. »Und dort lehnte Mike wie gewöhnlich am Baum, um ihn herum sein kleines Gefolge.« Entsetzen. »Mikes Stimme schwoll an: ›Jenny komm her.‹« Jenny schreit und rührt sich nicht vom Fleck; sie »zittert zu sehr, um etwas Vernünftiges herausbringen zu können«. »War das Furcht?«, fragte sich Lena. »Und wenn Furcht, dann vor was?« Mikes Frau, die schwanger ist, kommt »in einem trotz ihres Dicken Bauchs atemberaubenden Tempo« herbeigestürzt. Mike selbst verlässt nicht die Kokospalme; aber »Sein Gefolge, das bereits außer Hörweite stand, zog sich von dort ein bisschen weiter zurück«. Jenny wird von ihrer jüngeren Schwester zu Mike geführt. Lena – die merkwürdigerweise diesen Augenblick für die Beobachtung nutzt, »wie stark die Bindung« zwischen Jenny und ihrem Vater ist – erklärt, es sei nichts passiert. Mike küsst Jenny, die schluchzt und »Sie haben mich nicht angefasst, Papa« sagt. Er geht aufs Haus zu, während das Mädchen immer noch schluchzt.

»Ich brauchte Nur eine Minute um zu begreifen, warum das Kind ständig ›Sie haben mich nicht angefasst‹ wiederholte. Nur eine Minute, um zu erkennen, warum sie solche Angst hatte und wovor. Ihr Vater trat nämlich Ruhig wie Eh und Je aus der Haustür, mit einer Schrotflinte unter dem Arm und Schachtel mit Patronen, von denen er welche in seine Hosentasche stopfte.« Mikes Frau ist einer Ohnmacht nahe, aber Lena fängt sie auf; und als Mike zu ihr tritt, »ging eine ganz erstaunliche Verwandlung mit ihr vor, sie fing sich wieder und sagte zu ihrem Mann: ›Sei vorsichtig, Liebling, und denk immer zuerst nach.‹ Wer die Vorgeschichte nicht kannte, konnte sich unmöglich vorstellen, was dieser Mann tun würde. Er hatte einen unerbittlichen Ausdruck.« Jenny fleht, Lena – »Auch mir hatte es die Sprache verschlagen« – ist stumm, der Ehefrau schwinden die Sinne. Und Mike geht die Straße entlang bis zur Ecke.

So schließt Lena mit der Familie Bekanntschaft. Nach einigen fehlenden Seiten treffen wir Lena und Mikes Frau wieder, wie sie Erinnerungen an England austauschen, und Lena erfährt, wie Mike seine künftige Frau umworben hat. Offenbar ist nichts weiter passiert; die Spannung wurde um ihrer selbst willen erzeugt, um ein Licht auf Mike zu werfen. Der Aspekt an der Szene, der angesichts des schreienden Kindes und der in Ohnmacht fallenden Ehefrau sicher zu den unlogischsten zählt, ist das Gewicht, das auf Mike als Familienvater gelegt wird; aber Jamal hatte in seinem für junge Leser bestimmten Artikel über Malik diese Facette bereits mit amerikanisch dickem Pinselstrich gemalt. Hier fehlen wieder ein paar Seiten; aber es ist ziemlich offensichtlich, dass Lena und Mike irgendeine Art von Beziehung eingegangen sind.

Und dann passiert etwas Außergewöhnliches. Die Erzählung kommt ins Straucheln: Der Autor verliert, ohne es selbst zu merken, plötzlich seine Erzählerin, Lena. Im Verlauf weniger Zeilen wechselt die Erzählperspektive von der ersten zur dritten und dann wieder zurück zur ersten Person. Nur dass jetzt Sir Harold, der Freund von Lenas Vater, der in Guyana auftaucht, der Ich-Erzähler ist.

Sir Harold trifft Mike, als dieser gerade in Pidgin auf einer Straßenversammlung redet. Mikes Rede wird ausführlich wiedergegeben – sie ist denkbar verworren. Die Menschen müssten arbeiten, aber gegen Faulheit sei nichts einzuwenden; er selbst sei faul, und man könne ihn den ganzen Tag lang im Schatten seines Baumes stehen sehen; er arbeite nicht gern, habe aber seit seinem vierzehnten Lebensjahr hart gearbeitet, und er habe in England gearbeitet; in England zahle niemand für den Arzt, die ganze Behandlung sei kostenlos, aber die Steuern seien hoch. Die Menge, ein Gemisch aus Afrikanern und Asiaten, ist von seiner Rede hingerissen. Dann, vom Pidgin zu normalem Englisch wechselnd, sagt Malik zu Sir Harold:

»Sie kommen spät, Sir Harold, ich bin nie in Topform, wenn ich weiß, dass meine Frau auf mich wartet.«

Lena, die einige Seiten lang verschwunden war, taucht nun wieder auf. »›Was hältst du von ihm?‹, fragte sie. Ich habe ihn früher schon einmal in England getroffen, sagte ich, nun weiß ich nicht recht, denn er wirkt irgendwie anders. Wir bemerkten, dass sich in den Büschen neben dem Haus etwas bewegte ›Achte gar nicht darauf‹, sagte sie, ›das Wahrscheinlich einer von seinen Gefolgsleuten, wo immer er ist, kannst du sicher sein, dass einige von ihnen herumhängen.‹ Ich spürte wie mich ein kalter Hauch durchlief und beschloss, hineinzugehen.« Mike und seine Frau rüsten zum Aufbruch. »Jenny schläft nicht ein, wenn ich nicht zu Hause bin«, sagt Mike. Und Sir Harold fährt fort: »Ich stand an der Tür und sah zu, wie sie den Pfad entlanggingen etwa dreißig Sekunden später sah ich sechs dunkle Gestalten, die ihnen langsam folgten ›So war es in England nie‹, dachte ich bei mir und kehrte ins Haus zurück.«

Den Seiten fehlt nun der Zusammenhang: »Wir konnten uns von der Gegenwart dieses Mannes nicht losreißen« – »die enorme Anhängerschaft, die er im Land hatte« – Mike an Malaria erkrankt, die er sich als junger Mann in Afrika zugezogen hat (»nie weniger als drei Dutzend Leute, die ums Haus standen und tief besorgt aussahen«: klingt wie ein irgendwo aufgelesener Satz) – Sir Harold, der Mike eine Stelle bei Clarkson anbietet – Rufe in der Straße: »Wir werden ihn zum König krönen.«

Eine Autobiographie kann man frisieren, Tatsachen lassen sich drehen und wenden. Dichtung aber lügt nie, in ihr gibt sich der Autor voll und ganz preis. Und Maliks primitiver Roman ist wie ein Musterbuch, ein Wegweiser zu späteren Geschehnissen. Jene Szene unerklärlicher Spannung beim Haus mit der Tochter, der Frau, dem Gefolge – genau solch eine Szene erlebte am Sonntag, bevor Joe Skerritt ermordet wurde, eine schwarze Besucherin in Arima. »Ich kann es nicht beschreiben. Ich hielt mich an diesem Tag nur zehn Minuten in dem Haus auf. Michael war auf der Straße und ließ Drachen fliegen. Jennifer wollte eine Cola. Ihre Mutter sagte, sie müsse ihren Vater fragen.« Jener »unerbittliche Ausdruck«, der Lena Boyd-Richardson »die Sprache verschlug«: Laut Stanley Abbott hatte Malik einen »teuflischen Blick«, als er ihm mit dem Entermesser in der Hand und im Begriff, Skerritt zu ermorden, befahl: »Ich bin so weit. Bring ihn her.« Die politische Rede in Guyana: Sogar zu der sollte es kommen, zwölf Tage nach dem Mord an Skerritt. Die Malaria: Die benutzte Malik als Entschuldigung, als er sich auf der Flucht in Guyana drei Tage lang hinter zugezogenen Vorhängen in seinem Hotelzimmer verschanzte. Bleibt das Rätsel Lena Boyd-Richardson, die abgestoßene, faszinierte, hineingezogene Frau, die dann plötzlich als Ich-Erzählerin von der Bildfläche verschwindet.

So verfassten also im November und Dezember 1971 Hakim Jamal und Michael Abdul Malik im Schoße der Kommune ihre Texte: Jamal, der auf der Schreibmaschine die Vision eines triumphierenden »Niggers« lieferte, und Malik, der mit Kugelschreiber und Bleistift unaufhaltsam an seinem Roman schrieb, jedes Wort zählte, alte Wunden wieder aufriss, zu einer neuen Selbstsicht gelangte.

Aus dem ungebildeten Burschen aus Belmont war ein gebildeter Mann geworden. Der X aus London hatte es zu Hause zum politischen Helden gebracht. Der Mann mit dem schweigsamen Gefolge war derselbe, der 1965 gegenüber Colin McGlashan vom *Observer* erklärt hatte: »Es klingt vielleicht melodramatisch, aber es gibt Leute, die für mich sterben würden.« Solch ein Triumph brauchte Zeugen, englische Zeugen; und Menschen wie Lena Boyd-Richardson und Sir Harold durchfuhr ein kalter Schreckenshauch. »So war es in England nie«: Während er schrieb und die billige Kladde füllte, entdeckte Malik, dass er ebenso wie sein Leibwächter und Vertrauter, Steve Yeates, die englische Wunde mit sich herumtrug.

Im Dezember wurde Gale Benson nach Guyana geschickt, um dort Geld zusammenzubetteln. An Stanley Abbott in England schickte Malik einen Brief mit einem einzigen Wort: »Komm.« »Friede und Liebe«: Mit diesen Worten pflegten sich die »Brüder« in ihren Briefen zu verabschieden. Das Telegramm an Malik aber, das Stanley Abbott am 10. Dezember um halb fünf telefonisch durchgab, lautete folgendermaßen:

ANKOMME 22 UHR 55 SAMSTAG 11. STOP FLUG 537 VON NEW YORK ALLES LIEBE AN ALLE FRIEDE UND MACHT STANLEY.

Von Jamal ging ein Ruf in die Vereinigten Staaten, an einen Schwarzen namens Kidogo, einen seiner »Mitarbeiter«. Vier Monate vorher in London hatte Jamal gegenüber Jill Tweedie vom *Guardian* geäußert: »Wenn man jemanden umbringt, dann muss man damit einen Sinn verbinden. Man sollte Menschen töten, weil sie böse sind, nicht weil sie weiß sind.« »Er [Jamal] sagte mir, er wollte einen seiner Mitarbeiter kommen lassen«, erklärte Malik später in seiner Aussage vor Gericht. »Und genau etwa um dieselbe Zeit entnahm ich einer Nachricht von Abbott, dass auch er runter nach Trinidad kam.«

Im Dezember 1971 begannen sie also, sich in den zwei Häusern der Kommune in Arima zu versammeln. Simmonds, eine Weiße, die Malik ihrer Aussage nach seit zehn Jahren kannte, kam aus England zu Besuch; wie sie *The Bomb* später erzählte, war sie »total verknallt« in Steve Yeates, »einen hervorragenden Liebhaber ... mitfühlend ... verständnisvoll ... humorvoll ... ein wunderbarer Mann«. Kidogo traf ein; er wohnte nicht bei Jamal, dessen Bekannter er war, sondern bei Malik, der erklärte, mit ihm über Amerika reden zu wollen. Abbot wohnte gegenüber bei Jamal. In der dritten Dezemberwoche kam Benson aus Guyana zurück. Mit ihrer Bettelaktion hatte sie keinen Erfolg gehabt.

Am 31. Dezember kaufte Steve Yeates unter dem Namen Muhammed Akbar, den er als Black Muslim führte, im Eisenwarengeschäft Cooblal eine fünfzehn Zentimeter lange Winkelfeile, die er »Mr. Abdhul Mallic, Arima« auf die Rechnung setzen ließ. Solch eine Feile wird auf Trinidad benutzt, um Entermesser zu schärfen. Am Abend des gleichen Tages feierte man in der Kommune eine Party: Simmonds wurde dreißig Jahre alt. Sie erinnerte sich an das Essen. »Wir hatten ein Kalb gekauft«, erzählte sie *The Bomb*, »und feierten eine nette Geburtstagsparty. Ein großes Gelage.« Jamals Erinnerungen sahen anders aus. Er erinnerte sich an das »Klima der Gewalttätigkeit« in der Kommune, und besonders war ihm die Schlachtung einer Kuh auf einem benachbarten Bauernhof um Weihnachten herum im Gedächtnis geblieben. Gegenüber dem Korrespondenten des Bostoner *Daily Mail* glaubte er, sich erinnern zu können, dass Malik von dem Blut getrunken hatte. »Sie reichten mir den Becher, aber ich bin nun mal kein Bluttrinker.«

Am 2. Januar 1972 wurde neun Mal auf Gale Benson eingestochen, wobei der eine Stich direkt unten durch den Hals ging. Sie lebte noch, als man sie in einem gut einen Meter tiefen Loch an der kleinen Schlucht, die siebzig Meter nördlich von Maliks Haus lag, verscharrte. Und niemand vermisste sie. Simmonds blieb bis Mitte Januar in der Kommune. Jamal und Kidogo reisten am 20. Januar in die Vereinigten Staaten. Bensons Leichnam wurde erst am 24. Februar entdeckt. Fünf Männer wurden des Mordes an ihr angeklagt: ein indischer Jugendlicher namens Parmassar, der sich Malik angeschlossen hatte; ein gut situierter Inder aus gutem Hause, der Chadee hieß und sich im Dezember mit der Kommune eingelassen hatte, Malik, Stanley Abbott und der Mann, den sie Kidogo nannten und der bis heute nicht gefunden wurde.

* * *

Im Jahr 1972 erlebte Trinidad viel Regen und zahlreiche Überflutungen. Alles war grün, das Gebüsch wucherte. Das Jahr 1973 begann mit einer Dürre. Tag für Tag stieg auf den Hügeln Rauch von zahlreichen Bränden auf; Bambuswäldchen gingen in Flammen auf; an den Straßenrändern prasselte das im Sonnenlicht fast farblose Feuer. Im Jahr zuvor lag das Grab von Gale Benson versteckt unter frischem Grün, durch niedriges Gesträuch dem Blick von der Straße entzogen. In diesem Jahr nun war das Ufer der Schlucht braun und kahl; das Grab bildete nichts weiter als eine flache Vertiefung, trocken, rissig, von

Sonne und Hitze freigeräumt. In den Glanztagen der Kommune schrieb Jamal »mit Blick auf Grün, Blau und wolkenbedeckte Berge hinter den Glastüren« an einen weißen Brieffreund in den Vereinigten Staaten: »Es ist sehr heiß hier in den Tropen, aber es ist friedlich, und genau das will und brauche ich.« Sechzehn Monate nach dem Mord an Benson kam Jamal selbst ums Leben; er wurde am 2. Mai 1973 von einer vierköpfigen Schwarzengang in Boston erschossen.

Die Kommune hatte ein rasches Ende gefunden. Jamal überlebte sie um mehr als ein Jahr. Am 7. Februar 1972, fünf Wochen nach Gale Bensons Tod, wurde Joseph Skerritt, ein abtrünniger Adept, aus dem Haus seiner Mutter in Belmont abgeholt und zur Kommune gebracht. Am nächsten Morgen wurde für ihn eine Grube ausgehoben, und unmittelbar nach Mittag erhielt er einen tödlichen Schlag ins Genick und wurde so, wie er hingestürzt war, die Beine gespreizt und ein bisschen höher gelagert, vergraben.

Zwei Tage danach machte die Kommune einen Ausflug zur Bucht Sans Souci im Nordosten der Insel, und Steve Yeates ertrank. Ein Bambusstab, befestigt an einem Seil, wurde ihm zugeworfen, aber er griff nicht danach. Grimassierte er vor Schmerz, ehe er unterging? Oder war die Grimasse ein Grinsen? »Steve hat sich geopfert«, erklärte Stanley Abbott. So sah das Ende für ihn aus, nach den dreizehn Jahren in England, nach den zwei Jahren Wartens auf Trinidad, nach den einsamen nächtlichen Wanderungen im Queen's Park Savannah in Port of Spain und den verschlüsselten Botschaften des Führers in London. Nachdem die Kommune genau ein Jahr und einen Tag lang bestanden hatte, nach den zwei Morden, trieb Muhammed Akbar, Oberbefehlshaber der »Frucht des Islam« und Oberstleutnant der Schwarzen Befreiungsarmee, ins Meer hinaus. Neun Tage später, am 19. Januar, flogen Malik und seine Familie nach Guyana. Am Abend des gleichen Tages brannte das leere Haus der Kommune nieder.

Der Mietvertrag war am 9. Februar abgelaufen. Malik, der seine Kaufoption nicht wahrnehmen wollte oder konnte, hatte nach langem Gezerre mit den Vermietern von diesen die Aufforderung erhalten, auszuziehen. Laut Stanley Abbot war er außer sich, als er den Bescheid erhielt. Und für Abbot selbst, der nun nach den zwei Morden und nach Steve Yeates' Tod im Meer erfahren musste, dass Malik das Haus gar nicht besaß, dass er überhaupt nichts besaß, kam dies überraschend. Er fühlte sich »beschämt« und »tief verletzt«. Er hatte Malik ein Buch über Führertum geschenkt; und als er sah, wie sich Malik, nachdem sie über die Kündigung diskutiert und über ihre »Bedürfnisse« geredet hatten, dieses Buch vornahm, wäre er am liebsten »rausgegangen, um das Entermesser zu holen« und Malik umzubringen. Dann aber dachte er an Maliks Kinder und dessen schwangere Frau.

Abbott erklärte Malik, er sei müde und müsse sich erholen. Malik gab ihm hundert Trinidader Dollar – zwanzig englische Pfund –, zwei Tage bevor Malik mit seiner Familie nach Guyana reiste, fuhr Abbott nach Tobago. Er stieg bei Verwandten ab und versuchte nicht, sich zu verstecken. Er verbrachte vier schlaflose Nächte, nachdem er von dem Brand des Hauses erfahren hatte. Am 24. Februar – Gale Bensons Leichnam war ausgegraben worden, Malik versteckte sich in einem Hotelzimmer in Guyana hinter zugezogenen Gardinen – flog Abbott zurück nach Trinidad. Am Flughafen nahm er ein Taxi nach Port of Spain. Er bat den Fahrer, langsam zu fahren. Er und der Fahrer kamen ins Gespräch. Er erzählte dem Fahrer von der Kommune. Ganz in der Nähe des Polizeipräsidiums hielt das Taxi an, und der Fahrer schüttelte Abbott die Hand. Abbott ging zu Fuß zum Haupteingang des im neugotischen Stil erbauten Gebäudes, sprach mit dem wachhabenden Polizisten oben an der Treppe und ging durch die Tür hinein. Das geschah wenige Minuten vor Mitternacht.

Ein Jahr danach befand sich das Haus immer noch in dem Zustand, in dem der Brand es zurückgelassen hatte. Der Garten war zugewachsen, das Gras struppig und braun. Aber die Dürre hatte alle blühenden Pflanzen farbig erstrahlen lassen, und den

Maschendrahtzaun überwucherten die purpurnen und rosafarbenen Blüten von Bougainvillea-Sträuchern. Neben der pfirsichfarbenen Hibiskushecke im Nordwestteil des Gartens sah man Joe Skerritts Grube trocken, ausgeräumt und flach; sie wirkte geradeso unspektakulär wie die andere Grube am Rande der Schlucht. Der Deckel des Faulbehälters war weggezogen: Ein toter Frosch trieb darin. Eine Moräne von Abfällen quoll aus der Hintertür des Hauses über die Betonterrasse zwischen dem geschwärzten Wohnhaus und den unversehrten Unterkünften für die Dienstboten. Verfestigter Abfall – viele versengte Exemplare von Maliks Autobiographie, Zeitungen und Zeitschriften, verbrannt, vom Wasser durchweicht und zu harten, verkohlten Fladen getrocknet. Die Küche war schwarz; hier hatte das Feuer am heftigsten getobt. Überall waren die Decken weggebrannt, und man sah das nackte Wellblechdach, von dem im Wohnzimmer eine Platte senkrecht herunterbaumelte. Alle hölzernen Bauteile waren verkohlt. Aus dem überwucherten Garten aber hatte sich bereits eine grüne Wildrebe, eine einzelne grüne Rebe, bis auf den grobkörnigen Terrazzo des Wohnzimmers vorgearbeitet.

Ein Mörder kann als Held gefeiert werden, und sein Überleben kann zu einem öffentlichen Anliegen werden. Ein Ermordeter kann dem Vergessen anheimfallen. Joe Skerritt war nicht wichtig; an ihn als Person erinnert man sich nur noch im Haus seiner Mutter in Belmont. Ein großes, ungerahmtes Bleistiftporträt ist an die Wand des kleinen Wohnzimmers geheftet. Es gibt gerahmte Fotografien seines erfolgreicheren Bruders Anthony (in der Uniform eines Seepfadfinders), der sich in Kanada aufhält, und seiner Schwester, die viele Jahre lang als Krankenschwester in England arbeitete; auf einem Glasschrank stehen Sportpokale, die Michael, ein weiterer Bruder, gewonnen hat. Das Haus ist heruntergekommen; Mrs. Skerritt versorgt Schulkinder mit Mittagsmahlzeiten, aber das Geld ist knapp. Sie kümmert sich um ihre Mutter, eine senile, verschrumpelte Frau, nur noch Haut und Knochen, mit schütterem, grauem hochgestecktem Haar, das wie ein grobe verknotetes Taschentuch auf ihrem Schädel sitzt. Mrs. Skerritt lebt wieder und wieder jenen Morgen durch, an dem Malik kam, um ihren Sohn zu holen. Er redete sie mit »Tantchen« an, und sie blickte auf und sah »diesen roten Mann«.

In den Straßen Belmonts wimmelt es von Joe Skerritts. Die Mauern sind nach wie vor bekritzelt mit den leichtfertigen Drohungen und den leichtfertigen Versprechungen der Black-Power-Bewegung. In dem Viertel wimmelt es nach wie vor von »Straßenkindern« und »armen Hunden«, wie die beschönigenden Bezeichnungen lauten, die das Betteln und Stehlen entschuldigen sollen. Ein neuer Malik ist möglich. In jedem Stadium seiner Karriere konnte er sich auf irgendeine Art von Jargon stützen und bei seinem Tun auf irgendein revolutionäres Ideal berufen.

Maliks Karriere beweist, wie viel von der Black-Power-Bewegung – wenn sie fern von ihren amerikanischen Ursprüngen erscheint – aus Jargon besteht, wie viel von ihr sentimentaler Schwindel ist. An einem Ort wie Trinidad hilft der Anspruch auf rassische Erlösung den Schwarzen ebenso wenig weiter wie allen anderen. Er verunklart höchstens die Probleme eines kleinen, unabhängigen Landes mit ökonomischer Schieflage, die Probleme einer voll entwickelten »Konsumgesellschaft«, die doch gleichzeitig technisch ungeschult ist und der das intellektuelle Rüstzeug fehlt, um ihres Mangels inne zu werden. Er sorgt für die Fortdauer der negativen, typisch kolonialen Protestpolitik. Letztlich stellt er eine abgründige Verfallserscheinung dar: den Wunsch, von der Arbeit und Mühe der Entwicklung verschont zu bleiben, eine fast schon religiöse Überzeugung, dass sich Unterdrückung in einen Aktivposten verwandeln, aus Rasse Geld machen lässt. Solange der Traum von der Erlösung erhalten bleibt, wird sich nichts daran ändern, dass die Schwarzen nur existieren, damit jemand ihr Führer sein kann. Erlösung erfordert einen Erlöser, und ein Erlöser kann unter den gegebenen Umständen nur so enden wie Kaiser Jones: voll Verachtung für das Volk, das er führt, und nicht weniger als die anderen ein Opfer, das nach einer illusorischen persönlichen Befreiung strebt. Wie auf allen schwarzen Inseln Westindiens deuten auch auf Trinidad das allzu leicht zu erregende Gefühl der Unterdrückung und die Vorstellung vom Feind in die Richtung haitianischer Verwüstung.

Malik, Jamal, Skerritt, Steve Yeates, Stanley Abbott, Benson: Sie schienen reine Gegenwart, tatsächlich aber führten sie eine uralte Tragödie auf. Findet man die Tragödie von Joe Skerrit, Steve Yeates und Stanley Abbott in dem 1920 entstandenen Drama O'Neills über Kaiser Jones, den falschen Erlöser, wieder, so ist die Tragödie von Gale Benson in einer afrikanischen Geschichte Joseph Conrads aus dem Jahre 1897 enthalten, die das Drama merkwürdig ergänzt: *Der Vorposten des Fortschritts*, eine Geschichte über die deckungsgleiche Verkommenheit von Kolonisator und Kolonisiertem, die sich auch als Parabel vom schlichten Gemüt lesen lässt, das meint, sich über die Masse erheben zu können. Benson war seicht, eitel und parasitär wie so viele mittelständische Aussteiger ihrer Generation; sie nahm es schließlich an Verderbtheit mit ihrem Herrn und Meister auf, war Teil der Verderbtheit, der sie zum Opfer fiel. Und Maliks Frau hatte Recht: Benson war ein Imitat und übertraf darin sogar noch Malik oder Jamal. Auf ihre Reise, die sie von zu Hause fortführte, nahm sie – wie uneingestanden auch immer – ihre Gewissheiten mit, die nicht nur Klassenvorurteile, rassische Arroganz und die Selbstzufriedenheit ihres reichen Herkunftslandes umfassten, sondern auch die Überzeugung einschlossen, dass ihr letztlich nichts passieren konnte.

Ein paar Worte aus der Erzählung Conrads können als ihr Grabspruch dienen – und als Aussage über all jene, die mithalfen, Malik in Szene zu setzen, und jene, die es sich mit der Welt immer wieder einfach und andere Menschen – nicht nur die Schwarzen – zu ihrer »Sache« machen, jene Leute, die Wissen durch Dogmen und Anteilnahme durch Betroffenheit ersetzen, die Revolutionäre, die Brennpunkte der Revolution mit der Rückfahrkarte in der Tasche aufsuchen, die Hippies, Leute, die sich für Gesellschaften begeistern, die weniger stabil sind als ihre eigenen, all jene Menschen, die letztlich nichts weiter tun, als ihre eigene sorglose Existenz zu feiern.

»Sie waren zwei völlig unbedeutende und unfähige Individuen, deren Dasein erst durch die hohe Organisation einer zivilisierten Gesellschaft möglich wurde. Nur wenige Menschen erkennen, dass ihr Leben, das ureigenste Wesen ihres Charakters, ihre Fähigkeiten und ihre Kühnheit lediglich ein Ausdruck des Vertrauens zur sicheren Umgebung sind. Mut, Gelassenheit, Zuversicht, Gefühle und Prinzipien, jeder große wie jeder unbedeutende Gedanke gehören nicht dem Individuum, sondern der Menge – der Menge mit ihrem blinden Glauben an die unwiderstehliche Kraft ihrer Institutionen und Moral, an die Macht ihrer Polizei – und der öffentlichen Meinung.«

Einer der letzten Briefe, die Benson erhielt, kam von ihrem Vater, Hauptmann Leonard Plugge, der in Kalifornien lebte, aber weiter auf Briefbögen schrieb, auf denen oben die Adresse seiner Wohnung im vornehmen Londoner Stadtteil Belgravia stand. Dem Brief legte er die Photokopie einer Übersetzung bei, die er von Albumversen Lamartines* angefertigt und säuberlich auf einen Bogen des Belgravia-Briefpapiers getippt hatte.

»Auf diesem weißen Blatt, drauf ich den Vers geschrieben,
O manchmal ruhe drauf dein Herz mit deinem Blick.
Noch ist des Lebens Blatt, mein Kind, dir weiß geblieben,
Dürft schreiben ich darauf ein einzig Wort: das Glück!

Das Buch des Lebens ist das größte Buch,
Man schließt und öffnet's nicht nach seiner Wahl,
Das Schönste drin – man liest es nicht zwei Mal,
Des Unglücks Seite zeigt sich oft genug;

* Die deutsche Fassung stammt von Georg Herwegh und ist dem 1. Band einer Ausgabe der Werke Lamartines aus dem Jahre 1839 entnommen. (Anm. d. Übers.)

Man wünscht das Blatt, drauf unsere Liebe stand,
Schon hat des Todes Blatt man in der Hand.«

März-Juli 1973

4

Postskriptum

Abbott erhielt zwanzig Jahre für den Mord an Joe Skerritt. Malik wurde zum Tod durch den Strang verurteilt. Beide, Malik und Abbott, legten Berufung gegen ihre Urteile ein. Und erst nachdem ihre Berufungen verworfen worden waren – und ich den obigen Bericht schon geschrieben hatte –, fand der Prozess wegen des Mordes an Gale Benson statt.

Fünf Männer waren des Mordes angeklagt. Nur zwei aber kamen tatsächlich vor Gericht: erneut Abbott und ein indischer Autoverkäufer namens Chadee, der sich Hoffnungen gemacht hatte, Malik zwölf Autos verkaufen zu können, und der dann irgendwie in die Malik-Gruppe hineingeraten war. Drei der Angeklagten konnte kein Prozess mehr gemacht werden. Steve Yeates war tot, bei Sans Souci ertrunken; seinen Leichnam hatte man nie geborgen. Kidogo, Jamals amerikanischer »Mitarbeiter«, befand sich in den Vereinigten Staaten und ließ sich nicht auffinden. Malik war bereits zum Tode verurteilt. Er kam also wegen des Mordes an Gale Benson gar nicht vor Gericht. Abbott war es, der durch die Mangel zweier Mordprozesse gedreht wurde.

Malik und Jamal hatten gemeinsam die Ermordung Bensons beschlossen. Das war zu der Zeit, als die zwei Männer sich gegenseitig bearbeiteten und heiß machten und »Haufen von Literatur« produzierten. Jamal schrieb sein exaltiertes, abwegiges Zeug über den »Nigger« Malik, und Malik, erfüllt von dem Machtgefühl, das ihm Jamal eingeflößt hatte, rechnete in seinem Roman (in dem er nicht mehr wie im vorigen auf der Flucht war) mit dem englischen Bürgertum ab, indem er aus der Faszination, die er auf »Sir Harold« und »Lena Boyd-Richardson« ausübte, Angst und Schrecken werden ließ.

Falls jemals Literatur einen Mord herbeiführte, so hier. Beiden wies das Schreiben den Weg: Für beide – ungebildete, aber schlaue Männer, die jederzeit bereit waren, mit der Schwarzenbewegung hausieren zu gehen, und ständig unter Gläubigen oder halbwegs Gläubigen ihr Betätigungsfeld hatten – war das Schreiben schon allzu lange eine Werbeveranstaltung, ein Lügengeschäft, mit dem man Applaus erntete, eine Phantasieproduktion. Und in Arima waren es Machtphantasien, die beide Männer dazu brachten, von ihren unterschiedlichen Ausgangspunkten aus einen Mord in Betracht zu ziehen. Jamal, dem klar wurde, dass Trinidad etwas anderes als die Vereinigten Staaten war, gelangte zu der Überzeugung, dass er auf einer Insel mit mehrheitlich schwarzer Bevölkerung keine »gute Figur« mit einer weißen Frau an seiner Seite machte. Und für Malik war Benson, die gutbürgerliche Engländerin, genau das Opfer, das er brauchte: Sein Roman erwachte zum Leben.

Malik ließ Abbott von London kommen. Er schickte einen Brief mit einem einzigen Wort: »Komm.« Und Abbott flog, so schnell er konnte, nach New York und von dort hinunter nach Trinidad. Malik und Steve Yeates holten ihn am Flughafen ab und fuhren mit ihm die paar Kilometer nach Arima zu Maliks Haus in Christina Gardens. Maliks Frau war da; Maliks Kinder schliefen. Und dort begegnete Abbott zum ersten Mal Jamal. Später wurde er zu dem anderen Haus gebracht, das Jamal und Benson gemietet hatten; hier sollte er wohnen. Benson traf er dort nicht an; sie versuchte gerade, in Guyana Geld für Jamal aufzutreiben, sollte aber in ein paar Tagen zurückkommen. (Was Benson damals machte, wissen wir nicht genau. Ihre Papiere wurden an dem Tag, an dem man sie ermordete, vernichtet.)

Die vier Männer – Abbott, Malik, Steve Yeates und Jamal – redeten die ganze Nacht. Irgendwann erkundigte sich Abbot nach dem »Kaufhaus des Volkes«. Das war Maliks erstes Black-Power-Projekt auf Trinidad, auf das er die Kommune ansetzte; Abbott hatte vorher im gleichen Jahr einen Monat lang bei den Mal- und Verschönerungsarbeiten mitgeholfen. Er wollte gern sehen, wie das Haus jetzt aussah, und die vier Männer fuhren die dreißig Kilometer nach Carenage, wo es sich befand.

Unterwegs – es war an einem Sonntagmorgen und noch dunkel – verkündete Malik, sie hätten jetzt die beste Arbeitsgruppe in der ganzen Welt, sie würden es noch weit bringen, sie seien die Auserwählten. Nach Abbotts Ansicht wollte er damit Jamal beeindrucken. »Mit Jamal redete er ständig dieses hirnverbrannte Zeug«, sagte Abbott. Als er das Haus in Carenage sah, an dem er, Yeates und andere ein paar Monate vorher so hart gearbeitet hatten, war Abbott enttäuscht. »Ich sah das Haus und sah, dass drei Männer – Schwarze – dort lebten. ›Das Haus ist dreckig und die Männer wirken vernachlässigt‹, sagte ich. Man hatte den Eindruck, Michael hatte sie einfach da abgesetzt und sich dann nicht mehr um sie gekümmert.« Sie fuhren zurück nach Arima und Christina Gardens. Es war jetzt hell, und als wollte er Abbott für die Enttäuschung in Carenage entschädigen, zeigte Malik ihm, was er im Haus und auf dem Grundstück in Arima alles neu gemacht hatte.

Die Männer in Carenage hatten vernachlässigt ausgesehen. Und so fing auch Abbott bald schon an, sich zu fühlen. Nachdem er mit so viel Dringlichkeit herbeizitiert worden war, schien es, als gebe es gar nichts Wichtiges für ihn zu tun. Er musste verschiedene Arbeiten auf dem Hof verrichten. Er schnitt Plattährengras für die Ziegen, die Malik hielt, und machte lange Fahrten, um den Hibiskus zu beschaffen, den die Ziegen laut Malik brauchten; er mähte den Rasen; er wusch das Auto und den Jeep; und Malik schickte ihn auf den Bauernhof, der seiner Familie und der Kommune täglich vier Liter Milch lieferte, damit er dort unentgeltlich mitarbeitete. Abbott verlangte, dass man ihn gehen und bei seiner Mutter wohnen ließ. Aber Malik wollte davon nichts wissen.

Malik pflegte Abbott um sieben Uhr morgens zu wecken. Eines Morgens – zwei Tage vor Weihnachten und knapp vierzehn Tage nach seiner Ankunft – sah Abbott Blut an Maliks Mund und Bart. »Ich sagte ihm, sein Mund wäre blutig. Was denn geschehen wäre? Er sagte, sie hätten auf dem Lourenço-

Bauernhof am Morgen ein Kalb geschlachtet, und er hätte Blut getrunken. Ich bekam es mit der Angst zu tun, und mir wurde übel.« Bald hatte er weiteren Grund, Angst zu bekommen. »Vor dem Weihnachtsfest hörte ich, wie er mit Hakim Jamal sprach. Er wollte, dass Jamal jemanden aus den Vereinigten Staaten kommen ließ, dem er vertrauten konnte. An dieser Stelle ging ich weg, weil sie ja nicht mit mir sprachen. Ein paar Tage später kam dieser Amerikaner, Kidogo, an. Ich bestürmte Michael wieder, mich nach Hause gehen zu lassen, weil er ja jetzt jemanden da hatte, der ihm helfen konnte. Kidogo wäre ein bezahlter Killer, sagte er mir. In Boston in den Vereinigten Staaten hätte er schon Polizisten und alle möglichen Leute umgebracht, und ich sollte von jetzt an das Maul halten.«

Als Amerikaner brauchte Kidogo kein Visum. Und in Christina Gardens tummelte er sich als Bostoner unter den Eingeborenen, machte mit einer Sofortbildkamera viele Fotos und beteiligte sich an keinerlei Arbeiten in Haus und Garten, weil er sich offenbar für seinen besonderen Auftrag aufsparte. Er kaufte ein Entermesser und spielte damit im Hof herum; aus Langeweile schnitzte er ein K in den Holzgriff.

Während Abbott vor Kidogo Angst hatte, weil er ihn für einen Berufskiller hielt, hatten andere in der Kommune ebenso viel Angst vor Abbott. Eines Tages, als Abbott gerade den Jeep wusch, sagte Malik zu Chadee, dem Autoverkäufer: »Der Mann da ist ein Psychopath.« Chadee traute Abbott danach nie mehr über den Weg. Auf diese Weise machte Malik in der Kommune mit der Angst Politik und hielt alle seine Gefolgsleute auf Trab.

Benson kehrte aus Guyana zurück, und am Weihnachtstag waren alle Mitglieder der Kommune versammelt. Abbott hätte an diesem Tag gern seine Mutter besucht, aber man ließ ihn nicht gehen. Er blieb bei den anderen; später, in seinen Äußerungen vor Gericht, sprach er von der Weihnachtsgesellschaft in Christina Gardens mit einer merkwürdigen Feierlichkeit, einer seltsamen Ehrerbietung gegenüber den Frauen der beiden Häuser. »Wir haben Weihnachen alle zusammen verbracht, darunter auch Mrs. Michael, ihre Kinder und Jamals Geliebte,

Halé, eine Engländerin, die ich in Michaels Haus kennen lernte.« Zwei weitere englische Personen waren anwesend: ein Mann namens Granger und die Frau namens Simmonds, die damals »total verknallt« in Steve Yeates war.

Am 31. Dezember fand Yeates, Simmonds »hervorragender Liebhaber«, die Zeit, eine fünfzehn Zentimeter lange Feile zu kaufen. Und das war dann wohl auch die Feile, mit der Abbott am selben Tag oder einen Tag später Kidogo das Entermesser schärfen sah, in dessen Griff er den Buchstaben K geschnitzt hatte. Das Entermesser war ein so genanntes Gilpin. Die Klinge des Gilpin verbreitert sich am Ende und läuft dann in eine nach hinten gebogene Spitze aus, ähnlich wie ein Krummsäbel. Abbot sah, wie Kidogo den »Gilpin-Teil« des Entermessers wegfeilte, und wollte wissen, warum er das tat. Kidogo – Berufskiller, aber augenscheinlich ohne Erfahrung mit Entermessern – erklärte, es liege »nicht richtig in der Hand«.

Am Abend fand eine Silvesterparty statt, außerdem feierte Simmonds ihren dreißigsten Geburtstag. Sie aßen das Kalb, das acht Tage vorher geschlachtet worden war; Simmonds genoss das »große Gelage«.

Malik hatte Chadee, den Autoverkäufer, zur Silvesterparty eingeladen. Chadee, ein Dreißigjähriger, der aus einer besseren indischen Familie stammte, aber keine großen persönlichen Verdienste aufzuweisen hatte (er betätigte sich nebenher auch als Schuldeneintreiber), hielt Malik für sehr reich. Als sie sich ein paar Monate zuvor kennen lernten, hatte Malik erklärt, er beabsichtige, zwölf Neuwagen zu kaufen, und Chadee hoffte auf ein Riesengeschäft mit Malik. Malik wiederum sah in Chadee einen Mann mit vielen interessanten Kontakten, der sich vielleicht für die Kommune gewinnen ließ; er hatte begonnen, Chadee an ihren gesellschaftlichen Ereignissen teilhaben zu lassen. Zwei oder drei Wochen vor dem Kalbsfest hatte Malik Chadee zu einer Mondschein-Party am Strand mitgenommen.

Und jetzt, kurz nach Mittag an Neujahr, erschien Chadee erneut in Christina Gardens. Zuerst schaute er bei Jamal und Benson rein. Chadee war den beiden einen Monat vorher von

Malik vorgestellt worden, und Malik hatte ihm damals erzählt, dass Jamal Benson eigentlich nicht mochte, dass er fand, er mache auf Trinidad mit einer weißen Frau »keine gute Figur«. Chadee wünschte nun Benson und Jamal ein frohes neues Jahr; und Benson, die offenbar Chadee nicht viel zu sagen hatte, überließ die beiden Männer sich selbst. Sie saßen draußen auf der Veranda. Jamal, der sich nach wie vor an seiner eigenen Schreibe berauschte, las Chadee in der brütenden Hitze des frühen tropischen Nachmittags Passagen aus seiner Autobiographie vor und erzählte von dem Buch, das er über Malik schreiben wollte.

Danach ging Chadee über die Straße nach Gegenüber und wünschte Malik ein frohes neues Jahr. Er traf Abbott. Der hatte die Erlaubnis erhalten, seine Mutter an diesem Tag zu besuchen, und bat Chadee, ihn hinzufahren (Malik verlieh seine Fahrzeuge nie). Chadee erklärte sich bereit; er und Abbott beschlossen, Parmassar mitzunehmen, einen indischen Jungen, der von Malik geblendet und Mitglied der Gruppe war. Sie fuhren nach Montrose Village, zum Haus von Abbotts Mutter. Sie war eine pensionierte Schullehrerin, einundsiebzig Jahre alt. Abbott war stolz auf sie, und Chadee erschien sie als eine »angenehme, reizende Person; sie hatte eine klare Sprache und konnte sich gut ausdrücken«. Den drei Männern wurde Gebäck und Ginger Ale vorgesetzt. Um sieben machten sie sich auf den Rückweg, und als sie wieder bei Maliks Haus in Christina Gardens eintrafen, war es halb acht. Malik forderte Chadee auf, sein Auto in den Hof zu fahren. Als Chadee drinnen war, wurde das Tor geschlossen. Malik bat Chadee, sich noch ein bisschen zu seinen Leuten zu gesellen, und Chadee tat das.

Um viertel nach neun – in diesem Stadium verläuft offenbar alles nach einem Zeitplan – erklärte Malik den anwesenden Männern, er wolle sich mit ihnen in den Dienstbotenunterkünften hinter dem Haus vertraulich unterhalten. Dort befand sich eine von Maliks Töchtern und hörte sich Platten an, zusammen mit einem schwarzen Mädchen, das gelegentlich für Malik als Sekretärin arbeitete. Malik sagte den Mädchen, sie sollten sich verziehen. Auf dem Fußboden lagen Kissen, und Malik forderte die Männer auf, sich zu setzen. Er selbst setzte sich auf einen Stuhl. Steve Yeates saß auf einem Kissen rechts von Malik, Kidogo auf einem Kissen links von ihm. Ihnen gegenüber saßen der junge Parmassar, Chadee und Abbott auf Kissen. Jamal war nicht anwesend.

Malik erklärte, Jamal stehe seelisch unter Druck und daran sei Benson schuld, und sie müssten sie loswerden. Abbott meinte, Malik könne ihr ein Flugticket geben und sie dort hinschicken, wo sie hergekommen sei. Daraufhin sprang Yeates – der Mann mit der Narbe aus England auf dem Rücken – von seinem Platz auf und sagte, er sei für »etwas Endgültiges«. »Michael saß einfach da, strich sich über den Bart und sagte, er will Blut sehen«, so Abbott. Blut sei das Einzige, was sie zusammenhalten könne.

Kidogo sagte nichts. Er sah Abbott an, und Abbott sah Mordlust in Kidogos Augen und in den Augen von Yeates und Malik. Abbott vermied es, Parmassar oder Chadee anzuschauen. Chadee war krank vor Angst. Malik hatte ihm gesagt, Abbott sei ein Psychopath, und Chadee war sich nun sicher, dass das stimmte. Abbotts Vorschlag, Benson ein Flugticket zu geben, traute er nicht. Er hielt das für eine Falle, um ihn zu einer Äußerung zu provozieren, damit sich alle auf ihn stürzen konnten. Also schwieg er, und Malik skizzierte seinen Plan.

Am Morgen würden sie neben dem Misthaufen am Ende des Wegs ein Loch für Benson graben. Steve Yeates würde Benson zum Bauernhof mitnehmen, um Milch zu holen, und dafür sorgen, dass sie bei den Kühen blieb, während das Loch gegraben wurde; Malik würde mit Jamal eine frühmorgendliche Fahrt unternehmen, um ihn aus dem Weg zu haben. Das Loch müsse schnell gegraben werden, binnen fünfundvierzig Minuten. Mehr äußerte Malik damals nicht: Ein Loch müsse gegraben werden, an einer bestimmten Stelle, binnen eines bestimmten Zeitraums, zu einem bestimmten Zweck. Steve Yeates würde Benson zu der Grube führen. Wie sie getötet werden sollte und durch wen, darüber sagte Malik nichts. Und niemand fragte.

Was Chadee betraf, so durfte er nicht nach Hause gehen. Er und der andere Inder, der junge Parmassar, sollten dort in dem Raum, auf den Kissen, schlafen. Alle sollten früh schlafen gehen und vor Sonnenaufgang aufstehen, verfügte Malik. Um zehn Uhr löste sich die Versammlung auf.

Abbott ging über die Straße zu Jamals Haus, wo er sein Zimmer hatte. Malik ermahnte Abbott, das Hoftor hinter sich abzuschließen, und Chadee verstand die Mahnung als gegen ihn gerichtete Drohung, als strikte Anweisung, zu bleiben, wo er war. Danach stand Malik auf und ging ins Hauptgebäude hinüber. Chadee wusste nicht, was er hätte tun können. Der junge Parmassar blieb bei ihm, Steve Yeates befand sich im zweiten Schlafraum der Dienstbotenunterkünfte, und Kidogo bewohnte das Schlafzimmer im hinteren Teil des Hauptgebäudes, direkt auf der anderen Seite der Terrasse, die zu den Dienstbotenunterkünften führte. Chadee legte sich neben Parmassar auf die Kissen. Ihm »drehte sich der Kopf«; »so ein Gespräch« hatte er noch nie erlebt. Er betete zu Gott und hoffte, dass der Plan am Morgen vergessen sein würde. Dann hörten die Gedanken auf und er schlief ein.

Auf der anderen Seite der Straße, im Haus mit Jamal und Benson, fand Abbott keinen Schlaf. Er legte sich in seinen Kleidern hin und dachte nach. Er dachte an seine Mutter und daran, was Malik ihr antun könnte. Er erinnerte sich, wie Malik, Kidogo und Steve Yeates ihn beim abendlichen Treffen angeschaut hatten.

Um sechs Uhr morgens weckte Malik Parmassar. Der weckte den neben ihm auf den Kissen schlafenden Chadee. Und dann schickte Malik Parmassar ins Haus gegenüber, um Abbott zu holen und ihm zu sagen, dass es Zeit sei, das Loch für Benson zu graben. Parmassar musste Abbott nicht wecken: Er hatte gar nicht geschlafen und sich auch nicht zum Schlafen ausgezogen.

Sie waren jetzt alle auf. Chadee sah Steve Yeates und Kidogo aus dessen Zimmer kommen. Yeates rief Chadee in den Hof hinaus, und der setzte sich draußen ans Hauptgebäude, gegen die Küchenwand. Kidogo und Parmassar (der zurückgekommen war) gingen »nach hinten« und begannen, Werkzeug zusammenzutragen: einen Spaten, eine Mistgabel, zwei Schaufeln, ein Entermesser und eine Feile. Sie forderten Chadee auf, ihnen zu helfen. Er trug die zwei Schaufeln. Parmassar nahm die Mistgabel und den Spaten, Kidogo das Entermesser und die Feile. Abbott wartete vor dem Tor. Sie reichten ihm die Werkzeuge, kletterten über das Tor und gingen den Weg entlang bis dorthin, wo er, siebzig Meter vom Haus entfernt, im Ödland oberhalb der kleinen Schlucht endete.

Nicht lange danach fuhr Malik mit seinem Wagen der Marke Humber im Rückwärtsgang dorthin, wo sich die vier Männer – Abbott, Kidogo, Parmassar und Chadee – befanden, und zeigte ihnen, wo die Grube ausgehoben werden sollte. Die Stelle lag neben einem Misthaufen; Chadee sah »viele Bambusstangen, die den Haufen einfassten«. Malik fragte Kidogo, wie spät es sei. Kidogo sagte, es sei sechs Uhr zwanzig, und Malik wiederholte, dass sie fünfundvierzig Minuten Zeit hätten, das Loch zu graben. Malik selbst würde nicht anwesend sein, während die Sache passierte. Wie er schon am Abend zuvor mitgeteilt hatte, würde er mit Jamal eine Spazierfahrt machen, um ihn aus dem Weg zu haben. Und erst jetzt – da er im Auto saß – erteilte er seine letzten Anweisungen. Nicht allen, sondern nur Abbott. Er winkte ihn zu sich ans Auto.

Abbott ging hin und sagte: »O Gott, Michael, das musst du nicht tun. Verschon die Frau.« Malik antwortete, er wolle nichts mehr hören von »diesem ollen Geschwätz von gestern Abend«. »Er saß hinterm Lenkrad, zog an seinem Bart und beobachtete mich. Er erzählte mir, Steve Yeates würde im Jeep gefahren kommen; er würde die Frau Halé mitbringen. Wenn sie die Grube sah und misstrauisch wurde, sollte ich ihr sagen, da käme Zeug zum Kompostieren rein, oder irgend sowas. Er sagte mir, ich sollte die Frau packen und sie in die Grube schaffen. Wenn ich sie gepackt hatte, sollte ich ihr sagen, wofür die Grube wäre: ihr sagen, dass sie für Jamal wäre.« Der Mord selbst war Kidogos Sache. »Er sagte mir, Kidogo hätte seine Befehle. Er sagte, wenn ich ungehorsam wäre und irgendetwas täte, was die Sicherheit der Männer um die Grube oder die Sicherheit seiner Familie oder seine eigene gefährdet, würde ich sterben. Was er mir sagte war, dass ich an diesem Morgen sterben würde, mit dem Bewusstsein, dass auch meine Mutter tot war, denn dorthin wollte er mit Jamal fahren.« Abbott beschloss zu gehorchen. »Während ich schon wegging, sagte er mir noch, ich sollte Kidogo daran erinnern, dass das Herz auf der linken Seite ist. Er will das Herz.«

Malik fuhr weg, und Abbott gab seine Instruktionen weiter: Kidogo sollte den Mord ausführen, und er sollte daran denken, dass sich das Herz unter der linken Brust befand. Die vier Männer fingen wie wild an zu graben. Kidogo hatte die Leitung, und er verlangte von ihnen vollen Einsatz; sie sollten abwechselnd graben, so effektiv und schnell es nur ging und bis sie nicht mehr konnten. Chadee, der Verkäufer, tat sich schwer; Abbott half ihm. Tatsächlich war es Abbott, der wie ein Besessener grub und die meiste Arbeit machte. Als sie einige Zeit gegraben hatten, kam Steve Yeates mit dem Jeep. Er war im Begriff, Benson zum Bauernhof zu bringen, und wollte eine Uhr. Chadee lieh ihm seine; und Kidogo und Steve Yeates verglichen die Zeit, ehe Yeates davonfuhr.

Als die Grube, die ungefähr einen Meter zwanzig im Quadrat maß, einen guten Meter tief war, erklärte Kidogo, sie hätten genug gegraben. Er ruhte sich aus. Sein Entermesser gab er dem jungen Parmassar und bat ihn, es zu schärfen. Parmassar schärfte das Entermesser und gab es Kidogo zurück.

Um viertel nach sieben kam der Jeep im Rückwärtsgang den Weg entlanggefahren. Steve Yeates saß am Steuer, Benson war bei ihm. Der Jeep hielt an; Yeates stieg aus und sagte zu Benson, sie solle auch rauskommen und sehen, wie hart die Jungs gearbeitet hätten. Sie stieg aus dem Jeep. Sie hatte ein leichtes Gewand im afrikanischen Stil an; der junge Parmassar erinnerte sich später an die kurzen Ärmel. Sie sagte »Guten Morgen«, und die Männer um die Grube sagten ebenfalls »Guten Morgen«.

Abbott sagte: »Komm und schau dir an, was wir machen.« Sie trat näher an die Grube. »Wofür ist das?«, fragte sie. »Da kommt frisches Zeug zum Kompostieren rein«, antwortete Abbot. »Komm und sieh's dir an. Gefällt's dir?« »Ja«, sagte sie. »Aber wieso?« Er sagte nicht: »Sie ist für Jamal.« Das vergaß er. Er sagte: »Sie ist für dich.« Er legte die rechte Hand über ihren Mund, drehte ihr mit der linken Hand den linken Arm hinter den Rücken und sprang mit ihr in das flache Loch. Kidogo sprang mit seinem geschärften Entermesser sofort hinterher und fing an, sie damit zu bearbeiten, wobei er, auf ihr Herz zielend, das afrikanische Gewand zerschnitt. Sie wehrte sich heftig, trat um sich. Sie schrie Steve Yeates zu: »Steve, Steve, womit habe ich das verdient?« Er blieb gegen den Jeep gelehnt stehen und sah zu.

Kidogo wusste also gar nicht, wie man jemanden mit einem Entermesser umbrachte. Er hieb und stach damit und brachte Benson oberflächliche Schnitte bei; sie wollte wissen, warum, sprach »eindringlich« mit ihm, wie es Abbott erschien, der Mühe hatte, die rasende Frau festzuhalten. Abbott war mit seinen eigenen Gedanken weit weg. Er dachte an seine Mutter: Sie würde Malik und Jamal hereinbitten, wenn sie zu ihr nach Montrose Village kamen, und sie brauchten ihr nur zu sagen, Abbott sei krank, dann würde sie in Maliks Auto steigen und sich nach Arima bringen lassen. Kidogo bearbeitete Benson immer noch mit dem Entermesser. Er gebärdete sich wie ein Verrückter, und in dem engen Loch, in dem sie zu dritt steckten, begann Abbott, um sein Leben zu fürchten. In seiner Panik und Verwirrung brüllte er ohne Sinn und Verstand: »*Hilft denn niemand! Tu doch einer was!*« Und als Chadee hinschaute, sah er an Bensons linkem Ellenbogen, den sie zum Schutz gegen Kidogos Entermesser hochhielt, einen langen Schnitt. Das war ihre erste ernsthafte Wunde.

Steve Yeates, der immer noch neben dem Jeep stand, sah Chadee und Parmassar an. Dann ging er zu der Grube und nahm Kidogo das Entermesser aus der Hand. Jetzt waren sie zu viert in der Grube. Aber Yeates brauchte nicht viel Platz. Mit der linken Hand setzte er die scharfe Spitze des Entermessers unten an Bensons Kehle an und schlug mit der rechten Hand hart gegen den Griff. Eine einfache, klarsichtige Handlung, die klarsichtigste, seit Abbott Benson in die Grube geschafft hatte; aber unter allen Männern dort wurde Yeates auch vom ungezügeltsten Hass angetrieben. Die breite Klinge fuhr fünfzehn Zentimeter tief hinein, und Benson machte ein gurgelndes Geräusch. Sie fiel hin und begann in dem Loch »zu strampeln«. Yeates, Kidogo und Abbott stiegen aus dem Loch. Es dürfte ungefähr halb acht gewesen sein.

Kidogo rief: »Zumachen!« Benson trat noch immer mit den Füßen um sich. Chadee fing an, Material vom Misthaufen ins Loch zu zerren. Yeates, klarsichtig wie immer, stoppte ihn. Ein aufgewühlter Misthaufen würde auffallen, sagte er. Besser wäre es, vom Bauernhof eine frische Ladung zu holen. Chadee und Yeates fuhren im Jeep los. Als sie zurückkamen, fanden sie Benson bereits in ihrem Loch unter Erde begraben; sie luden den Mist auf der einen Seite ab.

Dann kehrten sie allesamt zurück zu Maliks Haus. Chadee ging in die Küche und trank ein Glas Wasser. Yeates stellte den Jeep ab. Kidogo säuberte sein Entermesser. Parmassar und Abbott setzten sich nebeneinander auf die Küchenstufen.

In der Küche klingelte das Telefon. Maliks Frau und die Kinder wachten von dem Klingeln nicht auf. Chadee nahm den Hörer ab. Es war Malik, der aus dem Haus von Abbotts Mutter anrief. Ob alles in Ordnung sei, wollte er wissen. Chadee sagte ja. Als Yeates, der gerade hereinkam, fragte, wer am Telefon gewesen sei, und Chadee es ihm sagte, »pustete« Yeates – soll heißen, er stieß einen Seufzer der Erleichterung aus. Es war acht Uhr.

Um halb neun kam Malik mit Jamal zurück. Malik sagte: »Ist der Baum gepflanzt?« Landwirtschaft, die Kommune, das Arbeitsleben: Malik hatte stets seine eigene Art, sich verschlüsselt auszudrücken. Wie tief das Loch war, wollte er wissen, und alle machten unterschiedliche Angaben. Sie sollten, sagte er, noch zwei Fuhren Mist draufpacken. Eine Unterhaltung über landwirtschaftliche Arbeiten – mehr war es nicht, was Jamal mitbekam und wovon er hätte berichten können, nach seiner Rückkehr von Abbotts Mutter und der Tasse Kaffee, die er mit der alten Dame getrunken hatte. Weil man offenbar beschlossen hatte, dass Jamal in keiner Weise beteiligt sein sollte. Er durfte nichts gesehen und nichts gehört haben; er musste erklären können, dass Benson einfach fortgegangen war und alle ihre Sachen mitgenommen hatte. Das blieb noch zu tun: Bensons Sachen verschwinden lassen. Jamal durfte nichts davon mitbekommen; auch die zwei englischen Gäste in der Kommune sollten nichts mitbekommen und keinen Verdacht schöpfen, ebenso wenig wie Maliks Frau und zwei Töchter und die Schreibkraft, die an diesem Morgen kam. Alle sollten nichts weiter mitbekommen als einen normalen, geschäftigen Tag in der Kommune.

Die Sache war in allen Einzelheiten geplant. Es gab insgesamt sieben Männer (wenn man von dem Besucher aus England absah), und was sie an diesem Vormittag und Nachmittag taten, war im Voraus festgelegt. Nach der Unterhaltung über landwirtschaftliche Arbeiten verkündete Malik, die Kommune werde an diesem Tag zum Haus von Parmassars Mutter fahren und der armen Frau beim Neubau ihrer Küche helfen. Der Weg dorthin war nicht weit. Abbott, Kidogo, Chadee, Yeates und Parmassar wurden im Jeep vorausgeschickt. Malik und Jamal folgten später. Sie rissen die alte Küche ab und entwarfen einen Bauplan für die neue. Aber es fehlte ihnen Zement und Sand. Malik schickte Chadee und Kidogo im Jeep nach Christina Gardens mit dem Auftrag zurück, aus dem Hof dort Sand und einen Sack Zement zu holen – Geschäftigkeit war an diesem Tag die Devise, Geschäftigkeit als Tarnung.

Nachdem sie in Maliks Hof angekommen waren, verschwand Kidogo und überließ es Chadee, den Zement und den Sand aufzuladen. Chadee lud auf und suchte dann nach Kidogo. Er konnte ihn nicht finden. Von einer der Töchter Maliks erfuhr er, dass Kidogo in Jamals Haus auf der anderen Straßenseite war. Chadee ging hinüber zu dem Haus – in dem er Benson vor nicht einmal vierundzwanzig Stunden ein frohes neues Jahr gewünscht hatte – und fand Kidogo im Schlafzimmer von Jamal und Benson.

Kidogo packte – gemäß seinem Auftrag – Bensons Kleider und Papiere zusammen. Eine Tasche hatte er bereits gepackt und in Stoff eingewickelt; jetzt packte er eine zweite. Kidogo sagte zu Chadee, er solle den Jeep herbringen. Als er in Maliks Hof kam, um den Jeep zu holen, erlebte Chadee eine kleine Schrecksekunde. Maliks Schreibkraft bat ihn, sie zum Taxistand in Arima mitzunehmen. Chadee entschuldigte sich mit dem Sand und dem Zement und sagte, er werde Steve Yeates schicken, um sie hinzubringen, und das Mädchen gab sich damit zufrieden. Er fuhr den Jeep hinter Jamals Haus, und Kidogo warf die Taschen mit Bensons Sachen in den Wagen.

Malik wartete auf sie im Haus von Parmassars Mutter. Chadee setzte den Jeep rückwärts in den Hof, und Malik und Kidogo nahmen die Taschen heraus und legten sie in den Kofferraum von Maliks Wagen. Der Sand und der Zement wurden ausgeladen und für die neue Küche Beton gemischt. Die Mutter und die Schwestern von Parmassar hatten für den Arbeitstrupp ein Mittagessen zubereitet. Chadee aber aß nichts; er trank nur ein bisschen Fruchtsaft. Als er nach dem Essen aus dem Haus kam, sah er, dass jemand Brennholz in den Jeep getan hatte. Und dann nahmen Malik und Yeates die Taschen mit Bensons Sachen wieder aus dem Kofferraum von Maliks Wagen und legten sie zurück in den Jeep.

Chadee, Abbott und Kidogo erhielten den Befehl, mit Yeates in den Jeep zu steigen. Als sie losfuhren, sagte ihnen Yeates, sie führen »den Fluss hinauf«, um Bensons Kleider zu verbrennen. Sie hielten an einer Tankstelle in Arima, kauften ein bisschen Kerosin und fuhren dann zwölf Kilometer bis nach Guanapo Heights am Ufer des Flusses Guanapo. Yeates setzte die drei Männer dort mit dem Holz, dem Kerosin und den Taschen ab. Und er richtete ihnen von Malik aus, sie sollten das Feuer in Brand halten, weil er in einer Stunde mit seinen Kindern zum Fluss kommen würde, um zu baden.

Chadee hielt Wache, während Abbott und Kidogo mit dem Holz und dem Kerosin am Ufer ein Feuer anmachten. Sie verbrannten Bensons Kleider und Papiere Stück für Stück. Bestimmte Sachen ließen sich nicht verbrennen, und die vergrub Chadee ein kleines Stück weit entfernt in einem gut einen halben Meter tiefen Loch. Es ging jetzt weniger hektisch zu als am Morgen, und das Graben fiel ihm leichter. Kidogo und Abbott ließen Chadee ein Weilchen allein, und er tat, wie ihm geheißen, suchte nach weiterem Brennholz und hielt das Feuer in Gang. Als Kidogo und Abbott zurückkamen, brachten sie Obst in einer der Taschen mit, die vorher mit Bensons Sachen voll gestopft waren: eine zusätzliche Vorsichtsmaßnahme.

Kurz danach, genau zur vorgesehenen Zeit, kreuzte Steve Yeates mit dem Jeep auf und brachte die ganze Gesellschaft mit: Malik, dessen zwei Töchter, Jamal und den jungen Engländer, der in der Kommune zu Gast war. Sie alle badeten im Fluss und wärmten sich dann am Feuer. Niemand wunderte sich über das Feuer. Malik stellte Abbott oder Kidogo oder Chadee keinerlei Fragen.

Blut am Morgen, Feuer am Abend. Aber für einen Beobachter, der nicht gezielt nach Hinweisen suchte, für jemanden von außerhalb, der nur den geschäftigen Umgang mit Auto und Jeep und Sand und Zement sah, war das Ganze nichts weiter als ein gelungener Tag im Leben der Kommune: Bautätigkeit am Vormittag, und dann ein Badevergnügen in einem tropischen Wald.

Die Badegesellschaft mit dem Feuer am Ufer: Das war der krönende Abschluss eines sorgfältig ausgeklügelten Tagesablaufs. Wie eine Episode in einem dicht gewirkten Roman erfüllte das Ereignis viele Zwecke und war reich an Sinnbezügen. Ersonnen hatte es ein Mann, der einen Roman über sich selbst schrieb, in dem er Rechnungen mit der Welt beglich, ein Mann, der Seite um Seite eines billigen Schreibblocks füllte und, begierig nach Weltruhm (einschließlich literarischem Ruhm), die kostbaren Worte zählte, während er sie niederschrieb: ein Mann, den all die Selbstbilder, die ihm eingegeben worden waren, in den Wahnsinn getrieben hatten und der nun in seinem Exil in Arima unter Jamals Einfluss der Illusion erreichter Allmacht erlag. Malik war als Romanschreiber ohne Begabung, besaß nicht einmal ein elementares Gefühl für Sprache. Er war viel zu sehr mit sich selbst beschäftigt, um auf irgendeine rationale Weise Erfahrungen verarbeiten oder gar eine zusammenhängende Geschichte erzählen zu können. Aber als er seinen Tagtraum ins wirkliche Leben überführte, ging er als genau der Romanschreiber ans Werk, der er gern gewesen wäre.

Was für eine Handlung, was für eine Symbolik! Das Kalbsblut an Weihnachten, Gale Bensons Blut an Neujahr. Und dann, am Ende des Opfertages, die Reinigung im Fluss, mit Bensons Scheiterhaufenersatz am Ufer. So viele weitere Details: So vieles musste bedacht werden. Weder Chadee noch Abbott (mit ihren jeweiligen Ängsten) waren längere Zeit sich selbst überlassen geblieben; Kidogo oder Steve Yeates hatten den Tag über stets ein wachsames Auge auf die beiden Männer gehabt. Und Jamal blieb die ganze Zeit über abgeschirmt. Während Benson umgebracht und verscharrt wurde, hatte er sich im Haus von Abbotts Mutter aufgehalten; und als Kidogo Bensons Kleider und Papiere aus dem Zimmer räumte, in dem das Paar geschlafen hatte, befand sich Jamal im Haus von Parmassars Mutter und half beim Bau der Küche mit.

Den Plan auszutüfteln hatte viele Wochen gebraucht. Und er funktionierte. Benson hatte immer zurückgezogen gelebt, und jetzt vermisste sie niemand. Vierzehn Tage lang oder länger blieben alle in den zwei Häusern in Christina Gardens zusammen. Auch die zwei englischen Gäste blieben, wobei Simmonds, die Frau, nach wie vor »total verknallt« war in Yeates; gegen Ende sprachen die beiden sogar davon, gemeinsam ein Restaurant aufzumachen.

Chadee ging nicht nach Hause. Am Abend des Tages, an dem der Mord geschah, erklärte ihm Malik, er und Parmassar, die beiden Inder in der Gruppe, seien nun »lebenslängliche Mitglieder«. Nachdem er in Begleitung von Steve Yeates heimgefahren und seine Kleider geholt hatte, schlief er erneut in dem

Schlafraum der Dienstbotenunterkunft von Maliks Haus. Später bekam er ein Zimmer in Jamals Haus und übernahm es, den Rasen zu mähen und andere Arbeiten in Hof und Garten zu verrichten.

Dann aber fing die Weihnachtsgesellschaft der Kommune an, sich aufzulösen. Die zwei Gäste aus England reisten ab. Und achtzehn Tage nach dem Mord kehrten Jamal und Kidogo nach Boston zurück. Jamal betrachtete Malik als seinen Herrn, und Malik sah sich selbst als der Herr. Aber er brauchte Jamal mittlerweile nötiger, als ihm bewusst war. Ohne Jamals Verrücktheit, seinen Überschwang, seine Wortkunst, seine Vorstellung von der Herrenrolle, verwilderten Maliks Machtphantasien und verloren den Halt, verrohten, verfielen in die Raserei des Gangsters. Er spielte mit dem Gedanken, die Frau eines Bankdirektors zu kidnappen; er befahl Abbott, die »Liquidation« einer Familie vorzubereiten. Und dann ermordete er Joseph Skerritt, einfach nur um des Blutvergießens willen – aus keinem anderen Grund, als weil ihm jetzt das Töten mit dem Entermesser eine vertraute Vorstellung war.

Der Mord an Skerrit, er brachte Steve Yeates alias »Muhammed Akbar«, den Oberbefehlshaber der »Frucht des Islam«, um den Verstand. Yeates' Sache war der Rassenhass, in seinem Hass war er ganz bei sich; und er konnte nicht begreifen, warum Skerritt umgebracht worden war. Jedes Mal, wenn er aus dem Fenster sah, blickte er auf Skerrits Grab; und das Fasten, das Malik nach dem Mord an Skerritt anordnete, half auch nicht. Sie fühlten sich alle geschwächt und vielleicht ein wenig benebelt im Kopf, als sie nach vier Fastentagen einen Ausflug zu der gefährlichen Bucht von Sans Souci machten; und als die starken Strömungen Yeates zusetzten, schien es irgendwann, als sei er zu dem Entschluss gelangt, den Rufen der Leute, die sich verzweifelt bemühten, ihn zu retten, keine Beachtung mehr zu schenken, nicht mehr zu kämpfen, sich in sein Schicksal zu ergeben. Abbott glaubte, Yeates habe den Tod gesucht; und er meinte auch gesehen zu haben, dass Yeates, ehe er unterging, die linke Hand zu einem letzten Gruß hob.

Das war der Anfang vom Ende der Kommune. Das Blut vermochte sie nicht lange zusammenzuschweißen. Abbott half Chadee und Parmassar bei der Flucht, er selbst ging nach Tobago, Malik fuhr nach Guyana, und das Haus in Christina Gardens brannte nieder.

Fünfundfünfzig Tage nach dem Mord an Benson führte Chadee einen Polizeiinspektor nach Guanapo Heights und zeigte ihm, wo er Bensons Sachen, die sich nicht verbrennen ließen, vergraben hatte. Folgende, von Chadee unterschriebene Inventarliste fertigte die Polizei an:

»Eine braune ärmellose Lederjacke; ein brauner, lederner Hippie-Beutel, ein Paar rosafarbene modische Damenstiefel, ein Paar braune Schuhe, ein Paar braune Pantoffeln, drei silberne Armbänder, ein leeres, kleines Fläschchen, eine Tube Avon-Rose-Mint-Creme, eine Tube Tangee-Creme, ein kleiner, runder Handspiegel, etwas schwarze Wolle, zwei Hippie-Anhänger, ein Döschen mit Flapyl-Tabletten, eine kleine Schere, ein Plastiklineal, ein dreieckiger Schlüsselanhänger, eine leere Limacol-Flasche, ein brauner, kleiner Esslöffel, ein Medaillon zur ›Befreiung von Jerusalem‹ mit eingeprägtem Datum: 7.6.1967, ein brauner Gürtel mit einer Schnalle in Herzform, ein beschädigter brauner Koffer, eine große Schere, ein blauer Kugelschreiber, ein beschädigter grauer Koffer, ein Silberring mit dem Davidsstern und ein Goldring mit zwei Steinen.«

Malik legte viele Male Berufung gegen das Todesurteil ein. Und erst als alle rechtlichen Argumente ausgeschöpft waren und Grausamkeit als Berufungsgrund geltend gemacht wurde – nach dem langen Aufschub sei die Vollstreckung des Todesurteils, so das Argument, ein Akt der Grausamkeit –, erst da verfiel man darauf, Malik für unzurechnungsfähig zu erklären. Wäre das gleich zu Anfang geschehen, hätte sein Leben vielleicht gerettet werden können. Für allzu viele Menschen in London und andernorts freilich hatte Malik den bösen Schwarzen und die gute Sache der Schwarzen zugleich verkörpert. Hätte man sofort auf Geisteskrankheit plädiert, dann hätte ein ganzes öffentliches Publikum dumm dagestanden; unter denen, die im Ausland Malik unterstützten, gab es nach wie vor welche, die in seiner Verurteilung wegen Mordes einen Akt rassisch und politisch motivierter Verfolgung sahen. Malik spielte also bis zum bitteren Ende die Rolle weiter, die man ihm zugewiesen hatte.

Im Mai 1975, drei Jahre und vier Monate nach dem Mord an Benson, wurde er im Staatsgefängnis im Zentrum von Port of Spain gehenkt. Die Exekution war auf acht Uhr morgens angesetzt. Maliks Frau saß auf einem nahe gelegenen Platz, in Gesellschaft einer kleinen, schweigenden Menge, die auf das Geräusch der sich öffnenden Falltür wartete. Der Leichnam des Gehenkten wurde in einem Sarg in das nicht weit von Arima entfernte Gefängnis Golden Grove gebracht; dort trugen Gefangene mit nacktem Oberkörper den Sarg zu seinem Grab auf dem Gefängnisgelände.

Chadee wurde zum Tode verurteilt, das Urteil aber später in lebenslängliche Haft umgewandelt. Nachdem Abbott zwanzig Jahre Haft für den Mord an Skerritt bekommen hatte, wurde er für seine Beteiligung an der Ermordung Bensons zum Tode verurteilt. Er litt die eigentlichen Qualen: Fast sechs Jahre lang verrottete er in einer Todeszelle; erst im April 1979 wurde er gehenkt. Außerhalb von Trinidad kannte ihn niemand, diesen kleinen, muskulösen Mann mit dem geraden Rücken, der soldatischen Haltung, der äußerst hellen Haut und den übernächtigten, gepeinigten Augen. Er war nicht der X, für ihn engagierte sich niemand, und als er gehenkt wurde, war die Karawane längst weitergezogen.

1979

Ein neuer König für den Kongo: Mobutu und der Nihilismus Afrikas

JANUAR – MÄRZ 1975

Der Kongo, der früher eine belgische Kolonie war, ist jetzt ein afrikanisches Königreich namens Zaire. Der Name ist offenbar ein schlechter Scherz, eine, wie man von manchen Zairern hört, aus dem 16. Jahrhundert stammende portugiesische Verballhornung eines heimischen Worts für »Fluss«. Das ist etwa so, als nähme Taiwan, um sich seiner chinesischen Identität zu versichern, wieder den portugiesischen Namen Formosa an. Der Fluss Kongo heißt jetzt Zaire, ebenso wie die Landeswährung, die fast wertlos ist.

Der Mann, der sich zum König dieses Landes der drei Zs – *pays, fleuve, monnaie* – gemacht hat, hieß früher Joseph Mobutu. Sein Vater war Koch. Aber Joseph Mobutu erhielt eine Schulausbildung; irgendwann in den Tagen der belgischen Herrschaft arbeitete er als Journalist. Im Jahr 1960, als das Land seine Unabhängigkeit erlangte, war Mobutu dreißig und Feldwebel in der heimischen Force Publique. Aus der Force Publique wurde die Nationale Armee des Kongo. Mobutu stieg zum Obersten und Kommandeur auf und bewahrte sich während all der Meutereien, Aufstände und Abspaltungen, von denen die Jahre nach der Unabhängigkeit geprägt waren, die Loyalität einer Fallschirmjägerbrigade. Im Jahr 1965 ergriff er als General Mobutu die Macht, und in dem Maß, wie er der Armee und dem Land eine Ordnung aufgezwungen hat, hat sich sein Stil verändert, ist afrikanischer geworden. Den Namen Joseph hat er abgelegt; er heißt jetzt Mobutu Sese Seko Kuku Ngbendu Wa Za Banga.

Als General Mobutu pflegte er sich in Armeeuniform ablichten zu lassen. Jetzt, als Mobutu Sese Seko, trägt er das Gewand, das er durch sein Vorbild zur zairischen Hoftracht gemacht hat. Es handelt sich um eine modebewusste Spielart des normalen zweiteiligen Anzugs. Das Jackett hat hohe, breite Revers und wird in voller Länge geknöpft; die Ärmel können lang oder kurz sein. Ein auffällig gemustertes Halstuch ist an die Stelle des mehr oder minder verpönten Schlipses getreten, und in der Brusttasche steckt ein auf das Halstuch abgestimmtes Taschentuch. Bei weniger förmlichen Anlässen – wenn er unters Volk geht – trägt Mobutu geblümte Hemden. In der Öffentlichkeit hat er stets eine Leopardenfellmütze auf dem Kopf und einen kunstvoll geschnitzten Stock in der Hand.

Diese beiden Dinge – die Mütze und der Stock – sind die Zeichen seiner afrikanischen Häuptlingswürde. Nur der Häuptling kann den Leoparden erlegen. In den Stock sind symbolische Figuren geschnitzt: zwei Vögel, etwas, das wie eine Schlange aussieht, eine menschliche Gestalt mit einem geblähten Bauch. Keiner der Zairer, mit denen ich sprach, konnte mir die Symbole erklären. Ein Lehrer gab vor, nicht zu wissen, was da eingeschnitzt war, und sagte: »Wir hätten alle gern solch einen Stock.« Bei manchen Schnitzereien im Land verhält es sich aber so, dass der Bauch der menschlichen Gestalt gebläht ist, weil darin der Fetisch steckt. Die Zairer akzeptieren den Stock als den Häuptlingsstab. Während der Häuptling den Stock so hält, dass er nicht die Erde berührt, dürfen die Menschen um ihn herum sprechen; stellt er den Stock auf die Erde, verstummen die Menschen, und der Häuptling verkündet seine Entscheidung.

Das neue amtliche Handbuch *Profils du Zaire* (dessen Preis verhandelbar ist – der »erste« Preis der Straßenverkäufer lautet vier Zaire, acht Dollar, ihr »letztes« Angebot nur noch zwei

Zaire) greift zur Erklärung der Verfassung und der fast unbegrenzten Machtbefugnisse des Präsidenten auf Montesquieus Ausführungen über die Aufgaben des Staats zurück. *Elima*, das amtliche Tagesblatt, hat eine andere, eher afrikanische Auffassung vom Regieren. »Wir in Zaire haben von unseren Ahnen eine tiefe Achtung für die Freiheitsrechte des Anderen geerbt. Diese Achtung ist der Grund, warum unsere Ahnen so hingebungsvoll den Ausgleich suchten, warum sie so gewöhnt waren ans Palaver [*la palabre*], mit anderen Worten, gewöhnt an Diskussionen, die jedem Menschen sein Recht verschafften.«

So werden Montesquieu und die Ahnen miteinander in Einklang gebracht. Und die Bräuche der Ahnen stellen sich als fortschrittlich heraus. Alles ist nur eine Frage der glücklichen Wortfindung. Das Palaver ist schließlich ein »Dialog«. Häuptlingsherrschaft ist Regieren mittels Dialog. Aber wenn der Häuptling redet, wenn er seinen geschnitzten Stab auf den Boden stellt, dann hört der moderne Dialog auf, und das Afrika der Ahnen hat das Sagen. Die Worte des Häuptlings sind unanfechtbar, wie *Elima* (andere Saiten aufziehend) »antirevolutionären« Elementen gelegentlich ins Gedächtnis rufen muss.

Es heißt, die letzten fünf Worte in Mobutus afrikanischem Namen seien Anspielungen auf die sexuelle Potenz, die ein afrikanischer Häuptling besitzen muss: Er ist der Hahn, der keine Henne in Ruhe lässt. Aber das ist vielleicht nur symbolisch gemeint. Denn als Häuptling ist Mobutu seinem Volk »vermählt« – »Die Hochzeit von Sese [Mobutu]« lautet ein »Revolutionslied« –, und wie in den guten alten Zeiten der Ahnen, *comme au bon vieux temps de nos ancêtres*, hält der Häuptling seinem Volk unverbrüchlich die Treue. Diese Ehe lässt sich auch in anderen, juristischeren Begriffen beschreiben: Der Häuptling hat mit seinem Volk einen »Vertrag« geschlossen. Er erfüllt seinen Vertrag mittels des modernen Staatsapparats, aber die Minister und Amtsleiter sind nur »Mitarbeiter« des Häuptlings, »die Nabelschnur zwischen dem Machthaber und dem Volk«.

Der Häuptling, der seinem Volk vermählte Herr, *le pouvoir*: Die Attribute schießen ins Kraut. Mobutu ist auch der Führer der Wahren Zairischen Revolution, der Vater der Nation, der Gründungspräsident der Mouvement Populaire de la Révolution, der einzigen politischen Partei des Landes. So dass er sowohl namentlich als auch in dem modischen Nationalgewand, das er kreiert hat, das alte Afrika mit dem verknüpft, was fortschrittlich und neu ist. Geradeso wie ein Anzug von Guy Dormeuil (in den Geschäften von Kinshasa für 160 Zaire – 320 Dollar – zu kaufen) mit Halstuch und passendem Brusttaschentuch zum original zairischen Nationalgewand werden kann, gibt es noch eine ganze Reihe anderer importierter grandioser Ideen, die zur Ausstaffierung der afrikanischen Häuptlingswürde Mobutus beitragen.

Er ist Bürger, Häuptling, König, Revolutionär, er ist ein afrikanischer Freiheitskämpfer, die Geister seiner Ahnen stehen ihm bei, wie Mao hat er ein Buch mit seinen Gedanken veröffentlicht (seines ist grün). Jede ideologische Position ist von ihm besetzt, sein Königtum ruht auf einer unerschütterlichen Basis. Er herrscht, er ist majestätisch, und wie ein mittelalterlicher Fürst wird er gleichzeitig geliebt und gefürchtet. Er befiehlt über die Streitkräfte, sie sind seine Schöpfung; in Kinshasa schläft er nach wie vor in einem Armeelager. Mobutu besitzt den Kongo, wie einst, in den Zeiten des Freistaats Kongo, Leopold II. von Belgien, von dessen despotischer Gesetzgebung (1888 erklärte er die Minen zu seinem Eigentum, 1890 alle unbesiedelten Landflächen, 1891 die Früchte des Landes) vieles von der belgischen Kolonialverwaltung an das derzeitige Regime weitergereicht worden ist, um jetzt als eine Art afrikanisch-ahnenkultlicher Sozialismus ausgegeben zu werden.

Muhammad Ali trug im letzten November in Kinshasa einen Boxkampf gegen George Foreman aus. Ali gewann den Kampf, aber in Zaire hieß der Sieger Mobutu. Auf einer großen Reklametafel vor dem Stadion kann man nach wie vor auf Französisch und darunter auf Englisch lesen: »Ein Kampf zwischen zwei Schwarzen [*deux noirs*] in einem Land von Schwarzen [*un pays de Nègres*], organisiert von Schwarzen, und ausgetragen unter den Augen aller [Welt], das ist ein Sieg des Mobutismus.« Mochte das Ereignis aber auch noch so viel Begeisterung im Volk geweckt und öffentliches Interesse erregt haben, Mitte Januar, als ich dort ankam, war beides verflogen. Ich hatte einen schlechten Zeitpunkt gewählt. Mobutu, ganz Häuptling, hatte einen neuen Coup gelandet. Vierzehn Tage vorher hatte er nach zweitägigem Palaver mit seinen Mitarbeitern beschlossen, »die Revolution zu radikalisieren«. Und alle zitterten.

Im November 1973 hatte er alle Betriebe und Plantagen, die sich im Besitz von Ausländern – vornehmlich Griechen, Portugiesen und Indern – befanden, verstaatlicht und sie Zairern übergeben. Ein Jahr später beschloss er nun, diese Unternehmen, von denen viele ausgeplündert und bankrott waren, erneut zu entprivatisieren und in staatliche Regie zu übernehmen. Was oder wer war unter dieser staatlichen Regie zu verstehen? Niemand wusste das genau. Neue Leute, loyalere Leute? Mobutu mit seiner lupenrein revolutionären Diktion schien allen zu drohen. An die Stelle der dreihundert belgischen Familien, die den Kongo beherrscht hätten, seien dreihundert zairische Familien getreten, sagte er; das Land habe mehr Autos von Mercedes-Benz importiert als Traktoren, und ein Drittel der Einnahmen des Landes aus dem Außenhandel sei in den Import von Lebensmitteln geflossen, die ebenso gut im Land selbst produziert werden könnten.

Dieser neuen zairischen Bourgeoisie – deren Schöpfer er selber war – erklärte der Häuptling nun den Krieg. »Ich stelle sie vor eine klare Entscheidung: Wer unter ihnen das Volk liebt, soll alles dem Staat geben und mir folgen.« In seiner neuen Stimmung drohte der Häuptling weitere Maßnahmen an. Er drohte, die Kinos und die Nachtklubs schließen zu lassen; er drohte, den öffentlichen Genuss von Alkohol vor achtzehn Uhr zu verbieten.

Durch die von den Belgiern entworfene *cité indigène* von Kinshasa, durch die breiten, ungepflasterten Straßen voller Löcher und Furchen, zwischen Bergen von Abfall, die sich manchmal bis zur Höhe der kleinen Häuschen in mediterranen Farben türmten, grün beschattet von üppigen Mangobäumen und Rotem Jasmin, marschierten Schulkinder, um ihren Häuptling zu unterstützen. Tag für Tag berichtete *Elima* von andernorts stattfindenden Unterstützungsmärschen, *marches de soutien*. Und unter den Ausländern, denen man ihre Unternehmen weggenommen hatte und die in der Hoffnung auf irgendeine Entschädigung oder in Erwartung eines kanadischen Visums zurückgeblieben waren, herrschte ebenso große Beunruhigung wie unter den wohlhabenden Zairern in ihrer Nationaltracht. Diese Zairer waren Männer, die keinen Spaß verstanden, durch den Besucher verunsichert, leicht gekränkt, nur darauf bedacht, ihre Staatstreue kundzutun, Leute, die sich in ihrer »Ursprünglichkeit«, ihrem authentischen Afrikanertum von niemandem ausstechen ließen.

Es liegt freilich im Wesen eines mächtigen Häuptlings, dass er unberechenbar ist. Der Häuptling droht, die Menschen ducken sich; der Häuptling zeigt sich nachsichtig, die Menschen preisen seine Großmut. Die Tage verstrichen, und es wurde auch weiterhin tagsüber und sogar morgens Alkohol getrunken, viele Afrikaner verbrachten unverändert den Tag in jener rotäugigen Geistesabwesenheit, die den Besucher anfangs vor ein Rätsel stellt. Die Nachtklubs und Kinos wurden nicht geschlossen, die Prostituierten tummelten sich nach wie vor im Umkreis des Memling-Hotels. So gewann man den Eindruck, dass sich zumindest in dieser moralischen Frage der Häuptling hatte erweichen lassen. Das einfache Volk war verschont geblieben.

Weiter oben allerdings erwies sich die Sorge als berechtigt. Binnen weniger Tage wurden viele der »Mitarbeiter« des Häuptlings gefeuert. Es gab personelle Veränderungen; der Machtzirkel um den Häuptling schrumpfte, und Zairer, die in Kinshasa regiert hatten, fanden sich jäh vertrieben, fortgescheucht in unbekannte Buschregionen, um dort die Parole der Revolution zu verbreiten. *Elima* machte ihnen zusätzlich Beine.

»Die Regierungskommissare werden nicht mehr dieselben sein wie vor der Umgestaltung des Systems. Das heißt, sie werden keine Bürger mehr sein, die über den Alltagsproblemen des Volkes schweben, in einem Mercedes in den Straßen und Alleen von Kinshasa herumkurven und keine Ahnung haben vom Leben eines Bauern in Dumi. Die Regierungskommissare werden zusammen mit dem Volk leben. Sie werden auf den Feldern sein, nicht als Herren, sondern als Bauern. Sie werden mit den Arbeitern arbeiten, ihre Freuden und Sorgen teilen. Sie werden auf diese Weise ein besseres Verständnis dessen erlangen, was das Volk will, und wieder wahrhaft Kinder des Volkes sein.«

Schreckenerregende Worte. Denn dies war die große Angst vieler, die durch staatlich sanktionierte Plünderungen unvermittelt zu Wohlstand gelangt waren, jener neuen Männer des neuen Staates, die im Namen der Afrikanisierung und der Würde Afrikas häufig Posten besetzten, für die sie nicht qualifiziert waren, und Gehälter für Tätigkeiten bezogen, die sie gar nicht verrichteten. Bei all ihrem Gerede von ursprünglicher afrikanischer Lebensart und dem Vorbild der Ahnen war dies ihre Angst: von der süßen Verderbnis Kinshasas getrennt und in die ältere Verderbnis des Busches verbannt, zurück nach Afrika geschickt zu werden.

Und der Busch ist nahe. Er beginnt unmittelbar außerhalb der Stadt und hört nicht mehr auf. Das Flugzeug von Kinshasa nach Kisangani fliegt 1200 Kilometer lang über einen Urwald, der unberührt wirkt wie eh und je.

Nehmen wir die Reise, die der für einen Unterbezirk der Äquatorregion zuständige Regierungskommissar kürzlich zur Niederlassung Bomongo unternahm. Bomongo liegt an dem Fluss Giri, etwa einhundertfünfzig Kilometer nördlich der großen Stadt Mbandaka, des früheren Coquilhatville, der alten »Äquatorstation«, die ziemlich genau auf dem Äquator errichtet wurde, am Kongo oder Zaire flussaufwärts, auf halbem Weg zwischen Kinshasa und den Stanley Falls. Von Mbandaka brachte ein Dampfer die Reisegesellschaft des Regierungskommissars den Hauptstrom hinauf nach Lubengo, und dort wechselten sie in einen Einbaum, um durch den Lubengo-»Kanal« zu fahren und die dreißig Kilometer bis zum Fluss Giri zurückzulegen. Der Kanal aber war über weite Strecken kaum zwei Meter breit, voller Baumstümpfe und manchmal nur dreißig Zentimeter tief. Der Außenbordmotor wurde hochgeklappt, es musste gepaddelt werden. Und dann waren da die Stechmücken.

»Bereits am Eingang des Kanals [weiß das Regierungsblatt *Elima* zu berichten] hüllen dich Tausende Moskitos vom Kopf bis zu den Knöcheln ein und zwingen dich, die ganze Zeit über in Bewegung zu bleiben ... Nach einer schlaflosen Nacht auf dem Lubengo-Kanal – da wir ständig ins Wasser steigen und übermenschliche Anstrengungen unternehmen mussten, um den Paddlern zu helfen und den Einbaum aus dem Schlamm oder von Baumstümpfen wegzuzerren, ließe sich besser von einer Lubengo-Qual reden – erreichten wir um neun Uhr morgens das Ende des Kanals (wir waren um 21 Uhr 30 am Abend zuvor hineingefahren) und kamen schließlich um 12 Uhr 30 in Bomongo an, in einem Zustand, der auch das steinernste Herz erweicht hätte. Wenn wir uns etwas ausführlicher beim Thema Lobengo-Kanal aufgehalten haben, dann nicht, um die Leute von der Reise nach Bomongo über die Kanalroute abzuhalten, sondern um einen der Hauptgründe deutlich zu machen, warum dieser Ort so einsam und wenig besucht ist.«

Seiner Erschöpfung zum Trotz, *bravant sa fatigue*, machte sich der Kommissar an die Arbeit. Er sprach mit diversen Gruppen über die Integration von Partei und Verwaltung und darüber, wie unabdingbar Pünktlichkeit, Gründlichkeit in der Berufsausübung und revolutionärer Eifer seien. Am nächsten Morgen besuchte er eine Ölpresse im Distrikt Ebeka, die 1971 stillgelegt worden war und jetzt mit Hilfe eines ausländischen Beraters wieder in Betrieb genommen wurde. Am Nachmittag hielt er eine Rede gegen den Alkoholmissbrauch und drängte die Leute, ihre Produktion zu steigern. Am nächsten Tag besuchte er eine Kaffeeplantage, die 1973 verstaatlicht und einem Zairer übergeben worden war (Kaffeeplantagen in Zaire wurden vorher hauptsächlich von Griechen bewirtschaftet). Der Eigentümerwechsel hatte in diesem Fall ungute Folgen gehabt: Die Arbeiter warteten seit fünf Monaten auf ihren Lohn. Sie trugen ihre Beschwerden vor, und der Kommissar hörte zu; aber was er sagte oder tat, darüber erfuhr man nichts aus der Zeitung. Überall, wo der Kommissar hinkam, beschwor er die Leute, um ihrer Freiheit und ihres Wohlergehens willen die Grundsätze des Mobutismus genauestens zu befolgen; überall rief er zur Wachsamkeit auf. Schließlich kehrte der Kommissar, Lubengo, Bomongo und Ebeka den Moskitos überlassend, in seinen Amtssitz zurück. Und *Elima* hielt die fünfzehntägige Reise für heldenmütig genug, um ihr eine halbe Seite zu widmen.

Das derart von der Welt abgeschnittene Bomongo aber liegt nur dreißig Kilometer entfernt vom Hauptstrom, dem Kongo oder Zaire. Das Straßennetz ist verfallen, auf die heimischen Flugverbindungen von Air Zaire kann man sich nicht verlassen; der Strom bleibt auch heute, im Jahr 1975, die große Verkehrsader des Landes. Und seit fast hundert Jahren kennt der Strom Dampferverkehr. Joseph Conrad, damals noch kein Romanschriftsteller, mochte meinen, ins unberührte Herz der Finsternis vorzustoßen, als er 1890 in der mit Holz befeuerten *Roi des Belges* den Strom hinauffuhr, für zwölf Kilometer drei Stunden brauchte, jede Nacht anhielt, um die kannibalischen Holzfäller ans Ufer zu bringen und dort schlafen zu lassen. Der Conrad-Forscher Norman Sherry freilich hat in Akten gewühlt und in *Conrad's Western World* nachgewiesen, dass zur Zeit von Conrads Reise bereits elf Dampfer auf dem oberen Teil des Flusses verkehrten.

Die Dampfer verkehren auch weiter, wobei die belgische *Otraco* von der zairischen *Onatra* abgelöst wurde. Der Flusslauf ist kartographiert: Weiße Markierungen sind entlang dem Ufer an Bäume genagelt. Der Fluss wird regelmäßig von Baumstümpfen befreit. Die Fahrt stromaufwärts, für die man zu Conrads Zeiten einen Monat brauchte, dauert jetzt sieben Tage; die Strecke stromabwärts, die vierzehn Tage erforderte, wird jetzt in fünf Tagen zurückgelegt. Aus den Stationen sind Städte geworden, aber sie bleiben, was sie waren: Handelsposten. Und auch 1975 bleibt die Fahrt – 1500 Kilometer durch grünes, flaches, immer gleiches Gelände – eine Reise durch Niemandsland. So wenig ist das riesige Gebiet erschlossen worden, so in sich geschlossen, schlicht und monoton erscheint nach wie vor das afrikanische Leben, das der Reisende in raschem Tempo durchquert.

Als der Dampfer noch belgisch war, brauchten Afrikaner eine *carte de mérite civique*, um erster Klasse reisen zu können, während die afrikanischen Reisenden dritter Klasse auf Barken untergebracht waren, die der Dampfer ins Schlepptau nahm. Heute sind die zweistöckigen Barken für die Reisenden dritter Klasse – rostige, zerbeulte Boote, die einen Anstrich dringend nötig hätten und auf denen emsiges Hinterhofleben herrscht, mit angebundenen Ziegen und Hühnerkäfigen in drangvoller Enge zwischen den Passagieren – am Bug festgebunden, und die Reisenden der ersten Klasse schlafen und essen vor ihren Kabinen in einer warmen Dunstglocke aus Räucherfisch und geräuchertem Affenfleisch.

Die *cabine de luxe*, die das Doppelte einer Kabine erster Klasse kostet, benutzt der schwitzende *garçon* als Aufbewahrungsort für seine Besen, Eimer und Putzlappen und als Versteck für das Essen, *foo-foo*, hinter dem er ständig her ist: Zum Beispiel reißt er sich ein halbes Pfund Zucker unter den Nagel, indem er ihn in eine Kanne mit Tee, zubereitet mit Flusswasser, schüttet und den Tee dann im Kleiderschrank versteckt, um nach Einbruch der Dunkelheit so lange an der Tür zu scharren und zu klopfen und zu kratzen, bis ihm aufgemacht wird.

Die Vorhänge in der Kabine hängen herunter, weil die Ringe abgegangen sind. »*C'est pas bon*«, sagt der *garçon*. Viele Glühbirnen fehlen, sie werden nun nie mehr ersetzt; die leeren

Lichthalter an den Wänden lassen sich aber zum Aufhängen von Kleidern benutzen. Das Flusswasser im Badezimmer sieht verseucht und ungeklärt aus; das fleckige, undichte Waschbecken ist aus der Wand gerissen; die verchromten Handtuchhalter sind ewig leer, ihr Zweck ist längst in Vergessenheit geraten; und die Löcher im Fußboden hat man wie Löcher in einer Erdhöhle mit einer Masse ausgestrichen, die wie Lehm aussieht. Der Spülkasten des Klosetts spült unablässig. »*C'est pas bon*«, sagt der *garçon*, als rede er über etwas Naturgegebenes; und nicht einmal das sagt er, wenn nachmittags bei einer Temperatur von achtunddreißig Grad in der Kabine, deren Fenster sich nicht öffnen lassen, die Klimaanlage ausfällt.

Die Bar ist kahl, bis auf drei Flaschen mit Hochprozentigem. Bier ist die ganze Zeit über *terminé*, obwohl es auf dem Dampfer von beduselten Afrikanern wimmelt und der Mann, der sich *maître d'hôtel* nennt, schon am frühen Morgen betrunken ist. Es gibt selbstverständlich Bier, aber keine Dienstleistung ohne ein kleines Schmiergeld. Der Dampfer ist ein afrikanischer Dampfer und befährt afrikanische Strecken. Man hat ihn afrikanischen Bedürfnissen angepasst. Er transportiert Passagiere – zu viele Passagiere für die zwei Rettungsboote, die auf dem Deck der ersten Klasse zu sehen sind –, aber er ist mehr als nur ein Passagierdampfer. Er ist ein reisender Markt und ist nach wie vor das Einzige, was viele der Menschen, die entlang dem Fluss leben, von der Welt draußen kennen.

Auf seiner Fahrt von Kisangani, dem ehemaligen Stanleyville, flussabwärts nach Kinshasa legt der Dampfer nur in Bumbe, Lisala und Mbandaka an. Den ganzen Weg über ist er aber von Nutzen für den Busch. Der Busch beginnt unmittelbar außerhalb von Kisangani. Die Stadt endet – das verfallene Hôtel des Chutes, der Zollschuppen, die drei oder vier nebeneinander vertäuten, rostenden Eisenbarken, die römisch-katholische Kathedrale, eine große Ruine, ein paar Villen am Flussufer –, und das Grün beginnt: Bambus, dichtes Gras, das die Uferbänke überzieht, die Erde rotfarben, Grün und Rot reflektiert im Spiegel des Wassers, der Himmel, wie hier so oft stürmisch verdunkelt, aufleuchtend und grollend wie von fernem Geschützfeuer, das Licht silbern. Wind und Regen kommen auf, das grüne Ufer entschwindet dem Blick, das Wasser kräuselt sich, die Spiegelungen lösen sich auf, das Wasser wird schlammfarben. Man wartet auf den Urwald. Aber der Busch gewinnt nie an Höhe, wird nie zum Wald.

Bald schon tauchen die Siedlungen auf: die niedrigen, strohgedeckten Hütten in sauber gescharrten Höfen, Stroh und Mauern erdfarben, die Erde aus Angst vor Schlangen und Treiberameisen kahl gescheuert. Jungen kommen zum Dampfer herausgeschwommen, der ihre vierzehntäglich wiederkehrende Sensation bildet; und jedes Mal treiben, begleitet von lauten Rufen, die Handelsboote heran, Einbäume, die geschickt längsseits des fahrenden Dampfers gestakt und festgemacht werden, um sich kilometerweit flussabwärts mitnehmen zu lassen, während die Waren, Erzeugnisse des Buschs, entladen werden: Korbstühle, aus Baumstämmen geschnitzte Mörser, große Emailbecken voller Ananas. Wegen der Kriege, oder aus irgendeinem anderen Grund, sieht man hier kaum Männer; das Paddeln und den Handel besorgen ausschließlich Frauen oder junge Mädchen.

Wenn die Händlerinnen verkauft haben, kaufen sie. Im vorderen Teil des Dampfers, vor den Aborten der zweiten Klasse, von deren Stahlböden ständig Wasser herabrinnt, und in dem engen Gang neben den Kabinen, zwischen kackenden Babys, dem Waschen und dem Kochen und den jungen Mädchen, die leeren Blicks vor sich hinstarren, während sie entlaust werden, unter einer Dunstglocke, die nach Salzfisch, Exkrementen, Öl und Rost riecht, und umspielt von Grammophonmusik, befinden sich Verkaufsstände: Rasierklingen, Batterien, Pillen und Arzneikapseln, Seife, Spritzen, Zigaretten, Bleistifte, Schönschreibhefte, Tuchbahnen. Das sind die Erzeugnisse der Außenwelt, die hier gebraucht werden, das sind die Waren, für die so viel Kraftaufwand betrieben wird. Sind die Geschäfte abgeschlossen, legen die Einbäume ab, um unbeleuchtet kilometerweit in der Finsternis stromaufwärts zu paddeln.

Es kommen Unfälle vor (ein Einbaum mit Reisenden, der sich dem Dampfer anschloss, sollte im Laufe dieser Fahrt kentern, und ein paar Studenten, die aus dem Busch nach Kinshasa zurückkehrten, wurden nie mehr gesehen), und nachts sucht der Dampfer unablässig die Ufer mit Scheinwerfern ab. Nachtfalter erstrahlen weiß im Licht, und auf den Wassern des Kongo schimmert weiß die Wasserhyazinthe: eine Pflanze, die 1956 erstmals am oberen Kongo auftauchte und sich seitdem den ganzen Flusslauf hinunter ausgebreitet hat, verräterisch schön, mit dicken, an Liliengewächse erinnernden grünen Blättern und einer blasslila Blüte, wie die einer wild wachsenden Hyazinthe. Sie sät sich in rasantem Tempo aus, bildet schwimmende Inseln, die andere Vegetation anziehen; die Schiffsschrauben können sich in ihr verheddern. Falls die Dampfer nicht schlapp machen und es keine weiteren Kriege gibt, bleibt immer noch die Wasserhyazinthe des Kongo, um sicherzustellen, dass die Menschen am Strom in der unvordenklichen Lebensweise, die der Busch verhängt, eingeschlossen bleiben.

Am Morgen kommen neue Einbäume, trifft neue Ware ein: Schüsseln mit Nacktschnecken in feuchter, schwarzer Erde, frischer Fisch und Affen, fertig geräuchert, *boucané*, verkohlte kleine Körper, oder gerade erst getötet, graue oder rote Affen, die Schwanzspitzen gespalten, das gespaltene Fell des Schwanzes um den Hals geknotet, die Tiere zu Bündeln zusammengebunden und auf diese Weise aus dem Einbaum gehievt, an den Schwänzen, wie eine Reisetasche, ein Handkoffer aus toten Affen. Die Aufregung ist groß. Affen sind eine afrikanische Delikatesse; ein Affe, der in Kinshasa sechs Zaire – zwölf Dollar – kostet, lässt sich am Fluss für drei Zaire erstehen.

Auf dem vibrierenden Stahldeck scheint es fast so, als lebten und atmeten die Affen noch. Der Wind zaust ihr Fell; die Gesichter der roten Affen, die hin und her schwanken, erwecken den Eindruck tiefen, geruhsamen Schlafs; die Vorderpfoten sind locker geschlossen, manchmal vor dem Körper ausgestreckt. Im Achterschiff, auf dem unteren Deck, wird ein Holzfeuer angezündet, und die Kocherei beginnt: Der tote Affe wird mit dem Gesicht nach unten über das Feuer gehalten, das Fell abgesengt. Im Bug, zwischen den Ziegen und Hühnern, befindet sich ein nasses, fest angebundenes Affenbaby, jemandes Schoßtier oder Abendessen (und im Rettungsboot taucht am folgenden Tag, als eine Art afrikanischer Jux, ein Affenschädel auf, sauber abgenagt und weiß).

Tag um Tag also, während wir die Haltestationen Bumbe, Lisala und Mbandaka passieren – die zweistöckigen belgischen Kolonialbauten, die ockerfarbenen Betonmauern, die weißen Bögen, die roten Wellblechdächer –, findet auf dem Dampfer der Markt statt. An den Ufern des Stroms macht der Bambus Palmen Platz, die mit ihren unteren braunen Wedeln das gelbe Wasser streifen. Aber Urwald gibt es nicht. Die hohen Bäume sind tot, und ihre Stämme und kahlen Zweige ragen weiß über dem niedrigen, grünen Busch in die Luft. Die niedrige Vegetation ist gelegentlich zerfleddert, und manchmal gibt sie den Blick auf savannenartiges Grasland frei, das im Dunst der Nachmittagshitze gottverlassen und gespenstisch wirkt.

Der Strom verbreitert sich, Inseln tauchen auf, aber Einsamkeit kennt man in diesem Herzen Afrikas nicht. Stets sieht man die kleinen braunen Hütten in sauber gescheuerten Höfen, die kleinen Anpflanzungen von Mais, Bananen oder Zuckerrohr um die Hütten, die Handelsboote, die, begleitet von lauten Rufen, längsseits des Dampfers anlegen. Im Glast der Hitze kann die Sonne eine Stunde, bevor sie untergeht, rund und orange erscheinen und sich in dem von Lehm verschlammten Wasser als ein rotes Band widerspiegeln, das nur die Bugwellen von Dampfer und Barken riffeln. Ab und an verfärbt sich das Wasser bei Sonnenuntergang unter einem violetten Himmel und nimmt dessen Tönung an.

Aber es ist eine bevölkerte Wildnis. Das Land dieses Strombeckens wird auf afrikanische Weise genutzt. Es wird abgebrannt, bebaut und wieder verlassen. Es sieht trostlos aus, aber man weiß, welch reiche Früchte es trägt; es ist eine Wildnis, aber eine Wildnis voller Affen. Der Busch und die abgestorbenen Bäume verschwinden erst, wenn man sich Kinshasa nähert. Erst nach knapp 1500 Kilometern weichen Erde und roter Lehmboden Felsen aus Eruptivgestein, und das hügelig werdende Land mit seinen scharfen Einschnitten bietet eine glatte, kahle Oberfläche dar, die nur in den Vertiefungen von Vegetation verdunkelt ist.

Heute pflanzen, morgen ernten: So sagt man in Kisangani. Aber dieses riesige grüne Land, das den ganzen Kontinent ernähren könnte, ernährt kaum die eigene Bevölkerung. In Kinshasa müssen Fleisch und sogar Gemüse aus anderen Ländern importiert werden. Eier und Orangensaft kommen aus Südafrika, trotz heftiger Worte von amtlicher Seite; Milchpulver und Flaschenmilch kommen aus Europa. Der Busch stellt eine Lebensform dar, und wo der Busch so überwältigend ist, da erscheint organisierte Landwirtschaft als etwas Widersinniges.

In den letzten zwanzig Jahren ihrer Herrschaft bemühten sich die Belgier um eine Entwicklung der afrikanischen Landwirtschaft und scheiterten. Eine junge Frau auf dem Dampfer, eine Lehrerin, erinnerte sich an den willkürlichen Versuch und die Auspeitschungen. Die Landwirtschaft müsse »industrialisiert« werden, erklärte irgendwann ein Artikelschreiber in *Elima*, aber nicht so, wie »die Kolonialisten und ihre Schüler es gepredigt haben«. Die Belgier seien gescheitert, weil sie zu theoretisch vorgegangen und zu weit weg von den Bauern gewesen seien, die ihnen als »unwissend« und »unvernünftig« gegolten hätten. Wie in China lasse sich auch in Zaire – so dieser Autor – eine gesunde Landwirtschaft nur auf überkommene Methoden gründen. Maschinen seien unnötig. Sie seien dem Boden nicht immer angemessen; Traktoren zum Beispiel ließen die Erde unfruchtbar werden.

Zwei Tage danach erschien ein anderer Artikel in *Elima*. Es sei kein Geheimnis, erklärte der Schreiber, dass die Bauern des Landes nur kleine Flächen bestellten und dass ihre Produktion »minimal« ausfalle. Man müsse moderne Maschinen einsetzen: Nordkoreanische Fachleute kämen, um den Menschen zu zeigen, wie man das mache. Und auf einem Foto war ein großer Traktor abgebildet, die Zukunftsmusik.

Wie in so vielen anderen Dingen, sogar in politischen Grundsatzfragen, herrscht auch in Sachen Landwirtschaft Verwirrung. Alle stehen mit dem Rücken zum großen Busch. Und der Busch bleibt, was er ist, ein lebendiges Wesen mit eigener Logik. Außerhalb der Bergbaugebiete und der zerfallenden Städte ist das Land noch immer so, wie die Belgier es vorfanden und wie sie es zurückließen.

Aperire terram gentibus: »Den Völkern die Erde erschließen« – so lautet das in erhabener Schrift in Granit gehauene Motto an dem verunstalteten Denkmal am Bahnhof von Kinshasa. Vom Atlantik mit der Eisenbahn und dann jenseits der Stromschnellen bei Kinshasa weiter mit dem Dampfer – so wurde der Kongo erschlossen. Das Monument entstand 1948, zur Feier des fünfzigsten Jahrestages der Eisenbahn.

Jetzt freilich wird die Eisenbahn hauptsächlich für den Gütertransport genutzt. Nur wenige Besucher treffen in dem kleinen Bahnhof im Vorstadtstil, der nach wie vor »Kinshasa Ost« heißt, ein und treten hinaus in die imperiale Pracht des zweispurigen Boulevards, der südlich des Flusses verläuft, unmittelbar hinter den Hafenanlagen. In dem Kreisel vor dem Bahnhof hat man das Standbild von König Albert I. in Uniform und mit Tropenhelm und Schwert (so zeigen ihn die alten Ansichtskarten, die immer noch verkauft werden) entfernt; die Bronzetafeln neben dem Sockel sind herausgebrochen, zurückgeblieben ist nur der obere Rand, der an Bananenblätter denken lässt; die Flutlichtlampen wurden zerdeppert und die Elektrokabel herausgezogen und dem Rost überlassen; übrig sind von dem Monument bloß zwei hohe Ziegelsteinsäulen, wie die Säulen am Ende einer dem Vergessen überantworteten kongolesischen Via Appia.

In der Bahnhofshalle drehen sich die Rahmen für die Fahrpläne leer und ohne Glas auf dem Metallpfosten. Im Innenhof des Bahnhofs aber, jenseits der offenen, unbewachten Türen, findet sich eine wahre Antiquität: eine Lokomotive aus dem Jahr 1893, die erste, die auf der Kongostrecke eingesetzt wurde. Sie steht auf einem frisch aufgeschütteten Kiesbett, zwischen

Wundersträuchern und zwei Exemplaren von *Ravenala madagascariensis*, dem Baum der Reisenden. Sie ist klein, für eine schmale Spurweite gebaut, und sieht schnurrig aus mit ihrem niedrigen, schlanken Dampfkessel, ihrem hohen Schornstein und ihrem offenen Führerstand; man könnte denken, es fehle ihr nichts. Eine Prägung weist sie als *Nr. 1* aus, und auf einer ovalen Plakette steht einer der großen Namen der industriellen Entfaltung Belgiens im 19. Jahrhundert: *Société Anonyme John Cockerill – Seraing.*

Nicht viele Menschen in Kinshasa wissen von dieser Lokomotive; und vielleicht hat sie deshalb überlebt, weil sie, wie so vieles aus der belgischen Vergangenheit, heute Schrott ist. Wie der halb kaputte Gabelstapler auf der Rampe einer der Frachtschuppen oder wie der andere Gabelstapler im Hof, der gründlicher ausgeschlachtet wurde und wirkt, als sei er rund um die verrosteten Gabelstangen, die wie metallene Stoßzähne im Staub liegen, in seine Einzelteile zerfallen. Und wie der einrädrige Rasenmäher draußen im Park, einer Wüstenei aus Überwucherung und nackter Erde. Der Rasenmäher befindet sich im Besitz eines kleinen Jungen, der, sobald er das Interesse des Fremden bemerkt, seine Maschine aufrichtet und ihre verrosteten Klingen zum Surren bringt, indem er sie auf ihrem einen Rad geschickt durch den Staub steuert.

Heutzutage kommt der Besucher am Flughafen Ndjili an, der einige Kilometer östlich der Stadt liegt. Zaire ist noch kein Land für Besucher, die einfach mal vorbeischauen wollen – der behördlichen und nichtbehördlichen Schikanen sind zu viele –, und deshalb handelt es sich beim Besucher entweder um einen Geschäftsmann oder, wenn er schwarz ist, um einen Delegierten (im jeweiligen Nationalgewand), der auf dem Weg zu einem der vielen Kongresse ist, bei denen Zaire neuerdings den Gastgeber spielt. Vom Flughafen führt eine einzige Straße in die Innenstadt und zum Hotel Intercontinental, vorbei an den großen grünen und gelben Schrifttafeln mit Aussprüchen von Mobutu in französischer und englischer Sprache, vorbei am Fluss (die Slums der *cité indigène* liegen ein gutes Stück entfernt im Süden) und vorbei an den inmitten grüner Gärten gelegenen Villen, die noch aus belgischer Zeit stammen. Eine wenig befahrene sechsspurige Autobahn verläuft dreißig oder vierzig Kilometer in die andere Richtung, nach Nsele, zum »Landsitz« des Präsidenten.

Hier, in einem Komplex, der wie eine Ferienanlage wirkt, schick, aber schon leicht von Vergänglichkeit gezeichnet, nehmen hohe Gäste ihren Aufenthalt oder werden zu Gesprächen empfangen, während verdiente Mitglieder der Partei ein bisschen Luxus genießen dürfen. Muhammad Ali trainierte hier im vergangenen Jahr; im Januar dieses Jahres waren einige nordkoreanische Akrobaten und Leute von den Vereinten Nationen zu Gast. Es gibt Bungalows mit Klimaanlage, ausufernde Versammlungssäle, extravagante Empfangshallen, einen Swimmingpool. Es gibt auch eine Musterfarm, die von Chinesen bewirtschaftet wird. Nsele verkörpert den Stil der neuen Präsidentschaft: Es ist einer der großen, hochtrabenden Staatsbauten, einer der Häuptlingssitze, die in den letzten Jahren in der heruntergekommenen Hauptstadt errichtet wurden, um gleichermaßen die Macht des Häuptlings und den Führungsanspruch in Afrika zu unterstreichen. In dem neuen Palast für Staatsoberhäupter, die zu Besuch weilen, sind die Badezimmer vergoldet, wie ich von jemandem aus einem anderen afrikanischen Land, der dort untergebracht war, erfuhr.

Die belgische Vergangenheit also entschwindet und wird als ebenso armselig dargestellt wie ihre verunstalteten Monumente. Der fünfzehntägigen Reise nach Bomongo, die der Unterkommissar für die Region Äquator unternimmt, widmet *Elima* eine halbe Seite; Stanley hingegen, der die Kongo-Route erschloss und die Straße von der Hafenstadt Matadi nach Kinshasa erbaute, ihn hat man vom Sockel gestoßen. Im Museum bewahrt der belgische Kurator ein großes, eisernes Rad von einem der Fuhrwerke auf, die bei dem Straßenbau benutzt wurden (und von wie viel Mühsal kündet dieses Rad!), aber Mount Stanley heißt jetzt Mont Ngaliema und ist ein Park des Präsidenten; und an die Stelle der Statue Stanleys, die oberhalb der

Stromschnellen stand, ist das Standbild eines großen, unbekannten Stammeskriegers mit Speer getreten. Im Hôtel des Chutes in Kisangani überlebt der alte Name der Stadt, Stanleyville, noch auf einigen Geschirrteilen. Die angeschlagenen Kaffeetassen werden jetzt als Behälter für Zucker und Milchpulver genutzt; wenn es sie nicht mehr gibt, wird der Name verschwunden sein.

Die belgische Vergangenheit wird ausradiert, wie die arabische Vergangenheit ausradiert wurde. Im östlichen Kongo rivalisierten Belgier und Araber miteinander; ein Araber war einst Leiter der Stanley-Falls-Station. Wer aber verbindet heute noch den Kongo mit einer arabischen Herrschaft im 19. Jahrhundert? Ein junger Mann vom Stamm der Batetela erinnerte sich, dass seine Vorfahren Sklavenfänger für die Araber waren; sie liefen zu den Belgiern über, als diese kamen und ihnen Stellen in ihrem Heer anboten. Aber das war vor langer Zeit. Mittlerweile ist der junge Mann Student der Psychologie und wie so viele junge Zairer auf der Suche nach einem Auslandsstipendium; seine Freundin, die aus einem anderen Stamm kommt, der damals zu den Opfern der Sklavenjagd zählte, lachte über diese Geschichte vom Sklavenhandel.

Über einst große Ereignisse oder große Veränderungen wächst rasch der Busch. Er hat die Städte unter sich begraben, die die Araber planten, und die Obstplantagen, die sie pflanzten, so wie er in neuerer Zeit, während der Unruhen nach Erlangung der Unabhängigkeit, die feinen östlichen Vororte von Stanleyville, nahe den Tshopo-Wasserfällen, hat verschwinden lassen. Die belgischen Villen wurden verlassen; die Afrikaner kamen erst, um sich einzuquartieren, und dann, um zu plündern – sie holten sämtliche Metallteile, Kabel, Holzbalken, Badewannen und Waschbecken (Letzteres beides brauchbar für das Einweichen von Maniok) aus den Villen heraus und ließen nur das nackte Ziegel- und Mauerwerk des Erdgeschosses zurück. Auch heute, im Jahr 1975, stehen noch einige der Ruinen, und sie sehen sehr antik aus, wie ein tropisches, zugewachsenes, seiner Einrichtung beraubtes Pompeji; nur die Ruinen des

Nachtklubs Château de Venise vermitteln einen Eindruck vom kulturellen Leben in der verschwundenen Siedlung.

Und erstaunlich ist, wie wenig bereits jetzt in den Köpfen der Menschen von der belgischen Zeit noch vorhanden ist. Ein vierzigjähriger Mann – er hatte einige Jahre in den USA verbracht – erzählte mir, sein im Jahr 1900 geborener Vater erinnere sich an die belgische Gummisteuer und daran, dass Menschen Hände abgeschnitten worden seien. Eine Frau sagte, ihr Großvater habe weiße Priester in das Dorf geholt, um die Dorfbewohner vor grausamen Beamten zu schützen. Ironischerweise aber ließen sich die Personen, die mir diese Geschichten erzählten, der städtisch-kultivierten Oberschicht zurechnen. Die meisten Menschen unter dreißig, die frisch aus dem Busch in Lehrer- und Verwaltungsjobs hineingesprungen waren, erklärten, sie hätten von ihren Eltern oder Großeltern nie etwas über die Belgier zu hören bekommen.

Einer, ein Universitätslehrer, meinte: »Die Belgier haben uns einen Staat gegeben. Bevor die Belgier kamen, hatten wir keinen Staat.« Ein anderer sagte, er habe von seinem Großvater nur etwas über die Herkunft des Bantu-Volkes gehört: Die Bantu seien vom Tschad-See nach Süden gewandert und über den Strom in ein »leeres« Gebiet gelangt, in dem nur Pygmäen gelebt hätten, ein »primitives Volk«, das sie in die Tiefen des Urwalds vertrieben hätten. Für die meisten ist die Vergangenheit ein unbeschriebenes Blatt; Geschichte fängt für sie mit den eigenen Erinnerungen an. Die meisten erinnern sich an eine Kindheit im Dorf, an eine Schule und dann: den Schock der Unabhängigkeit. Für einen Mann aus Bandundu, den Sohn eines »Bauern« und den Ersten im Dorf, der eine Schulausbildung erhielt, brach die neue Welt im Jahr 1960 plötzlich herein, als Soldaten der sich auflösenden kongolesischen Armee in seinem Dorf auftauchten. »Ich sah damals zum ersten Mal Soldaten, und ich fürchtete mich sehr. Sie hatten keine Offiziere. Sie misshandelten die Frauen und töteten einige Männer. Sie suchten nach Weißen.«

In den Kolonialzeiten, erzählte mir ein Schuldirektor, habe

die Geschichte des Kongo in den Schulbüchern mit den portugiesischen Seefahrern des ausgehenden 15. Jahrhunderts begonnen und dann einen Sprung ins 19. Jahrhundert zu den Missionaren und den Arabern und Belgiern gemacht. Die afrikanische Geschichte, wie man sie heute schreibt, stellt zwar die Geschichte Afrikas als Geschichte der Afrikaner wieder her, aber sie ist nicht weniger dunkel: Die Namen von Stämmen werden aufgezählt, von großen Königreichen ist die Rede. So etwa in *Introduction à l'Histoire de l'Afrique Noire*, einem Geschichtsbuch, das letztes Jahr in Zaire erschien. So auch in der amtlichen Schrift *Profils du Zaire*, die von den Portugiesen, Missionaren und Arabern keine Notiz nimmt und nach kurzer Erwähnung der meist nicht näher datierten afrikanischen Königreiche kurzerhand zur Gründung des Freistaats Kongo kommt. Der Ton ist nüchtern und formalistisch. Die absolute Macht von König Leopold II. unterscheidet sich in der Darstellung nicht von der Macht früherer afrikanischer Könige. Leidenschaft stellt sich erst bei der Schilderung der Ereignisse im Zusammenhang mit der Unabhängigkeit ein.

Die Vergangenheit ist verschwunden. Fakten in einem Buch können nicht als solche einem Volk Geschichtsbewusstsein vermitteln. Wo sich so wenig verändert hat, wo der Busch und der Strom so überwältigend sind, liegt eine andere Vergangenheit nahe, die der afrikanischen Desorientierung und den religiösen Überzeugungen der Afrikaner besser entspricht: die Vergangenheit als *le bon vieux temps de nos ancêtres*.

Im Präsidentenpark von Mont Ngaliema, vormals Mount Stanley, wo die Wächter schmucke Uniformen tragen und die Tore mit Bronzetafeln geschmückt sind – mit der schlechten Kunst des modernen Afrika: einer Kunst, die keinen religiösen oder magischen Zwecken mehr dient, sich in fremdbürtiger Repräsentationskunst versucht und manieriert und bedeutungslos wird, als Ausdruck einer doppelten Mimikry: afrikanische Kunst, die sich selbst und die von Afrika inspirierte westliche Kunst nachäfft –, am Mont Ngaliema also gibt es eine Reihe von Gräbern aus kolonialer Zeit, aus den neunziger Jahren des letzten Jahrhunderts.

Man hat sie auf ordentlich hergerichteten Terrassen zusammengeführt, umrahmt von Zypressen und Flamboyant. Dort, über den Stromschnellen – über dem braunen Fluss, der an den Felsen zu weißem Gischt zerschellt, aber merkwürdig unbewegt wirkt: ein ewiges, gleichförmiges, brausendes Wasser –, haben die kolonialen Vorkämpfer ihre großartige letzte Ruhestätte gefunden. Immer wieder die gleichen, schlichten Berufe: *commis*, *agent commercial*, *chaudronnier* [Kesselmacher], *capitaine de steamboat*, *prêtre*, *s/officier de la Force Publique*. Nur Madame Bernard ist *sans profession*. Nicht alle waren Belgier, auch einige Norweger sind darunter; ein Missionar war Engländer.

Eine bestimmte Art von imperialistischer Literatur sieht in diesen Menschen Helden. Joseph Conrad sah die Sache anders, als er 1890, unmittelbar bevor die ersten Gräber hier am Mont Ngaliema entstanden, durch den Kongo fuhr. Er sah Menschen, die für einen Vorposten des Fortschritts zu unbedarft waren, die sich von der Masse zu Hause nicht unterschieden und auf sie angewiesen waren, Menschen, deren Stärke in Afrika wie die Stärke der Römer in Britannien »ja nur zufällig aus fremder Schwäche erwächst«, deren »Eroberung der Erde« durch keine Idee wettgemacht wurde, durch etwas, das beanspruchen konnte, nicht bloß »gefühlvoller Vorwand, sondern eine Idee und ein selbstloser Glaube an die Idee« zu sein.

»In hundert Jahren«, lässt Conrad in *Ein Vorposten des Fortschritts* (1897) einen dieser unbedarften Menschen sagen, »wird vielleicht eine Stadt hier stehen. Hafenanlagen, Lagerhäuser, Kasernen und – Billardzimmer. Zivilisation, mein Junge. Tugend und alles.« Diese so genau beschriebene Zivilisation kam – und verschwand wieder, wie die Landhäuser in Stanleyville und der Nachtklub Château de Venise. »Angelernter Kram, Hüllen, hübsche Fetzen, die bei der erstbesten Gelegenheit abfallen« – so der Erzähler in *Herz der Finsternis* (1902). »Nein, man braucht einen entschlossenen Glauben.«

Die Menschen, die jetzt – nach dem allgemeinen Exodus –

kommen, sind wie die Menschen, die damals kamen. Sie bieten Waren, Handelsgeschäfte, technische Fertigkeiten an, die gleiche leicht verderbliche Zivilisation; sonst bringen sie nichts mit. Sie sind keine Vorkämpfer, sie wissen, dass sie nicht bleiben können. Sie bevölkern die Nachtklubs (die jetzt afrikanische Namen tragen) und sichern den Prostituierten ihren Lebensunterhalt, die sich (nunmehr in afrikanischen Gewändern – ausländische Kleidung zu tragen, ist Afrikanerinnen verboten) im Umkreis des Memling-Hotels tummeln. Inmitten eines nun wieder gefährlichen Afrikas, das mit Ausweisung und Beschlagnahmung droht, setzt sich also die Vorposten-Zivilisation fort: Zum Abendessen im Café de la Paix protzen zwei alte Männer mit den jungen Prostituierten, die sie aufgelesen haben, Mädchen von vierzehn oder fünfzehn Jahren. Alte Männer; ihre letzte Chance, so junges Blut zu saufen: Kinshasa macht vielleicht morgen dicht.

»Jeder ist nur wegen des Geldes hier.« Der Zynismus war nie ein Geheimnis, jetzt wird er durch die Unsicherheit verstärkt. Man gewinnt den Eindruck, dass der Afrikaner im unabhängigen Zaire mit diesem Zynismus kollaboriert. Auch er will »angelernten Kram, Hüllen, hübsche Fetzen«: den Mercedes, die korpulenten Prostituierten, den schnieken Anzug mit passendem Brusttaschentuch und Halstuch, die Goldrandbrille, das goldene Schreibset, die große, goldene Armbanduhr am einen Handgelenk und die Goldkette am anderen, den dicken Bauch, der in einem Land mickriger Männer von Reichtum kündet. Aber Hand in Hand mit dem Komplizentum und dem Nachäffen geht noch etwas anderes: ein Ressentiment, das sich gegen die Nachgeäfften richtet, die mittlerweile unter der Bezeichnung *nostalgiques* laufen.

Simons Firma, ein großes Unternehmen, wurde verstaatlicht, und Simon ist jetzt der neue Manager. (Die Arbeit machen nach wie vor im Land lebende Ausländer, aber das ist einfach nur praktisch, und Simon stört sich nicht daran.) Warum also hat Simon, ein Mann, dessen Familie aus dem Busch stammt und der so jung und erfolgreich ist, seinen Vorgänger als einen *nos-*

talgique in Erinnerung? Deshalb, weil der eines Tages die Lohnabrechnungen durchsah und meinte: »Simon zahlt zu wenig Steuern.«

Menschen wie Simon (er hat einen offiziellen afrikanischen Namen) sind nicht leicht zu ergründen – sogar Belgier, die afrikanische Sprachen beherrschen, sagen das. Simon antwortet nur auf Fragen, er ist außerstande, so etwas wie ein Gespräch zu führen; seine Würde, sein neues Selbstwertgefühl haben ihn wieder hinter Mauern eingeschlossen, und es wirkt, als verstecke er sich. Aber sein Ressentiment gegen den früheren Geschäftsführer muss einen tieferen Grund haben als den von ihm angeführten. Und allmählich wird deutlich, aus anderen Antworten, die er gibt, aus seinem Glauben an das »Ursprüngliche«, seiner Ablehnung der Art und Weise, wie Ausländer der afrikanischen Kunst begegnen (die für ihn etwas Lebendiges ist – das Museum in Kinshasa findet er absurd), aus der afrikanischen Geheimniskrämerei, mit der er sein Zuhause umgibt (in das er mit dem Auto zurückkehrt) – aus alledem wird allmählich deutlich, dass Simon orientierungslos ist und sich in dieser unwirklichen Welt, diesem Imitat, unbehaglich fühlt.

Es sind Menschen wie Simon, gebildete, Geld scheffelnde Leute, in deren Gegenwart den Besucher das Gefühl beschleicht, verletzliche, sprachlose, gefährliche Wesen vor sich zu haben. Denn ihre Ressentiments, die allem Anschein nach im Widerspruch zu ihrem Ehrgeiz stehen und die sie nie hinlänglich zu erklären vermögen, können jederzeit in das Verlangen umschlagen, zu zerstören und auszulöschen, in einen afrikanischen Nihilismus, die Raserei von Primitiven, die zu sich kommen und feststellen müssen, dass man sie zum Narren gehalten und in ihrer Würde verletzt hat.

Zu einer Empörung dieser Art kam es nach der Unabhängigkeit. Angeführt wurde sie von Pierre Mulele, einem früheren Erziehungsminister, der nach einem langen Marsch durchs Land in Stanleyville sein Lager aufschlug und eine Schreckensherrschaft errichtete. Jeder, der lesen und schreiben konnte, wurde in den kleinen Park gebracht und erschossen, ebenso jeder, der einen Schlips trug. Das waren die Geschichten über Mulele, die man sich 1966, fast zwei Jahre nach der Revolte, im benachbarten Uganda erzählte (Uganda selbst stand kurz vor dem Zusammenbruch, und der spätere nihilistische Führer war bereits in Erscheinung getreten: Amin, der Befehlshaber der unbedeutenden Streitmacht, die den Kabaka von Buganda, den ersten Präsidenten des unabhängigen Uganda, stürzte). Neuntausend Personen sollen bei Muleles Aufstand umgekommen sein. Was wollte Mulele? Welchem Zweck dienten die Ermordungen? Der vierzigjährige Afrikaner, der einige Zeit in den USA gelebt hatte, lachte und sagte: »Das weiß niemand. Er war gegen *alles*. Er wollte einen absolut neuen Anfang machen.« Über die mulelistische Empörung findet sich in *Profils de Zaire* nur eine einzige, nichtssagende Zeile. Aber anders als von Lumumba gibt es von Mulele ein Foto, und ein großes dazu. Es zeigt einen lächelnden Afrikaner mit weit auseinander stehenden Zähnen – der Mann trägt Jackett und Krawatte.

Für Joseph Conrad war Stanleyville – im Jahr 1890 die Stanley-Falls-Station – das Herz der Finsternis. Dort herrschte in Conrads Geschichte Kurtz, der Elfenbeinhändler, den in seinem Haus, das von aufgespießten menschlichen Köpfen umgeben war, Wildnis, Einsamkeit und Macht vom Idealismus zur Barbarei hatten regredieren, in die frühesten Tage der Menschheit hatten herabsteigen lassen. Siebzig Jahre später fand an eben dieser Flusskrümmung Conrads Phantasie eine Art Verwirklichung. Aber der Mann mit »dem unvorstellbaren Geheimnis einer Seele, die keine Hemmung, keinen Glauben, keine Furcht« kannte, war schwarz, nicht weiß; und in den Wahnsinn getrieben hatten ihn nicht Wildnis und Primitivität, sondern der Kontakt mit der Zivilisation, die von eben jenen Kolonisatoren errichtet wurde, die nun am Mont Ngaliema, oberhalb der Kinshasa-Fälle, begraben liegen.

Mobutu verkörpert diese afrikanischen Widersprüche und scheint sie durch die Majestät seines Herrschertums zu adeln. All seinem Sinn für Aufmachung zum Trotz ist er der große afrikanische Nihilist, wenn auch seine Methode nicht das Blutvergießen ist. Er ist – um eine Publikation der Universität von Zaire zu zitieren – der »jugendliche, aber vor Weisheit und Dynamik vibrierende« Mann, der in den dunklen Tagen der Abspaltungen und Revolten »das Problem bis auf den Grund durchdachte« und seine ganz eigene Erleuchtung fand – die Erkenntnis, dass »Ursprünglichkeit« Not tut. »Ich habe kein geborgtes Bewusstsein mehr. Ich habe keine geborgte Seele mehr. Ich spreche keine geborgte Sprache mehr.« Er bringt die Bräuche und Werte der Ahnen zurück, er erschafft jene reine, in sich stimmige Welt neu.

»Unsere Religion gründet in einem Glauben an Gott, den Schöpfer, und in der Verehrung unserer Ahnen.« Dies erklärte kürzlich ein Geistlicher vor einer Versammlung von Lehrern. »Unsere toten Eltern leben; sie sind es, die uns schützen und sich für uns verwenden.« Christliche Heilige oder das Christentum brauche es nicht mehr. Christus sei der Prophet der Juden, und er sei tot. Mobutu sei der Prophet der Afrikaner. »Dieser Prophet rüttelt uns aus unserer Apathie auf und hat uns von unserer geistigen Entfremdung befreit. Er lehrt uns, einander zu lieben.« An öffentlichen Orten solle das Kruzifix durch das Bildnis des Messias ersetzt werden, geradeso, wie in China Maos Porträt überall hoch gehalten werde. Und auch Mobutus glorreiche Mutter, Mama Yemo, solle verehrt werden, nach dem Vorbild der Jungfrau Maria.

So wird also der Mobutismus zum afrikanischen Fluchtweg. Die Tänze und Gesänge Afrikas, von denen so viele religiösen Ursprungs sind, sind jetzt amtlich unter dem Namen *séances d'animation* bekannt und werden in den Dienst des neuen Kults gestellt; die Tänzer tragen Gewänder, die mit Mobutus Bild bedruckt sind. Alten Ritualen, die man den neuen einverleibt hat und die jetzt nicht mehr im Dorf, sondern im Fernsehstudio, im Palast, in der Kongresshalle zelebriert werden, wird dem Anschein nach neue Geltung verliehen. Afrika erwacht! Und überall bietet sich Mobutu als afrikanischer Ersatz an. Ende Januar verkündete Mobutu der (von der Ford -Stiftung und der

Carnegie-Stiftung gesponserten) afro-amerikanischen Konferenz in Kinshasa: »Karl Marx ist ein großer Denker, den ich achte.« Aber Marx habe nicht immer Recht; in puncto der segensreichen Auswirkungen des Kolonialismus zum Beispiel habe er sich getäuscht. »Die Lehren von Karl Marx richteten sich an seine Gesellschaft. Mobutus Lehren richten sich an das Volk von Zaire.«

In Afrika darf man bei solchen Vergleichen, wenn man sie anstellt, nicht kleinlich sein: Die afrikanische Bedürftigkeit ist gewaltig. Und der Mobutismus ist so in die Herrlichkeit des Königtums von Mobutu eingehüllt – da sind die neuen Paläste (den im Maharadscha-Stil erbauten Palast in Kisangani hat man Mr. Nasser, einem alten Einwanderer aus Indien, weggenommen), der Präsidentenpark am Mont Ngaliema (wo Afrikaner mit Besuchern aus dem Ausland Sonntags spazieren gehen und so tun, als fänden sie die Affen lustig), der Landsitz des Präsidenten in Nsele (offen für verdiente Mitglieder der Partei und ein Anblick, der die Passagiere auf dem Dampfer und den Barken an die Reling stürzen lässt), die vielfältig abgelichteten Staatsbesuche im Ausland, der wundersame Friede, den Mobutu dem Land gebracht hat, die fast völlige Abwesenheit von Polizisten in den Städten –, so glorreich präsentiert sich die Königsherrschaft Mobutus, so gute Worte spricht der König, der sich zum Freund der Armen erklärt und sich als Sohn eines Kochs zum *petit peuple* zählt, dass alle Widersprüche Afrikas aufgelöst und in eine besondere Art von Energie verwandelt erscheinen.

Die Widersprüche aber bleiben und sind manchmal sogar verschärft. Die Zeitungen bringen Artikel über Naturwissenschaften und Medizin. Ein Arzt indes, der sich nunmehr zu sagen traut, er könne heilen, »wenn Gott und die Ahnen es wollen«, erklärt gegenüber einer Zeitung, Unfruchtbarkeit sei entweder erblich oder durch einen Fluch verursacht; eine andere Zeitung lässt einen Heiler zu Wort kommen, der sich durch die Revolution dazu ermutigt sieht, mit seiner todsicheren Kur für Hämorrhoiden an die Öffentlichkeit zu gehen, einer »exklusiven« Geheimtherapie, die er von den Ahnen erhalten hat. Die Landwirtschaft muss modernisiert, die Leute müssen besser ernährt werden, dennoch warnt ein Arzt im Namen der Ursprünglichkeit davor, Babys mit Importnahrung zu füttern; traditionelle Speisen wie Raupen und grüne Blätter seien am besten. Der industrialisierte Westen sei dekadent und dem Untergang geweiht; Zaire müsse sich von den Plagen der Konsumgesellschaft befreien, vom Egoismus und Individualismus, die von der industriellen Zivilisation verbreitet würden. Gleichzeitig aber lässt sich – einem Artikel in *Elima* zufolge, den jemand von der Universität verfasst hatte – absehen, dass Zaire im Jahr 2000 selbst ein blühendes Land sein wird, mit großen Städten, einer Bevölkerung von »wahrscheinlich« 71 933 851 und einer grandiosen Produktionskapazität. Westeuropa befinde sich dann im »postindustriellen« Niedergang, Russland, Osteuropa und der indische Subkontinent bildeten einen großen Block, die arabischen Ölquellen seien erschöpft, und nun sei Zaire (nebst Afrika) am Zug, als attraktiver Standort für Investitionen aus entwickelten Ländern (offenbar welchen, die sich nicht im Niedergang befinden), aus denen dann ganze Fabrikanlagen importiert würden.

So also werden geborgte Ideen – Vorstellungen vom Kolonialismus, von Entfremdung, von der Konsumgesellschaft, vom Untergang des Abendlandes – für den afrikanischen Ursprünglichkeitskult nutzbar gemacht, und der Traum von einer Wiederkehr der vergangenen Zeit der Ahnen verbindet sich mit dem Traum von einer zaubermächtigen Zukunft. Diese Spinnereien sind nicht neu und sie sind nicht auf Zaire beschränkt. Von derartigen Phantastereien waren auch einige Sklavenaufstände auf den Westindischen Inseln inspiriert, und auf Jamaika, an der Universität, gibt es zur Zeit Leute, die überzeugt davon sind, dass die Schwarzen Erlösung und Macht nur erlangen können, wenn sie zu afrikanischen Lebensformen zurückfinden. Der tote Duvalier von Haiti wird bewundert wegen seines Afrikanertums; ein Autor spricht mit unfreiwilliger Ironie von der »läuternden« Zeit der Armut, die der Schwarze durchmachen müsse (wobei er, ohne sich dessen bewusst zu sein, den Ausspruch Duvaliers kolportiert: »Leiden ist das Los des Volkes von Haiti«). Es gibt sogar Leute, die in sicherer Entfernung vom Schlachthaus Uganda in Amins afrikanischem Nihilismus einen Beweis afrikanischer Lebenskraft erblicken.

Dabei ist es Wahnsinn, Verzweiflung. In der Ausgabe vom 7. Februar bringt *Jeune Afrique* – wundersamerweise kann man die Zeitschrift in Kinshasa kaufen – einen Artikel, in dem sich Seydou Lamine, ein afrikanischer Autor französischer Nationalität, mit den Ungereimtheiten der afrikanischen Tagträumerei beschäftigt und in diesem Zusammenhang vom »Alibi der Vergangenheit« spricht. Sei dieses Gerede von Afrikanertum, fragt er, nicht vielleicht ein »Märchen«, das den »Fürsten« Afrikas heute dazu diene, ihre eigene Machtposition zu festigen? »Für viele sind Ursprünglichkeit und Negritismus [*la négrité*] nur leere Worte, Ausdruck der Verzweiflung und Machtlosigkeit der Afrikaner vor ihrer niederschmetternden, ungeheuren Rückständigkeit.«

Und angesichts der allgemeinen Korruption, der Arbeiten, die nicht erledigt werden, des Versagens der städtischen Behörden in Kinshasa, der Müllberge, die nicht abgeholt werden, der nicht desinfizierten Kanäle (obwohl dafür in den Taxis regelmäßig eine Sonderabgabe von einem Zaire erhoben wird), der mutwillig zerstörten öffentlichen Fernsehgeräte und Telefonzellen – angesichts all dessen fällt es sogar *Elima* manchmal schwer, die koloniale Vergangenheit für all diese Zeichen von Egoismus verantwortlich zu machen. »Wir begehen einen Fehler, wenn wir beim Wort ›Rückständigkeit‹ nur an dessen ökonomische Aspekte denken. Wir müssen begreifen, dass es eine Art von Rückständigkeit gibt, die aus den Gewohnheiten eines Volkes und seinen Einstellungen gegenüber dem Leben und der Gesellschaft resultiert.«

Der Mobutismus, meint *Elima*, werde diese »geistige Seuche« bekämpfen. Es ist indes kein Geheimnis, dass, allem Gerede vom »Menschen« zum Trotz und ungeachtet der schwungvollen Nationalhymne namens *Zairoise* (»*Paix, justice et travail*«), der Mobutismus nur einen einzigen Menschen hochhält: den Häuptling, den König. Er allein ist zu fürchten und zu lieben. Wie soll sich – jenseits des Kults, der um ihn getrieben wird – eine neue Einstellung gegenüber dem Leben und der Gesellschaft entwickeln? Kürzlich wurde in Kinshasa eine Reihe von Leuten aus irgendeinem Grund verhaftet und ins Gefängnis Malaka gebracht: Betonklötze ohne Toiletten, hinter einer weiß getünchten Mauer, an der in der Nähe des Tors zu lesen steht: DISCIPLINE AVANT TOUT. Die Festgenommenen passten nicht ohne weiteres in die Zelle, und man schob die Tür mit Hilfe eines Landrovers zu. Am Morgen fand man viele von ihnen erdrückt oder erstickt vor.

Nicht Grausamkeit, nur Gedankenlosigkeit: Der Besucher muss lernen, sich Zaire anzupassen. Der Landsitz des Präsidenten in Nsele (wo Muhammad Ali trainierte) ist eine einzige große Verschwendung und mit seinen überladenen, klimatisierten Bungalows, seinen riesigen Konferenzsälen, seinen VIP-Lounges (die Teppiche eine preziöse Orgie aus fransenbesetztem Dralon – afrikanische Kunst zur Dekoration degradiert) ebenso kitschig wie erlesen. Aber Nsele lässt sich auch anders betrachten, als Ausdruck des afrikanischen Bedürfnisses nach afrikanischem Stil und Luxus, Ausdruck der großen afrikanischen Verletzung. Die Verletzung erklärt die Schikanen gegen die ausländischen Siedler, die Verstaatlichungen. Aber die Verstaatlichungen sind kleinkariert und verlogen; häufig erweisen sie sich als eine Art Plünderung und entbehren jeder konstruktiven Planung; sie entsprechen dem Eindruck, den sie machen, sind kurzsichtig, selbstzerstörerisch, nihilistisch, eine Demontage der letzten Überbleibsel des von den Belgiern geschaffenen Staatswesens. So findet sich der Besucher einem Wechselbad der Stimmungen ausgesetzt, und eine Gefühlsreaktion löscht die andere aus.

In einer Stadt wie Kinshasa, in der so viele Menschen Scheinbeschäftigungen nachgehen, in der so viele Anstellungen unecht und politisch motiviert, Teil einer Scheinverwaltung sind – wo stellt sich da Verantwortungsbewusstsein ein, eine Vorstellung von Gesellschaft, von Staat? In einer Zweimillionenstadt, die fast kein öffentliches Transportwesen und keine Industrie besitzt (abgesehen von den Montagewerken, die, wie in so vielen »Entwicklungsländern«, an der Straße zwischen Flughafen und Hauptstadt liegen), einer Stadt, die vom restlichen Land abgesondert ist, die nur existiert, weil die Belgier sie erbaut haben, und die heute praktisch keinen Zweck erfüllt. Sie muss nicht arbeiten; man kann sie sich selbst überlassen. Schon scheint sich nachts mitten in Kinshasa eine dauerhaftere Art von Buschleben wieder einzunisten, wenn nämlich die Wachleute (auch sie nur zum Schein beschäftigt: sie bewachen nichts) allen möglichen Industrieschrott nutzen, um sich auf ihrem Territorium einzuigeln, auf dem kaputten Pflaster ein Feuer anzuzünden, sich ihre kleinen Mahlzeiten zu kochen und sich dann schlafen zu legen. Wenn es heiß ist, stinken die Abwässerkanäle; wenn es regnet, sind die Straßen überflutet. Und die ordnungslose Großstadt breitet sich aus: Rinnsale schwarzen Unrats in ungepflasterten Gassen, Abfallhaufen neben der Autostraße, Kinder, weggeworfene Autoreifen, eine Vielzahl kleiner Buden und überall, wo ein freies Fleckchen ist, Zuckerrohr- und Maispflanzen: Subsistenzwirtschaft in der Stadt, ein Rest Buschleben.

Am Ende einer der Autostraßen aber liegt die Universität. Es heißt, sie sei heruntergekommen. Die Studenten allerdings sind aufgeweckt und freundlich. Sie kommen aus dem Busch, können sich indes schon über Stendhal und Fanon unterhalten; sie zeigen die Begeisterung von Menschen, für die alles neu ist, und auch sie sind überzeugt, dass mit dem ökonomischen Zusammenbruch des Westens (von dem jeden Tag in den Zeitungen die Rede ist) die Stunde Afrikas schlägt. Die Begeisterung verdient ein besser ausgestattetes Land. Vorstellbar, dass sich viele dieser Studenten, mit ihrem neu geweckten Sinn für Ideen, für Geschichte, Ungerechtigkeit und den eigenen Wert, von ihrer Gesellschaft im Stich gelassen finden und zu nichts weiter erwachen als zu Kummer und Leid. Aber nein. Für die meisten von ihnen hält der Staat Anstellungen bereit, und der

Mann an der Spitze nimmt sie bereits als Mobutisten in Anspruch. Der afrikanische Weg in die Zukunft liegt bereits klar erkennbar vor ihnen, die Bemühungen um eine selbstständige Orientierung sind bereits eingeschränkt; und Mobutu selbst hat schon warnend erklärt, die am meisten entfremdeten Menschen in Zaire seien die Intellektuellen.

So vereinfacht der Mobutismus die Welt, die Vorstellung von Verantwortung und vom Staat, und er lässt auch die Menschen einfach werden. Der Weg Zaires zu Macht und Ruhm wird als kinderleicht dargestellt, die Ausplünderung des von den Belgiern übernommenen Staats, die Beschlagnahmungen und Verstaatlichungen, die Verteilung großer Scheinposten so leicht gemacht. Die Schaffenskraft als solche erscheint nachgerade als etwas, das man abstauben, das man per Dekret herbeizaubern kann.

Zaire hat seine Musik und seinen Tanz. Um im vollen Glanz zu erstrahlen, braucht Zaire auch eine eigene Literatur, wie andere afrikanische Länder ihre Literatur haben. Das Problem, verkündet *Elima* in einem ganzseitigen Artikel der Sonntagsausgabe, bestehe darin, dass zu viele Leute, die noch nie eine Zeile geschrieben hätten und manchmal nicht einmal korrekt sprechen könnten, in der Welt herumliefen, sich als zairische Schriftsteller ausgäben und ihrem Land Schande machten. Damit sei jetzt Schluss; die falschen literarischen »Zirkel« würden durch offizielle literarische »Salons« ersetzt, und die müssten sich augenblicklich an die Arbeit machen. In zwei Monaten werde der Präsident nach Paris reisen. Die ganze Welt werde zusehen, und es müsse unbedingt in diesen zwei Monaten eine zairische Literatur geschrieben und publiziert werden. Weitere Werke seien für das Festival der afrikanischen Kunst nötig, das Ende des Jahres in Lagos stattfinde. Der Ton, in dem der *Elima*-Artikel gehalten ist, spricht dafür, dass sich hier Mobutu höchstpersönlich zu Wort gemeldet hat.

* * *

Mobutu redet die ganze Zeit über. Er spricht nicht mehr Französisch, sondern Lingala, die dortige Verkehrssprache, und Transistorradios tragen seine Worte bis in den tiefsten Busch. Er redet als Häuptling, und die Menschen hören zu. Sie lachen ständig und klatschen Beifall. Es war eine brillante Idee Mobutus, dem Volk von Zaire zu geben, was es nicht hatte und schon so lange brauchte: einen afrikanischen König. Der König ist die verkörperte Würde seines Volkes; einen König zu haben bedeutet, an der Würde des Königs teilzuhaben. Der Einzelne sieht sich von der Verantwortung – im tiefen afrikanischen Elend eine Quelle möglicher Verzweiflung – entlastet. Gefordert wird von ihm nur Gehorsam, und Gehorsam ist nicht schwer.

Mobutu beruft sich auf seine einfache Herkunft. Er ist ein *citoyen* wie jeder andere. Und Mama Mobutu, seine Frau, liebt die Armen. Sie unterhält ein Zentrum für benachteiligte Mädchen; diese treiben Landwirtschaft und fertigen Medaillons mit dem Bild des Königs, die von treuen Untertanen getragen werden: Von Mobutu kann es in Zaire gar nicht genug Konterfeis geben. Die kleinen noblen Gesten des Königs werden von einem Volk geschätzt, das mit noblen Gesten kaum Erfahrung hat. Immer wieder bekommt man von Zairern erzählt, dass jetzt ein Hospitalschiff die am Fluss gelegenen Dörfer versorgt. Am meisten aber beglückt Mobutu sein Volk, wenn er so richtig übertreibt. Die Mutter des Königs muss kultisch verehrt werden, dabei war sie eine schlichte afrikanische Frau. Wallfahrten werden zu Orten unternommen, die mit der Biographie des Königs in Zusammenhang stehen; der verachtete afrikanische Busch wird wieder heilig.

In einer Sprache, die als Aufguss aus Mao und Fanon erscheint, reden die Zeitungen Tag für Tag von der Revolution und der Radikalisierung der Revolution. Aber das Einzige, worum es bei dieser Revolution geht, ist das Königtum. In Zaire bringen die Zeitungen Mobutu und nichts als Mobutu: seine Reden, seine Empfänge, die *marches de soutien*, die neuen Bestallungen – Hofnachrichten. Was aktuell passiert, sind Kleinigkeiten. Die Verstaatlichung eines protzigen Möbelgeschäfts ist eine Sensationsmeldung, wie auch die Enthüllung, dass es im Aufsichtsrat irgendeiner Brauerei keinen Afrikaner gibt. Antirevolutionäre Aktivitäten, die dank der »Wachsamkeit« des Volkes entdeckt werden, bestehen in Betrügereien auf dem Markt, in der Zweckentfremdung eines Fahrzeugs der Regierung für nächtliche Taxifahrten durch einen Staatsangestellten, in der Errichtung eines Hauses ohne Baugenehmigung, in einem Autounfall, bei dem betrunkene Mitglieder der Jugendorganisation der Partei in Kisangani den parteieigenen Volkswagen zu Schrott fahren. Neuigkeiten in Zaire gibt es nicht, weil nichts Neues in Angriff genommen wird. Die Kupferminen werden weiter ausgebeutet, an dem großen Staudamm bei Inga wird weitergebaut. Überall werden Flughäfen erweitert oder neu angelegt, aber nicht etwa, weil das Land einen Aufschwung erlebt, sondern nur, damit es besser kontrolliert werden kann.

Was schon am ersten Tag offenkundig war, aber dann durch Worte und deren scheinbare Vernünftigkeit verwischt wurde, erweist sich als Wahrheit. Das Königtum Mobutus ist zum Selbstzweck geworden. Der übernommene moderne Staat wird demontiert, aber es spielt auch gar keine Rolle, ob er funktioniert. Der Busch funktioniert, und der war sich schon immer selbst genug. Die Staatsverwaltung, jetzt der königliche Hof, ist etwas Aufgesetztes, etwas, das mit dem wahren Leben des Landes nichts zu tun hat. Vorstellungen von Verantwortung, von Staat, von Schaffenskraft sind Ideen, die der Besucher mitbringt; allem verbalen So-tun-als-ob zum Trotz entsprechen sie nicht den afrikanischen Perspektiven.

Mobutus Friede und sein Königtum sind große Errungenschaften. Aber das Königtum ist steril. Im Kult um den König gehen die intellektuellen Fortschritte eines Volkes wieder unter, das sich kaum erst in Gang gesetzt hat. Die geistige Verwirrung des Strebens nach Ursprünglichkeit, die solch eine Illusion von Macht erzeugt, verbarrikadiert die Welt erneut und deutet hin auf eine Zukunft wachsender Verzweiflung. Die Macht Mobutus wird mit Sicherheit vergehen, aber hinter die

Prinzipien des Mobutismus gibt es kein Zurück mehr. Mobutu hat die Vorlage für seine Nachfolger geschaffen; sie werden feststellen, dass die afrikanische Abhängigkeit nicht geringer wird und ebenso wenig das Bedürfnis nach nihilistischem Auftrumpfen.

Dieses Erleben eines Landes, das in der Falle sitzt und stagniert, das ewig verwundbar bleibt – es vermittelt einem ansatzweise die spezifisch afrikanische Erfahrung von Nichtigkeit. Man fängt an, nach afrikanischer Art in Träumen von einer Vergangenheit zu versinken – die leere Weite aus Wasser und Wald, die Hütte im Lehmhof, der Einbaum –, als noch die toten Ahnen wachten und Schutz gewährten und die Feinde bloß Menschen waren.

1975

Die Krokodile von Yamoussoukro

1

Yamoussoukro, tief in den Regenwäldern der Elfenbeinküste gelegen, zählt zu den Wundern Schwarzafrikas. Einst war es ein Dorf und unterschied sich vielleicht nicht von anderen Buschdörfern Westafrikas, deren Strohhütten nach zwei Jahren verschlissen sind. Yamoussoukro war aber auch der Sitz eines Stammeshäuptlings der Region, und während des halben Jahrhunderts, in dem die Franzosen auch im Landesinneren die direkte Herrschaft ausübten, gerieten das Häuptlingsamt und sein Machtanspruch – sein Anspruch auf moralische oder spirituelle oder magische Macht – nicht in Vergessenheit.

Der uralte Mann, der nach wie vor Häuptling ist, erhielt eine französische Erziehung. Er wurde, was die Franzosen als »Kolonialarzt« bezeichnen – nicht das vollendete französische Produkt, aber immerhin ein Arzt. Später wurde er Politiker, Anführer der Protestbewegung. Als das Land 1960 die Unabhängigkeit erhielt – der Busch fiel mitsamt Veränderungen an seine Bewohner zurück –, begann er, die Elfenbeinküste zu regieren. Und das tut er bis zum heutigen Tag.

Er hat gut regiert. Er hat die Franzosen als Techniker, Berater, Verwaltungsbeamte eingesetzt und sein Land, obwohl es über keine für den Abbau bereitliegenden Bodenschätze verfügt, nur mit Hilfe der Naturschätze des tropischen Waldes und der

Landwirtschaft reich gemacht. So reich, dass die Elfenbeinküste Arbeitskräfte aus den schlechter gestellten oder weniger wohlgeordneten Nachbarstaaten importiert: Die Zuwanderung von Arbeitskräften hat ebenso wie die natürliche Bevölkerungszunahme dazu geführt, dass die Einwohnerzahl von drei Millionen im Jahr 1960 auf heute neun Millionen angewachsen ist. Die Hauptstadt Abidjan, einst eine wenig verheißungsvolle Neugründung auf dem schwarzen Schlammboden einer stinkenden Lagune, hat sich zu einer der größten Hafenstädte Westafrikas entwickelt. Und gut zweihundert Kilometer landeinwärts, am Ende einer Autostraße, die selbst Frankreich Ehre machen würde, liegt das verwandelte Heimatdorf des Präsidenten, Yamoussoukro.

Tatsächlich ist das alte Dorf für die Öffentlichkeit gar nicht mehr sichtbar. Das gesamte Dorf – die Hütten (soweit noch vorhanden), den Versammlungsplatz, den quasi heiligen Palaverbaum – hat man in das Gelände eines neuen Präsidentenpalastes eingeschachtelt. Alles liegt verborgen hinter einer hohen Palastmauer, die viele Kilometer lang sein muss.

Auf der einen Seite des Palastes gelangt man zu einem künstlich angelegten See, in dem Schildkröten und menschenfressende Krokodile ausgesetzt wurden. Es sind totemistische Geschöpfe, Wappentiere, und sie gehören dem Präsidenten. Krokodile gab es in Yamoussoukro vorher nicht. Niemand weiß genau, was sie bedeuten sollen. Aber allen Afrikanern künden sie gleichzeitig von Gefahr und von dem in Zauberkraft gründenden Bewusstsein des Präsidenten, des Häuptlings, dass er über eine Macht verfügt, die menschliches Vermögen übersteigt und ihm aus der Erde selbst zufließt.

Die Macht und Weisheit des Häuptlings haben den Wald um Yamoussoukro zum Verschwinden gebracht. Wo sich einst afrikanische Felder, unbebautes Gemeindeland und Wildbäume befanden, gibt es jetzt ordentlich angelegte, mit Maschinen bewirtschaftete Plantagen. Auf vielen Quadratkilometern wachsen Mangos, Avocados oder Ananas, gepflanzt in Reihen, deren Geradlinigkeit dem Auge von Menschen, für die Natur normalerweise in formlosem, feindlichem Busch besteht, wohlgefällig ist. In diesem Teil von Afrika gehört nach allgemeiner Ansicht Land dem, der es bestellt; auf den Busch lässt sich kein Besitzanspruch erheben. Und bis sie vor wenigen Jahren dem Staat übereignet wurden, waren diese Pflanzungen um Yamoussoukro ein Landbesitz, der dem Präsidenten persönlich gehörte.

Der Präsident neigte seit jeher zu großen Entwürfen, und seine Pläne für Yamoussoukro sind gigantisch. Er möchte aus dem Ort eine der großen Metropolen Afrikas und der Welt machen. Das Land wurde planiert, und Alleen, so breit wie Landepisten, ziehen sich rund um das künftige Ballungszentrum. Ausladende und manchmal großartige moderne Bauten stehen in der geräumten Wildnis und harren ihrer vollen Inbetriebnahme.

Um Besucher anzulocken, gibt es einen großen Golfplatz, herrlich gestaltet und bis jetzt gegen den schnellwüchsigen Busch standhaft verteidigt. Der Präsident verfiel auf die Idee, obwohl er selbst nicht Golf spielt. Der Einfall kam ihm im hohen Alter; auf seine milde, zuredende Art würde er jetzt am liebsten sein ganzes Volk, all die rund sechzig Stämme der Elfenbeinküste, dazu bringen, mit dem Golfspielen anzufangen. Für die Unterbringung der Besucher gibt es das zwölfstöckige Hotel Président, das zur französischen Hotelkette Sofitel gehört. Der Hotelprospekt wird in Frankreich gedruckt; mit seinem silbergrauen Umschlag wirkt er geradezu fürstlich. »Finden Sie die Spuren des Heimatdorfes von Präsident Houphouët-Boigny«, liest man im Prospekt, »und entdecken Sie den ultramodernen Vorgriff auf das Afrika von morgen.«

Beides passt zusammen. Der ultramoderne Traum beschwört zugleich das alte Afrika. Er ist pharaonisch, in ihm steckt ein antikes Moment. Abseits der umwerfenden Extravaganzen des Golfplatzes, des Golfklubs und des zum Hotel Président gehörenden Swimmingpools steht der Präsidentenpalast mit seinem künstlichen See. Außerhalb der kahlen Mauern, hinter denen das Heimatdorf des Präsidenten und der Palaverbaum verborgen liegen, den Blicken der Öffentlichkeit entzogen, werden die Totemtiere des Präsidenten, seine Krokodile, täglich mit Frischfleisch gefüttert. Man kann hingehen und zuschauen. Aber Yamoussoukro ist so weitläufig und die brandgerodeten, leeren Räume sind so abweisend, dass nur Leute mit Auto ohne Mühe hinkommen, im Zweifelsfall also Besucher, Touristen.

Das Fütterungsritual findet nachmittags statt, am helllichten Tag. Da sind die Autos, die Touristen in bunten Kleidern, die Kameras. Die Krokodile aber sind heilig. Ein lebendes Opfer – ein Huhn – muss ihnen dargebracht werden, das gehört zum Ritual. Dieses Opfermoment, diese ausgedehnte Demonstration von Macht und Grausamkeit, hat den beunruhigenden Effekt, der beabsichtigt ist; der Traum von Yamoussoukro erscheint wieder bedrängt von nächtlicher Finsternis und dem Wald.

Auf Außenstehende, egal, welcher politischen Überzeugung oder welchen religiösen Glaubens sie sein mögen, macht Afrika oft den Eindruck, sich im Zustand des Werdens zu befinden. Es steht immer im Begriff, zu etwas anderem gemacht zu werden. So weckt es Hoffnung, Ehrgeiz, Enttäuschung, Ärger. Und selbst der Erfolg der Elfenbeinküste ruft eine Art Beunruhigung wach. Wird er von Dauer sein? Werden die Afrikaner in der Lage sein, all das fortzuführen, was die Franzosen und die Israelis und die anderen für sie erbaut haben und nach wie vor erfolgreich am Laufen halten?

Und dann aber, an einem Ort wie Yamoussoukro, wo die Unruhe sich am stärksten rührt, beginnt sie zugleich wirklichkeitsfremd zu erscheinen. Man erhascht einen Blick auf ein afrikanisches Afrika, ein Afrika, das – allen Wechselfällen der Geschichte und allen gegenwärtigen Erscheinungen irdischer Macht und Herrlichkeit zum Trotz – sich selbst stets als vollständig, als vollendet, als erfüllt von unbändig eigener Kraft gewahrt hat.

Auf diese Vorstellung von afrikanischer Ganzheit hätte ich gefasst sein können. Etwas Vergleichbares, ein ähnliches religiöses Gefühl, lag als vage Stimmung vielen der Sklavenrevolten in der Karibik zugrunde. Die Vorstellung von afrikanischer Ganzheit lebt in verschiedenen religiösen Kulten der Karibik fort und berührt auch die Politik in der Region. Viele der neueren politischen Bewegungen in den Gebieten der Karibik mit mehrheitlich schwarzer Bevölkerung weisen eine chiliastische, ekstatische, rein afrikanische Seite auf.

Die Sklaven auf den Plantagen in der Neuen Welt kamen aus Westafrika. Aber das war nicht die Überlegung, mit der ich an die Elfenbeinküste reiste. Meine Beweggründe waren simpler. Die Welt ist zu vielfältig, unser Geist kann sie nur mittels Schubladen erfassen. Ich wollte nach Westafrika, wo ich noch nie gewesen war; ich wollte in ein Gebiet, das zum französischen Kolonialreich gehört hatte; schließlich wollte ich in ein Land, das den Ruf genoss, inmitten des schwarzafrikanischen Tohuwabohus für politischen und wirtschaftlichen Erfolg zu stehen. Eine afrikanische Erfolgsgeschichte, Frankreich in Afrika, das waren die glorreichen Ideen, die mich dort hinführten.

Frankreich in Afrika entsprang einem persönlichen Faible. Grundlage war meine Liebe zur französischen Sprache, eine Schuljungenliebe, die mir im Queen's Royal College im kolonialen Trinidad von Lehrern eingeflößt worden war – viele von ihnen schwarz oder teilweise schwarz –, die ihrerseits verliebt in die französische Sprache und in die (nie offen erklärte, nur immer angedeutete) Idee von einem toleranten, assimilationsfreundlichen Frankreich waren. Frankreich in Afrika: Ich stellte mir die Sprache im Munde eleganter Afrikaner vor, ich dachte an hoch gewachsene Frauen mit Turbantuch auf dem Kopf, an Frauen wie die in Mali und im Kongo, ich dachte an Wein und tropische Boulevards.

In dem feuchten Klima der Elfenbeinküste indes gedieh kein Wein; meistens war er Rosé und kam aus Marokko; zum Mittagessen getrunken, wirkte er betäubend. Das westafrikanische Französisch klang ebenso gebrochen und säuerlich wie das westafrikanische Englisch. In dem nüchternen, kleinen Handelszentrum Abidjan gab es nicht die Spur eines Boulevards; hier und da zeugten im Schatten hoher, neuer Gebäude kleine libanesische Läden von einer früheren, weniger betriebsamen

Kolonialstadt. Statt der Boulevards existierten Viertel, in denen das »volkstümliche« afrikanische Leben toste. Ansonsten gab es – wie in so vielen anderen früheren Kolonialgebieten – den umzäunten Konfektionsluxus moderner internationaler Hotels.

Um den Swimmingpool des Forum Golf Hotels lagen die flachbrüstigen Ehefrauen französischer Geschäftsleute und Techniker barbusig zwischen den gelb und orange gemusterten Eidechsen und sonnten sich. Afrika kam abends als Varieté zum Zuge – nicht das Afrika der Nachtklubs in den Afrikanervierteln, sondern das Afrika der staatlich sanktionierten »Kultur«: die halb religiösen oder magischen Tänze des Urwalds, jetzt aufgeführt in einem parkähnlich gestalteten Garten, die großen, entblößten Brüste tanzender, im Chor singender Frauen vom elektrischen Licht angestrahlt.

Ich hatte nicht ernstlich erwartet, Frankreich in Afrika vorzufinden – das war nur so eine Phantasie. Aber ich hatte auch nicht damit gerechnet, dass an der Elfenbeinküste Frankreich und Afrika nach wie vor als getrennte Sphären existierten. Das ließ den Erfolg nur noch rätselhafter erscheinen, dem man in der großen Hauptstadt Abidjan begegnete: Da waren die Stadtautobahnen mit ihren Richtungsweisern, die an Frankreich erinnerten, die Wolkenkratzer im Zentrum, der Universitätscampus und der Golfplatz, die sich ausbreitenden Arbeiterviertel, chaotisch, aber keine Elendsviertel, die vielen mittelständischen Wohngebiete mit ihrer Mischung aus afrikanischen und europäischen Bewohnern, die vom Staat errichteten Wohnblocks, der große Hafen und das Industriegebiet, das faulige Wasser der tropischen Lagune, das in der Dämmerung die Lichter des abendlichen Berufsverkehrs auf der Uferstraße widerspiegelte.

»Ist es nicht großartig«, sagte bei diesem Anblick ein Amerikaner von der Botschaft eines Abends zu mir, »dass sie das mit nichts weiter als mit ein bisschen Kaffee und ein bisschen Kakao geschafft haben?«

Aus allem Anschein nach wenig wurde Reichtum geschaffen. Und dieser Reichtum wurde verteilt und genutzt. Der steile

Aufschwung der Elfenbeinküste war mittlerweile abgeflaut. Die Kaffeepreise waren um ein Drittel gefallen, die Kakaopreise um die Hälfte; die mit der Ausbeutung der Ölvorkommen befassten Firmen zogen ab und wandten sich anderen Ländern des französischen Afrika zu. Ein gewisses Maß an Unzufriedenheit machte sich breit, man hörte erste Proteste, die sich gegen die vielen Franzosen im Land richteten. Aber Außerordentliches war erreicht worden; allein schon, dass die Staatsordnung Dauerhaftigkeit bewies, kam in diesem Winkel Afrikas einem Wunder gleich.

Überall im Umkreis herrschte Chaos oder Nichtigkeit. Liberia, analphabetisch und verarmt, wurde von seiner Armee regiert, nachdem Mitglieder der vorangegangenen Regierung kurzerhand am Strand niedergeknallt worden waren. (Was für Bilder sich bei diesen Nachrichten dem Geist aufdrängten: das Ferienambiente, die verängstigten Männer im Anzug oder im Schlafanzug, die Uniformierten mit ihren Gewehren, das Rauschen des Meeres.) Guinea, einst wie die Elfenbeinküste eine französische Kolonie und potenziell reicher als diese, war mittlerweile bankrott, beherrscht von einer mörderischen Despotie, berüchtigt für die »schwarze Diät« in seinen Kerkerzellen, wo Menschen weder Nahrung noch Wasser bekamen und man sie einfach verrecken ließ. Ghana, zur Zeit seiner Unabhängigkeit ein deutlich reicheres und gebildeteres Land als die Elfenbeinküste und mit staatlichen Einrichtungen gesegnet, befand sich inzwischen im Zustand der Auflösung, eine Bezugsquelle für Wanderarbeiter.

Und doch zählten, aus der Stammesperspektive betrachtet, die Volksgruppen Ghanas und Guineas zum gleichen Menschenschlag wie die der Elfenbeinküste. Die Stämme oder Ethnien blieben mit ihren Siedlungsgebieten nicht innerhalb der jeweiligen Landesgrenzen. Und obgleich die Elfenbeinküste als liberal galt, war sie doch ein afrikanischer Staat, ein Einparteienstaat mit seinem eigenen Führerkult: Der Mann, der im Augenblick der Unabhängigkeit Präsident geworden war, hörte nie mehr auf, Präsident zu sein. Was an der Elfenbeinküste getan worden war, war nicht auf einen Schlag getan worden; es war kontinuierlich über mehr als zwanzig Jahre entstanden. Erklären lässt sich dieser afrikanische Erfolg offenbar damit, dass es – unabhängig von der Persönlichkeit des Präsidenten und über sie hinaus – ein Prinzip gab, das den Menschen zusagte, etwas leicht zu Erfassendes und leicht Wiederholbares.

Die Erklärungen, die der Besucher erhielt, waren schlicht, knapp, blank geputzt: Schon viele Besucher hatten sie zu hören bekommen. Die Nationalbewegung in einem Land wie Ghana sei eine Bewegung von Angestellten und Anwälten gewesen, von Ideologen, die Afrika durch ausländische Ideen gleichzeitig zu veredeln und zu afrikanisieren gesucht hätten. Die Nationalbewegung an der Elfenbeinküste sei schlichter, eine Bewegung von Bauern, *planteurs*, Dorfbewohnern.

Ein Botschafter, mit dem ich kurz nach meiner Ankunft zusammentraf, führte das weiter aus. Er hatte gerade die Nachricht erhalten, dass in Ghana ein neuerlicher Staatsstreich niedergeschlagen worden war. Zum Zeitpunkt ihrer Unabhängigkeit, meinte der Botschafter, hätten sich die zwei Länder voneinander unterschieden. Gemeinsam sei ihnen nur das Klima und die Vegetation gewesen. Nach der Unabhängigkeit hätten sich in Ghana die Nationalisten auf die Schaffung von »Verwaltungsstrukturen« konzentriert. An der Elfenbeinküste hätten sie sich darauf konzentriert, Reichtum zu erzeugen, Reichtum aus landwirtschaftlichem Anbau. Sie hätten sich auch weniger Gedanken um die Afrikanisierung gemacht. Sie hätten Straßen gebaut, um die Dörfer besser mit den Märkten zu verbinden. Sie hätten den Dörfern Versorgungseinrichtungen und Sicherheit verschafft – und Sicherheit sei wichtig. Sie hätten sich bemüht, die Isolation der Dörfer zu beenden, um die Menschen dort zu halten, und das sei ihnen gelungen. Heute gebe es überall an der Elfenbeinküste Straßen und Hotels. Yamoussoukro, das mitten im Land gelegene Dorf des Präsidenten, sei jetzt nur drei Stunden Autofahrt von Abidjan entfernt.

So hörte ich zum ersten Mal von Yamoussoukro. Es war das Dorf des Präsidenten und möglicherweise nichts weiter als eines der Bauerndörfer, um deren Entwicklung eine auf die Landwirtschaft setzende Regierung sich bemühte.

Botschafter müssen ihre Worte wählen. Sie üben einen Spezialberuf aus und sind gehalten, ein zeremonielles Leben zu führen. Als offizielle Vertreter ihres Landes dürfen sie in ihrer Sicht des Gastlandes nicht allzu weit vom Selbstverständnis der Einheimischen abweichen, mit denen sie zu tun haben. Botschafter, wie übrigens auch andere ständig in Schwarzafrika lebende Ausländer, wirken beim ersten Zusammentreffen irgendwie ambivalent. Im Bemühen, etwas so zu sagen, wie es nach ihrer Ansicht gesagt gehört, machen sie den Eindruck, etliches zu verleugnen oder zu verschweigen. Sie mögen das afrikanische Afrika kennen, aber das ist nicht das Afrika, das sie dem Besucher bei der ersten Begegnung vorstellen. Sie sind Männer mit Berufen und Erfahrung; ihr Beruf ist wesentlich für ihr Selbstwertgefühl; das Afrika, das sie dem Besucher präsentieren, ist das Afrika, wie es sich von Berufs wegen darbietet. Die Ambivalenz stellt sich ganz natürlich ein, sie hat nichts mit Verstellung zu tun. Wenn man bestimmte Arten von Arbeit in Afrika verrichtet, bestimmte Disziplinen oder Fertigkeiten aus einer anderen Zivilisation ausübt, dann kommt das unter Umständen einer Übung in selbstloser Hingabe gleich. Viele von den Ausländern, die im befreiten Schwarzafrika ausharren, durchlaufen einen regelrechten Läuterungsprozess, und nicht wenige von ihnen sind merkwürdig einsam.

Als Nächstes hörte ich durch Philip, einen im Land lebenden Engländer, von Yamoussoukro. Philip war Ende dreißig und hatte sein Berufsleben zu einem großen Teil in Afrika verbracht. Er arbeitete jetzt für eine zwischenstaatliche afrikanische Organisation. Seine Frau war eine schwarze Guyanerin von großer Schönheit, die aus einer in England ansässigen Familie stammte. Es sei seltsam, meinte Philip, dass er die afrikanische Seite in der Ehe repräsentiere und Janet mit ihrer »Herkunft aus Huddersfield« die englische.

An diesem Wochenende hatte sie Geburtstag. Um ihn zu feiern, unternahmen sie den bei ortsansässigen Ausländern üblichen Sonntagsausflug an den Strand bei Grand-Bassam. Ich schloss mich der Geburtstagsgesellschaft an: Wir fuhren hinaus aus Abidjan, vorbei an den Barackensiedlungen der Wanderarbeiter, vorbei an den Kokosnussplantagen mit den in Reih und Glied gepflanzten Kokospalmen und den langen freien Sichtachsen zwischen den einzelnen Reihen, vorbei an den Zeilen von Strohhütten, in denen afrikanische Kuriositäten und kunsthandwerkliche Erzeugnisse verkauft wurden, bis zu der verfallenen Kolonialhauptstadt Grand-Bassam, die nach einer Gelbfieberepidemie im Jahr 1899 aufgegeben worden war, und schließlich dann, nach Beton und Wellblech und Straßen mit dicker Staubschicht, zu den strohgedeckten Sonntagsgaststätten am Meer – ein Ausflug, der, wie ich nach zwei Wochen Aufenthalt herausgefunden hatte, fester Bestandteil des von Monotonie, Langeweile und Beschränkungen heimgesuchten Lebens der dortigen Ausländer war.

Am Rande von Abidjan wurde die Autostraße sehr breit, ohne irgendeinen Mittelstreifen. Das sei so wegen der Paraden, erklärte Philip.

»Es ist wie in Yamoussoukro«, sagte er. »Sie sollten versuchen, dort hinzukommen. Sehen Sie zu, dass Sie nachts ankommen. Sie sehen dann die doppelten Lichterreihen. Sie werden sich wundern, wo Sie sind. Am nächsten Morgen merken Sie, dass Sie nirgends sind.«

Wir fuhren vorbei an flachen Militärbaracken. Man hatte den Eindruck, dass sie sich lange hinzogen. Es waren die Baracken eines Regiments der französischen Fremdenlegion. Sie gäben sich Mühe, möglichst wenig aufzufallen, sagte Philip. Sie seien nur zu Ausbildungszwecken an der Elfenbeinküste.

»Deprimiert es Sie«, fragte ich ihn, »in all diesen afrikanischen Ländern mit ihren verschiedenen Personenkulten leben zu müssen?«

In diesem frühen Stadium unserer Bekanntschaft wagte ich mich mit einer solchen Frage zu weit vor.

»Personenkulte gibt es überall«, sagte er. »Wenn man die Geschichte mit den Falkland-Inseln von außen betrachtet, scheint mir dort ein ausgeprägter Personenkult zelebriert worden zu sein. Mrs. Thatcher hat sich auf ein hohes Podest gestellt.«

Ob er wirklich glaube, dass beides vergleichbar sei, wollte ich wissen.

»Nein«, antwortete er mit unerwarteter Offenheit. Und ein bisschen später kam er auf das Thema zurück, wie um seine Haltung und seine Äußerung zu erläutern. »Sie müssen verstehen, dass Afrikaner den Personenkult mehr schätzen. Den verstehen sie. Eine Vielzahl von Parteien und Personen bringt sie durcheinander. Ich habe erlebt, wie das vor sich geht.«

Und am nächsten Tag beim Mittagessen in der Botschaft kam unter anderem zur Sprache, wie sich Afrikaner zur Autorität verhalten. Der Präsident hatte, wie ich erfuhr, die wachsende Unzufriedenheit an der Elfenbeinküste bemerkt. Wohlmeinend, wie er war, und bemüht, das Richtige zu tun, hatte er einen Versuch zur »Demokratisierung« unternommen. An der Elfenbeinküste gab es nur eine einzige Partei, und bei Wahlen existierte normalerweise nur eine einzige Kandidatenliste; die Menschen in den einzelnen Wahlbezirken stimmten einfach für oder gegen den Kandidaten der Partei. Bei der letzten Wahl hatte man ein Experiment gemacht. Es war bekannt gegeben worden, dass sich jeder in der Partei um einen Sitz bewerben konnte. Um die etwa 140 Parlamentssitze hatten sich mehr als 600 Kandidaten beworben, und achtzig Prozent der alten Abgeordneten, von denen einige schon zwanzig Jahre im Parlament saßen, waren abgewählt worden.

Der Demokratie hatte man so in gewisser Weise Genüge getan, aber die politische Bestürzung im Land war gewaltig. Die alten Abgeordneten hatten sich im Laufe der Jahre Gefolgschaften aufgebaut und sich in ihren Stammesgruppen als Älteste etabliert, und das blieb man nach afrikanischem Brauch bis zum Tode. Ein seiner Machtposition beraubter Mann konnte nicht einfach wieder zum normalen Dorfbewohner werden; sein Machtverlust kam einer persönlichen Erniedrigung gleich. Auf diese Weise hatte das demokratische Experiment den dörflichen Zusammenhalt beschädigt. Seit der Wahl sendete das Fernsehen immer wieder Programme, die sich um die Notwendigkeit einer »Aussöhnung« drehten. »Demokratie«, Herrschaft des Volkes, war die importierte, Aussöhnung die afrikanische Idee – in bestimmten Dörfern, bei bestimmten Stämmen gab es tatsächlich ein jährlich stattfindendes Aussöhnungsritual, das vom jeweiligen Häuptling geleitet wurde.

Und ebenso schwer, wie es für einen Ältesten oder Abgeordneten war, sein Amt zu verlieren, war es – auch wenn beim Mittagessen dieser Bogen nicht geschlagen wurde – für den Präsidenten, nicht mehr Präsident zu sein, obwohl er mittlerweile uralt war, achtzig oder gar noch älter – niemand wusste das genau. Ein zusätzlicher Grund, warum der Präsident weitermachte, war das große Unternehmen Yamoussoukro. Die Arbeiten dort waren beileibe noch nicht abgeschlossen, würden auch zu Lebzeiten des Präsidenten nicht mehr abgeschlossen werden können. Und deshalb musste der Präsident, so demokratisch und Stammesdenken gegenüber feindlich er auch eingestellt war, als seinen Nachfolger jemanden aus seinem eigenen Stamm, den eine Vormachtstellung einnehmenden Baoulé, wählen. Nur auf diese Weise konnte er sicherstellen oder jedenfalls versuchen, sicherzustellen, dass die Arbeiten in Yamoussoukro nach seinem Tode fortgeführt wurden.

So also wuchs Yamoussoukro, wie man mir erzählte, und entwickelte sich von einem bäuerlichen Dorf im Landesinneren, das durch Straßen und öffentliche Versorgungseinrichtungen Anschluss an die Welt erhielt, zu einem Ort mit breiten, strahlend hell erleuchteten Prachtstraßen, die ins Nirgendwo führten, entwickelte sich zu einer monumentalen Stadt, die dem Zweck diente, einen afrikanischen Herrscher unsterblich zu machen. Und der pharaonischen Dimensionen des Projekts durchaus inne, fürchtete ich für sein Gelingen. Ich dachte an die Monumente des alten Ägypten, wo der Königsring eines

Pharaos unter Umständen bereits von seinem Nachfolger unleserlich gemacht wurde, wo die gemeißelten, polierten Steine des Grabmals eines heiligen Pharaos vielleicht abgetragen und als schlichtes Baumaterial für das Grabmal eines anderen Pharaos verwendet wurden. Und Yamoussoukro, dieser afrikanische Traum, wurde von Menschen aus einer fremden Zivilisation geschaffen: von Franzosen, Israelis und anderen, deren Fachkenntnisse leicht wieder vom Kontinent verschwinden konnten.

Die ersten Eindrücke vom Erfolg in einem modernen Afrika erfuhren also eine Einschränkung. Der Erfolg erwies sich als Ausdruck der nicht ideologisch bestimmten Persönlichkeit des Herrschers, des Angehörigen einer alteingesessenen Herrscherfamilie; Grundlage war die afrikanische Vorstellung von Autorität. Und deren Grundlage wiederum war reine Magie.

Von dieser letztgenannten Vorstellung, dem Glauben an die Magie, erhielt ich nicht etwa auf irgendwelchen geheimen Wegen Kenntnis. Ich stieß darauf in aller Öffentlichkeit, in den Zeitungen.

Es gab eine einzige Tageszeitung an der Elfenbeinküste, jedenfalls lief mir keine zweite über den Weg. Sie hieß *Fraternité Matin*. Jeden Tag fand sich auf ihrer Titelseite, in der linken, oberen Ecke, ein »Gedanke« des Präsidenten. Die Gedanken drehten sich hauptsächlich um Entwicklung und wirtschaftliche Fragen; das Gleiche galt auch für die großen Titelgeschichten. Es gab Sportseiten. Aber sie nahmen der Zeitung nichts von ihrer Nüchternheit. Keine Klatschgeschichten, fast keine Polizeimeldungen. *Fraternité Matin* vermittelte den Eindruck einer Nation, die arbeitet und zur Schule geht – einschließlich Abendschule. Dann aber, am Ende meiner ersten Woche, tauchte so etwas wie eine echte Zeitungsstory auf. Sie füllte zwei ganze Seiten hinten in der Wochenendausgabe und betraf eine offenbar allseits bekannte lokale Sensation.

Siebzehn Kilometer außerhalb von Abidjan, in einem Dorf an der großen Autostraße nach Yamoussoukro, stand das Haus eines Schullehrers, das in Abständen von geheimnisvollen

Feuersbrünsten heimgesucht wurde. In einem Leserbrief äußerte jemand an diesem Wochenende die Vermutung, irgendwo im Umkreis des Hauses entweiche wahrscheinlich Gas von einem Erdgasvorkommen. Diesen Brief indes, der die Überschrift »Eine wissenschaftliche Erklärung« trug, hatte man ganz unten auf der rechten Seite platziert. Der Hauptbericht, die *reportage*, vermeldete, das Geheimnis der Feuersbrünste bei Kilometer 17 sei gelüftet.

Gelüftet hatte es ein Prediger der Glaubensgemeinschaft der »Himmlischen Christen«. Schon bevor sie hinzugezogen wurden – und während der Schullehrer Fetischmachern und muslimischen Magiern ein Vermögen in den Rachen warf – hatten die Himmlischen Christen Kontakt mit der göttlichen Macht aufgenommen und »entdeckt«, dass der Böse Geist hinter der Sache steckte. Bei Untersuchungen dieser Art musste man, den Himmlischen Christen zufolge, zwei Ebenen in Rechnung stellen, die mystische und die menschliche. Mystisch betrachtet war der Böse Geist der Schuldige. Menschlich gesehen gab es da die Person, in die der Böse Geist gefahren war und die er zu einem Brandstifter hatte werden lassen.

Dank ihrer besonderen Gabe hatten die Himmlischen Christen herausgefunden, um wen es sich bei dieser Person handelte. Und der auf diese Weise entlarvte Böse Geist sah sich augenblicklich in die Defensive gedrängt. Er hatte die Glaubensgemeinschaft aufgesucht und sie angefleht, ihn in Frieden zu lassen, ihn an der Elfenbeinküste sein Unwesen still und heimlich weitertreiben zu lassen. Er hatte versucht, sie zu bestechen. Die Himmlischen Christen wollten davon nichts wissen. Immerhin aber verwickelten sie den Bösen Geist ins Gespräch. Sie fragten ihn, warum er im Haus des Schullehrers Feuer legen wolle. Der Geist gab keine klare Antwort. Er verstand sich nur zu der »mystischen« Erklärung, er sei der Eigentümer des Hauses. Das war offenbar eine schreckenerregende Antwort, die den Himmlischen Christen die Lust nahm, weiter nachzuforschen. Sie befahlen dem Bösen Geist auf der Stelle, nicht nur das Haus zu verlassen, sondern auch der Elfenbeinküste den Rücken zu kehren. Und der Geist machte sich brav aus dem Staub.

Nun wurde vor der Eingangstür des Schullehrerhauses zum Schutz ein Kreuz aufgestellt, und der geplagte Mann fand wieder Frieden. Die Himmlischen Christen beuteten ihren Erfolg weidlich aus; bedauerlich fanden sie nur, dass der Schullehrer so viel Geld für Fetische und die Zauberei muslimischer *marabouts* ausgegeben hatte. Sie, die Christen, hatten nichts weiter eingesetzt als ihren Glauben an Jesus Christus und ein paar Kerzen.

So fand ein Happyend, was sich bei Kilometer 17 zugetragen hatte. Die Geschichte hatte eine Moral und auch, wie so vieles andere in *Fraternité Matin*, ein Moment von freundlicher Belehrung und erbaulichem Zuspruch. Eine stärkere Macht hatte den Bösen Geist in die Flucht geschlagen. Mehr als nur der Seelenfriede eines Dorfschullehrers war wiederhergestellt worden: Die Elfenbeinküste als Ganzes fand sich geläutert.

Der Name der vom Bösen Geist besessenen Person wurde in dem Zeitungsbericht nicht genannt. Das mochte aus rechtlichen Gründen unterblieben sein, aber wahrscheinlich eher wegen irgendeines mit dem Bösen Geist verknüpften Tabus. Der Reporter beließ es bei Andeutungen: Die besessene Person gehe im Haus des Schullehrers ein und aus, sei gut bekannt mit seiner Familie, leiste dem Schullehrer zahlreiche Dienste. Das Sonntagsmagazin *Ivoire Dimanche* zeigte in einem zweiseitigen Bildbericht über den Fall Fotos von dem Lehrer und seinen zwei Ehefrauen. War die Besessene eine der beiden Frauen? Beide Frauen sahen gleichermaßen gestresst aus, so gestresst wie der Lehrer selbst, ungeachtet dessen, dass sie dünn waren und er korpulent. Die Zauberei und die Gegenwart des Bösen Geistes schienen ihnen allen einen Vorgeschmack der Hölle beschert zu haben. Zauberei war kein Spaß, und tatsächlich drehte sich die Titelgeschichte von *Ivoire Dimanche* um den Kampf der wahren Religion und der guten Magie gegen die Zauberei und die böse Magie.

Der Besucher sah die Autobahnen und Wolkenkratzer von Abidjan und dachte an Fortschritt und erfolgreiche Entwicklung in Afrika. Abidjan aber lag in Afrika, und die Menschen wollten auch noch in anderer, spiritueller Hinsicht in der Welt gut aufgehoben sein. Die tröstliche Botschaft der staatlich kontrollierten Presse lautete, dass es in beiderlei Hinsicht Licht am Ende des afrikanischen Tunnels gab.

2

Ich reise, um andere Geistesverfassungen kennen zu lernen. Und wenn ich im Zuge dieses intellektuellen Abenteuers an Orte fahre, wo die Menschen in beschränkten Verhältnissen leben, dann deshalb, weil meine Neugier nach wie vor zum Teil durch meine Herkunft aus dem kolonialen Trinidad bestimmt ist. Ich besuche Orte, die, so exotisch sie sein mögen, in irgendeinem Zusammenhang mit Erfahrungen stehen, die ich bereits gemacht habe. Ist meine Neugier befriedigt und erlebe ich keine Überraschungen mehr, dann ist das Abenteuer vorbei, und ich habe es eilig, wieder wegzufahren.

Meine Neugier ist eher die eines Schriftstellers als die eines Ethnographen oder Journalisten. Im Fortgang meiner Reise ganz und gar abhängig von dem, was mir begegnet, bewege ich mich gewissermaßen in einem Roman, mit dessen Abfassung ich beschäftigt bin, schließe Bekanntschaft mit Unbekanntem, lasse eine Person sich mit der anderen verflechten, ein Ereignis aus dem anderen hervorgehen. Das intellektuelle Abenteuer ist gleichzeitig ein menschliches: Ich kann mich nur von meiner Sympathie leiten lassen. Ich erzwinge nichts; es gibt keine Wortführer, die ich unbedingt kennen lernen, niemanden, den ich unbedingt interviewen muss. Die Art von Einblicken, nach denen ich suche, erhalte ich am besten durch Menschen, die ich mag. Und an der Elfenbeinküste bewegte ich mich hauptsächlich unter dort lebenden Ausländern, weißen und schwarzen. Ich sah das Land durch ihre Augen und durch die Brille ihrer vielfältigen Erfahrungen.

Einer dieser Ausländer war Terry Shroeder, ein für Öffentlichkeitsarbeit zuständiger Beamter an der amerikanischen Botschaft. Er war Ende vierzig und Junggeselle, ein schlanker, gut aussehender Mann mit jener Art von Melancholie, die Frauen gleichzeitig anzieht und auf Distanz hält. Er hatte vor, früh aus dem Auswärtigen Dienst auszuscheiden. Die Elfenbeinküste war seine vorletzte Station und seine Zeit hier fast zu Ende. Von Terry stammte die Formulierung »mit ein bisschen Kaffee und ein bisschen Kakao«. Er bewunderte, was die Elfenbeinküste wirtschaftlich erreicht hatte. Aber er hatte auch ein Gespür für die afrikanische Seite des Landes.

Terry war es auch, von dem ich bei unserer ersten Begegnung erfuhr, dass es einen uralten Afrikaner gab, einen weisen Mann, der dem Präsidenten als Berater in spirituellen Fragen diente. Der weise Mann stand mit seinem Rat auch anderen zur Verfügung, und Terry wollte gern, dass ich ihn aufsuchte. Leider aber lag der weise Mann gerade im Krankenhaus und blieb dort während der ganzen Zeit, die ich mich an der Elfenbeinküste aufhielt. Der weise Mann hieß Amadou Hampaté Bâ. Zu seiner Zeit war er Botschafter und Mitglied eines wichtigen Gremiums der Unesco; an der Elfenbeinküste aber war er wegen seiner spirituellen Fähigkeiten berühmt, wegen seiner Beherrschung der Zahlenmystik und anderer esoterischer Disziplinen. Terry kannte ihn gut genug, um ihn im Krankenhaus zu besuchen, und er sprach von ihm immer als von Mr. Hampaté Bâ (wobei Hampaté nicht viel anders klang als »Humpty«). Hampaté Bâ war ein Muslim aus dem nördlich gelegenen Mali, doch er hatte viel für die afrikanische Religion übrig. »Der Islam ist mein Vater, aber Afrika meine Mutter« – das war laut Terry einer der bekannten Aussprüche von Hampaté Bâ. Ein anderer lautete: »Sooft in Afrika ein alter Mann stirbt, ist eine ganze Bibliothek zu Asche geworden.«

Bei unserer ersten Begegnung erzählte mir Terry auch von jemandem, der sich in seinen Forschungen mit dörflichen Zauberdoktoren und Medizinmännern beschäftigte. Einige dieser Männer verfügten tatsächlich über gewisse Kenntnisse.

Sie seien imstande, auf afrikanische Weise mit afrikanischen Neurosen umzugehen, und wüssten auch über Kräuter und Gifte Bescheid. Um die Gifte gab es viel Geheimnistuerei. Ihr Wissen über Gifte mache sie gefürchtet und sei eine der Quellen ihrer Macht.

Beim Thema Gifte musste ich an die karibischen Inseln jenseits des Ozeans denken. In alten Zeiten, als es dort die Sklavenplantagen gab, die ständig von Orten wie der Elfenbeinküste mit »neuen Negern« (so nannte man sie) versorgt wurden, zählte Gift zu den ganz besonderen Ängsten der Sklaven und ihrer Besitzer. Stets trieb irgendein Giftmischer sein Unwesen. Im Untergrund, in der Unterwelt der Sklaven, dem heimlichen Afrika der Plantagen, fand sich im Zweifelsfall jemand mit einem Vorrat an Gift, und ein rachsüchtiger Sklave konnte Schreckliches anrichten. Im Jahr 1794 wurden in Trinidad auf dem Landgut Coblenz in Port of Spain hundert Schwarze vergiftet, und das Landgut musste aufgegeben werden. Als im Jahr 1801 der emigrierte Baron de Montalembert das Gut kaufte, machte sich erneut ein Giftmischer an die Arbeit, und in den ersten Monaten nach der Übernahme des Guts verlor der Baron 120 der 140 »eingewöhnten« Schwarzen, die er dort arbeiten ließ.

Nicht weniger als das Gift fürchteten die Plantagenbesitzer in der Karibik die afrikanische Magie. Sklaverei stand und fiel damit, dass die Sklaven gehorchten, dass sie sich der Logik ihrer Situation unterwarfen. Ein Zauberer, der sich darauf verstand, an die afrikanischen Instinkte zu appellieren und Leute zu überzeugen, konnte seinen Genossen das Gefühl vermitteln, dass ihre Arbeitswelt keine Wirklichkeit besaß, und konnte Sklaven, die normalerweise fügsam und ihrem Herrn sogar treu ergeben waren, zum Aufstand anstacheln. Wurden Sklaven als Zauberer entlarvt, bestrafte man sie hart. Auf Trinidad und Martinique konnten sie bei lebendigem Leibe verbrannt werden.

Zauberei und Gift – in den alten Schriftstücken von den Inseln erschienen sie als die Waffen der Verzweiflung, und das waren sie vermutlich auch. Hier, an der Elfenbeinküste, waren sie Bestandteil einer Welt, die noch als Ganzheit existierte. Die offiziell geförderte afrikanische Kultur, bei der man manchmal meinen mochte, sie werde nur gepflegt, um den Touristen Fotomotive zu liefern, war ein Ausdruck afrikanischer Religiosität. Selbst in den Masken der Andenkenläden steckte noch ein Moment religiöser Ehrfurcht, selbst die Tänze neben dem Swimmingpool des Forum Golf Hotels umgab noch eine Aura akzeptierter magischer Rituale. Die Menschen hier kannten eine andere Realität; sie bewegten sich mühelos in einer Welt des Geistes und der Geister.

Terry Shroeder war es schließlich, der mich mit Arlette bekannt machte. Arlette, eine Schwarze, kam von Martinique. Ihr herrlich artikuliertes Französisch ließ meine Schulbubenliebe zu dieser Sprache wieder lebendig werden. Sie war Ende dreißig oder Anfang vierzig, eine große, schwere Frau, überaus entgegenkommend und immer bereit, ihre Zeit und ihr Wissen mit anderen zu teilen; sie sollte mich vieles an dem Land verstehen lehren. Sie hatte einen Mann von der Elfenbeinküste geheiratet, den sie in Paris kennen lernte, und lebte seit zwanzig Jahren im Land. Mittlerweile war sie geschieden; ihr früherer Mann hatte sich nach Gabun abgesetzt, der neuesten Region im französischen Teil Afrikas, die mit Öl und Geld lockte. Arlette arbeitete in einem kunstwissenschaftlichen Institut der Universität von Abidjan. Sie lebte allein und hatte viele Freunde unter den dort ansässigen Ausländern; ich spürte, dass sie die Einsamkeit fürchtete. Auch sie war Ausländerin – zur Ausländergemeinde an der Elfenbeinküste zählten nicht nur Weiße, sondern auch Schwarze.

Martinique, Frankreich, französischsprachiges Afrika: Die Verbindung lag auf der Hand, und vormals – als ich noch im beengten Trinidad zur Schule ging und Französisch von Schwarzen lernte, die fest an eine menschenfreundliche, befreiende französische Kultur glaubten – wäre mir Arlettes Lebensweg romantisch vorgekommen. Aber als mich entschloss, an die Elfenbeinküste zu fahren, hatte ich nicht an Leute aus Französisch-Westindien gedacht, die nach einem Umweg über Europa nach Afrika zurückgekehrt waren. Zusätzlich zu den Zusammenhängen, die ich selbst herstellen konnte, boten sich mir also auch noch andere dar. Und die Elfenbeinküste fing an, sich von dem Land zu unterscheiden, das ich mir vorgestellt hatte.

Wir begegneten Arlette bei einem vom Goethe-Institut, einer deutschen Kultureinrichtung, veranstalteten Klavierabend. Terry ging zum Teil hin, um einen Diplomatenkollegen zu unterstützen: Diese kulturellen Ereignisse, die von ausländischen Botschaften veranstaltet wurden, waren häufig schlecht besucht. Die Bewohner der Elfenbeinküste – reich, erfolgreich und von Gastarbeitern verwöhnt – begegneten Ausländern ziemlich von oben herab; es sei nicht leicht, sie für etwas zu begeistern, meinte Terry. Bei seinen eigenen Kulturabenden setze er den Leuten zuerst ein Essen vor, in der Hoffnung, dass sie anschließend dablieben. Das funktioniere nicht immer. Die fremde Kultur sei zu fremd. Die amerikanische Veranstaltung an der Elfenbeinküste, die am meisten Aufsehen erregt habe, sei der kürzlich erfolgte Besuch der *U.S.S. Portland* gewesen, bei dem mit tollem Landegerät ein Angriff auf eine vor der Küste gelegene Insel vorgeführt worden sei.

»Das«, sagte Terry mit melancholischem Stolz, »hat die hiesigen Militärs beeindruckt.«

Arlette lebte in einer staatseigenen Wohnung, in einer Wohnanlage, die aus lauter staatseigenen Mietsblöcken bestand. Als wir hinfuhren, um sie abzuholen, konnten wir sie nicht finden. Wir fuhren weiter zum Goethe-Institut. Sie wartete im Garten, eine korpulente, dunkelbraune Frau in einem leuchtend weißen Kleid, die im Licht der Laternen und im Schatten der Bäume ein wenig verloren aussah. Sie kaute; sie war ständig dabei, nervös zu kauen oder an einem Bonbon zu lutschen oder etwas zu essen. Man habe das Wasser in ihrer Wohnung abgestellt, erzählte sie. Sie habe gegen die Abrechnung Einspruch erhoben und sich geweigert, zu zahlen; daraufhin hätten sie ihr das Wasser abgestellt. Zurzeit benutze sie die Badezimmer einer Reihe von Freunden. (Sie führte diese Schlacht ums Wasser ein paar Tage fort, dann beglich sie die Forderung.)

Das Publikum beim Klavierabend war weiß. Der Pianist, den das Goethe-Institut dem französischsprachigen Afrika präsentierte, war ein Elsässer mit französischem Namen. Er machte die vom Institut arrangierte Tournee nicht zum ersten Mal und genoss hier bereits einen gewissen Ruf. Er war ein hoch gewachsener, dünner Mann mit einem angedeuteten Lächeln, klobigen schwarzen Schuhen und kräftigen großen, weißen Händen. Als applaudiert wurde, verbeugte er sich, stieg vorsichtig die zwei wackligen, an die Bühne nur angelehnten Stufen herab, ging flotten Schritts zum Ende des Saals, als wolle er uns verlassen, blieb dann aber stehen, ging zurück zur Bühne, stieg die Stufen hinauf und verbeugte sich erneut. Am Ende war er zweimal zurückgekehrt und hatte zwei Zugaben gespielt.

»Ich habe mit Terry gewettet«, sagte Arlette auf Französisch, »dass nur zehn schwarze Gesichter im Publikum sein würden. Ich habe mich getäuscht. Es sind nur drei.« Afrikaner hätten nichts für kultivierte Musik übrig, meinte sie. Ihnen gefalle nur afrikanische Nachtklubmusik. Sogar in Paris seien die afrikanischen Studenten hinter solcher Musik her. Aber der Pianist habe auch schwierige Stücke, *des morceaux difficiles*, ausgewählt, sagte sie und gestand, im Rhythmus ihrer französischen Worte den Kopf schüttelnd, die Ungeduld ein, mit der sie selbst dem Vortrag gelauscht hatte.

Der Pianist und der deutsche Kulturattaché standen an der Tür, um die Besucher zu verabschieden. Der Pianist in seinem schwarzen Anzug wirkte adrett und schwieg. Der Attaché, mit runden Brillengläsern und einem üppigen Schopf aus langem, rotem Haar auf dem runden Schädel, gab sich kunstvoll zwanglos. Er freute sich über den Erfolg des Abends. Musik dieser Qualität zu bieten sei teuer, erklärte er Terry. So etwas könne sich das Goethe-Institut in Abidjan nur einmal im Jahr leisten. Eigentlich sei als nächste Station für den Pianisten Accra vorgesehen, aber – es folgte ein diplomatisches Schulterzucken des Attachés, quasi um anzudeuten, dass wir ja alle selber wüssten, was in Ghana los sei, und es ihm nicht anstehe, sich dazu zu äußern.

Anschließend fuhren wir, Arlette und ich, zu Terry nach Hause. Es war das Heim eines Junggesellen, das Wohnzimmer groß und förmlich; hier veranstaltete er viele seiner kulturellen Abende. Es gab Erinnerungsstücke an den Osten, wo er Dienst getan hatte, und afrikanische Masken und Kunstgegenstände. Terry schenkte Wein ein und ging in die Küche, um Rührei zu machen.

Arlette sprach mit mir über die Franzosen. Sie liebe die französische Kultur, sagte sie. Aber die Umgangsformen, *les moeurs*, verabscheue sie. Die Franzosen, meinte sie, seien gesellschaftlich rigide und kleinkariert, außerordentlich pedantisch, was die korrekten Gläser, das korrekte Besteck, die passenden Weine betraf. Für die *petits français* – zumal an einem Ort wie Abidjan – hätten diese Fragen die Qualität moralischer Entscheidungen. Und dann sei da die französische Fixierung aufs Essen. Das gehöre zum französischen Mythos, aber sie, Arlette, finde es wenig bewundernswert. Wie könne man Bewunderung für Leute hegen, denen, wenn man aus fernen Ländern zurückkehre, nur die Frage einfalle: »*Mange-t-on-bien là?*« (»Schmeckt das Essen dort?«)

Die Leute aus Französisch-Westindien, *les antillais*, die an der Elfenbeinküste lebten, betrügen sich wie Franzosen, erklärte Arlette. Sie blickten auf die Afrikaner herab und erwarteten – weil sie sich selbst für zivilisierte Franzosen hielten –, dass die Afrikaner zu ihnen aufsähen. »*Mais ils sont déçus.*« Sie täuschten sich aber; Afrikaner sähen zu niemandem auf, und für einige Westinder sei deshalb das Leben an der Elfenbeinküste ein einziger Stress.

Ihre Äußerungen über die Afrikaner und die Nachtklubmusik hinderten Arlette also nicht, sich auch von den Franzosen und einer bestimmten Art von Leuten aus Französisch-Westindien abzusetzen. Außerdem wurde deutlich, dass sie trotz ihrer gescheiterten afrikanischen Ehe und ihrer gegenwärtigen Einsamkeit tiefe Sympathie für das Afrika hegte, das seinen Weg ging.

Bei unserem Abendessen, das aus Rührei, dunklem Brot und

Wein bestand, kamen wir auf Amadou Hampté Bâ zu sprechen, den weisen Mann, der den Präsidenten in spirituellen Fragen beriet.

»Er ist ein großer Mann«, sagte Arlette mit leuchtenden Augen. »Einer der großen Männer Afrikas.«

Terry besaß ein überzähliges Exemplar eines Büchleins von Hampaté Bâ mit dem Titel *Jésus Vu par un Musulman*, »Jesus aus der Sicht eines Muslimen«. Das Buch hatte der Weise neunzehn Monate zuvor Flora Lewis von der *New York Times* verehrt und mit zittriger Hand signiert.

In diesem Exemplar las ich später am Abend über die arithmologischen Berechnungen, die, wenn man sie auf religiöse Anrufungen und Formeln anwandte, den Beweis für die wesentliche Einheit von Islam und Christentum lieferten.

Hampaté Bâ selbst charakterisierte sich als »einen Mann des Dialogs«, und das letzte Kapitel seines Büchleins handelte vom Präsidenten der Elfenbeinküste. Er und der Präsident, erklärte er dort, führten oft lange spirituelle Gespräche, wenn die Staatsgeschäfte des Präsidenten es erlaubten. Eines Tages habe er den Präsidenten nach einer Geschichte gefragt, vielleicht irgendeiner ihm von einem Ältesten überlieferten Legende, die als Gleichnis für Nächstenliebe dienen könne. Und der Präsident habe ihm, Hampaté Bâ, folgende Geschichte erzählt:

»Am königlichen Hof von Yamoussoukro gab es einen Unfreien, der sich um die Erziehung der Kinder kümmerte. Er mochte mich sehr und gab mir viele gute Ratschläge, Ratschläge, die jemand wie ich, der auf das Häuptlingsamt vorbereitet wurde, brauchen konnte. Aber bevor ich fortfahre, muss ich vielleicht anmerken, dass beim Volk der Baoulé ›Sklaverei‹ mehr ein Wort als eine Wirklichkeit war. Der Umstand, dass jemand ein Sklave war, raubte ihm nichts von seinem Wert als menschliches Wesen.«

Von diesem Unfreien oder Gefangenen bekam der Präsident, der damals noch ein Knabe war, eine Geschichte erzählt, die er nie mehr vergaß. Die Geschichte ging folgendermaßen. Es war einmal ein Bauer. Der brachte eine gute Ernte ein und trug sie zu Markte. Er verkaufte sie günstig und wanderte anschließend über den Markt. Am Stand eines Händlers sah er ein schönes Messer. Der Bauer verliebte sich in das Messer und kaufte es. Es bedeutete ihm viel. Er fertigte ein Futteral für das Messer an und verzierte es mit Perlen und Muschelschalen. Eines Tages, als er einen Baum beschnitt, schnitt er sich mit dem Messer in den Finger. Von Schmerz gepeinigt schleuderte er das Messer auf den Boden und verfluchte es. Aber dann hob er es wieder auf, wischte das Blut ab und steckte das Messer zurück in das Futteral, das an seiner Seite hing. Das war schon die ganze Geschichte. Warum warf der Bauer das undankbare, heimtückische Messer nicht weg? Der Grund war Liebe. Der Bauer liebte sein Messer. Dies die Moral der Geschichte!

Und dies die Geschichte, die der Unfreie am königlichen Hof von Yamoussoukro dem Jungen erzählte, der Häuptling werden sollte. Dies die Geschichte, die der Präsident Hampaté Bâ, dem Weisen, weitererzählte und die Hampaté Bâ in seinem Buch abdruckte.

Sklaverei, »Unfreiheit« – das war also eine afrikanische Einrichtung. Und wie die Giftmischerei und die Zauberei gab es auch sie nach wie vor. Aber worum ging es bei der kargen kleinen Geschichte? Wie ließ sich die Liebe zu einem Messer als Nächstenliebe interpretieren? Tatsächlich handelte es sich um ein Gleichnis – ein Gleichnis zum Thema Macht und Aussöhnung, erzählt von einem alten Präsidenten, einem alten Häuptling. Macht war das, worauf der Häuptling Anspruch hatte; aber der gute Häuptling, der in den Bahnen der Tradition wandelte, bemühte sich auch um Aussöhnung. Schlechte Menschen ließ der Häuptling fallen; aber dann erinnerte er sich daran, dass sie einst gut und nützlich waren und er sie geliebt hatte, und gewährte ihnen Vergebung.

Der gütige Herrscher, der Herrscher, der sich um die Zuneigung der Untertanen bemühte: Auf diese Weise vorgestellt, als ein afrikanisches Ideal, gewann der Häuptling Attraktivität, etwas Ansprechendes. Ein bisschen drang ich ein in die afrikanische Welt, wie Arlette sie sah.

3

Terrys Assistent übernahm es, für mich eine Fahrt nach Yamoussoukro zu arrangieren. Arlette übernahm es, mich mit einem Einheimischen in Kontakt zu bringen, der am Institut für Ethnosoziologie der Universität arbeitete und einen umstrittenen Studiengang in »Trommelkunde«, der Wissenschaft der sprechenden Trommeln, ins Leben gerufen hatte. Und ich selbst sah mich nach jemandem um, der mich zu Kilometer 17 bringen konnte, wo der Böse Geist kürzlich tätig gewesen war und auf geheimnisvolle Weise das Haus eines Schullehrers wiederholt hatte in Brand geraten lassen.

Diese Projekte nahmen Gestalt an und fügten sich zusammen. Meine Tage füllten sich und waren abwechslungsreich. Nach den zufälligen Eindrücken und den halb offiziellen Begegnungen und Höflichkeitsbesuchen der ersten Tage begann ich, Themen und Menschen zu entdecken. Ich fing an, meinen kleinen Roman zu leben.

Philip – der Auslandsengländer, der mich mit seiner guyanischen Frau auf den Sonntagsausflug zum Strand von Grand-Bassam mitgenommen hatte – hinterließ eines Tages eine Nachricht im Hotel. Er hatte einen jungen Einheimischen gefunden, der bereit war, mich zu Kilometer 17 zu bringen und mich ganz allgemein mit afrikanischer Magie bekannt zu machen. Der junge Mann hatte sich schon früher in einem ähnlichen Fall als Führer betätigt und einem Kollegen von Philip den Weg zu muslimischen zauberkundigen *marabouts* geebnet. Zur Zeit war er arbeitslos – Jobs waren an der Elfenbeinküste schwer zu bekommen, sogar für Einheimische.

Am nächsten Vormittag trafen wir uns in einem Café im Zentrum von Abidjan; Philip stieß, aus seinem Büro kommend, dazu, um als Mittelsmann zu fungieren.

Der junge Mann war gut gebaut, kräftig, schlank und straff um die Mitte. Er hatte ein schön geformtes afrikanisches Gesicht mit klar modellierten Zügen, und seine Haut war tiefschwarz, ohne Flecken oder Tönungen. Er war sorgfältig gekleidet, sein Hemd sauber und geplättet. Mein Eindruck von ihm blieb auf das Körperliche beschränkt. Ob seine ausdrucksvollen Augen von Intelligenz, Dösigkeit, dem Wunsch zu gefallen oder heimlicher Bosheit kündeten, vermochte ich nicht zu sagen. Er hieß Djédjé und gehörte zu den Bété, dem nach den Baoulé, denen der Präsident angehörte, zweitwichtigsten Stamm der Elfenbeinküste.

Wir verbrachten viel Zeit damit, über Geld zu reden, und rechneten durch, was ein Besuch des Hauses bei Kilometer 17 alles an Ausgaben mit sich bringen würde. Da war das Taxi – darum würde sich Djédjé kümmern: Er kannte jemanden, der die Fahrt für einen geringeren Preis machte als ein Hoteltaxi. Der Dorfhäuptling musste etwas kriegen, Trinkgelder waren nötig, und Djédjé selbst musste entlohnt werden – er sprach davon, im Voraus schon einmal zum Dorf zu fahren, um die Leute vorzubereiten.

Die Art, wie sich Djédjé über die Plastiktassen auf der Plastiktischplatte beugte, wirkte ausgesprochen konspirativ. Aber es war schwer, ihm irgendeine exakte Zahl zu entlocken, sogar was seinen eigenen Lohn betraf. Sobald Kosten beziffert werden sollten, befiel ihn Geistesabwesenheit, eine grüblerische Lethargie. Philip drängte ihn behutsam, sorgte dafür, dass sich nie allzu langes Schweigen breit machte. Es sei wichtig, jetzt eine Obergrenze festzulegen, erklärte er mir. Sonst werde Djédjé am Zahltag unter Umständen »durchdrehen« und weiß Gott was für eine Summe fordern. Schließlich hatten wir uns allem Anschein nach darauf geeinigt, dass die Gesamtkosten zwischen zwanzig- und dreißigtausend Francs dortiger Währung liegen würden, also zwischen fünfunddreißig und fünfzig englischen Pfund. Djédjé wollte am nächsten Tag, nachdem er mit dem Häuptling und dem Taxifahrer geredet hatte, anrufen, um mir die endgültige Summe durchzugeben.

Djédjé behauptete, gläubig zu sein. Damit meinte er, dass er an Geister und an die Magie der Zauberer glaubte; er habe eingewilligt, mir als Führer zu dienen, sagte er, weil er mich zum Gläubigen machen wolle.

Ich fragte, ob es Schwierigkeiten geben würde, weil ich Ausländer sei. Erst sagte er nein, dann ja. Ich sei doch vermutlich Hindu, oder nicht? Hindus stünden im Ruf, große Zauberer zu sein, und ein *féticheur* könne unter Umständen einen Konkurrenten in mir sehen und versuchen, Sachen vor mir geheim zu halten. Es sei leichter für einen Europäer, leichter für Philip, obwohl Philip und ich die gleiche Hautfarbe hätten.

Die letztere Behauptung war höchst verwunderlich; sie traf ganz und gar nicht zu. Für Djédjé aber entsprach sie der Wahrheit, weil er uns immer noch mit den Augen des Eingeborenen sah: Alle Nichtafrikaner waren unterschiedslos Menschen anderer Hautfarbe.

Ich bat ihn, seinen vollständigen Namen für mich aufzuschreiben, und er schrieb zuerst seinen Familiennamen und danach den französischen Namen, auf den er getauft worden war. Als ich etwas zu dem französischen Namen sagte, runzelte er die Stirn und machte eine kleine, wegwischende Bewegung mit der schreibenden Hand. Der sei nicht wichtig, sagte er, den benutze er nur in Dokumenten.

Am nächsten Tag hinterließ er bei der Hotelrezeption eine telefonische Nachricht: »*Le rendez-vous du km 17 est OK.*« Und als er zum Hotel kam, sagte er mir, der Taxifahrer fordere für die Strecke achtzehntausend Francs. Soweit ich verstand, sagte er auch, weiterhin seien zweitausend Francs als Trinkgelder nötig – hier drückte er sich allerdings sehr vage aus, war schwer zu verstehen. Der Taxifahrer sei der Bruder des Dorfhäuptlings, erklärte er. Und für den Häuptling brauche es eine Flasche Whisky: Alkohol besitze für Afrikaner »einen besondern Wert«.

Er schien die Kosten in dem verabredeten Preisrahmen gehalten zu haben, und ich ging mit ihm in die Bar, um unsere Vereinbarung zu besiegeln.

In der dunklen, »gemütlichen« Hotelbar – Rosenholz, messingbeschlagenes Mobiliar und mit Knöpfen verzierte schwarze PVC-Polster – fühlte er sich ebenso zu Hause beziehungsweise zeigte er sich ebenso unbeeindruckt wie in dem Café in der Stadt. Ebenso zwanglos und gemächlich sein Bier schlürfend, wie er im Café seinen Kaffee getrunken hatte, wurde er erneut konspirativ, beugte sich vor, redete leise, fixierte mich mit seinen ausdrucksvollen Augen.

Das Land entwickele sich in die falsche Richtung, meinte er. Man habe von oben damit angefangen. Was er damit meine? Ohne auf meine Frage einzugehen, wandte er sich seinen eigenen Sorgen zu und erklärte, die Universität sei »gesättigt«; es gebe nur die eine Universität, die Zulassungsbestimmungen seien streng. Und mittlerweile gebe es viel Arbeitslosigkeit. Die Menschen kämen nach Abidjan und nähmen westliche Bräuche an, und für sie sei das ein Unglück. Das merke er nur nebenbei an. Aber warum sei es ein Unglück für sie? Er senkte die Stimme, beugte sich zu mir und sagte – offenbar in der Erwartung, dass ich die ganze Tragweite seiner Äußerung erfasste –, er selbst habe vergessen, wie man tanzt, habe die Tänze seines Stammes, seiner *ethnie*, vergessen. In seinem Dorf habe er getanzt, in Abidjan aber sei er dazu nicht in der Lage.

Ich fragte ihn nach seiner Familie. Er hatte neun Schwestern und acht Brüder. Sein Vater war ein *planteur*, einer der Plantagenbauern, denen die Elfenbeinküste ihren Wohlstand verdankte, und hatte zwei oder drei Frauen. Alle Kinder lebten mittlerweile in Abidjan. Djédjé selbst wohnte im Haus eines Onkels, des Bruders seines Vaters. Der Onkel, ein Autoschlosser, hatte zwei Frauen und dreizehn Kinder.

Ich hätte gern mehr über Djédjés Familie erfahren, aber er wollte über Magie reden. Es gebe in Abidjan Einheimische, sagte er, die sich modern kleideten und korrektes Französisch mit französischem Akzent sprächen. Sie hätten den Kontakt zu ihren *ethnies* verloren und behaupteten, nicht mehr an die afrikanischen Götter zu glauben. Aber zurück in ihre Dörfer wollten diese Leute nicht, weil sie sich vor den Zauberern fürchteten. Tief drinnen seien diese französischen Afrikaner immer noch gläubig.

Ich hatte nicht das Gefühl, alles zu verstehen, was Djédjé sagte, und dabei handelte es sich nicht allein um ein Problem sprachlicher Verständigung. Vielleicht weil ich vergaß, wie unbedarft er war, und mich durch seine anfängliche Feststellung, dass das Land eine falsche Richtung eingeschlagen habe, irreführen ließ, hatte ich mir aus dem Gespräch mit ihm etwas erhofft, was nicht da war: eine Einstellung, eine durchdachte Ansicht. Vielleicht hatte ihn, den ungebildeten, arbeitslosen Dörfler, den es nach Abidjan verschlagen hatte, die Entwicklung des Landes »von oben« ernstlich durcheinander gebracht. Genauso gut war es aber auch möglich, dass er nur versuchte, mein Interesse an der Magie, zu der er mir als Führer dienen sollte, zu verstärken.

4

Einer der Namen, die mir genannt worden waren, bevor ich an die Elfenbeinküste reiste, lautete Georges Niangoran-Bouah. Dazu erhielt ich den Kommentar: »Ethnologe, erreichbar am Institut für Ethnosoziologie an der Universität. Er ist etwa fünfundfünfzig, Weltspezialist für ›Trommelkunde‹, eine Form der Kommunikation mittels Stammestrommeln. Kenner der afrikanischen Kunst, besitzt eine großartige Sammlung von Gewichten der Aschanti.«

Das klang nach jemandem mit Format. Und wie so oft, wenn ich als Reisender die Namen wichtiger lokaler Größen genannt bekomme, scheute ich mich, Kontakt aufzunehmen. Aber ich erwähnte gegenüber verschiedenen Leute seinen Namen und fand ziemlich bald heraus, dass Mr. Niangoran-Bouah eine akademisch umstrittene Figur war, dass er Weltexperte in Trommelkunde deshalb war, weil er das Thema als Erster aufgegriffen und den Begriff erfunden hatte. Trommelkunde war allem Anschein nach eine ebenso umstrittene Disziplin wie das Fach Afrikanische Philosophie. Eine Reihe von Leuten bezweifelte, dass es so etwas wie Trommelkunde oder Afrikanische Philosophie überhaupt gab.

Arlette, die an der Universität arbeitete, kannte sowohl Niangoran-Bouah als auch seine Sekretärin. Die Sekretärin war ebenfalls eine *antillaise*, das heißt, wie Arlette stammte sie aus

Französisch-Westindien. Diese Dame rief mich eines Vormittags an. Sie hatte eine abgehackte, flötende Intonation; ihr Französisch war – anders als das von Arlette – für mich nicht leicht zu verstehen, zumal am Telefon. Sie hieß Andrée, und soweit ich sie verstand, hielt sich ihr *patron*, Mr. Niangoran-Bouah, noch zu Vorlesungen in den USA auf; ich könne aber in die Universität kommen, um mir Mr. Niangoran-Bouahs Buch über Trommelkunde abzuholen, von dem an diesem Morgen neue Exemplare im Büro eingetroffen seien.

Das Universitätsgelände war groß. Einige Arbeiter, die unter einem Baum auf der Erde saßen – der mit Fingerhirse bedeckte Boden war so abgewetzt, dass die Wurzeln des jungen Baumes bloßlagen –, wiesen auf ein überraschend bescheidenes und ziemlich verwittertes Backsteingebäude, das Institut für Ethnosoziologie. Und ich war ganz schön aufgeregt, als ich drinnen im Korridor, in dem lauter Namensschildchen hingen, das kleine Schild mit dem Namen BOUAH entdeckte, als ich das kleine Büro betrat und die großen Plakate sah, die für die Kurse in Trommelkunde warben, und ein weiteres Plakat mit Fotos von Goldgewichten der Aschanti.

Andrée, die westindische Sekretärin und Freundin von Arlette, war eine braunhäutige Frau von über vierzig. Sie war entgegenkommend, aber nicht so wie Arlette. Sie hatte nicht deren Lebhaftigkeit, nicht ihre Fülle und Weichheit. Andrée war eher hager, mit einer Brille vor den angestrengten, großen Augen. Ihr krauses Haar hatte sie straff zurückgekämmt und zu einem Knoten gesteckt. Sie trug eine hellblaue Strickjacke und einen Rock aus dickem kariertem Stoff: Das Büro war klimatisiert. Ihr Kleiderstil – solide französisch, solide westindisch – verkündete, dass sie sich nicht als Afrikanerin sah. Das tat auch das Strickzeug auf ihrem Schreibtisch. Möglich, dass sie die blaue Jacke selbst gestrickt hatte. Sie beschäftige gern ihre Hände, sagte sie – augenscheinlich hatte sie an diesem Vormittag im Büro nichts zu tun.

Ihr Französisch war für mich jetzt noch schwerer zu verstehen als am Telefon. Auge in Auge mit mir sprach sie schneller, in einer höheren Tonlage, stieß kleine Tonbächlein hervor. Die Hälfte von dem, was sie sagte, entging mir, und mein eigenes armseliges Französisch wurde schlechter, weil es bei den Äußerungen meines Gegenübers keinen Halt fand.

Ihr Schreibtisch mit dem Strickzeug stand direkt am Fenster. Sie wies auf den ausladenden Schreibtisch des abwesenden *patron*, der an der Wand zum Korridor stand, und auf den großen Drehstuhl mit plastikbezogener Rückenlehne hinter dem Schreibtisch und ließ mich die große Leere in dem kleinen Raum spüren.

Aber sie hatte die Bücher des *patron*. Sie öffnete ein in braunes Packpapier eingeschlagenes Paket und gab mir ein Exemplar des großformatigen Paperbacks mit dem Titel *Introduction à la Drummologie*. Auf dem Umschlag war ein Foto von Mr. Niangoran-Bouah, das ihn bei einer im Freien abgehaltenen Trommel- und Singzeremonie mit Mikrophonen zeigte. Er saß da, ein Trumm von Mann, ein Häuptlingstyp, in afrikanische Baumwolle gehüllt, und lauschte mit halb geschlossenen Augen den Trommeln. Er gewann für mich an Realität. Er war nicht mehr nur ein Name und Vertreter eines Faches mit komischer Bezeichnung; sein Schreibtisch nahm persönliche Züge an. Die kleinen Bronzefiguren, die darauf standen, waren in der Tat bildschöne Stücke, und das Gleiche galt für die Goldgewichte auf dem Plakat an der Wand.

Ein wiederkehrendes Muster bei diesen Gewichten – ein Ideogramm oder ein Zeichen für ein Gewichtsmaß – war das Swastika-Kreuz oder etwas, das ihm sehr nahe kam. Ich fragte Andrée, ob die Gewichte vielleicht indischen Ursprungs seien. Ich konnte mich nicht verständlich machen. Sie antwortete nur, die Gewichte seien sehr, sehr alt. Und das stand auch auf dem Plakat zu lesen: Diese Objekte seien alt, afrikanisch, Zeugnisse der afrikanischen Zivilisation. Die afrikanische Zivilisation unter Beweis zu stellen – darum war es, wie mir schien, dem Mann zu tun, dem Andrée als Sekretärin diente.

Andrée hatte ihre vormittägliche Arbeit beendet, packte ihr Strickzeug ein und schloss das Büro ab. Sie werde mit mir gehen und mir zeigen, wo ich ein Taxi finden könne, sagte sie. Während wir durch Gruppen von Studenten gingen, erklärte sie ganz nebenbei, ich solle jeden Tag eine Nivaquine-Tablette einnehmen. Das sei der beste Schutz gegen Malaria. Daran hatte ich zwar selbst schon gedacht, aber es war beim Vorsatz geblieben. Sie werde im Taxi mitkommen, sagte sie, und mich zu einer Apotheke bringen, die sie kenne. Wir fuhren zu der Apotheke, die am Rande des Campus lag; die Anweisungen des europäischen oder libanesischen Apothekers, die Einnahme von Nivaquine betreffend, richteten sich eher an Andrée als an mich.

Es war mittlerweile fast schon Mittag, Essenszeit. Ich hatte Andrée weit entführt, weit weg von ihrem Büro. Aber das machte ihr nichts. Sie wollte Gesellschaft, und ich war Arlettes Freund. Sie kenne ein Restaurant in der Stadtmitte, sagte sie.

Als wir an den Blocks mit den Mietwohnungen vorbeifuhren und den zentralen Abschnitt der Uferstraße erreichten, deutete Andrée unbestimmt in die Gegend und erklärte: »Meine Mutter wohnt dort. Sie liest aus den Karten.«

Ich tat so, als hätte ich nicht zugehört.

»Meine Mutter ist Witwe«, sagte Andrée. »Sie liest aus den Karten. Sie verstehen doch, was ich meine. Sie sind doch Hindu.«

»Hindus lesen Horoskope.«

Zum ersten Mal klar und deutlich artikulierend, ein bisschen so, als zitierte sie einen Satz aus dem Fremdsprachenunterricht, sagte sie: »*Ma ... mère ... lit ... les ... cartes.*« (»Meine Mutter liest aus den Karten.«)

Während wir uns im Taxi von dem Ort entfernten, an dem Andrées Mutter aus den Karten las, äußerte ich: »Das ist eine schöne Gabe. Ein schöner Beruf.«

»Meine Mutter ist gelernte Krankenschwester«, antwortete Andrée scharf.

Ich fragte mich, was Andrée und ihre Mutter von Guadeloupe, von den fernen westindischen Inseln, hierher an die Elfenbeinküste verschlagen hatte. »Leben Sie mit Ihrer Mutter zusammen?«, erkundigte ich mich. Mit hoher, flötender Stimme verneinte sie. So lebten die Afrikaner, fügte sie hinzu, alle auf einem Haufen. Franzosen – und sie meinte damit ihresgleichen – lebten für sich. Ich wollte wissen, wie sie an die Elfenbeinküste gekommen sei. Sie habe einen Mann von der Elfenbeinküste in Paris kennen gelernt, erzählte sie, und habe ihn geheiratet. Nach ihrer Übersiedlung hierher sei die Ehe in die Brüche gegangen.

Das Restaurant in der Stadtmitte, zu dem sie das Taxi dirigierte, war ein großes, scheunenartiges Gebäude. Die Türen standen offen, und draußen waren Tafeln mit der Speisekarte angebracht. »Es ist reinlich«, sagte Andrée, und als wir eintraten – es war noch ziemlich leer – sagte sie erneut: »Ist es nicht reinlich?« Und es war auch in Ordnung; an einem der Tische saß sogar ein Gast, ein Libanese mit Schlips, der – den Kopf gebeugt, das Jackett über die Stuhllehne gehängt – Essen in sich hineinschlang wie jemand, der eine geschäftliche Verabredung einhalten muss. Aber der Geruch von geschmortem Fleisch und anderem Essen war so intensiv, die Luft so rauchig und ölgeschwängert, dass nicht einmal die offenen Türen mich zum Bleiben bewegen konnten. Andrée war enttäuscht.

Wir nahmen ein Taxi und fuhren zu einem Hotel, dem einzigen, das ich kannte. Es lag in einem feuchteren Teil der Stadt, an einer Ladenstraße, die von rundblättrigen tropischen Mandelbäumen gesäumt war. Es gab libanesische Kleiderläden, Schuhputzjungen und abgerissene Afrikaner, meist aus dem Ausland, die, in Schweißgeruch gehüllt, auf dem kaputten Pflaster saßen oder kauerten. Ein Afrikaner, der eine weiße Kappe und ein muslimisches Gewand trug, verrichtete – kniend und in ekstatischer Selbstvergessenheit vorgeneigt – sein Mittagsgebet.

Das Hotel, Teil einer Kette, zählte nicht zur ersten Garnitur und stellte eine wohlüberlegte Mischung aus schick und schäbig dar. Aber Andrée fand es aufregend. »Teuer«, sagte sie und verfeinerte gleich ihr Benehmen, um sich des Ortes würdig zu erweisen. Sie gab dem Taxifahrer von sich aus ein Trinkgeld, ein Fünfzigfrancsstück. Und kaum saßen wir im Speisesaal – direkt an der Glasfront, mit Blick auf die Autostraße drunten, die schwarze kleine Bucht, die Schiffe in der Ferne –, gab sie sich gegenüber dem einheimischen, Uniform tragenden Kellner fordernd und französisch, stellte ihm detaillierte Fragen zur Speisekarte, ließ sich Zeit.

Dem Kellner passte das nicht. Er war an den Umgang mit europäischen Ehepaaren, mit Geschäftsleuten (es gab ein paar Japaner), mit einsamen Wölfen gewöhnt, mit Menschen, die schon für kleine Gesten dankbar waren, weil sie nicht mit dergleichen rechneten. Andrée ignorierte die demonstrativ gerunzelte Stirn des Kellners. Sie wählte aus und bestellte. Ich bat um ein Omelette. Andrée fühlte sich beschämt. Was sie ausgewählt habe, sei zu teuer, erklärte sie und bestand darauf – der Kellner musste warten –, ihre Bestellung zu ändern. Sie entschied sich für Schinken in Aspik mit Pommes frites.

Nervosität hatte sie gepackt, und sobald der Kellner gegangen war, fing sie an, wie ein Wasserfall zu reden. Das Leben sei hart für sie. Sie sitze an der Elfenbeinküste fest und habe nicht die Mittel, nach Hause zurückzukehren – womit sie Frankreich, das westindische Guadeloupe, meinte, aus dem sie vor vielen Jahren gekommen und das ihr jetzt in jeder Hinsicht entrückt war. Sie verdiene monatlich neunzigtausend Francs an der Universität, knapp 150 Pfund; und sie habe Glück gehabt, dass sie vor sechs Jahren diese Anstellung gefunden habe. Davor habe sie in einer Grundschule unterrichtet. »Kein Spaß«, erklärte sie.

Ihre Ehe mit dem Mann, den sie in Paris kennen lernte, sei vier Jahre, nachdem sie an die Elfenbeinküste zogen, in die Brüche gegangen. Die Familie ihres Mannes habe die Ehe zerstört, meinte sie. *Françaises*, Französinnen wie sie selbst, sollten in Frankreich bleiben. An der Elfenbeinküste machten die einheimischen Familien die Ehen kaputt.

Der Kellner brachte das Essen. Vor Selbstzufriedenheit strahlend, jonglierte er auf seinen beiden Unterarmen sechs Gerichte, als wolle er Andrée, die ihm so französisch gekommen war, beweisen, dass er das französische Savoirservire beherrschte. Sie erwiderte sein Lächeln nicht. Streng und skeptisch sah sie seinem Treiben zu. Und dann – als zwinge ihn Andrées starrer Blick, kleinbürgerlichen französischen Vorstellungen von afrikanischer Unbeholfenheit zu entsprechen – ließ er einen der sechs Teller fallen. Keinen von unseren beiden. Als er niedergeschlagen und kleinlaut zurückkehrte, um die Schweinerei auf dem Teppichboden aufzuwischen, verzehrte Andrée bereits manierlich ihren Schinken mit Pommes frites. Ein Stück des Schinkens hatte sie auf dem Teller zur Seite geschoben, während sie mit dem anderen beschäftigt war, und es schien, als wolle sie das zur Seite gelegte Stück übrig lassen. Am Ende aber war alles verschwunden – Pommes frites, Schinken und Aspik.

Wieder sprach sie über ihr Leben an der Elfenbeinküste. Sie fahre nicht oft Taxi, sagte sie, das sei zu teuer. Sie bekam also von mir rundherum etwas geboten, und ich beschloss, alles aufzubieten, was das Restaurant hergab.

Ob sie noch etwas Käse möge, wollte ich wissen. Camembert, Gruyère?, fragte sie. Ja, sagte ich. Sie schwärme für Camembert, erklärte sie. Und für *chèvre* habe sie nichts übrig? Doch, aber die Delikatesse sei Camembert, und teuer sei er außerdem.

Sie rief den Kellner herbei und erkundigte sich – ohne ihm auch nur einen Hauch von Mitgefühl wegen seines Unfalls zu bezeigen und ohne die leichte Verdrießlichkeit, mit der er ihr das heimzuzahlen suchte, zu beachten, ihn also auflaufen lassend – in ihrem gebieterischen Ton, ob sie Käsesorten, eine Auswahl, eine *plateau* hätten. Der Kellner bejahte. Er begann mit Erläuterungen. Sie schnitt ihm das Wort ab, forderte ihn auf, die Käseplatte zu bringen. Er unterwarf sich jetzt ihrer Autorität, und als er die Platte brachte, gab sie sich ganz unprätentiös, wie um ihn für seine Unterwerfung zu belohnen. Sie nahm nur zwei kleine Stückchen Camembert, obwohl sie für den Gang vier Mal so viel hätte nehmen können.

Der Camembert sei gut, erklärte sie. Tatsächlich war er's nicht. Ich drängte sie, noch ein Dessert zu bestellen. Sie ließ sich überreden, rief den Kellner und bat ihn, das Tablett mit den Desserts zu bringen. Reisen ins Ausland habe sie keine gemacht, sagte sie und widmete sich sorgsam und bedächtig dem fahlen Stück Apfeltorte, das sie sich ausgesucht hatte. Nicht einmal in den Nachbarländern Ghana, Liberia, Guinea sei sie gewesen. Es fehle ihr das Geld zum Reisen.

Als die Rechnung kam, machte sie einen schwachen Versuch, zu zahlen, zog ihre Börse heraus und öffnete sie, als berge sie ein Geheimnis. Ich bat sie, die Börse wieder wegzustecken. Und dann brach sich nach der Parodie eines gutbürgerlich-französischen Mittagessens im Hotel plötzlich die Herzlichkeit der französisch-westindischen Mulattin Bahn, und sie erklärte, sie würde mich eines Tages gern in meinem Land besuchen.

Wir fuhren mit dem Taxi zurück. Andrée wollte an der Kirche abgesetzt werden. Aber die Kirche war – bei dieser Gelegenheit jedenfalls – nur ein Orientierungspunkt. Andrées verwitwete Mutter, die Kartenleserin, lebte in der Nähe der Kirche, und sie lebte dort allein, wie sich das für eine Französin gehörte.

So viel Einsamkeit, in diesem strahlenden afrikanischen Licht, das so sehr an das Licht karibischer Nachmittage erinnert. Wie unendlich weit entfernt aber musste Andrée die Heimat erscheinen, nun, da sie nach Guadeloupe und Paris nur noch die Elfenbeinküste hatte!

Die Autostraße wand sich an der Lagune entlang, durch ein Neubaugebiet, das zum Teil als Diplomatenviertel geplant war, zum Forum Golf Hotel gegenüber dem halb fertig gestellten Golfplatz, wo ein paar alte, dickstämmige Affenbrotbäume als Erinnerung an den tropischen Regenwald stehen geblieben waren. Im Garten des Hotels, um den Swimmingpool mit seinen künstlichen Felsen, seinen hohlen Plastikelefanten und seiner Wasserrutsche, spielten Kinder und sonnten sich barbusige, flachbrüstige Frauen. Afrikanische Wächter in braunen Uniformen saßen an verschiedenen strategischen Punkten und sorgten für die Sicherheit. Der Strand mit seinem weißen Sand war künstlich aufgeschüttet; er ruhte auf einer Betonunterlage, die am Rand des Wassers etwa einen dreiviertel Meter emporragte. Gegen diesen Beton brandete die verpestete Lagune. Auf dem verpesteten Wasser wuchsen kleine grüne, kohlartige Pflanzen mit Wurzeln, die wie ein schütterer Bart aussahen; und diese Wasserpflanzen fanden sich an geschützten Orten, unter Bootshecks oder entlang der Betonmauer, zu kleinen schaukelnden Teppichen lebenden Grüns zusammen.

Wie ich feststellte, wurde Andrée in *Introduction à la Drummologie* einer besonderen Erwähnung gewürdigt: Mr. Niangoran-Bouah charakterisierte sie als die gewissenhafte *collaboratrice* eines schwierigen und eigensinnigen *patron*. Das ließ ihn sympathisch klingen. Und als ich über die Danksagungen hinaus las, fand ich heraus, dass Mr. Niangoran-Bouah den Begriff »Drummologie« tatsächlich selbst kreiert hatte. Er hatte auch andere Bezeichnungen in Erwägung gezogen – *tamtamologie*, *tamtalogie*, *tambourinologie*, *tambourologie*, *tambologie*, *attangbanologie*. Aber diese Bezeichnungen habe er verworfen, weil sie den Akzent eher auf die Kunst des Trommelns legten als auf die Erforschung der »sprechenden Trommel« als einer Quelle für Stammesgeschichte und Stammestradition. Die sprechende Trommel imitiere und erhalte den Wortlaut alter Gesänge: Diese Gesänge seien Zeugnisse der afrikanischen Vergangenheit. Nicht weniger als die Gewichte der Aschanti mit ihren künstlerischen und mathematischen Elementen weise die wahre Kenntnis der sprechenden Trommel Afrika jene alte Zivilisation nach, die von den Europäern und Kolonialisten in Abrede gestellt werde. Hierin bestand Mr. Niangoran-Bouahs Lebensaufgabe. Und dieser Aufgabe diente auch Andrée, die Frau aus Guadeloupe und Frankreich.

Als ich Arlette das nächste Mal traf, erzählte ich ihr von meinen großen Schwierigkeiten, Andrées Französisch zu verstehen. Darüber habe sie sich auch schon Gedanken gemacht, erklärte Arlette. Andrées Sprechweise sei schwierig. Sie habe etwas schwache Nerven, sei *un peu nerveuse*. Aber sie sei wunderbar geschickt mit den Händen. Sie stricke und webe Wandteppiche.

Ihre Mutter sei eine sehr gute *voyante*. Sie lese aus den Karten und sage immer interessante Sachen.

Arlette zufolge hatte Andrée an der Elfenbeinküste erneut geheiratet, nachdem ihre erste Ehe in die Brüche gegangen war. Ihr zweiter Mann sei verrückt geworden. Das habe sich auf Andrées Gesundheit ausgewirkt, und tatsächlich sei ihre Mutter, eine ehemalige Krankenschwester, an die Elfenbeinküste herübergekommen, um sich um Andrée zu kümmern. Sie wohnten zwar nicht zusammen, aber sie äßen zusammen: Jeden Tag sei Andrée zum Mittag- und zum Abendessen bei ihrer Mutter.

Und nur etwa eine Stunde später erfuhr ich von Arlette – nachdem wir anschließend über anderes gesprochen hatten –, dass Andrées zweiter Mann verrückt geworden sei, während er als politischer Gefangener festgehalten wurde. Man habe ihn übel geschlagen.

Wir spazierten gerade – in Begleitung von Terry Shroeder – durch das Hotel Ivoire. Das Ivoire war mehr als nur ein Hotel. Mit seinen Bars, Restaurants und Geschäften sowie einem Bereich für Flipperautomaten, einer Bowlingbahn, einer Schlittschuhbahn (die man vorübergehend abgetaut und in einen Fußballplatz verwandelt hatte) diente das Ivoire der Hauptstadt Abidjan als luxuriöser, klimatisierter Festplatz. Hier kamen die Leute abends hin, um zu schauen und die langen Gänge entlang zu bummeln; die Klimaanlage war so effektiv, dass viele warm eingemummelt kamen.

Draußen in der Wärme, entlang der Auffahrt zum Hotel, machten Prostituierte Jagd auf die eintreffenden Autos, wie ich von Arlette erfuhr. (Mir selbst waren sie nicht untergekommen; niemand hatte Jagd auf unser Auto gemacht.) Diese Prostituierten seien Mädchen vom Dorf. Interessanter – weil nicht von wirklicher Not diktiert, sondern eher als Sport betrieben – sei die Prostitution in Studentinnenkreisen. Die Mädchen an der Universität schliefen nicht mit ihren männlichen Kommilitonen. Sie schliefen mit Männern aus der Regierung, Männern, die hohe Posten bekleideten und Geschenke machen könnten, wie sie sich für Akademikerinnen gehörten. Den Schulmädchen, den *lycéennes*, bleibe es überlassen, mit den armen *étudiants* zu schlafen; und weil ein *étudiant* nur sein Stipendium habe, lasse eine *lycéenne* sich unter Umständen mit drei *étudiants* gleichzeitig ein, schlafe mit jedem von ihnen ein oder zwei Mal die Woche und sammle am Ende des Monats ihre angehäuften Belohnungen ein.

So ein Verhalten sei akzeptabel, weil die Afrikaner an Unabhängigkeit in ihren Liebschaften glaubten, meinte Arlette. Sie suchten oder erwarteten keine sexuelle Treue. Wer sich wegen Untreue scheiden lassen wolle, gelte als leichtfertig. Bei einer Ehe sei die wichtigste Beziehung die zwischen den Familien. Und das sei der Grund, warum westindische Frauen – wie Andrée und wie Arlette selbst – Probleme bekämen, wenn sie an die Elfenbeinküste übersiedelten. Die Männer verabschiedeten sich einfach.

In Paris ließen sich *antillaises* hinters Licht führen. Sie ließen sich von einem Mann blenden, der behaupte, aus einer Häuptlingsfamilie zu stammen und zu Hause jede Menge Sklaven und Diener – *tant d'esclaves, tant de domestiques* – zu besitzen. Mit ihrer eigenen Vorstellung von Liebe sähen westindische Frauen in der Liebeserklärung eines Afrikaners und auch in seinem Heiratsantrag Absichten, die der Mann nie und nimmer hege. Eine westindische Frau habe an der Elfenbeinküste weder einen Stamm noch eine Familie; ihr afrikanischer Mann könne sie ohne Schuldgefühle verlassen. Bringe ein Einheimischer eine ausländische Frau mit nach Hause, suche seine Familie eine Afrikanerin für ihn aus und schicke sie ihm ins Haus. Werde die afrikanische Frau nicht angenommen, belege die Familie den Mann mit einem Fluch. Und der Mann habe solche Angst vor dem Fluch (und auch Angst davor, vergiftet zu werden), dass er sich gewöhnlich füge.

So stellte sich die Sache für Arlette dar. In Afrika zu leben, sagte sie, bedeute, alle seine Ideen und Wertvorstellungen einer Revision zu unterziehen. Und es sei gut, fügte sie hinzu, wenn das geschehe. Wie mir zuvor schon bei ihr aufgefallen war, übte sie also mit ihrer Kritik an Afrika im Grunde gar keine Kritik. Ihrem eigenen Verständnis nach hatte Afrika sie umerzogen und verändert. Wenn Arlette als im Land lebende Ausländerin einsam war, dann doch anders als Andrée.

5

Gil Sherman, Terry Shroeders Assistent, kümmerte sich um meine Reise nach Yamoussoukro und schrieb mir eines Tages, dass er den richtigen Begleiter für mich gefunden habe. Der Mann heiße Ibrahim Keita. Er sei der Sohn eines politischen Weggenossen des Präsidenten aus der Kolonialzeit, und er stehe dem Präsidenten nahe. Der Präsident wünsche, dass die Leute an der Elfenbeinküste Golf spielten: Ibrahim Keita komme diesem Wunsch mit Eifer nach. Er sei ein begeisterter Spieler und Präsident des Golfverbandes. Der berühmte Golfplatz in Yamoussoukro unterstehe seiner Leitung. Es heiße auch, der Präsident habe ihn mit der Gesamtentwicklung von Yamoussoukro betraut. Niemand könne mich besser herumführen als er. In seinem ebenso großen wie schnellen Mercedes fahre er regelmäßig nach Yamoussoukro.

Als ich mit Ibrahim Keita bei Gil Sherman zusammentraf, schien er freilich nicht zu wissen, dass er mich nach Yamoussoukro mitnehmen sollte. Er verlor kein Wort darüber und machte überhaupt kaum den Mund auf. International verständigte er sich eher auf Französisch als auf Englisch. Er war ein großer, gut aussehender Mann von vielleicht vierzig Jahren, sportlich gestählt (und an diesem Abend ziemlich ermüdet) durchs Golfspielen; seine Hautfarbe und seine Gesichtszüge erinnerten ein bisschen an Sidney Poitier. Seine Frau Eileen hielt sich an diesem Abend ebenso zurück. Ibrahim Keita war Muslim, und möglicherweise handelte es sich bei Eileens Zurückhaltung um eine Art muslimisch-afrikanische Sittsamkeit. Im strengen Sinne des Wortes war sie keine Afrikanerin. Sie war zwar in Ghana geboren, aber westindischer Herkunft: Geburtsname Busby, Mittelschicht, englischsprachig, von der Insel Barbados.

In ihrer Begleitung befand sich ihr Bruder. Auch er war in Ghana zur Welt gekommen, lebte aber jetzt in London. Seine Interessen lagen auf dem Gebiet des Journalismus und des afrikanischen Verlagswesens; eine kurze Geschäftsreise hatte ihn an die Elfenbeinküste geführt. Er war ein anziehender, bärtiger, braunhäutiger Mann in den Dreißigern. Seine Umgangsformen verrieten den westindischen Mittelschichtsangehörigen aus der Großstadt; er war aufgeweckt, munter und offen. Im Gespräch mit ihm verbrachte ich einen großen Teil des Abends.

Seine Familiengeschichte war anrührend. Im Jahr 1929 beschloss sein aus Barbados stammender Vater, nachdem er in England eine medizinische Ausbildung absolviert hatte, nach Afrika zu gehen und dort zu arbeiten. In Britisch-Westindien hätte er zu den ersten schwarzen Akademikern gezählt. Für so jemanden musste damals jeder persönliche Karriereschritt das Gefühl rassischer Benachteiligung massiv verschärfen. Die Sklaverei war im britischen Kolonialreich 1834 abgeschafft worden, aber in Britisch-Westindien – in Kolonien, um die sich niemand mehr kümmerte, weil sie keinen Wert mehr besaßen – hatte die Haltung zu Rassenfragen bei Schwarzen wie Weißen seitdem kaum eine Veränderung erfahren. Ein schwarzer Akademiker hätte sich in den zwanziger Jahren des 20. Jahrhunderts isoliert gefühlt, sogar in seiner eigenen ethnischen Gemeinschaft.

Dr. Busby tat, wovon viele Schwarze in vergleichbarer Position redeten, ohne es jedoch zu tun: Er beschloss, nach Afrika zurückzukehren, Afrika zu dienen, auch wenn Afrika selbst noch Kolonialland war. Er ging an die Goldküste – die unter britischer Herrschaft stand und an die unter französischer Herrschaft stehende Elfenbeinküste angrenzte – und arbeitete dort bis zu seinem Tode.

Aus der Goldküste wurde 1957 das unabhängige Ghana. Nkrumah herrschte – und stürzte. Jetzt, zwanzig Jahre nach seiner Unabhängigkeit, lag der Staat Ghana in Trümmern. Und Dr. Busbys Kinder lebten nicht mehr im Land.

Ich fragte den jungen Mann, den Sohn des Doktors, was er

von den Vorgängen in Ghana hielt. Er gab eine Antwort, die keine war. Das sei etwas, sagte er, was das Land durchmachen müsse. Aber 1957 – als die Elfenbeinküste noch kaum etwas hatte – war Ghana reich, hatte eine gebildete Bevölkerung, besaß staatliche Einrichtungen. Auf welche Weise war das verschleudert worden? War Nkrumah daran schuld, die rassistisch-sozialistische Ideologie, der Größenwahn, die Verschwendung?

Das Unlogische seiner Antwort verblüffte mich. Nkrumah sei seiner Zeit voraus gewesen, meinte der junge Busby. *Voraus*? »Haben Sie Nkrumahs Bücher gelesen?«, fragte Busby. »Sie sollten seine Bücher lesen.« Ob man also in den Worten, nicht in den Taten die Größe eines Mannes suchen müsse, wollte ich von ihm wissen. Nkrumah, sagte Busby, habe eine den afrikanischen Kontinent umgreifende Vision gehabt. Er sei unendlich mehr als ein Stammesführer gewesen. Diese kontinentale Vision werde aus seinen Büchern deutlich, die nach wie vor revolutionär seien; deshalb habe er nach der Unabhängigkeit so aufwändig gebaut und das Land in den Bankrott getrieben. Und Nkrumah habe mehr als jeder andere für die Würde der Schwarzen überall in der Welt getan. »Fragen Sie von den Schwarzen in Amerika, wen Sie wollen«, sagte Busby.

Gil Sherman war ein schwarzer Amerikaner. Aber er hörte, vielleicht aus diplomatischer Klugheit, nicht zu (er unterhielt sich mit Ibrahim Keita); ich verzichtete darauf, ihn zu fragen.

Die Würde des schwarzen Mannes – da wollte ich bei Busby nachhaken. War das nicht mittlerweile eine antiquierte Vorstellung? Afrika war unabhängig, die Inseln der Karibik mit schwarzer Bevölkerungsmehrheit waren unabhängig. Gab es nicht anderes, wofür die Schwarzen sich einsetzen konnten?

»Alte Ideale sind unter Umständen die besten Ideale«, erklärte Busby.

Er war ein Gläubiger. Er stand und fiel mit der Unbeirrbarkeit seines leidenschaftlichen Rassenbewusstseins. Er bewahrte dem Anliegen seines Vaters die Treue, und nach fünfzig Jahren war dieses Anliegen – allen Veränderungen in der Welt zum Trotz – zu einer Art Religion geworden. Egal, wie groß die gegenwärtigen Katastrophen waren, Schwarzafrika werde sie siegreich bestehen. Die Zeit werde kommen, meinte er, wo sich die Welt Hilfe suchend an Afrika wenden werde. In England und anderen westlichen Ländern werde die kulturelle Verrohung bald schon zum Problem werden: Die Welt werde noch Halt bei afrikanischen Lebensweisen suchen. Er erzählte mir eine afrikanische Geschichte, eine Art Fabel, von einer bäuerlichen Gemeinschaft und einer Fischfang treibenden Gemeinschaft, die einander verabscheuten, aber mittels einer ritualisierten Übereinkunft, die beiden erlaubte, ihre Würde zu bewahren, miteinander auszukommen vermochten. Das sei die Art von Lösung, die Afrika der Welt zu bieten habe.

Busby lebte in England. Als Journalist und Herausgeber brauchte er England als Basis. Aber so gewichtig dieser Umstand war, für seine Sicht der Dinge spielte er keine Rolle. Ich fragte ihn, was er sich für Afrika wünsche. Er wünsche sich Fortschritt, sagte er. Aber nicht den Fortschritt der Elfenbeinküste: Er suche einen Fortschritt, der den Afrikanern erlaube, ihre Seele zu bewahren. Genauer konnte er es nicht formulieren. Wahrscheinlich hinderte ihn eine politisch motivierte Ablehnung des Kapitalismus an der Einsicht in die tiefe Kluft, die an der Elfenbeinküste französische und afrikanische Ideen voneinander trennte. Wahrscheinlich wusste er nicht, wie ganzheitlich Afrika nach wie vor war. Wahrscheinlich war es auch so, dass sich bei ihm das familiäre Anliegen in eine unerreichbare, religiöse Idee vom wahren Afrikanertum verwandelt hatte.

Er redete mit Ibrahim Keita. Es ging um meine Fahrt nach Yamoussoukro. Und während ich mich mit jemand anderem unterhielt, hörte ich Keita (der mittlerweile völlig geschafft von seiner Golfrunde wirkte) sagen, wenn man gewohnt sei, eine 707 zu fliegen, könne man nicht jemanden in einer Cessna mitnehmen. Das war der erste Hinweis darauf, dass er von unserer geplanten Fahrt nach Yamoussoukro wusste. Und die Botschaft, die übermittelt wurde, lautete, dass Keita mich nicht mitnehmen konnte. Es gab ein Problem mit den Reifen des

Mercedes, und offenbar stand außer Diskussion, dass ich in einem Gefährt mitgenommen werden konnte, das sich auf dem Niveau einer Cessna bewegte.

Das mit den Reifen sei Pech, sagte Busby, der mir die Hiobsbotschaft durch die Blume übermittelte. Ibrahim sei ein rasanter Fahrer; mit dem Mercedes schaffe er die 230 Kilometer in zwei Stunden. Aber die Ersatzreifen, die er aus Nigeria bekommen habe, seien nicht gut. Für einen Mercedes dieser Klasse seien Spezialreifen nötig, und die müsse Ibrahim aus Deutschland kommen lassen.

Sie verabschiedeten sich – Ibrahim Keita, Eileen und ihr Bruder. Gil Sherman erklärte, er werde mich selbst nach Yamoussoukro fahren. Und während des restlichen Abends bekam ich noch jede Menge über den Mercedes zu hören und darüber, was für nette Leute die Keitas seien.

Andrée, Arlette, der junge Busby – sie alle hatte Afrika gerufen, und jeder von ihnen besaß sein eigenes Afrika. Busbys ererbtes Anliegen war die Erlösung der Rasse. Er brauchte seinen mystischen Glauben an Afrika. Aber es war ein privates Anliegen, das einem anderen Kontinent, einer anderen Vergangenheit, einer anderen Sichtweise und Gefühlslage entstammte. Ein Mensch wie Djédjé – mein Führer zu dem von geheimnisvollen Feuersbrünsten heimgesuchten Haus bei Kilometer 17 – kannte nur erst die Götter und die Stämme. Was sein Rassenbewusstsein betraf, war Djédjé ein Waisenknabe.

6

Der Kilometer 17 lag an der Autostraße nach Yamoussoukro. Er befand sich in dem weichen, zerklüfteten Land jenseits des »volksnahen« afrikanischen Wohnviertels von Adjamé und des Industriegebiets. Djédjé zufolge war der Taxifahrer der Bruder des Dorfhäuptlings, den wir aufsuchen wollten. Und in der halb ländlichen Gegend außerhalb der eigentlichen Stadt machten wir an einem Getränkeladen Halt, um die Flasche Whisky zu kaufen, die wir laut Djédjé dem Häuptling mitbringen mussten.

Der Laden bestand aus einem einzigen, unwirtlichen Raum. Er wirkte schlicht, geradezu asketisch: ein paar Regalfächer, ein paar Flaschen einer bestimmten Marke (wie Ausstellungsstücke) in jedem Fach, an jedem Fach ein Preisschild angepinnt. Der Ladeninhaber, ein junger Mann, saß unbeteiligt an einem Tisch, auf dem sich nichts weiter befand als ein flacher, ordentlich geschichteter Stapel alter Ausgaben von *Fraternité Matin*. Wir kauften keinen Whisky. Djédjé suchte eine Flasche Gin für 3100 Francs – fünf bis sechs Pfund – aus. Der Ladeninhaber wickelte die Flasche in eines der Zeitungsblätter, und Djédjé nahm sie mit größter Behutsamkeit entgegen.

Das Land war weich, und die Erde wirkte frei von Steinen. Verstreut standen Bäume, hoch und skelettartig – Kokospalmen, andere Palmen und die dickbäuchigen Affenbrotbäume mit ihren Stummelästen. Sie bildeten keine horizontale Vegetationslinie am Horizont; das Auge erblickte nichts als diese einzelnen skeletthaften vertikalen Formen.

Wir bogen von der Autostraße auf einen roten, ungeteerten Weg ab, der beidseits von grünen Büschen gesäumt war. Es sah so aus, als seien wir endlich auf dem flachen Land angekommen, aber den Weg entlang holperten orangefarbene Taxis aus Abidjan. Und bald schon kamen wir an Blechschuppen vorbei, in denen Bananen gelagert wurden. Kilometer 17 war kein Dorf im strengen Sinne; es war eine Siedlung am Rande von Abidjan. Hütten gab es nicht, nur Betonhäuser. Die Straße, die jetzt offenbar einem alten Buschpfad folgte, verengte sich und wand sich zwischen Abfallhaufen hindurch. Ständig aber begegneten wir den Taxis.

Wir fuhren durch eine Bananenpflanzung: die Stauden in Reihen gepflanzt, tiefe Entwässerungsrinnen zwischen den Placken schwarzer Erde, über jedem reifenden Fruchtbüschel ein blauer Plastikschutz, der blaue Farbton aufdringlich, unnatürlich. Auf anderen Parzellen, wo die Stauden bereits ihre Frucht getragen hatten und bis auf braune Stümpfe heruntergeschnitten worden waren, wuchsen aus dem weichen Pflanzenabfall bereits neue Schösslinge: ein flüchtiger Blick auf die sorgfältig betriebene Landwirtschaft, die der Elfenbeinküste ihren Reichtum gebracht hatte.

Das Dorf, das endlich vor uns auftauchte, hatte eine breite, ungeteerte Hauptstraße. Die einstöckigen Häuser bestanden aus bemaltem Beton, die Farben ausgebleicht, staubig, mediterran. Überall Kinder, die Staub aufwirbelten. Wir hielten auf der Hauptstraße, stiegen aus dem Auto, betraten einen engen Durchgang zwischen zwei Betonhäusern – plötzlich, nach der Fahrt durch den halben Busch, das Gefühl, in einem städtischen Slumviertel zu sein – und kamen von der Rückseite in einen Raum. Wir befanden uns im Haus des Häuptlings, in seinem Empfangsraum.

Nahe dem Fenster, durch das man auf die Straße blickte, stand eine Garnitur massiger, plastikbezogener Polstersessel. An den erbsgrünen, vom Berühren und Anlehnen verschmutzten und abgewetzten Wänden hingen ohne ersichtliche Ordnung Fotos in Wechselrahmen. Es gab ein hohes, offenes Bücherregal: christliche Literatur. Der Häuptling war ein religiöser Mensch, kein *pasteur*, sondern ein *évangéliste*.

Er kam aus einem anderen Raum herein, hoch gewachsen, mittleren Alters, mit Goldrandbrille, großer goldener digitaler Armbanduhr, Gummisandalen und einem dicken, weißen Verband um einen lädierten Knöchel. Er trug ein gemustertes, schokoladenbraunes Gewand, das sich mit seiner Hautfarbe gar nicht vertrug; umgekehrt ausgedrückt, ließ seine Hautfarbe das Gewand trist und schmuddelig erscheinen – typisch für den afrikanischen Textilgeschmack.

Djédjé, trug die in Zeitungspapier gewickelte Flasche Gin feierlich, mit verschlossener Miene. Flüchtig ließ der Häuptling sein Auge auf der Flasche ruhen und würdigte sie dann keines Blickes mehr; als wir uns in den Sesseln am Fenster niederließen, stellte Djédjé die Flasche hinter ihn auf den Sitz.

Leute auf der Straße riefen durch das offene, nach oben aufgeklappte Fenster herein. Während er mit uns redete, unterbrach sich der Häuptling hin und wieder, um die Kinder, die schnatternd und neugierig ihre Köpfe zwischen hochgeklapptem Fenster und Fensterbank hereinstreckten, anzubrüllen, sie sollten verschwinden.

Leute, Erwachsene, Männer kamen durch die Hintertür in den Raum und standen herum – in der Nähe eines Tisches, auf dem Zeitungen und andere Sachen verstreut lagen. Einige der Hereinkommenden brachten dem Häuptling Geld, und er, die Banknoten scheinbar achtlos entgegennehmend, hielt sie senkrecht in seiner zur Faust geballten linken Hand. Beim Sprechen gestikulierte er mit der geldhaltigen Hand. Wenn er ab und an die Beine spreizte, um sein Gewand an ihnen glatt zu streichen, sah man seine dunkelblauen Shorts.

Er war sichtlich stolz auf den Ruhm, den die Geschichte mit dem brennenden Haus seinem Dorf beschert hatte. Er selbst, erklärte er, sei aber kein Gläubiger. Damit meinte er, dass er als Christ und Evangelist nicht an die Macht der Magie glaube. (An der Wand über seinem Sessel hing ein Foto von ihm, das ihn im Anzug zeigte, wie er anlässlich seiner Weihe zum Evangelisten ein Diplom oder Zeugnis ausgehändigt bekam.) Es habe im Dorf nie Schwierigkeiten gegeben, sagte er, keine spirituellen oder magischen Erscheinungen, keinen Hinweis auf einen Bösen Geist. Aber dann sei diese Sache auf dem Schulgelände passiert. Das Haus von Mr. Ariko, einem der Lehrer, habe angefangen, Feuer zu fangen. Und an dieser Erscheinung gebe es keinen Zweifel.

Natürlich war ihm als Dorfhäuptling die Sache zur Kenntnis gebracht worden, und er war ihr nachgegangen. Wie er feststellte, hatte Mr. Ariko zwei Frauen. Nicht lange vorher hatte Mr. Ariko den beiden Frauen Geld gegeben – jeder vierzigtausend Francs, ungefähr 70 Pfund. Die zweite Frau war aber der Ansicht, weniger als die erste Frau bekommen zu haben. Das hatte er, der Häuptling, herausgefunden, und so weit schien der Fall klar: Die zweite Frau, oder der Böse Geist in ihr, hatte die Feuersbrünste »hervorgerufen«. Die Geschichte war einfach genug, und es gab Methoden, damit fertig zu werden.

In Bingerville, der alten französischen Kolonialsiedlung, die nicht weit von Abidjan entfernt lag, gab es einen Propheten. Er war ziemlich bekannt und verfügte über eine eigene kleine Sekte. Ihn bat man um Rat, und er bereitete ein weißes Pulver, das er dem Häuptling gab. Das Pulver sollte der zweiten, missgestimmten Ehefrau auf die Füße gestreut werden; es würde garantiert etwaige magische Kräfte, die der Böse Geist ihr eingegeben hatte, zunichte machen.

Das geschah. Die zweite Frau wurde wieder normal. Aber die Brände in Mr. Arikos Haus hörten nicht auf. Das Problem wuchs den Leuten über den Kopf. Es fing an, sie in den Wahnsinn zu treiben. Muslimische *marabouts* und andere Zauberer wurden hinzugezogen. Der hart geprüfte Mr. Ariko gab Unmengen Geld aus. Opfer wurden gebracht. Aber nichts half. Dann bot ein Evangelist der Gemeinschaft der Himmlischen Christen seine Dienste an. Die Himmlischen Christen waren eine neue Gruppierung aus Ghana; sie befanden sich erst seit drei Jahren an der Elfenbeinküste und waren scharf darauf, sich zu profilieren. Der Häuptling beschloss, dem Evangelisten der Himmlischen Christen eine Chance zu geben.

Der Evangelist – der sich ziemlich scharfsinnig zusammenreimte, was da vorging – beobachtete das Haus. In der Nacht sah er, wie ein junges, für das normale Auge unsichtbares Mädchen in dem Haus nach Belieben ein- und ausging. Niemand sonst als dieses Mädchen richtete das Unheil an. Am Morgen rief der Evangelist der Himmlischen Christen alle jungen Mädchen, die sich auf dem Schulgelände befanden, zusammen. Er ging stracks auf das Mädchen zu, das sich in der Nacht unsichtbar gemacht hatte: Es war die Tochter der zweiten, missgestimmten Ehefrau. Sie gestand, und ihre Geschichte war kaum zu glauben: Ihre Mutter hatte die Zauberkraft an sie weitergereicht, ehe diese durch das weiße Pulver des Propheten zerstört worden war.

Der Böse Geist hatte bei Kilometer 17 besondere Verschlagenheit bewiesen. Durch die Übertragung der Zauberkraft hatte er alle hinters Licht geführt. Und deshalb hatte der Fall die Phantasie der Leute so gefesselt.

Dem Mädchen wurde Pulver auf die Füße gestreut, und sie

und ihre Mutter wurden in deren Dorf abgeschoben. Als bloße Vorsichtsmaßnahme hatte man auch die andere Ehefrau in ihr Dorf zurückgeschickt. Seitdem habe es, erklärte der Häuptling, keinerlei Probleme mehr gegeben.

Nachdenklich sagte der Häuptling, die Banknoten umklammernd: »Ich habe Ihnen erzählt, dass es vor dieser Sache keine Probleme im Dorf gab. Aber ich sollte Ihnen wohl auch erzählen, dass es in unserer Gegend sehr wohl ein paar bekannte *génies* gibt.« Dschinn, Geister. «Haben Sie die scharfe Wegbiegung bemerkt? In der Nähe der Bananenpflanzung. Bei dieser Kurve gibt es einige *génies*, ganz kleine Hennen.« Er deutete mit beiden Händen deren Größe an. »Keine Küken, sondern ganz kleine Hennen. Wenn ein Autofahrer sie sieht, steht ihm ein Unfall bevor.«

Was mit der Frau und der Tochter sei, die zurück in ihr Dorf geschickt worden seien, wollte ich wissen. Würden sie Zauberinnen bleiben? Möglich, meinte der Häuptling. Und Djédjé, stets ernster und feierlicher als der Häuptling, erklärte, in dem Dorf – das weit weg von guten Propheten und Himmlischen Christen liege – werde die Kraft des weißen Pulvers unter Umständen zunichte, *annulée*. Wie wurden Menschen zu Zauberern? Die furchtbare Gabe könne in der Kindheit auf sie übertragen werden. Sie sei auf jedermann übertragbar; mit persönlicher Bosheit habe das nichts zu tun.

»Ohne Zivilisation wäre jeder ein Zauberer«, verkündete Djédjé.

Eine Welt ohne Vernunft oder Regeln, so stellte er sich das Chaos vor. So viel glaubte ich zu verstehen. Aber eigentlich wusste ich gar nicht genau, was Djédjé unter Zivilisation verstand. Bei unserer letzten Zusammenkunft hatte er von einer »Entwicklung von oben« gesprochen. Er sehnte sich nach dörflichen Bräuchen, nach den Tänzen seiner *ethnie*; er glaubte an Fetische. War für ihn Zivilisation die Gesamtheit jener alten, wahren Dinge: eine geordnete Gesellschaft, die sich kultisch korrekt verhielt und Zugang zu einer Magie hatte, die Schutz gegen willkürliche Bosheit bot? Oder meinte Djédjé etwas

Simpleres? Betete er in Anwesenheit des Häuptlings, eines Repräsentanten des Staats, einfach nur das staatliche »Fortschrittscredo« nach?

Für den Häuptling war es Zeit, nach seiner Flasche Gin zu schauen. Er nahm die in Zeitungspapier gehüllte Flasche und wickelte sie halb aus, um sich das Etikett anzusehen. Sein verdrießliches, sorgenzerfurchtes Gesicht entspannte sich für einen Augenblick, und dann begann er, wie um uns für unser Geschenk durch eine kleine Zugabe zu belohnen, mit uns zu plaudern und ein bisschen darüber zu klagen, wie schwierig es sei, Arbeitskräfte für seine Felder zu bekommen. Die Leute arbeiteten lieber für Weiße, für ausländische Vertreter der großen Firmen, die natürlich mehr zahlen könnten.

Auf dem Tisch am anderen Ende des Raums lag die Ausgabe von *Fraternité Matin* mit der Geschichte vom brennenden Haus. Djédjé bat um das Exemplar; der Häuptling überließ es ihm gnädig. Und während wir mit unserem Taxi zu dem Haus fuhren – der Häuptling hatte unseren Besuch dort schon angekündigt, und einer der jungen Männer, die in den Raum gekommen waren, begleitete uns –, las Djédjé die Zeitungsgeschichte, wobei er unablässig den Finger über das Papier gleiten ließ, als könne er die Buchstaben ertasten.

Er schüttelte den Kopf und stieß ein kurzes, wissendes Lachen aus. »Mit ihrem Erfolg machen die Himmlischen Christen ganz schön Reklame für sich.«

Das Haus des Schullehrers gehörte zu einer Ansammlung kleiner, niedriger Betonhäuschen, alle ockerfarben und geduckt. Die so normal aussehende und doch so berühmte Siedlung war nach wie vor ein bewohnter Ort. Hinter all dem mittäglichen Leben aber lag Geheimnisvolles verborgen. Die Tür zum Haus des Schulmeisters stand offen; der vordere Raum war dem Anschein nach leer. Vor der offenen Tür stand, fest in der Erde verankert, ein hölzernes Kreuz von etwa einem Meter Höhe mit dem metallenen Kruzifix der Himmlischen Christen.

Jedes Haus in der Siedlung hatte auf der Rückseite eine offene Kochhütte. Die weiche, rote Erde zwischen den Hütten und Häusern war gefegt und wies Harkspuren auf. Zwischen Steinen brannten Holzfeuer unter Aluminiumtöpfen. Ein Mädchen fegte nassen, eklig aussehenden Abfall mit einem Besen zusammen, der aus den Rippen von Kokosnussblättern gefertigt war. Dicht daneben zerstampfte eine Frau mit einem Stößel Auberginen in einer kleinen Schale, die auf dem Boden stand; und das wiederum geschah in der unmittelbaren Nachbarschaft eines netten kleinen Kinderkothaufens.

Kinder sah man überall. Einige kullerten ausgelassen auf einer Grasmatte mit purpurfarbenem Muster herum. Djédjé, der dolmetschte, was unser bestellter Führer zu sagen hatte, erklärte mir, das seien die Kinder des Lehrers. Aber der Führer irrte, oder Djédjé hatte ihn missverstanden. Das Lehrerskind war ein trübsinniger kleiner Bursche, der wie ein kleiner, alter Mann allein und still neben einer Kochstelle saß. Tränenspuren befleckten sein staubiges Gesicht; in den Augen standen frische Tränen. Zauberei war kein Scherz – hier war sie wie eine Katastrophe über die Familie hereingebrochen. Nachdem die Ehefrauen in ihre Dörfer zurückgeschickt worden waren, kümmerte sich die Schwester des Lehrers um den Jungen. Sie hockte in einem grünen afrikanischen Kleid neben ihrem Feuer. Erst als sie aufstand, sah ich, dass sie selbst sehr jung war.

Hinter den Kochhütten stieg der Boden steil an. Dort waren Bananenstauden und Bäume gepflanzt. Dazwischen lagen verstreut, wie Müll, einige der halb verbrannten Sachen aus dem Haus des Lehrers, versengte Kleidung, verkohltes Mobiliar. Für mich enttäuschend – ich hatte Zeugnisse größerer Feuersbrünste erwartet. Aber diese versengten kleinen Gegenstände, die man als unheilvoll weggeworfen hatte, waren immer noch zu besichtigen. Der geheimnisvolle Vorgang war noch frisch in Erinnerung, seine (bereits reliquienhaften) Überbleibsel immer noch zugänglich.

In einer Kochhütte am Ende der Reihe ermunterte eine Gruppe von Frauen und Mädchen – um ein bisschen von der Aufmerksamkeit der Besucher zu erhaschen – ein kleines Kind zum Tanzen. Sie sangen, klatschten in die Hände, lachten und blickten von dem Kind zu uns herüber. Einige Augenblicke lang verfiel der Knirps tatsächlich in Tanzschritte: Füße in Bewegung, Beine in Bewegung, das Gesicht trauervoll und ausdruckslos. Die Frauen und Mädchen lachten. Das Kind vollführte einen weiteren kleinen Tanz. Das geschah für uns, aber als wir zum Abschied winkten, winkte keine der Frauen zurück.

Wir fuhren in dem Gebiet herum. Der Busch, beziehungsweise das, was wie Busch ausgesehen hatte, hielt Überraschungen bereit. Rund um die Siedlung mit dem Haus des Lehrers (und dem Kreuz) befanden sich Gebäude irgendeines Forschungsinstituts. Man sah viele Europäer. Ich bekundete meine Überraschung. Der Mann, der uns als Führer begleitete (er war der Sohn eines früheren Häuptlings), nahm Anstoß daran. Er fuhr mich heftig an, behandelte mich als ausländischen Dummkopf; seine gute Laune erlangte er nicht wieder. Wir setzten ihn an der Hauptstraße, der Autostraße nach Yamoussoukro, ab. In seinem düsteren afrikanischen Gewand bald schon von Kopf bis Fuß ein schwarzer Mann, überquerte er in auftrumpfendem Stampfschritt die Straße in Richtung Ortschaft und verschwand in der Menge.

7

Der Handel mit Djédjé ging schlecht aus. Das war meine Schuld. Ich gab ihm zu viel Geld. Er hatte gesagt, er brauche zweitausend Francs für Trinkgelder. Ich hatte nicht verstanden, dass er mit dieser bescheidenen Summe – weniger als vier englische Pfund – seine eigene Entlohnung meinte. Ich gab ihm die zweitausend und fügte sechstausend Francs, zehn Pfund, als Lohn für ihn selbst hinzu. Ihm fielen die Augen aus dem Kopf. Als er nach den Banknoten, die ich ihm hinhielt, grapschte, sah ich ihn zum ersten Mal eine unkontrollierte, unschöne Bewegung machen. Und dann, leicht nach vorn geneigt und wie in der Grapschbewegung erstarrt, zitterte er ein, zwei Sekunden vor Erregung.

Früh am nächsten Morgen rief er an, um mir zu sagen, dass

er mich an Nachmittag abholen und nach Bingerville zu einem berühmten *féticheur* bringen werde.

Als er eintraf und ich in die Hotellobby hinunterkam, wo er auf mich wartete, erklärte er, am Morgen habe er vergessen, mir zu sagen, dass der *féticheur* für eine *expérience* fünfzehntausend Francs verlange. Ich sagte, ich wolle keine *expérience*, ich wolle mich mit dem *féticheur* einfach nur unterhalten. Es sei eine große *expérience*, versicherte Djédjé. Der *féticheur* werde sich mit dem Messer in die Hand schneiden und dann die Wunde sich wieder schließen lassen.

»Für fünfzehntausend Francs gibt er Ihnen drei *expériences*«, sagte Djédjé.

»Und wie viel kostet eine?«

»Dafür genügen vielleicht fünftausend.«

Wir gingen hinaus auf den Vorplatz des Hotels. Entgegen meiner Erwartung hatte er diesmal kein Taxi besorgt. Er forderte mich auf, in eines der Hoteltaxis zu steigen. Er stand draußen mit dem Fahrer, und sie begannen zu palavern. Das brauchte seine Zeit. Djédjé benahm sich jetzt anders. Er verlor seine Feierlichkeit. Sein Körper entspannte sich; er lehnte in wechselnden Posen am Taxi und lachte und plauderte wie ein Eckensteher und Herumtreiber. Ich schaute aus dem Fenster, um ihn zur Eile anzutreiben. Lachend und zwanglos, als seien wir alte Kumpels, forderte er mich auf, zu warten.

Schließlich stiegen er und der Fahrer in das Taxi, und wir fuhren los. Der Fahrer schaltete nicht den Taxameter ein. Ich ging davon aus, dass ein Fahrpreis nach Bingerville ausgehandelt worden war. Aber das war nicht der Fall, denn nach zwei oder drei Kilometern kam der Fahrer auf das Thema zu sprechen. Er sagte zu mir: »Sie werden kein Problem haben, für die Rückfahrt von Bingerville ein Taxi zu bekommen.« Ich fragte Djédjé, welchen Fahrpreis sie vereinbart hätten. Der Fahrer habe zehntausend Francs verlangt, sagte Djédjé, und er habe ihm eintausend geboten. Ich nahm an, dass der Fahrer eine Summe erwartete, die irgendwo in der Mitte lag.

»Werden wir zurück ein Taxi kriegen können?«, fragte ich.

»Taxis sind in Bingerville schwer zu bekommen«, antwortete er.

Er fing an, über die magischen Kräfte von *féticheurs* zu reden. Es gebe einen noch berühmteren als den, den wir besuchen wollten, aber er habe einen astronomischen Preis verlangt. Der betreffende *féticheur* könne sich unsichtbar machen und durch eine geschlossene Tür gehen. Das wäre für mich eine gute *expérience* gewesen, meinte er, aber so viel Geld sei die Sache nicht wert.

Der Taxifahrer schaltete sich ein und redete einige Zeit in einer afrikanischen Sprache.

»Was sagt er?«, wollte ich wissen.

»Er will fünfzehntausend Francs«, sagte Djédjé.

»Aber das ist absurd.«

»Genau das habe ich ihm gesagt. Ich habe ihm fünftausend für die Hinfahrt und fünftausend für die Rückfahrt geboten.«

»Sie haben also die ursprünglichen Zehntausend vereinbart.«

»Ja.«

Die Summe war sehr hoch, aber aus dem Taxi auszusteigen kam nicht in Frage.

Es war mitten am Nachmittag, brütend heiß, und ein anderes Taxi hatte ich so weit weg von Abidjan nicht mehr gesehen. »Sagen Sie ihm, dass dies eine Stunde Warten einschließt«, wies ich Djédjé an.

Die Sache schien geklärt, endlich.

Die Autostraße nach Bingerville führte quer durch sanfte, buschbewachsene Hügel: ein weiter Blick, der Himmel am Horizont dunstig vor Hitze.

Djédjé redete über Fetische. Es gebe sehr teure, sagte er. Die Europäer wollten oft Fetische haben. Mir fiel ein, dass ich in Djédjés Augen praktisch ein Europäer war. Ich wolle keinen Fetisch, sagte ich; ich wolle mich nur mit dem *féticheur* unterhalten.

»Ja, ja«, sagte Djédjé und glaubte mir kein Wort. »Manche Europäer, auch manche Afrikaner, können bis zu hunderttausend Francs für einen Fetisch bezahlen.«

»Hören Sie«, sagte der Taxifahrer. »Was den Fahrpreis –«

»Das ist erledigt«, sagte ich.

Und Djédjé bedeutete dem Mann mit der Handfläche, er solle schweigen.

Bingerville tauchte auf, eine verstreute Ansammlung ockerfarbener Betonhäuser auf niedrigen Hügeln, wie Grand-Bassam eine frühe französische Siedlung an der Elfenbeinküste: heruntergekommene Kolonialarchitektur, Beton und Wellblech, am äußersten Rand des Kolonialreichs.

Djédjé hatte behauptet, wir seien mit dem *féticheur* verabredet. Jetzt stellte sich heraus, dass er gar nicht wusste, wo der *féticheur* wohnte.

Wir bogen in eine unbefestigte Straße ab, die bald nur noch eine Fährte war. Wir fragten einen fülligen jungen Mann, der ein orangefarbenes T-Shirt mit dem Aufdruck *Bingerville* trug, nach dem Weg. Er war die Freundlichkeit in Person. Nichts tat er lieber, als Fremden den Weg zum dortigen *féticheur* zu weisen.

Wir fuhren zurück auf die Autostraße. Und Djédjé, um seinen Fehler zu kaschieren, erzählte mir von einem besonders wirksamen Fetisch, den der *féticheur* bei den letzten Wahlen für einen Abgeordneten der Nationalversammlung gefertigt hatte. Der Fetisch hatte Stimmen, die für den Gegenspieler des Abgeordneten abgegeben worden waren, in Stimmen für ihn verwandelt. Der Abgeordnete gewann mit großem Vorsprung, und sein Gegenspieler fragte sich fassungslos, was aus all den Stimmen geworden war, die man ihm zugesichert hatte.

Wir verfuhren uns ein zweites Mal. Wir hielten in der Nähe einer Gruppe von Schulkindern in Uniform an, und wieder mussten wir – oder vielmehr Djédjé, der sich aus dem Autofenster lehnte – fragen, wo es zum Haus des *féticheur* ging. Und wieder wirkte niemand aus der Fassung gebracht oder überrascht durch unsere Erkundigung. Ein geschäftig vorbeieilender Mann, den wir ansprachen, sagte uns nicht nur, wo das Haus sich befand, sondern bot auch an, uns hinzubringen (obwohl er es doch eben noch so eilig zu haben schien). Er setzte sich auf den Beifahrersitz und zeigte sich durch die Aussicht auf eine kurze Autofahrt außerordentlich heiter gestimmt.

Der Abzweig, den wir suchten, war nicht beschildert. Wir fuhren auf einem Pfad über Ödland, vorbei an einem zerfransten Windschutz aus Bäumen und Büschen, zu einem Dorf: plötzlich menschliches Leben, wo von der Straße aus nur Busch zu sein schien. Eine Straße gab es in dem Dorf offenbar gar nicht. Wir fuhren direkt auf Häuser zu, und das Auto wand sich zwischen Häusern durch. Staubige Höfe gingen in andere, mit Müll übersäte Höfe über, der Hinterhof des einen war der Vorderhof eines anderen: Kochstellen, Holzstöße, Kochgeschirr auf schwarzer, gestampfter Erde; Kinder, Männer und Frauen in vielfältigster Bekleidung: entspanntes, nachmittägliches Dorfleben.

Wir waren nur ein oder zwei Minuten von der prächtigen Autostraße mit ihrer Geradlinigkeit und ihren geschwungenen Kurven entfernt. Aber schon befanden wir uns in einer älteren, verworreneren Welt, in einer Art Urwaldsiedlung. Wir fuhren weiter zwischen Häusern durch. Und immer schien es, als würden wir nicht um die Ecke kommen und anhalten müssen. Aber wir hielten nicht an.

Djédjé, dessen Anspannung wuchs, während wir immer tiefer in das Dorf hineinfuhren, sagte plötzlich: »Haben Sie Geld gewechselt? Geben Sie mir ein paar Tausendfrancs-Scheine. Es wäre besser, die Tausendfrancs-Scheine.«

Mein Geld steckte in einer Seitentasche meiner Hose. Im Sitzen konnte ich die Noten nicht einzeln herausziehen. Ich zog heraus, was mir die Bank im Hotel gegeben hatte: ein Bündel von zehn neuen Zehntausendfrancs-Scheinen.

»Das sind zehntausend, nicht wahr? Geben Sie mir zehntausend.«

Aber er hatte mir versichert, fünftausend seien genug für den *féticheur*, für eine *expérience*.

Mir war nicht wohl bei dem Gedanken, noch tiefer in dieses Dorf vorzudringen, das offenbar nicht enden wollte. Und ich war jetzt so unsicher, ob ich Djédjé und dem Taxifahrer trauen konnte, die keine der Vereinbarungen eingehalten hatten, dass ich beschloss, die Fahrt abzubrechen.

»Fahren Sie zurück nach Abidjan«, sagte ich zu dem Fahrer. »Fahren Sie zurück zum Hotel.«

Er hatte die dramatische Kurverei zwischen den Häusern genossen. Jetzt machte er in einem der Höfe elegant kehrt, wobei er reichlich Staub aufwirbelte, und wir schlängelten uns zurück durch das Dorf und über das Ödland zur Asphaltstraße. Mit einem heftigen Stoß landeten wir auf der Straße.

Genau in diesem Augenblick rief Djédjé: »Halt!«

Der Fahrer trat auf die Bremse. Djédjé neigte sich nach vorn, einmal, zweimal. »Ich habe ein schlechtes Gewissen deswegen«, sagte er. Er schaukelte in seinem Sitz vor und zurück. »Ich habe ein schlechtes Gewissen deswegen«, wiederholte er.

Der Fahrer blickte von Djédjé zu mir. Zum Dorf und zum *féticheur* oder nach Abidjan und zum Hotel?

»Zum Hotel«, sagte ich.

Wir setzten unseren Passagier ab – der nun froh war, aus dem Auto rauszukommen – und fuhren weiter zur Autostraße. Wir fuhren ein, zwei Kilometer: der Busch, das schwarze Band der Straße, die glühende nachmittägliche Hitze.

»Alles, was der *féticheur* macht, geht auf meine Rechnung«, erklärte Djédjé leidenschaftlich. »Auf meine Rechnung.«

Niemand sagte etwas zum Fahrer. Der aber hielt am Straßenrand an.

»Ihretwegen fühle ich mich schlecht«, sagte Djédjé. »Ihretwegen fühle ich mich schlecht.« Seine Augen röteten sich, auf seiner Stirn stand Schweiß. Er schaukelte wieder vor und zurück. Ich dachte, er bekäme einen Anfall.

Er sagte: »Sie sehen, wie ich schwitze. Sie glauben, ich wollte Sie betrügen. Ihretwegen fühle ich mich schlecht. Alles, was ich getan habe, tat ich für Sie. Ich bat Sie nur um das Geld, um Sie zu beschützen. Hätte der *féticheur* gesehen, wie ein Europäer all diese Scheine herauszieht, er hätte viel Geld verlangt. Deshalb wollte ich die zehntausend Francs in Tausendfrancs-Scheinen haben.«

Der Taxifahrer, durch nichts aus der Fassung zu bringen, sagte zu Djédjé: »An meinem Fahrpreis ändert sich nichts, so viel ist klar. Er muss meine Forderung begleichen.«

»Zum Hotel«, sagte ich.

Wir fuhren schweigend zurück, bis Djédjé sagte: »Morgen. Kommen Sie morgen in die Stadt. Ich bringe Sie zu einem *féticheur* in der Stadt. Er wird keine Sondervorstellung für Sie geben. Er wird etwas vorführen. Es wird kostenlos sein.«

Und das wiederholte er, als er mir in die Hotelhalle nachlief.

Ich fühlte mich albern, ausgelaugt, niedergeschlagen. Afrika kam mir todtraurig vor – die aufwändige Autostraße mit ihrer Geradlinigkeit und ihren geschwungenen Kurven, das Dorf mit seiner urtümlichen Verlorenheit im Wald und seinem *féticheur*, Djédjés Glaube, seine überbordenden Emotionen, seine Persönlichkeitsveränderungen.

Ohne Zivilisation, hatte Djédjé tags zuvor bemerkt, wäre jeder ein Zauberer.

8

Schwarz zu sein bedeutete nicht, Afrikaner zu sein oder sich mit Afrikanern gemein machen zu können. Viele westindische Frauen, die Afrikaner geheiratet hatten, machten diese Erfahrung. Das hatte mir Janet erzählt. Westindische Frauen, egal aus welchem Herkunftsmilieu, waren extrem ordentlich im Haushalt; sie fanden Afrikaner unsauber. Und dann das Problem mit den afrikanischen Familien. Janet hatte Arlettes Geschichte schon in vielen Lesarten erzählt bekommen: die Geschichte von der afrikanischen Familie, die für den Mann eine afrikanische Frau aussucht und sie ihm ins Haus schickt, mit der Drohung, ihn mit einem Fluch zu belegen, wenn er sie zurückweist.

Für eine weiße Frau sei es leichter, einen Afrikaner zu heiraten, meinte Janet. Die weiße Frau wisse, dass sie eine exotische Ehe eingehe; das zähle zum Reiz der Sache. Die westindische Frau mit ihren eigenen Vorstellungen von rassischer Zugehörigkeit dagegen suche in Afrika doppelte Sicherheit.

Janet war selbst schwarz. Aufgewachsen in England, wo sich ihre guyanische Familie niedergelassen hatte, war sie mit außergewöhnlicher Schönheit gesegnet (hoch gewachsen, schlank, Schwanenhals); ihre Schönheit verlieh ihr Sicherheit. Sie hatte keine Probleme mit der Frage, wohin sie »gehörte«. Den politischen Scheußlichkeiten des unabhängigen Guyana enthoben, betrachtete sie sich als jemand »aus England«. An die Elfenbeinküste war sie mit ihrem englischen Ehemann Philip gekommen. Philip hatte den größten Teil seines Arbeitslebens in Afrika verbracht, und dass in ihrer Mischehe Janet die Engländerin und er der Afrikaner sei, zählte zu seinen Lieblingssentenzen.

Beim Abendessen in einem schlichten, aber allgemein bekannten Strandrestaurant (Philip und Janet waren begeisterte Restaurantbesucher) und danach beim Kaffee in ihrer Wohnung im Zentrum von Abidjan (die schwarz lackierten Möbel im großen Wohnzimmer stammten von Habitat in London) erzählte mir Philip, wie er nach Afrika gekommen war.

Unmittelbar nach seinem Schulabschluss in Schottland »entdeckte« er das Auto. Autos wurden seine große Leidenschaft; er wollte Rennfahrer werden. Bald schon musste er feststellen, dass er mit dem Fahren kein Geld verdiente. Also schrieb er sich bei einem staatlichen Entwicklungshilfeprogramm ein, das Lehrer für die Arbeit im Ausland ausbildete. Die zukünftigen Lehrer wurden nach Ostafrika geschickt, und Ostafrika reizte Philip, nicht nur wegen der Sonne und dem Wohlleben, sondern auch weil dort die Ostafrika-Safari, eine große Autorallye, stattfand.

Philips Jahrgang umfasste vierzig Teilnehmer. Sie ließen sich in vier Gruppen unterteilen. Etwa zehn oder zwölf gab es, die nach Afrika wollten, um die Afrikaner zum Christentum zu bekehren. Einige wenige aus sehr wohlhabenden Familien gab es, deren Motiv christliche Nächstenliebe war. Dann waren welche dabei, die persönlichen Nöten und emotionalen Verstrickungen entfliehen wollten. Die vierte und größte Gruppe ging wegen der Sonne und dem Wohlleben hin. Zu dieser Gruppe gehörte Philip. Und aus dieser Gruppe kamen die Leute, die durchhielten; die meisten anderen gaben schon im ersten Jahr auf und kehrten Afrika den Rücken.

Das Uganda freilich, in das Philip kam, verwandelte sich bald schon in ein anderes Land. Idi Amin, der frühere Armeefeldwebel, ergriff die Macht. Philip saß eines Tages beim Mittagessen in einem kleinen, von Engländern geführten Restaurant in Kampala, als Amin hereinkam, einfach so, ohne Zeremoniell. Das verursachte einen kleinen Aufruhr, und Amin vergrößerte die allgemeine Aufregung noch dadurch, dass er für alle Anwesenden die Rechnung übernahm. »Ich kann also sagen, dass Amin mir ein Mittagessen bezahlt hat«, meinte Philip. Ein anderes Mal erschien Amin, ebenfalls ohne Vorankündigung, bei einem Rugbyspiel, an dem eine ugandische Auswahl beteiligt war. Er stand auf dem Rücksitz seines Landrovers, sah zu und brüllte: »Vorwärts, Uganda!« Später gab er allen Spielern Bier aus. So war er in den Anfangstagen, der Mann von der Armee – zu großen Gesten neigend, ungeheuer populär unter den im Land lebenden Ausländern und ganz anders als die Stammespolitiker, die er ersetzt hatte. Dann war er stammesbewusster geworden als alle übrigen zusammengenommen und hatte Uganda in Blut gebadet.

Ich hatte 1966, zur Zeit eines früheren Staatsstreichs, ein paar Monate in Uganda verbracht. Als ich mich nach einstigen Bekannten erkundigte, sagte Philip: »Viele von den jungen Leuten, die Sie damals kennen gelernt haben, dürften umgebracht worden sein.«

Das war das Afrika, in dem Philip arbeitete. Der Strom der Ereignisse hatte seinen Weg bestimmt. Er war von einem Vertrag zum anderen, von Land zu Land weitergewandert. Er sprach unaufgeregt über Uganda; er hatte sich diese Ruhe anerzogen. Er bemühte sich immer noch um eine sachlich-kühle Haltung. Und jetzt, so schien mir, stand er unter dem Einfluss von Janets Distanz gegenüber Afrika.

Ungeachtet all ihrer politischen Gräuel wüssten afrikanische Länder Bildung ehrlich zu schätzen, sagte Philip. Das gebe allem, was er bis dahin getan habe, einen Sinn. In England, meinte er, genieße Bildung keine Wertschätzung mehr. Als er einmal zwischen zwei Verträgen in London gewesen sei, habe er dort an einer Gesamtschule unterrichtet. Er sei entsetzt über die Unbildung und Gleichgültigkeit der Schüler gewesen; ein Junge sei, geblendet durch seinen Vertrag mit einem Fußballklub, von der Schule abgegangen, ohne auch nur den Hauch einer Ausbildung absolviert zu haben. Dennoch mochte Philip England. Nach wie vor lasse sich von England aus gut arbeiten, wenn auch nicht in England selbst. Er und Janet stünden in Verhandlungen über den Kauf eines Hauses in London; er zeigte Fotos von dem Haus.

Er war zu einem Auslandsbriten geworden, einem Mann, der außerhalb seines Landes lebte, einem Mann, der zwischen zwei Kontinenten hin und her wanderte und für den der eine Ort durch die Aussicht erträglich wurde, an den anderen wechseln zu können.

Was Djédjé betraf, mit dem er mich bekannt gemacht hatte, so war Philip nicht überrascht. Er habe von Anfang an gefürchtet, dass Djédjé »durchdrehen« würde. Zur Zeit hatte Philip beruflich – in der zwischenstaatlichen afrikanischen Organisation, für die er arbeitete – mit hohen afrikanischen Staatsbeamten zu tun, die in ganz anderen Dimensionen »durchdrehten« und nach Abidjan gestürmt kamen, um Summen zu fordern, die in die Millionen gingen. Es gebe eine Methode, meinte Philip, mit dieser Hemmungslosigkeit umzugehen, ohne die Leute vor den Kopf zu stoßen. Man müsse Fragen stellen und noch mal Fragen stellen, müsse in die technischen Details gehen. Der Betreffende sei schließlich um eine Antwort verlegen und beruhige sich.

Die Wohnung, in der wir uns befanden, lag in einem hohen Mietblock weit oben. Der tropische Regen der Elfenbeinküste hatte einen Spalt zwischen dem Beton und dem Metallrahmen des Wohnzimmerfensters gefunden und die Wand verfärbt. Das nagte an Janet. »Keiner kümmert sich«, sagte sie. Und ich glaubte, in der verfärbten Wand den Beweggrund für eine Äußerung zu sehen, die Philip gemacht hatte, als er mit mir zum ersten Mal durch Abidjan fuhr, um mir die Sehenswürdigkeiten der Stadt zu zeigen. Er hatte gesagt: »Afrika sickert ein.« Ich kannte ihn damals noch nicht. Ich sah in ihm einen Mann mit Engagement für Afrika und hatte angenommen, die Bemerkung sei anerkennend gemeint – in dem Sinne, dass Afrika die Brutalität der industriegesellschaftlichen Zivilisation humanisiere und abmildere. Tatsächlich hatte er nur gemeint, was Janet sagte: dass sich niemand kümmere.

Man könne die Sache auch anders betrachten, erklärte Philip. Frustriert seien in Afrika diejenigen, die sich mehr um Afrika kümmerten als die Afrikaner selbst – oder die sich anders kümmerten. War es an der Elfenbeinküste wirklich zweckmäßig, das zu erhalten, was in das Land gebracht worden war? Stieß das ganze Modell vielleicht an seine Grenzen?

Nach Afrika hatte es ihn wegen der Sonne und des Wohllebens gezogen. Nun hatte er angefangen, über Afrika nachzudenken. Er war denkfreudiger, als er vielleicht geworden wäre, wenn er in England geblieben wäre; er wusste mehr und hatte an Toleranz gewonnen. Und einfach dadurch, dass er sich in Afrika aufhielt, übte er – wie auch andere dort lebende Ausländer, die ich kennen lernte – seinen Beruf mit besonderer Gewissenhaftigkeit aus. Aus ihm war ein Mann mit Format geworden.

Besonders in Afrika aber war es nötig, dass Menschen wussten, warum sie Dinge taten. Und nach dem Eindruck, den das Gespräch mit Busby bei mir hinterlassen hatte, war genau in dieser Hinsicht alles in Afrika noch offen und nichts geklärt.

9

Am Morgen rief mich aus der Hotelhalle ein Mann namens Ebony an. Er habe von Busby erfahren, dass sich ein Schriftsteller in Abidjan aufhalte, sagte er, und er sei gekommen, um diesen Schriftsteller kennen zu lernen. Er, Ebony, sei selbst Dichter.

Ich ging hinunter, um ihn zu begrüßen. Er war ein heiterer junger Mann von fürstlichem Aussehen, mit dem Gesicht einer Bronzeplastik aus Benin, und er war fürstlich gewandet, trug ein bunt gemustertes Käppchen und eine prächtige afrikanische Tunika. Kappe und Tunika seien aus Obervolta, sagte er. Seine Familie beschäftige Arbeiter aus Obervolta, und er habe ihre Kleider schon als Kind gemocht.

Er habe früher als Journalist gearbeitet, das aber aufgegeben, weil an der Elfenbeinküste Journalismus wie Rauchen sei – unter Umständen schädlich für die Gesundheit. Der Scherz gefiel ihm: Er brachte ihn zweimal. Was er als Journalist gemacht hatte, ließ er allerdings im Unklaren. Er sei jetzt Staatsdiener, sagte er, und arbeite im Umweltministerium. Er habe eine Denkschrift zu der Frage verfasst, was sich an der Elfenbeinküste zum Schutz der Umwelt tun lasse. Nach zwölf Monaten warte er immer noch auf eine Rückmeldung. Jetzt gehe er einfach ins Büro und schreibe gelegentlich Gedichte.

»Ich habe eine Theorie über afrikanische Verwaltungen«, erklärte er. »Aber sie ist schwierig, und es würde zu viel Zeit in Anspruch nehmen, sie Ihnen darzulegen.«

Er sei mich besuchen gekommen – und das Hotel lag ein ganzes Stück außerhalb der Stadt –, weil er gesellig sei, weil er sein Englisch auffrischen wolle und weil er als Dichter und Intellektueller ausprobieren wolle, wie seine Ideen ankämen.

Ich bot ihm Kaffee an. Er bot mir eine Kolanuss an, das afrikanische Zeichen der Freundschaft. Ich nagte an der schmutzigen, purpurfarbenen Nuss; sie schmeckte bitter. Er kaute auf seiner begeistert herum, spie kleine, trockene Stückchen der Hülse nach links und rechts aus und nahm am Ende des Kauvorgangs den Rest der Hülse mit den Fingern aus dem Mund und legte ihn in den Aschenbecher.

Er wollte wissen, warum ich an die Elfenbeinküste gekommen war. Weil das Land erfolgreich ist und französisch, sagte ich.

»Ich stamme nicht von Karl dem Großen ab«, erklärte er.

Den Satz glaubte ich schon mal gehört zu haben, und nicht von Ebony. Er preschte zu einem neuen Einfall weiter: »Die Franzosen betreiben Länder wie Schweineställe. Ihrer Ansicht nach erschöpft sich der Lebenszweck der Menschen darin, zu essen, auf die Toilette zu gehen und zu schlafen.« Also hätten die französischen Kolonialisten Bürger geschaffen. Bürger? »Die Bürger wollen Frieden, Ordnung. Sie passen sich jedem politischen System an, vorausgesetzt, es bringt ihnen Frieden. Die britischen Kolonialisten haben dagegen Unternehmer geschaffen.« Unternehmer? »Unternehmer wollen Dinge verändern.« Unternehmer seien Revolutionäre.

Antithese, Ausgewogenheit: Schönheit des Denkens anstelle von Stichhaltigkeit. Mir schien, seine französische Erziehung war ihm anzumerken. Ich begann nachzuhaken, was seine Vorstellungen vom Bürger und vom Unternehmer betraf, aber er biss nicht recht an. Das sei nur so ein Einfall gewesen, erklärte er leichthin.

Während er sich über eine neue Kolanuss hermachte – er hatte eine Hand voll davon in seiner Tunika –, sagte er: »Afrikaner leben im Frieden mit der Natur. Europäer wollen die Natur erobern oder beherrschen.«

Das klang vertraut in meinen Ohren. Ich hatte in Malaysia Ähnliches aus dem Munde junger muslimischer Fundamentalisten gehört: westliche ökologische Romantik, die wie ein bestätigendes Radioecho aus fernen, brachliegenden Welten zurückstrahlte. Aber auch bei diesem Thema wollte Ebony nicht verweilen.

Er sagte: »Zum ersten Mal sah ich Weiße mit vierzehn oder fünfzehn, als ich in die Schule ging. Das war das erste Mal, dass ich auf die Vorstellung rassischer Überlegenheit verfiel. Afrikanische Kinder werden dazu erzogen, Älteren nicht in die Augen zu schauen. Wer das tut, beweist Respektlosigkeit. In der Schule sahen die französischen Lehrer in den niedergeschlagenen Augen ein Zeichen afrikanischer Scheinheiligkeit.«

Und was wolle er mir mit dieser Geschichte sagen?

»Ich hielt deshalb meine französischen Lehrer für minderwertig«, erklärte Ebony.

Ich spürte, dass diese Rassenanekdote mit ihrer triumphierenden Wendung schon einmal bei einem ausländischen Zuhörer gut angekommen war. Und tatsächlich stellte sich heraus, dass es da eine skandinavische Journalistin gab, die großen Eindruck auf ihn gemacht hatte. Sie hielt sich jetzt in Spanien auf, und Ebony bat mich zwei oder drei Mal allen Ernstes, sie aufzusuchen und ihr Grüße von ihm zu bestellen.

»Als mein Vater mich in die Schule schickte«, erzählte Ebony, »wissen Sie, was er da sagte? Er sagte: ›Denk daran. Ich schicke dich nicht auf diese Schule, damit du ein Weißer oder ein Franzose wirst. Ich schicke dich, damit du in die neue Welt eintrittst, nichts weiter.‹«

Mir schien, dass Ebony das auch geschafft zu haben meinte. Ihm war der Übergang leichter gefallen als Djédjé. Er habe kein Geld und kein Auto, sagte Ebony. Das Gehalt, das er vom Staat beziehe, reiche nicht einmal aus, um die Miete zu bezahlen. Er sei mit dem Fahrrad zum Hotel gekommen. Aber ich fand ihn locker, in sich ruhend. Er wusste, wo er war und wie er dort hingekommen war, und er mochte das Neuartige an dem, was ihm vor Augen kam. Hinter seinen unzusammenhängenden Ideen verbarg sich keine echte Besorgnis. Jedenfalls sorgte er sich weniger, als einem romantischen oder engagierten Beobachter von außen lieb sein mochte. Gedanken über Afrika, Worte, Dichtung, die Begegnung mit Fremden – all das gehörte zu seiner Art, das Leben zu genießen, gehörte zu seiner französisch angehauchten Rolle als Intellektueller, gehörte zu der neuen Welt, in die er frohgemut eingetreten war.

Er fuhr auf seinem Fahrrad weg, und ich nahm später ein Taxi, um zu einem Strandrestaurant am Ende der Stadt zu fahren, jenseits des Industriegebiets und des Hafens. Das Mittagessen dort und die französische Eleganz des Lokals entschädigten gewöhnlich für die Fahrtkosten und die Reise durch den städtischen Trubel in der Mittagshitze. Heute freilich war das nicht der Fall.

Jemand hatte seinen freien Tag, und das war folgenreich. Die Kellner, tags zuvor noch untadelig, waren nicht bei der Sache, ließen sich gehen. Es gab lange Wartezeiten, einige der Portionen waren absurd klein, die Rechnung, als sie endlich kam, stimmte nicht. Jemand fehlte, vielleicht der französische oder europäische Geschäftsführer. Und mit ihm war mehr als nur die gute Bedienung verschwunden: Die ganze Restaurant-Idee hatte sich verflüchtigt. Eine kunstreiche Organisation war in sich zusammengebrochen. Die Kellner – Staatsbürger der Elfenbeinküste, diese Jobs waren gut bezahlt – schienen über Nacht vergessen zu haben, warum sie das taten, was sie taten. Und auch ihr Gesichtsausdruck wirkte verändert. Sie waren keine Kellner mehr, ungeachtet ihrer geblümten Tuniken. Ihre Gesichter und ihr Verhalten strahlten Stammesautorität unterschiedlichen Grades aus. Ich sah Männer, die in ihren Dörfern etwas galten: Zauberdoktoren, Kräuterkundige, Leute, die gegebenenfalls Masken anlegten und heilige Tänze aufführten. Das wahre Leben fand dort statt, in ihren geheimnisumwitterten Dörfern. Das Restaurant mit seinem falschen, willkürlichen Ritual war Mummenschanz: Halb war ich schon geneigt, die Sache so zu sehen.

Zu Ebony hatte sein Vater gesagt: »Ich schicke dich nicht auf diese Schule, damit du ein Weißer oder ein Franzose wirst. Ich schicke dich, damit du in die neue Welt eintrittst.«

Die neue Welt existierte in den Köpfen anderer. Entfernte man diese anderen, so verschwanden auch ihre Ideen – die schließlich nichts Endgültiges besaßen. Fertigkeiten konnte man beibringen. Was auf wackligen Füßen stand – bei Menschen, deren ganzes wirkliches Leben sich in einem anderen Bereich des Geistes abspielte –, war der Glaube an die neue Welt.

Solchermaßen seelisch aufgewühlt, fuhr ich dann schließlich mit Gil Sherman an einem Feiertag, dem Unabhängigkeitstag der Elfenbeinküste, zum Heimatdorf des Präsidenten, nach Yamoussoukro.

10

Die Autostraße führte durch sanftes grünes Land und dann durch Wälder, in denen die unersetzlichen Harthölzer wuchsen, mit deren Hilfe die Wirtschaft in Schwung gebracht worden war. (Schwertransporter auf der Straße, beladen mit mächtigen Baumstämmen, auf jedem Fahrzeug nur zwei oder drei oder vier, mit Ketten vertäut; mächtige Stapel von ihnen auf den Holzdocks – dazu eine betriebsame Dockarbeitersiedlung – in einer ölverschmierten kleinen Bucht in Abidjan; die Stämme dann abermals mit Ketten umschlungen und mit dem Kran einzeln oder paarweise in die Laderäume oder auf die kahlen Decks von Schiffen mit fremden Namen und aus fernen Ländern gehievt.) Das Land war gut organisiert, es gab Arbeit, Geld gelangte auch in die unteren Schichten. Den Menschen in Busch und Wald floss Geld zu, und ihre Dörfer waren jetzt aus Beton gebaut. In einer kleinen Stadt, wo wir ein Weilchen Halt machten, gab es sogar den Abklatsch eines modernen Hotels.

Nach über zweihundert – gewissenhaft am Straßenrand markierten – Kilometern erreichten wir Yamoussoukro. Die Straße stieg an. Oben, auf der Höhe, meinte man plötzlich, sich auf einer Landepiste in einer freigeräumten Wildnis zu befinden. Laternenpfähle säumten auf beiden Seiten die breite Prachtstraße. In der Ferne ragte der zwölfstöckige Turm des Hotel Président empor, der zur einen Seite hin zwei achteckige Betonscheiben (mit dem Turmrestaurant dazwischen) hochstemmte, wie ein gigantisches Sandwich mit abgeschnittenen Ecken. Wir fuhren darauf zu: landschaftsgärtnerisch gestaltete Flächen, Gärten, ein weißer Marmoreingang, eine Empfangshalle in rotem und schokoladenbraunem Marmor, die abgeschrägten Kanten der Marmorsäulen verspiegelt. Die Polsterstühle in giftigem Blau und Grün, wenig Ruhe ausstrahlend.

Ich bekam ein luxuriöses Zimmer, mit Staffeln von Armaturen im Badezimmer. Es war sehr kalt: Die Klimaanlage lief auf vollen Touren. Ich drehte sie ab, trotzdem blieb der Raum während meines ganzen Aufenthalts frostig. Das große Fenster aus massivem Glas war hermetisch verschlossen. Es bot einen Blick auf den riesigen Swimmingpool, um den herum auf einem breiten, gepflasterten Streifen Liegestühle aufgestellt waren.

Dahinter und jenseits der älteren Gebäude des Hotel Président (Yamoussoukro war unablässig gewachsen) lag Parkland, aus afrikanischem Buschland geschaffenes Parkland. Das war der berühmte Golfplatz, landschaftlich gestaltet und bepflanzt: Ein fremdes Auge hatte einer Szenerie, die afrikanischen Augen nur als Busch erschienen wäre, ihr pittoreskes Potenzial entlockt. Der Dunst in der Ferne wirkte – auf mich – wie der Hitzedunst an den Ufern des Kongo. Aber in Yamoussoukro war es kühler als an der Küste, und es handelte sich um den Dunst, den der *harmattan* mit sich brachte, der kühle, sandhaltige Wind, der um diese Jahreszeit von der Sahara bis hier herunterwehte.

Der Golfplatz war eine große Schöpfung, Inbegriff von Perfektion, wenn man so will. In ihm steckten Unmengen von Arbeit. Mehr als eine Aussicht bot er freilich nicht: Ein Blick reichte aus, ihn in seiner Gänze zu erfassen. Und rasch war das schon nicht mehr genug. Prachtentfaltung in diesen Dimensionen, in diesem Ambiente, und nach einer Fahrt von mehr als zweihundert Kilometern regte den Appetit an: Der Besucher begann, sich in die Ansprüche und Phantasien des Schöpfers der Anlage hineinzuversetzen. Da war die übermäßig breite Hauptstraße, da war der Markt, da waren die Siedlungen der Arbeiter. So etwas wie eine wirkliche Stadt hängte sich an die präsidiale Schöpfung an. Der Besucher allerdings, immer schnell bei der Hand damit, das Geschaffene für naturgegeben zu nehmen, ließ sich durch die Lücken, die aufgewühlte Erde, die dunstigen Leerräume irritieren. Und wenn man kein Golf spielte, konnte man nur Däumchen drehen.

Dann waren da noch die Krokodile des Präsidenten. Sie sollten um fünf gefüttert werden. Der Präsidentenpalast lag ein ganzes Stück entfernt, am Ende einer der Prachtstraßen. Gil Shermans Auto wurde gebraucht. Auf dem flachen Land, in dem Sonnenglast und der Leere des Nachmittags, wirkte alles vergrößert. Die Palastmauer hörte und hörte nicht auf. Daneben befand sich ein See. In der Mitte führte ein von jungen Kokospalmen gesäumter Dammweg mit Eisengeländer zu einem Palasttor, das von Soldaten der Präsidialgarde in kastanienbraunen Tuniken bewacht wurde. Die Autos der – hauptsächlich weißen – Besucher parkten auf dem Damm.

Im See, auf beiden Seiten des Damms, waren die Krokodile. Das erste sahen wir, unmittelbar nachdem wir aus dem Auto ausgestiegen waren: Es lag kaum erkennbar im schlammigen Wasser, zwei Augenhöcker, nichts weiter, bis sein stachliger Rücken auftauchte. Aufschreie. Ein Afrikaner, nach seiner lässigen, entspannten Haltung zu urteilen ein Beamter, rief: »*Il est petit.*« Ein kleines. Dann sahen wir Augen und stachlige Rücken überall an der Wasseroberfläche – die Stacheln ähnlich denen auf der Rinde des Affenbrotbaums.

Auf einer Seite des Damms war der Uferrand gepflastert und fiel zum Wasser hin ab. Auf dieser schrägen Dammfläche lag eine Reihe von Krokodilen, absolut regungslos, die Augen hell und offenbar blicklos, das Maul aufgesperrt, wobei der Unterkiefer jedes Krokodils nichts weiter als ein großes Loch zu sein schien, von seltsam schlichter Form, seltsam rein und trocken aussehend, gelblich-rosa und blass. Fliegen schwirrten zwischen den aufgesperrten Kiefern ein und aus. Auf der anderen Seite des Damms gab es keinen gepflasterten Uferstreifen, nur Sand mit Abdrücken von Krokodilschwänzen. Weiße Federn wie von einem Huhn lagen dort verstreut. Am Uferrand ruhten Krokodile. Sie hatten die gleiche Farbe wie der Sand und waren nicht zu erkennen, wenn man aus einiger Entfernung hinsah.

Der Fütterer stand schon bereit. Er war in einem grauen Landrover gekommen, den er auf dem Damm geparkt hatte. Man sah gleich, dass der Mann etwas Besonderes darstellte. Er war sehr groß, sehr dürr. Er trug ein Käppchen und ein geblümtes Gewand. Begleitet wurde er von einem Beamten, einem Mann von normalerer Größe in einem grauen, kurzärmeligen Safarianzug. In der einen Hand hielt der Fütterer ein dünnes, langes Messer; mit der anderen Hand trug er einen Blechbehälter oder Eimer mit Fleischstücken. Herzen oder

Lungen, wie mir Gil Sherman verriet: blassrosa mit kurzen Stummeln tierischen »Aderwerks«.

Der Fütterer erzeugte auf dem Eisengeländer ein klapperndes Geräusch. Dann warf er das Fleisch. Die Krokodile auf dem gepflasterten Uferstreifen bewegten sich ungelenk, langsam. Sie mussten ihre langen Schnauzen auf den flachen Pflastersteinen schräg halten – wobei ihre fahlgelben Bäuche sichtbar wurden –, um das Fleisch aufnehmen zu können. Stücke, die ihnen auf den Rücken gefallen oder in die Lücken zwischen den Pflastersteinen geraten waren, konnten sie nicht erreichen. Sie schienen nicht immer mitzubekommen, wo das Fleisch landete.

Während der Fütterer warf, gab der Beamte im grauen Anzug Schnalzlaute von sich und rief, als rede er mit Kindern, den Krokodilen zu: »*Avalez, avalez.*« (»Schluckt, schluckt.«)

Später, auf der anderen Seite des Damms, ein anderes Ritual. Dort befanden sich die älteren, größeren Krokodile, gelb, mit schiefen Schnauzen, schweren Bäuchen und Zähnen, die bei geschlossenem Maul an eine lange, gezackte, unregelmäßig genähte Wunde erinnerten.

Jetzt hielt der große Fütterer ein schwarzes Huhn an den Flügeln. Er schwenkte das Tier langsam auf und ab. Das ängstliche Gackern erstarb. Das Huhn verlor die Kontrolle über seinen Hals, der schlaff herabhing. Zwei alte Krokodile, die mit dem Ritual vertraut zu sein schienen, warteten dicht nebeneinander auf dem Sand. Weitere Fleischstücke wurden geworfen und verschlungen, außer wenn sie den Krokodilen auf den Rücken fielen. Schildkröten tauchten im Wasser auf und schwammen an Land, um sich ihr Fleisch zu holen. Ein junges Krokodil, das ein Fleischstück ergattert hatte, schwamm rasch weg zu einer kleinen Sandbank im See, um die Beute ungestört fressen zu können. Dann wurde das Huhn den zwei alten Krokodilen zugeworfen. Die offenen Kiefer schnappten zu. Die Menge hielt den Atem an. Aber der Fütterer hatte nicht gut gezielt, und die Krokodile hatten sich nicht vom Fleck gerührt. Das betäubte Huhn flatterte mit den Flügeln, erwachte wieder halb aus seiner Betäubung auf und rannte in Richtung des nahe dem Damm gelegenen Endes des sandigen Uferstreifens.

Der große Fütterer im geblümten Gewand ließ das Huhn aber nicht entkommen. Er sprang über das Geländer auf die Uferböschung und schritt – mit seinem langen, dünnen Messer als einziger Waffe – gemächlich an den Krokodilen vorbei zu der Stelle, wo sich das Huhn befand. Es rannte nicht weg. Der Fütterer packte es und kletterte über das Geländer zurück auf den Damm. Und erneut begleitete der Beamte im grauen Anzug das rituelle Schwenken des an den Flügeln gepackten Tiers mit Schnalzgeräuschen, die den beiden wartenden Krokodilen galten. Wieder wurde das Huhn geworfen. Wieder schnappten die Kiefer zu; wieder entrann das Huhn. Mittlerweile aber hatten die Schnalzgeräusche ein Krokodil auf den Sandstreifen gelockt, das noch größer und älter war als die anderen zwei. Seine Schnauze war vorne böse zugerichtet. Seine Zähne sahen fleckig, alt und abgenutzt aus. Der schlaffe Hals des Huhns wurde auf das eiserne Geländer gelegt; der Fütterer hob sein Messer, um es niedersausen zu lassen. Ich wandte den Blick ab.

Ein Aufschrei der Menge sagte mir, dass der Wurf des Huhns stattgefunden hatte. Und als ich mich umwandte, sah ich den Vogel im scheinbar zu einem Grinsen verzogenen Rachen eines der Krokodile (es war nicht das älteste) in eine mit Federn gespickte Trümmermasse verwandelt; die runden, blicklosen Augen des Krokodils wirkten wie vom Genuss erleuchtet, während schwarze Federn zu beiden Seiten der Kieferlade herausstaken. Ein kurzes Schlingen, und dann war alles verschwunden, bis auf einen Breirest im Unterkiefer. Die Zeremonie war vorbei. Der Fütterer, bekappt und hübsch gewandet, nahm seinen Blechbehälter und ging, keine Miene verziehend, zum Landrover zurück.

Eine öffentliche Demonstration königlicher Macht vor der großen kahlen Mauer des Präsidentenpalastes. Hinter der Mauer standen Bäume, und irgendwo inmitten der Bäume befand sich das Heimatdorf des Präsidenten mit dem alten Palaverbaum. Diese Stätte, die jetzt als heilig galt und an der vielleicht privatere Rituale zelebriert wurden, war für die Öffentlichkeit unzugänglich. Ibrahim Keita, Golfspieler und Protegé des Präsidenten, von diesem angeblich mit der gesamten Entwicklung Yamoussoukros betraut, hatte das Dorf hinter der Palastmauer zu sehen bekommen. Ibrahims westindische Ehefrau hingegen nicht.

Ibrahim hatte mir Yamoussoukro zeigen sollen. Aber er hatte leider nicht gekonnt. Er besaß indes die unerwartete Freundlichkeit, seinen älteren Bruder zu bitten, dass er Gil Sherman und mich herumführte. Der Bruder kam morgens zum Hotel Président. Er war Arzt, kleiner als Ibrahim, sanfter, grauhaarig, bebrillt und mit dem Selbstbewusstsein, das westindische Akademiker aus guter Familie manchmal an den Tag legen.

Die Familie Keita stammte aus dem Nachbarstaat Guinea; an der Elfenbeinküste lebten sie gewissermaßen als Flüchtlinge. Und an diesem Morgen erzählte uns der Doktor in der marmornen Hotelhalle die Geschichte seiner Flucht aus Guinea im Jahr 1964. Ein heimlicher Wink von jemandem, eine Falschinformation an einen Staatsbeamten, eine frühmorgendliche Fahrt über die Grenze: Dr. Keita staunte immer noch darüber, dass er hatte entkommen können, war immer noch traumatisiert von den Gräueln in Guinea, wo 1964 seinesgleichen, Akademiker, gebildete Leute, Angehörige der *cheferie*, aufgegriffen und wie Vieh abgeschlachtet wurden, wo man sie in Kerkerzellen steckte und ohne Nahrung oder Wasser sterben ließ: die berüchtigte »schwarze Diät« Guineas.

Unmittelbar jenseits der Grenze, unter denselben klimatischen Bedingungen wie hier, bei Menschen, die den hiesigen glichen, existierte diese Form afrikanischer Königsherrschaft. Umso wundersamer erschien Yamoussoukro, das Häuptlingsamt oder Königtum, das durch die Krokodile symbolisiert wurde. Und während ich an diesem Morgen mit Dr. Keita herumfuhr, fiel es mir schwer, dem Bestreben des Präsidenten meine Bewunderung zu versagen, seinem Wunsch, etwas zu bauen und zu schaffen, was höchsten Ansprüchen, soweit er sie kannte, genügte.

In seiner Großartigkeit steckte Religion. Geradeso wie in manchen Gesellschaften der Bauer das Beste seinem Gott vorbehält, diente hier das Streben nach materieller Pracht der Gottheit, die das Königtum schützte. Yamoussoukro glich den Pyramiden oder Angkor Wat. Diese Monumente freilich dienten als Heimstätten für den verstorbenen Herrscher keinem Zweck, der über sie hinausreichte. Yamoussoukro hingegen war als lebendige Metropole gedacht. Sie war eine der Erhöhung seines Volkes, der Menschen des westafrikanischen Urwalds, geweihte Stiftung; wie das Krokodilsritual war sie Beweis sowohl für die Rechtmäßigkeit als auch für die Gerechtigkeit seiner Herrschaft.

Am fernen Ende einer breiten, leeren Prachtstraße erreichten wir eine Universität oder Hochschuleinrichtung. Um sie herum zog sich ein frei stehender, rein dekorativer Säulengang, der so hoch war wie das Gebäude selbst. Verblendet war er mit einem braunen Mosaik. Breite Gänge verbanden die vier Abteilungen des Hauptgebäudes. Es gab ein Schwimmbecken, das olympischen Standards entsprach (und bereits Spuren von Vernachlässigung aufwies). Es gab Schlafräume für die Studenten, Häuser für das Lehrpersonal. Und ein bisschen weiter die Straße entlang stand noch eine weitere Bildungseinrichtung, quasi als Gegenstück zum ersten Gebäudekomplex.

Wie viele Studenten die Universität besuchten, wollte ich wissen. Jemand sagte sechshundert, ein anderer nannte die Zahl sechzig.

Die Metropole Yamoussoukro harrte noch ihrer vollen Inbetriebnahme. Geschaffen aber hatten sie Ausländer. Sie war etwas Importiertes, eine bezahlte Ware; Gebäude wie die Universität stellten nicht einfach physische Monumente dar, die Bestand haben würden; sie glichen eher vom Verfall bedrohten Maschinen. Die neue Welt führte ihr Leben in den Köpfen anderer. Fertigkeiten ließen sich erlernen; das Schwierige war der Glaube an die neue Welt. Wenn der Präsident abtrat und die Ausländer weggingen (worauf manche warteten), würde dann der Glaube von Dauer sein? Oder würde eine andere Vorstellung von Wirklichkeit die Afrikaner für sich einnehmen?

In den Sklavenplantagen der Karibik lebten die Afrikaner in zwei Welten. Es gab die Tagwelt, die Welt der Weißen. Und es gab die Nachtwelt, die afrikanische Welt mit ihren Geistern, ihrer Magie und ihren wahren Göttern. In dieser Welt verwandelten sich zerlumpte, tagsüber schwer gedemütigte Menschen – in ihren eigenen Augen und in denen ihrer Genossen – in Könige, Zauberer, Kräuterkundige, in Menschen, die Zugang zu den wahren Kräften der Erde hatten und über absolute Macht verfügten. Als nächtlicher König wurde jemand, der tagsüber Sklave war, von seinen Genossen buchstäblich auf Händen und nämlich in einer Sänfte umhergetragen. (Dieser besondere Fall eines Sklavenkönigs wurde durch eine Untersuchung anlässlich einer »Sklavenrevolte« zutage gefördert, zu der es 1805 auf Trinidad kam.) Dem Außenstehenden, dem Sklavenbesitzer, mochte die afrikanische Nachtwelt als eine Posse, eine Kinderei, ein Karneval erscheinen. Für den Afrikaner aber – so sehr er selbst sich am Tage darüber lustig machen mochte – stellte sie die wahre Welt dar, die Weiße in Phantome und das Plantagenleben in ein Scheinleben verwandelte.

Etwas von dieser Doppelwelt gab es auch in Yamoussoukro. Die Metropole, die dem Volk geweihte Stiftung des Herrschers, gehörte der Tagwelt an, der tätigen, fortschrittlichen Welt. Das Krokodilritual – das von einer Macht kündete, die dem Präsidenten aus dem Inneren der Erde zufloss – war Teil der Nacht, von der die Wirklichkeit des Tages unablässig zunichte gemacht wurde. Die eine Idee vereitelte die andere. Allen Ausgaben, aller Arbeit, allen hochfliegenden Plänen zum Trotz barg der pharaonische Traum einen Widerspruch in sich.

Von den Krokodilen hatte ich erst gehört, als ich an die Elfenbeinküste kam. Und jetzt, nachdem ich sie gesehen hatte, hörte ich ständig von ihnen. Was ich auch hörte, es vergrößerte nur das religiöse Geheimnis. Ich hörte, dass einer der Wachtposten des Palastes auf dem Sandstreifen neben dem Damm zu Tode gekommen war. Ein Krokodil legte gerade seine Eier im Sand ab. Der Wachtposten wusste das nicht. Er ging an der Stelle vorbei, und das Krokodil stürzte sich auf ihn und zerrte ihn ins Wasser. Es gab eine andere Geschichte von einem Dörfler, der über das Eisengeländer in den See gefallen und wie das schwarze Huhn von einem Krokodil zerfleischt worden war. Ein Unfall? Oder hatte man den Mann gestoßen, zwangsgeopfert? Das dachten die einen. Andere vertraten die Ansicht, der Mann habe sich freiwillig geopfert, habe sich (vielleicht durch irgendeine Drohung) zu der Tat bereden lassen, um irgendein Übel von seinem Dorf abzuwenden.

Die Krokodile, die tagsüber Touristenkameras ein Motiv lieferten, waren demnach mehr als nur eine Touristenattraktion. Sie nahmen etwas von der Magie und Macht an, die ihnen unterstellt wurde, ungeachtet aller Theatralik der Inszenierung: der breiten, von Laternenpfählen gesäumten Prachtstraße, des künstlichen (zweifellos mit modernen Baggern ausgehobenen) Sees, der Eisengeländer, der Präsidialgarde mit ihren Gewehren. Den Fütterer im langen Gewand und den Beamten im grauen Anzug, der ihn begleitete, fand ich im Rückblick besonders irritierend. Der Beamte hatte die Krokodile angelächelt und ihnen zugeschnalzt, als sei er gut mit ihnen bekannt und sie auf seiner Seite.

Und die Symbolik blieb schwer fasslich, beunruhigend. Steckte in dem Fütterungsritual ein Überbleibsel des altägyptischen Erdkults, der durch den Sudan nach Schwarzafrika gelangt war und sich dort erhalten hatte? In einem berühmten Papyrus aus dem alten Ägypten sieht man eine Frau in einem schlichten weißen Hemd und mit offenem Haar, wie sie sich auf einer die Erde repräsentierenden horizontalen Linie vor dem Krokodil verneigt, während die Zickzacklinie, auf der die Horizontale ruht, in der altägyptischen Kunst als bildliche Darstellung des Wassers dient. Oder war die Symbolik simpler? Im Wasser gab es kein stärkeres Geschöpf als das Krokodil; es wurde von jedermann gefürchtet, lebte lange, schlief mit offenen Augen. Und welche Bedeutung hatte das Huhn? War es ein Feind? Oder stand es für die Wiedergeburt, wie manche meinten: für das dem Krokodil täglich wiedergegebene Leben, Ausdruck der unvergänglichen Macht des Herrschers? Vielleicht ließen sich die Vorstellungen einfach nicht übertragen.

Außerhalb der Stadt trafen wir eine andere Art von Ordnung an, eine andere Art von Macht: die landwirtschaftlichen Güter des Präsidenten. Sie erstreckten sich kilometerweit: die Unordnung des dunklen tropischen Urwalds ersetzt durch nivellierte, sonnenbeschienene Felder, auf denen in Reihen Mangos, Avocados und Ananas wuchsen. Wie war der Präsident in den Besitz all dieser Flächen gelangt? Hatte er herrenloses, ungenutztes Waldgebiet in Privatland verwandelt? Oder gehörte ihm als Häuptling das gesamte Land seines Stammes? Niemand schien an diesem Morgen meine Frage zu verstehen, und die Antwort spielte auch keine Rolle mehr. Der Präsident hatte zwei Jahre zuvor seine Güter dem Staat überschrieben. Wie Yamoussoukro selbst waren sie eine Stiftung, ein Modell für die Zukunft und Teil des religiösen Opfers, das der Herrscher seinem Volk brachte.

Doppelt religiös war die große Moschee von Yamoussoukro. Sie war eine an den muslimischen Teil der Bevölkerung gerichtete Geste und gleichzeitig die Verneigung des Herrschers vor einem anderen Aspekt des Göttlichen. Die Moschee hatte einen quadratischen Turm und war wenig ziseliert; sie sei, erklärte man mir, im nordafrikanischen Stil erbaut, da in diesem Teil Afrikas alles Islamische aus Nordafrika stamme. Nordafrika, Frankreich: Im Bemühen um materielle Pracht musste sich der afrikanische Herrscher außerhalb von Schwarzafrika auf die Suche begeben. Das machte einen Teil des Pathos von Yamoussoukro aus. Abseits einer breiten, leeren Allee lag die Moschee in einem großen, kahlen Hof, der Sonne und dem *harmattan* ausgesetzt. Wie so viele andere Gebäude in Yamoussoukro machte sie den – vielleicht irrigen – Eindruck, ihrer vollen Nutzung erst noch zu harren. Sie wirkte wie eine Hülse; in ihrem sterilen, wenig einladenden Hof konnte sie einem als Ruine erscheinen. Aber sie war groß und zählte zu den Sehenswürdigkeiten.

Wir nahmen ein spätes Mittagessen im Golfclub ein. Ibrahim Keita und ein einheimischer Bankier hatten uns eingeladen. Ibrahim war nach seinem Tag auf dem Golfplatz erschöpft und sagte wenig. Die Architektur zeigte den Luxus und die Verspieltheit des weltweit gebräuchlichen Stils. Die Küche war französisch und übertrieben anspruchsvoll; die Kellner steckten in Uniform. Yamoussoukro war vielleicht nur ein Spielplatz, ein Ort für Touristen. Wir aber, die wir uns dort aufhielten, spielten das aufwändige Spiel, das sich der Präsident für sein Heimatdorf ausgedacht hatte. Wir steckten, ob wir wollten oder nicht, in seinen religiösen Fängen. An einem anderen Ort der Metropole würden in etwa einer Stunde die Krokodile wieder gefüttert werden.

Auf der Straße zurück nach Abidjan herrschte reger Verkehr: Die Menschen kehrten aus Dörfern, die ihnen ebenso heilig waren wie Yamoussoukro dem Präsidenten, in die Stadt zurück. Der Feiertag, der zweiundzwanzigste Jahrestag der Unabhängigkeit, ging zu Ende – das ganze Land geschmückt mit grünweiß-safrangelben Fähnchen und farbigen Porträts des winzigen, gütigen Mannes, der die ganze Zeit über regiert hatte.

11

In Abidjan lernte ich einen Europäer mittleren Alters kennen, der sein ganzes Berufsleben in Afrika verbracht hatte und seit vielen Jahren an der Elfenbeinküste lebte. Er arbeitete im Landesinneren. Er ging einer harten, praktischen Tätigkeit nach. Er pflegte wenig gesellschaftlichen Umgang, und anders als die anderen an der Elfenbeinküste lebenden Ausländer, die ich kennen gelernt hatte, äußerte er sich offen und direkt über Afrika. »Alles, was Sie hier in Abidjan sehen«, sagte er, »ist unecht. Wenn die Europäer gingen, würde alles verschwinden.«

Die Afrikaner, erklärte er, seien nach wie vor beherrscht von Magie. Wenn im Landesinneren ein Häuptling oder wichtiger Mann sterbe, begrabe man seine Sklaven und Frauen mit ihm zusammen. Wenn die Sklaven beim Tod ihres Herrn wegliefen, kaufe man Köpfe. Das erkläre, warum regelmäßig Kinder verschwänden, wie den Todesanzeigen in der Zeitung zu entnehmen sei. Auf diesen Seiten werde in verschlüsselter Form darauf angespielt, wie die Leute zu Tode gekommen seien. Ein Vergiftungstod werde durch die Formulierung »nach kurzer Krankheit«, *après une courte maladie*, angezeigt. Ein Kind, das als verschwunden gemeldet werde, sei vermutlich geopfert worden. Für diese Begräbnisse oder andere Opferzeremonien könne man derzeit für zehntausend Francs – weniger als zwanzig Pfund – einen Kopf kaufen. Nicht lange vorher war in der Gegend, in der dieser Mann arbeitete, eine lokale Größe gestorben. Köpfe wurden benötigt – der Mann war eine wichtige Persönlichkeit –, und es herrschte solch allgemeine Panik, dass in der Fabrik, die der Europäer leitete, drei Wochen lang kein Arbeiter zur Nachtschicht erschien. Bei bestimmten Begrüßungszeremonien müssten die Füße eines Häuptlings oder Mannes von Bedeutung in Blut gewaschen werden. Gewöhnlich handele es sich um das Blut eines Huhns oder eines anderen Tieres. Aber die höchste Ehre erweise man einem Häuptling, wenn man seine Füße in menschlichem Blut, dem Blut eines Geopferten, eines Kindes, bade. Anschließend könne das Kind verzehrt werden.

Ich glaubte, was dieser Mann mir erzählte. Er lebte gern in Afrika; er hatte nirgendwo sonst je gearbeitet, er konnte nirgendwo sonst arbeiten. Seine Offenheit entsprang der Tatsache, dass er die afrikanischen Bräuche akzeptierte. Es ging ihm nicht darum, Afrika zu denunzieren. Aber er akzeptierte den Kontinent und seine Menschen nicht nur, er wahrte auch eine gesunde Distanz. Für ihn steckte hierin vielleicht der Reiz seines Lebens fern der Heimat: in dem intensivierten Selbstgefühl, das ihm Afrika vermittelte.

Von einem im Ausland Lebenden dieses Typs erzählte mir kurze Zeit darauf ein junger amerikanischer Jurist. Er arbeitete für ein internationales Anwaltsbüro und war an der Elfenbeinküste stationiert. Die Geschäfte führten ihn gelegentlich nach Zaire, dem früheren Belgisch-Kongo. Der Zaire-Boom der

Jahre 1971 und 1972 sei lange vorbei, erklärte der Anwalt, aber es lebten heute mehr Ausländer dauerhaft im Land als je zuvor – Inder, Griechen, Libanesen. Diese Menschen seien der dortigen Lebensweise verfallen. Sie genössen es, gewissermaßen auf der Kippe zwischen Afrika und ihren eigenen Kulturen zu leben. Sie wüssten, wie man im Land zurechtkommt; auch das genössen sie, zu wissen, wie man im Land über die Runden kommt. Manche seien erfolgreich, andere erlitten Schiffbruch, die meisten schlügen sich einfach nur durch.

Kürzlich hatte sich der Anwalt in Zaire aufgehalten, um ein Inventar der Vermögenswerte eines verstorbenen Amerikaners zu erstellen. Der Mann war in den dreißiger Jahren in den alten, belgischen Kongo gekommen und hatte sich nicht mehr weggerührt, hatte dort die Kolonialherrschaft, den Zweiten Weltkrieg, die Unabhängigkeit des Kongos, die Bürgerkriege miterlebt. Seine letzten Jahre hatte er in einer Zweizimmerwohnung in Kinshasa zugebracht. Er besaß etwa eine Million Dollar, aber die persönlichen Besitztümer, die er zurückließ, waren rasch aufgezählt: zwei Anzüge, vier Hosen, einige Paar Schuhe. Großes oder Abenteuerliches hatte er nicht vollbracht. Er hatte schlichte, kleine Geschäfte getätigt, hauptsächlich im Immobilienbereich. Von dem Geld, das er verdiente, hatte er nie etwas ausgegeben. Es lag ungenutzt auf Bankkonten, war in Aktien angelegt. Im Kongo blieb er, weil er dem Leben dort verfallen war.

Der junge amerikanische Anwalt machte nicht den Versuch, die Attraktivität dieses Lebens näher zu bestimmen. Aber wie ich mir vorstellte, bestand sie in etwa darin, dass man als Nichtafrikaner unter Afrikanern lebte. Die Unbequemlichkeiten und Gefahren erhöhten das Selbstgefühl, das tägliche Gefühl persönlicher Dramatik, das ein Mensch, der in der sicheren Heimat blieb, vielleicht nie kennen lernte. Afrika sprach die Menschen aus verschiedenen Gründen an. Jeder, der hinging und dort blieb, besaß sein eigenes Afrika.

Danach – nach Yamoussoukro und den Krokodilen und dem, was ich über die Köpfe gehört (und glaubwürdig gefunden) hatte – verbrachte ich eine unruhige Nacht. Ich träumte, ich befände mich auf einem Dach oder einer Brücke. Das Baumaterial aus Glas oder Plexiglas hatte angefangen, sich aufzulösen: An den Rändern war es offenbar weggeschmolzen. Ich fragte, ob die Brücke repariert werde. Das wurde verneint. Was fertig war, war fertig; das Dach oder die Brücke, worauf ich stand, würde verfallen. War die Konstruktion aber sicher? Konnte ich hinübergehen? Das wurde bejaht. Die Brücke sei sicher; ich könne sie überqueren. Und im Traum war dies das Allerwichtigste, denn ich wusste, dass ich diesen Weg nur einmal gehen würde.

Die Gebäude von Abidjan, wie sie im morgendlichen Dunst der Lagune dalagen, wirkten finster: Beweis herrschaftlicher Macht, ein Zauberwerk, aller Massivität des Betons und des Stahls zum Trotz gefährlich und vergänglich wie die Brücke in meinem Traum.

12

Andrée, Arlettes Freundin und wie sie Westinderin, rief aus der Universität an. Sie teilte mir mit, dass ihr *patron*, Georges Niangoran-Bouah, der Fachmann für Trommelkunde, aus den USA zurück sei. Er fuhr dort gelegentlich hin und besuchte Universitäten, die »Black Studies« als Studiengang anboten.

Als ich zu dem kleinen Büro im Institut für Ethnosoziologie kam, traf ich dort einen korpulenten und sehr schwarzen Mann an, der den großen Drehstuhl hinter dem großen Schreibtisch voll ausfüllte. Ohne ihn, nur von Andrée mit ihrem Strickzeug besetzt, hatte das Büro einen verwaisten Eindruck gemacht. Er hatte die Statur eines Häuptlings, eine dickfleischige Brust, Fettwülste am Bauch, und das hellgraue, kurzärmelige Freizeithemd konnte seine Leibesfülle nicht verbergen. Französisch sprach er klar und deutlich, wenn auch mit Akzent. Sein Auftreten, seine dozierende Art verriet den französischen Akademiker. Seit zwanzig Jahren schon veröffentlichte er soziologische Beiträge. Der kurzen Notiz zufolge, die ich über ihn gelesen hatte, war er fünfundfünfzig; er sah jedoch zehn Jahre jünger aus.

Er hatte nicht viel Zeit – eigentlich musste er unterrichten. Aber er gab einen Abriss der Überlegungen, von denen er sich bei seinen trommelkundlichen Forschungen leiten ließ. Die ersten europäischen Reisenden, die nach Westafrika kamen, hätten keine afrikanischen Sprachen gekonnt. Sie hätten zwar eine Menge beobachtet, aber vieles sei ihnen auch entgangen. Was die sprechenden Trommeln anging, seien sie im Irrtum gewesen. Aufgabe der Trommeln sei es nicht, die Leute zu besonderen Festen einzuladen oder im Busch die Botschaft »Ein weißer Mann ist im Anzug« zu verbreiten. Trommeln hätten in Westafrika eine viel größere Bedeutung. Für Afrikaner habe am Anfang nicht das Wort, sondern die Trommel gestanden. »Im Anfang war die Trommel«, heiße es in Afrika. Das Trommeln und die damit einhergehenden rituellen Gesänge seien besondere Fertigkeiten, die von Generation zu Generation überliefert würden. Die Trommel ahme die menschliche Stimme nach; ein geschulter Sänger könne in einer bestimmten getrommelten Passage ein Gedicht, eine Beschwörung, ein Stück Stammesgeschichte, den Bericht von einem Sieg oder einer Niederlage wiedererkennen.

Trommeln seien heilige Objekte, Symbole des Königs, des Stammes, des Staats. Mr. Niangoran-Bouah schlug sein Buch auf und zeigte Fotos von berühmten Stammestrommeln, um seine Behauptung zu erhärten. Eine Trommel war mit Kieferknochen behangen, eine andere mit *cervelles*, den in Haut eingewickelten Gehirnen von Feinden. Solch eine wichtige Rolle spielten Trommeln für den Stamm. Ein anderes Foto zeigte die große Königstrommel des Volks der Baoulé, die Kwakla-Trommel, getränkt vom Blut vieler Opfer. Manche Trommeln seien so heilig, dass sie nicht auf dem Boden liegen dürften. Ein neueres Foto – aufgenommen von jemandem aus dem Institut für Ethnosoziologie – zeigte eine Trommel-und-Sing-Zeremonie, bei der die große Trommel auf dem Kopf eines Sklaven ruhte – behauptete jedenfalls Mr. Niangoran-Bouah.

Bei dem Mann, der angeblich ein Sklave war, handelte es sich um einen muskulösen, gehetzt wirkenden Menschen. Der Eindruck von Gehetztheit kam vielleicht dadurch zustande, dass er aus dem Augenwinkel auf die Kamera schielte, vielleicht auch durch das Gewicht der Trommel und das Dröhnen der Trommelschläge unmittelbar über seinem Kopf (ein kleiner, alter Mann mit leuchtenden Augen, der hinter ihm stand, bearbeitete die Trommel mit Stöcken), oder dadurch, dass die anderen, Stammesälteste und Akteure, ihre afrikanischen Kleider über die linke Schulter drapiert trugen, während er, der Trommelträger, die Brust hatte freimachen müssen und, während er die Trommel mit der linken Hand stützte, mit der Rechten auch noch sein Gewand über der Hüfte festhalten musste.

Mr. Niangoran-Bouah fand das Foto hochinteressant. Er genoss diese Zeremonien, Zeugnisse der afrikanischen Vergangenheit, sichtlich. So sehr er unter Zeitdruck stand, ließ er es sich nicht nehmen, das Foto mit mir in allen Einzelheiten zu studieren. »Wenn der Sklave die Trommel fallen lässt, wird er umgebracht«, erklärte er.

»Umgebracht?«, fragte ich.

»Aber gewiss.« Dann schränkte er ein: »In alten Zeiten. Heute würden sie wahrscheinlich einen Ochsen oder ein anderes Tier opfern.«

»Gibt es noch Sklaven in den Dörfern?«

Auf seine dozierende Art führte Mr. Niangoran-Bouah aus: »Es gibt zwei Formen von Sklaverei. In matrilinearen Gesellschaften werden Sklaven in den Stamm aufgenommen. Sie zeugen Kinder für den Stamm. In patrilinearen Gesellschaften sind Sklaven – Sklaven. Heute gibt es selbstverständlich keine Sklaven mehr. Aber« – und Mr. Niangoran-Bouah lächelte breit, und aus seiner guten Laune strahlte die Jovialität des Häuptlings – »ein Mann in einem Dorf kann seine Herkunft nicht verbergen. Jedermann weiß, dass dieser oder jener der Sohn oder Enkel eines Sklaven ist.«

Ein Kollege oder Student kam ins Büro, um zu sagen, dass

der Kurs warte, schon seit einer halben Stunde. Mr. Niangoran-Bouah stand auf, gab mir für einige Tage später einen Termin – er wollte mir ein paar Aufnahmen von Trommelzeremonien vorspielen – und ging in sein Seminar, um über irgendeinen Aspekt afrikanischer Kultur zu dozieren.

Zu Abend aß ich in der Brasserie Abidjanaise. Die französische Eigentümerin war weich und ausladend und in Spitzen gehüllt, mit Schlafzimmeraugen, aber befehlsgewohnt. Sie gab mir das Gefühl, dass ich gut daran tat, aufzupassen und mir nichts zuschulden kommen zu lassen. Die uniformierten Kellner, ihr und ihren Forderungen gegenüber von äußerster Folgsamkeit, waren unerbittlich, was das Hausritual betraf. Die großen Ballongläser waren für den Wein gedacht, und Wein durfte nur aus ihnen getrunken werden: Ich hatte also doch nicht richtig aufgepasst. Später, im Forum Golf Hotel, war es die Soirée Africaine: sieben barbusige, großbrüstige Mädchen, die in La Cascade, dem Gartenrestaurant neben dem Swimmingpool, zum Klang von Trommeln tanzten. Immer wieder diese beiden Urlaubsafrikas in Abidjan, das französische und das afrikanische. Und das afrikanische war realer und tiefer verwurzelt, als man hätte meinen können.

Andrée saß an ihrem Schreibtisch neben dem Fenster und strickte. Mit Mr. Niangoran-Bouah in seinem Drehstuhl war das eine fast häusliche Szene. (Wie groß ist der Einfluss der Literatur, der Einfluss der französischen Sprache! Andrée erschien mir als Französin, und flüchtig sah ich in ihr, obwohl ich wusste, wie absurd das in diesem Ambiente war, eine Balzacsche Figur.)

Mr. Niangoran-Bouah hatte dasselbe graue Freizeithemd an. Auf seinem Schreibtisch stand ein großes Tonbandgerät; er war bereit, mir seine Bänder vorzuspielen. Aber ich hatte schon ziemlich viel über die Trommeln gehört und wollte, dass er mir stattdessen etwas über Begräbnisrituale erzählte. Ich dachte, das Thema sei vielleicht heikel, aber Mr. Niangoran-Bouah redete nur zu bereitwillig darüber. Alle Aspekte des traditionellen afrikanischen Lebens faszinierten ihn, und er ging dabei rein deskriptiv vor. Der Gedanke, dass diese afrikanischen Erscheinungen einer Wertung oder Verteidigung bedurften, kam ihm offenbar nicht in den Sinn.

Beim Tod eines Einheimischen, der große Pflanzungen besitze, nähmen seine Gastarbeiter die Beine in die Hand. Mr. Niangoran-Bouah trug das als lustige Anekdote vor. »*Ils se sauvent.*« (»Rette sich, wer kann.«) Er ließ eine Handfläche über die andere heruntergleiten, um die wilde Flucht zu versinnbildlichen.

Afrikanische Begräbnisriten glichen denen des alten Ägypten, sagte er. Die Menschen glaubten, dass sie nach dem Tod das gleiche Leben weiterführen würden wie vorher. Deshalb müssten die Frauen und Sklaven eines Mannes ihn begleiten, wenn er starb. Manche Frauen und Sklaven verstünden das und fügten sich in ihr Schicksal. Für diejenigen, die nicht mit ihrem Herrn begraben werden wollten, gebe es Dörfer, in denen sie Zuflucht suchen könnten. Mr. Niangoran-Bouah skizzierte die Sache auf der Rückseite eines Briefumschlags. Der Skizze zufolge gab es für jedes Dorf vier anerkannte Zufluchtsdörfer, die in unterschiedlichen Himmelsrichtungen lagen und leicht erreichbar waren. Die Frauen und Sklaven, die auf eine solche Zuflucht aus seien, müssten sich allerdings beeilen. Sie müssten sich aus dem Staub machen, bevor der Ehemann beziehungsweise Herr starb. Sobald sie ein Zufluchtsdorf erreicht und den dortigen Häuptling um Schutz angefleht hätten, seien sie sicher. Dennoch sei heutzutage nicht jedem zu trauen, und Unfälle seien immer möglich. Deshalb habe die Regierung verfügt, dass die Bestattungen von Häuptlingen und anderen Honoratioren öffentlich durchzuführen seien. Das sei der Grund, warum im Fernsehen und in den Zeitungen so viel über Begräbnisse berichtet werde.

Das Leben in der Geisterwelt sei hart, erklärte Mr. Niangoran-Bouah. Er sprach mit Anteilnahme; ich war überrascht. Er vergaß seine gute Laune, seinen dozierenden Ton. Die Toten bräuchten Geld von den Lebenden. Sie hätten keine Kleider, hätten kein Geld, um sich welche zu kaufen, und ihnen sei kalt – Mr. Niangoran-Bouah zupfte an seinem grauen Hemd. Sie hätten nichts zu essen und seien hungrig – der korpulente Mann machte mit den Fingern eine Bewegung, als führe er Essen zum Mund. Weil das Leben in der Geisterwelt so erbärmlich sei, könnten Afrikaner an das himmlische Leben der Christen nur schwer glauben. Für Afrikaner spiele sich das gute Leben hier und jetzt, auf Erden, ab. Mit dem Leben ende alles, was gut sei.

»Das afrikanische Christentum ist also eine afrikanische Religion?«

»Ich bin Christ«, sagte Mr. Niangoran-Bouah. »Der erste in meiner Familie. Aber ich hänge am animistischen Glauben Afrikas, hänge zutiefst daran.«

Djédjé mit seinem entschieden schlichteren Gemüt hatte in etwa das Gleiche gesagt.

Arlette kam ins Büro. Sie kaute einen wohlriechenden Kaugummi, nahm Platz und unterhielt sich leise mit Andrée, deren lautlose, eifrig strickende Nadeln und unterdrückte »Nervosität« ein überwältigend farbenfrohes kleines Kleidungsstück hervortrieben.

Während Mr. Niangoran-Bouah dozierte, fragte ich mich in einem Winkel meines Gehirns – so weit war ich nach Yamoussoukro, den Krokodilen, den Köpfen und meinem Traum von der zerfallenden Brücke und von allgemeiner Auflösung bereits in Mr. Niangoran-Bouahs Geisterwelt verstrickt –, nach all dem fragte ich mich also, als befände ich mich in einem Roman oder Theaterstück, auf einer anderen Ebene der Wirklichkeit, wie es kam, dass Arlette just in diesem Augenblick ins Büro spazierte. Und erst dann fiel es mir wieder ein. Arlette und Andrée waren nicht nur Landsfrauen und Freundinnen; Arlette hatte mich auch mit Andrée und Mr. Niangoran-Bouah zusammengebracht; sie arbeitete an der Universität.

Aber wenn für Afrikaner nur das Hier und Jetzt zählte, wie Mr. Niangoran-Bouah behauptete, wie passten dann die Magie und die Götter und Geister da hinein? Entsprang das meiner eigenen Einbildung, diese Vorstellung von den zwei Welten, in denen die Afrikaner lebten? Oder hatte diese Doppelwelt oder Zwillingswirklichkeit nur etwas mit den versprengten Sklaven auf der anderen Seite des Atlantiks zu tun?

Ich bemühte mich, diese Frage in eine passende Form zu kleiden.

»Hat sie für Afrikaner Wirklichkeit, die europäische Welt?«, fragte ich. »Diese Stadt, die sie hier in Abidjan erbaut haben – betrachten Afrikaner sie als wirklich?«

Und ich war so fasziniert von Mr. Niangoran-Bouahs Antwort, dass ich um ein Blatt Papier bat, um seine Worte aufzuschreiben. Freundlich, wie jemand, der eine angenehme häusliche Arbeit verrichtet, legte Andrée ihr Strickzeug hin und reichte mir drei Blätter dicken, jungfräulichen Papiers.

Ich schrieb: »Die Welt der Weißen ist wirklich. *Aber, aber* – wir schwarzen Afrikaner, wir haben alles, was sie haben« – und Mr. Niangoran-Bouah meinte Flugzeuge, Autos, Raketen, Laser, Satelliten –, »wir haben all diese Sachen in der nächtlichen Welt, der Welt der Finsternis.« *(»Le monde des blancs est réel. Mais – mais – nous avons, nous autres africains noirs, nous avons tout cela dans le monde de la nuit, le monde des ténèbres.«)*

So dass also auch heutzutage die Afrikaner nachts – wie vor zweihundert Jahren die Sklaven jenseits des Atlantiks – in einer anderen Welt lebten.

Arlette, nach wie vor Kaugummi kauend – aber jetzt, nachdem Andrée durch meine Bitte um Papier unterbrochen worden war, gefesselt von unserer Unterhaltung –, sagte mit strahlenden Augen: *»Ils pratiquent la nuit.«* (»Sie tun alles nachts.«)

Und in mancher Hinsicht überträfen die Afrikaner die Europäer, erklärte Mr. Niangoran-Bouah. Selbst mit ihren Raketen könnten die Europäer nur begrenzte Geschwindigkeiten erreichen. Es gebe Afrikaner, die sich in reine Energie verwandeln könnten. So ein Afrikaner sage vielleicht: »Lasst mich mal einen Augenblick in Ruhe.« Und wenn er nach ein oder zwei Sekunden Konzentration wieder zu sich komme, bringe er Nachrichten aus Paris mit. Weil er in dieser Zeit nach Paris und wieder zurück gereist sei und mit Leuten dort gesprochen habe. Ohne Afrika verlassen zu müssen, könne er also seinen Sohn in Paris besuchen und mit ihm sprechen. Zu körperlichem Kontakt könne es bei diesen Begegnungen freilich nicht kommen. Berühren könne der Mann aus Afrika seinen Sohn in Paris nicht, weil ein Mensch körperlich präsent nur an einem Ort sein könne.

»Sie haben Doppelgänger«, sagte Arlette. »Sie schicken ihre Doppelgänger. Deshalb sind sie unfähig zur körperlichen Berührung.«

»Es gibt heutzutage in den Dörfern Leute«, sagte Mr. Niangoran-Bouah, »die Ihnen jede Nacht Nachrichten aus Paris und Russland bringen können. Und die haben sie nicht etwa aus dem Radio.«

Zur Erklärung dieser afrikanischen Begabung verwies Arlette auf das Volk der Dogon im Norden. Sie verfügten über große astronomische Kenntnisse, wüssten besonders gut über den Stern Sirius Bescheid und stünden angeblich in Kontakt zu außerirdischen Geistern.

Nachts verwandele sich die Welt für Afrikaner also vollkommen?

Soweit ich Mr. Niangoran-Bouah verstand, bestätigte er das. »Wir sagen, eine Frau ist nachts mehr zu fürchten als ein Mann.« (»*La femme la nuit est plus redoutable que l'homme.*«) »Der sieche Bettler, den wir den ganzen Tag über auf der Straße betteln sehen, ist in der nächtlichen Welt in Wahrheit ein hoher Würdenträger.« (»*L'infirme ou le malade mendiant que nous voyons tout le jour sur le trottoir en train de demander de quoi vivre est en réalité par le monde de la nuit un grand dignitaire.*«)

Im Büro erlosch das elektrische Licht. Mr. Niangoran-Bouah rief fröhlich auf Französisch: »*Catastrophe!*«

Andrée fiel bei dem Stromausfall ein, dass sie einen Telefonanruf machen musste. Aber weil der Strom ausgefallen sei, gehe das jetzt nicht, sagte sie. Das Telefon sei an einen anderen Stromkreis angeschlossen, erklärte Mr. Niangoran-Bouah. Also legte Andrée ihr Strickzeug hin und wählte eine Nummer.

Trotz separatem Stromkreis funktionierte das Telefon aber nicht.

Mr. Touré, der Chef des Instituts für Ethnosoziologie, ein zierlicher Mann, der in seinem fast khakifarbenen Safarianzug einen leicht militärischen Eindruck machte, betrat mit einigen Geldscheinen in der Hand das Büro. Er reichte die Geldscheine ohne viel Umstände Mr. Niangoran-Bouah, der sie – ganz ähnlich wie der Dorfhäuptling bei Kilometer 17 – umklammert hielt, während er weitersprach.

»Wann beginnt die nächtliche Welt?«, fragte ich.

Langsam und in ernstem Ton sagte Mr. Niangoran-Bouah: »Sobald die Sonne untergeht.«

Arlette erklärte, in manchen Stadtteilen Abidjans verändere die elektrische Beleuchtung die Spanne der Nachtstunden und beeinflusse die Mächte, die nächtens zum Zuge kämen. Um diesen Punkt entspann sich ein freundschaftlicher Streit zwischen Arlette und Mr. Niangoran-Bouah. Meinem Eindruck nach vertrat Mr. Niangoran-Bouah die Ansicht, dass die Elektrizität für die nächtliche Welt ohne Belang sei.

Anschließend erzählte er von Menschen, die sich in reine Energie verwandeln könnten. Die finsterste Zeit des Kolonialismus seien die Jahre des Zweiten Weltkriegs gewesen. Und als leide er immer noch unter der schmerzlichen Erinnerung, wiederholte er, jedes Wort betonend: Es war die finsterste Zeit. Arlette bestätigte das. Damals habe es Zwangsarbeit gegeben; wie in den Zeiten der Sklavenjagd seien Menschen aufgegriffen und zur Arbeit auf französischen Plantagen verschleppt worden.

Ein alter Mann wurde festgenommen. Er wusste nicht, wie ihm geschah und was man von ihm wollte. Sie fingen an, ihn auszupeitschen. »Warum peitscht ihr mich aus?«, fragte er. »Wir wollen, dass du diese Last zu dem und dem Ort im Landesinnern trägst«, antworteten sie. »Das ist alles, was ihr wollt?«, sagte der alte Mann. »Und deshalb peitscht ihr mich aus? Um diese Last dorthin zu schaffen? Na, wenn das alles ist, was ihr wollt, dann geht schon mal los.« »Wie meinst du das?«, fragten sie. »Ich meine es, wie ich's sage«, antwortete er. »Lasst mich hier. Ihr kriegt eure Last dorthin.« Schließlich ließen sie den alten Mann in Ruhe, weil sie ihn für verrückt hielten, und als sie hinkamen, wo sie hinwollten –

»Stellten sie fest, dass er schon vor ihnen eingetroffen war«, beendete Arlette Mr. Niangoran-Bouahs Geschichte und sah mich mit strahlenden Augen an, während sie im Rhythmus ihrer Worte nickte.

Der alte Mann habe seinen Doppelgänger mit der Last losgeschickt. Er habe sich in reine Energie verwandelt.

Diese Geschichte hätte genauso gut von einer Sklavenplantage in der Karibik stammen und zweihundert Jahre alt sein können. Die Weißen als Geschöpfe des Tages waren Phantome mit absurden, illusorischen Zielsetzungen. Zauberkraft und Erdmagie waren afrikanisch und unvergänglich; der Triumph gehörte den Afrikanern. Freilich war das nur ihnen selbst bekannt.

Ich fragte Mr. Niangoran-Bouah nach den Krokodilen von Yamoussoukro und der Opferung des lebenden Huhns.

Ich hatte ihn akademisch, gut gelaunt, zartfühlend, leidenschaftlich und stets offenherzig erlebt. Jetzt sah ich ihn zum ersten Mal um eine Antwort verlegen. Das Krokodilritual war nichts, worüber er sich bereitwillig ausließ. »Die Krokodile gehören dem Präsidenten«, sagte er und fügte hinzu: »Er füttert sie.« Dann erklärte er: »Der Kaiser von Abessinien hatte auch bestimmte Tiere, die er fütterte.«

Augenzwinkernd sagte Arlette, der Kaiser von Abessinien habe immer ein kleines Tier um sich gehabt. Bei diesem kleinen Tier habe es sich um seinen Fetisch gehandelt.

Das ließ Mr. Niangoran-Bouah unkommentiert. Er nahm wieder eine akademische Attitüde an und erklärte: »Für das Königtum gibt es in Afrika drei Symbole. In der Savanne den Panther. Im Urwald den Elefanten. Im Wasser das Krokodil. Das Krokodil ist das stärkste Geschöpf im Wasser. Mit einem einzigen Schlag seines Schwanzes kann es einen Menschen töten. Oder« – und Mr. Niangoran-Bouah schlug mit der Handkante auf seinen Schreibtisch – »es kann diesen Schreibtisch in Stücke hauen.«

Das Krokodil sei bösartig, *méchant*. Ganz besonders hasse es den Hund. Einen See oder Fluss mit Krokodilen in einem Einbaum zu überqueren, wenn man einen Hund dabeihabe, sei selbstmörderisch; das Krokodil greife den Einbaum garantiert an und bringe ihn zum Kentern. Krokodiljäger benutzten Hundekadaver als Köder. In Salzwasser könne das Krokodil nicht leben. In der Lagune von Abidjan habe es Krokodile gegeben, bis ein Durchstich zum Meer gemacht und Salzwasser eingeleitet worden sei. Heute gebe es keine Krokodile mehr in Abidjan, obwohl nach jüngsten Berichten welche gesichtet worden seien.

Die Krokodile der Elfenbeinküste: Je mehr man über sie erfuhr, umso mehr fesselten sie die Phantasie. Und es fiel leichter, die Vermutung zu akzeptieren, dass es sich bei dem Swastika-Muster, das manche der Goldgewichte der Aschanti aufwiesen, die man auf Mr. Niangoran-Bouahs Fotos sehen konnte, um die stilisierte Darstellung eines Krokodils handelte: einer aus nichts als aus Beinen, Schnauze und Schwanz bestehenden Kreatur, eines gewundenen Übergangs von mörderischer Schnauze in mörderischen Schwanz.

Afrikanische Kunst, afrikanische Kultur, die Intensität der afrikanischen Reaktion: das war nach den Wunden, die der Kolonialismus geschlagen hatte, das große Anliegen von Mr. Niangoran-Bouah. In den Gewichten der Aschanti steckten die Anfänge von Schrift und Mathematik. In den Gesängen, von denen das rituelle Trommeln begleitet wurde, steckten die Anfänge von Geschichte und Philosophie.

Auf dem Tisch stand das große Tonbandgerät: Jetzt spielte er einige der kostbaren Aufnahmen vor – erst der Stammesgesang oder die Ballade, dann das Trommeln, das den Takt der Worte imitierte. Es war eindrucksvoll. Ich begann den Reichtum des Materials zu begreifen, das er zu seiner Sache gemacht hatte, und sein leidenschaftliches Verlangen, dieses Material den Afrikanern und der Welt gebührend nahe zu bringen.

Am kommenden Wochenende wollte er mit dreißig Studenten in ein Dorf fahren. Der Häuptling hatte sie zum Jamswurzel-Fest, *la fête des ignames*, eingeladen, das so wichtig war, dass in manchen Dörfern aus diesem Anlass die heiligen Trommeln hervorgeholt und gespielt wurden. In dem Dorf, das er am Wochenende besuchte, werde man Rinder opfern, vielleicht fünf oder sechs. Die Aussicht auf dieses ländliche Wochenende versetzte ihn in Erregung. Die alten afrikanischen Rituale waren wie Gaumenfreuden für ihn. Sie waren Teil seiner Vergangenheit, seiner Religion, seiner Seele. Er war auch Schriftsteller und Akademiker, und diese geheimnisvollen Vorgänge zählten zu den vielen afrikanischen Dingen, die darauf warteten, von seiner Feder, seiner Kamera, seinem Tonbandgerät festgehalten zu werden.

Aber – dreißig Studenten in einem Dorf? Wo kamen die alle unter? Wie ließ sich für sie sorgen?

»Oh, es gibt ein Hotel«, sagte er.

»Sie verbringen also viel Zeit draußen im Feld«, sagte ich scherzend.

Er brach in sein Häuptlingslachen aus. »Die *ganze* Zeit, die *ganze* Zeit.« (»*Toujours, toujours.*«)

Ich ging, begleitet von Arlette. Sie bewunderte Mr. Niangoran-Bouah und freute sich, dass meine durch sie vermittelte Begegnung mit ihm so gut verlaufen war.

Ich fragte sie nach den Krokodilen. »Was hat das zu bedeuten, Arlette?«

»Das weiß niemand«, sagte sie. »Nur der Präsident weiß das.«

Von anderen Leuten, Afrikanern und Europäern, erfuhr ich mehr. Ich erfuhr, dass es in Yamoussoukro keine Krokodile gab, bevor der Präsident den See bei seinem Palast hatte ausheben und mit ihnen bevölkern lassen. Ich erfuhr, dass die Schwester des Präsidenten die Aufseherin über die Krokodile und dass sie unverheiratet war. Ich bekam erzählt, Krokodile seien auf dem Land gefährlicher als im Wasser; anschließend hörte ich das Gegenteil. Ich vernahm, die Krokodile von Yamoussoukro warnten durch eine bestimmte Kopfbewegung den Präsidenten vor

Gefahren, die dem Staat drohten. Und am Ende hatte ich das Gefühl, dass es sich so verhielt, wie Arlette meinte – dass die gefürchteten Krokodile dazu gedacht waren, rätselhaft zu sein, als geheimnisvoll wahrgenommen zu werden, und dass nur der Präsident wissen durfte, was sie und das Ritual ihrer Fütterung bedeuteten.

13

Am Samstag, während Mr. Niangoran-Bouah bei seinem Jamswurzel-Fest weilte, fuhr Arlette nach Grand-Bassam, der alten, aufgegebenen (und teilweise nach wie vor verfallenen) Hauptstadt aus der Kolonialzeit. In Grand-Bassam fand in einem restaurierten Haus aus Kolonialtagen, das einem Franzosen gehörte, eine Vernissage statt – mit Bildern von dort lebenden weißen und schwarzen sowie von haitianischen Malern. Die ganze Kulturszene von Abidjan war versammelt – hauptsächlich im Land lebende Ausländer, schwarze und weiße. In dieser Szene stellte Arlette etwas dar. Am Sonntag fuhr sie erneut nach Bassam, zu einer anderen Geselligkeit, dem sonntäglichen Treffen der im Land lebenden Ausländer, bei dem ein Bad im Meer von einem Mittagessen mit Meeresfrüchten in einem Strandrestaurant gefolgt wurde.

Von diesem Ereignis kehrte sie erfrischt zurück, um mich am Abend zu Joachim Bony, einem Exregierungsminister, *ancien ministre*, zu begleiten, wo wir zum Aperitif eingeladen waren.

Als Erziehungsminister war Mr. Bony eine Zeit lang Arlettes Chef gewesen, und sie hatte nach wie vor großen Respekt vor ihm. In seiner Gegenwart wirkte sie ungewöhnlich schüchtern und sehr darauf bedacht, der Feierlichkeit des Anlasses gerecht zu werden. Und erst zwei Tage später erfuhr ich von ihr, dass Mr. Bony wegen angeblicher Verschwörung gegen den Präsidenten fünf Jahre lang als politischer Häftling im Gefängnis gesessen hatte, ehe ihn der Präsident begnadigte.

Mr. Bony wohnte in einer der besseren Gegenden Abidjans: begrünte Straßen, große Häuser, ausgedehnte Grundstücke.

Ein Tor, eine Auffahrt, ein moderner Betonklotz, viele Autos. Er kam heraus, um uns zu empfangen, ein liebenswürdiger, braunhäutiger Mann Ende fünfzig. Er hinkte beim Gehen; ein Fuß war verrenkt. Er führte uns ein paar Stufen hinauf, die direkt vom Garten in sein Wohnzimmer führten. Moderne Möbel, Glas und Stahl, alles aufeinander abgestimmt. Er schloss die mit Aluminium gerahmte Glastür und stellte die lautlose Klimaanlage an.

Die anderen Gäste waren ein einheimischer Arzt und seine französische Frau, beide ebenfalls in den Fünfzigern. Mr. Bony und sein Freund, der Arzt, waren im selben Jahr, 1946, nach Frankreich gegangen. Der Freund hatte einundzwanzig Jahre lang im französischen Toulouse gelebt. Seine Frau stammte von dort. Verglichen mit dem braunhäutigen Mr. Bony war er schwarz und körperlich mächtiger. Zum Zeitpunkt seiner Rückkehr aus Toulouse an die Elfenbeinküste, sagte seine Frau, habe er mehr Lebenszeit in Frankreich als in Afrika verbracht. Er habe sich aber in seine Familie »wieder eingefügt«. Jedes Wochenende fahre er in sein Heimatdorf.

Wie er dort seine Zeit verbringe? Er kümmere sich um das Land seiner Familie, erklärte er. Am Wochenende werde er zum *planteur*. »Gentle-man far-mer«, fügte er scherzhaft auf Englisch hinzu. Seien ihm die afrikanischen Dorfbräuche und die damit einhergehende Religion nicht ein wenig fern gerückt? Er sei nicht gläubig, sagte er (wobei er die afrikanische Religion meinte), aber in kritischen Augenblicken stelle er eine gewisse Bereitschaft bei sich fest, zu alten Glaubensvorstellungen zurückzukehren; dies äußerte er mit leichter Belustigung.

Ich fragte Mr. Bony nach den Krokodilen des Präsidenten. (Zu diesem Zeitpunkt wusste ich noch nichts von Mr. Bonys politischem Schicksal.) Ohne Scheu und ohne Zögern erklärte er, das Krokodil sei das Totemtier der Sippe des Präsidenten. Das Totemtier seiner eigenen Sippe sei der Panther. Der Panther, führte er aus, sei klug, und wenn er springe – Mr. Bony machte mit den Fingern der rechten Hand eine Bewegung –, verfehle er sein Ziel nie.

Könne auch ein Huhn ein Totem sein? Ja, sagte der Doktor. Könne eine Sippe ihr Totem ändern? Nein, sagte der Doktor. Nein, sagte Mr. Bony; ein Totem erbe man, es stamme aus der fernen Vergangenheit.

So war Mr. Bony: direkt, freundlich, sachlich, frei von Scheu. Und nicht nur war er der Erste, der mir eine unzweideutige Erklärung der Krokodile lieferte, er verstand auch als Erster meine Frage nach den Ländereien des Präsidenten in Yamoussoukro. Zum Teil dürften die Ländereien in Staatsbesitz gewesen sein und zum Teil der Familie gehört haben, erklärte er. Die Familie des Präsidenten stelle viel mehr als eine dörfliche Häuptlingsfamilie dar. Ihre Oberhäupter seien *sous-chefs* eines großen afrikanischen Königreichs gewesen; man könne sie als lokale Vizekönige bezeichnen. In der Kolonialzeit sei ihre Macht eingeschränkt worden. Aber in den Augen des Volkes hätten sie ihren Herrschaftsanspruch nie verloren.

Als der Doktor und seine Frau sich verabschiedet hatten, sprachen wir über Religion. Sie sei in Afrika von grundlegender Bedeutung, erklärte Mr. Bony. Es gebe zwei Welten, die Welt der Alltagswirklichkeit und die Welt der Geister. Diese zwei Welten seien ständig auf der Suche nach einander. »*Ces deux mondes se cherchent.*« Mr. Bony sprach nicht von einer Welt des Tages und einer nächtlichen Welt. Aber in seinen Ausführungen wurde die Welt der Geister rasch zu einer Welt des Übernatürlichen. Das Übernatürliche lasse sich nicht ignorieren, meinte er. Er selbst habe den Tod seiner Eltern durch Träume angezeigt bekommen.

Europäer seien erfindungsreiche, kreative Menschen. Das müsse man ihnen zugestehen. Aber weil sie nur die eine Seite der menschlichen Natur betonten oder entwickelten, wirkten sie auf Afrikaner wie Kinder, und manchmal ließen ihre Talente sie als *enfants terribles* erscheinen. Besonders traurig sei es ihm erschienen, als er bei seinen Reisen in den kommunistischen Ländern Osteuropas habe sehen müssen, wie Menschen auf abstrakte Einheiten reduziert und allein als ökonomische Faktoren behandelt wurden. Deshalb betrachteten sich die Afrikaner, obwohl sie in so vielen Dingen abhängig von den Europäern seien, als die »Älteren«.

Die Zeit für Aperitifs war, genau genommen, vorbei, und Mr. Bony – so liebenswürdig, wie Arlette ihn sich wünschte – ließ uns in einem seiner Autos durch das bewachte Tor nach Hause bringen.

Zwei Tage danach erfuhr ich von seinem politischen Schicksal. Das verlieh dem Mann rückwirkend ein zusätzliches Moment von Würde. Und diese Würde ließ sein Interesse für das Übernatürliche noch kurioser erscheinen.

Das Übernatürliche, von dem Mr. Bony sprach, war nichts spezifisch Afrikanisches. In Afrika freilich glitt man besonders rasch und leicht hinüber in andere Sphären. In Unterstützung des staatlichen Kampfes gegen üble Magie (und mit dem indirekten Effekt einer Verbreitung der Botschaft, dass an der Elfenbeinküste Zauberei der Vergangenheit angehöre) berichtete *Fraternité Matin* über Bräuche des Volkes der Bété. Der Zeitung zufolge ging man dort davon aus, dass niemand eines natürlichen Todes starb. Immer steckte ein Zauberer dahinter, und Verdächtige wurden zum Beweis ihrer Unschuld unter Umständen schrecklichen Prüfungen unterzogen. Sie mussten die Kleider der verstorbenen Person tragen, mussten »das Schaffleisch des Todes« essen, Schaffleisch, das in den Absonderungen der verwesenden Leiche mariniert worden war. Im Allgemeinen presste man bei den Bété die Wahrheit aus den Verdächtigen auf die Weise heraus, dass man ihnen den Saft des *gôpô*-Baumes in die Augen träufelte: Man glaubte, dass die Augen von Unschuldigen keinen Schaden dadurch litten.

Und eine Geschichte wurde mir zugetragen, von der ich nicht wusste, wie ich sie verstehen sollte. Ein schadhafter Kühlcontainer auf den Docks von Abidjan, der zu einer Fracht gehörte, die von der Elfenbeinküste nach Nigeria gehen sollte, hatte übel zu riechen angefangen. Man öffnete den Container und fand darin mehrere abgetrennte Köpfe. Köpfe für Opferhandlungen, Exportware; Technik im Dienste archaischer Kulte. Handelte es sich um eine wahre Geschichte oder um einen

Scherz von im Land lebenden Ausländern beziehungsweise Einheimischen? (Der Humor beider Gruppen konnte ohne weiteres in solch einer Geschichte zusammentreffen.) Es gelang mir nicht, das herauszufinden. Feststellen konnte ich nur, dass Geschichten dieser Art – und all die Geschichten über Vergiftungen, Begräbnisse, verschwundene Kinder – den meisten im Land lebenden Ausländern vertraut waren. Sie lebten mit diesem Wissen über das afrikanische Afrika. Aber das Afrika, das sie im Herzen trugen, das Afrika, das sie dem Besucher nahe brachten, war das Afrika, wie es sich aus ihrer jeweiligen beruflichen Perspektive präsentierte.

14

Unter den im Land lebenden Ausländern gab es solche und solche. Die zuletzt eingetroffene Gruppe, die aus Frauen bestand, kam aus dem New Yorker Stadtteil Harlem. Nicht alle diese Frauen waren gebürtige Amerikanerinnen. Wie an ihrem Akzent zu erkennen, waren einige von den englischsprachigen Inseln der Karibik in die Vereinigten Staaten eingewandert. Noch so eine Heimkehr auf Umwegen: Diese Frauen kamen, um ihre besondere Form von christlichem Glauben zu verbreiten, aber auch, weil ihnen Afrika als mütterliche Heimat galt. Sie waren vom Schicksal benachteiligt, viele von ihnen unnatürlich dick, wobei ihre Korpulenz wie eine Form von Selbsthass wirkte, einige mit abscheulichen Perücken, einige stampfbeinig in kurzen, weiten, geblümten Röcken. Sie machten den Eindruck, als habe ihre gemeinsame Verzweiflung über den eigenen Körper sie zusammengeführt.

Vielleicht geisterte bei ihnen im Hinterkopf die Vorstellung herum, als Schwarze werde man sie in Afrika akzeptieren. Aber Afrika war grausam: Die Damen aus Harlem befanden sich unter Menschen mit einem scharfen Blick für Stammeszugehörigkeit, Status und physische Erscheinung. Vielleicht hatten sie sich auch im Gegenteil als den rückständigen Artgenossen auf dem schwarzen Kontinent überlegene Amerikanerinnen gesehen. Aber auch dann hatten sie sich getäuscht: Den Bewohnern der Elfenbeinküste, soweit sie nicht blasiert und tief in ihre eigene Welt versunken waren, eignete eine merkwürdige Unbekümmertheit in Sachen Rassenbewusstsein. Was auch immer die Damen aus Harlem hergeführt haben mochte, die Elfenbeinküste hatte sie eingeschüchtert. Allem Anschein nach verließen sie nie das Hotel. Manchmal predigten sie einem Kellner, wenn sie ihn allein erwischten; normalerweise aber saßen sie zusammen in der Empfangshalle und ließen auf den Tischen dort ihre Traktätchen zurück.

Sie saßen auch in der Empfangshalle – vom Herumsitzen ausgelaugt, vom Nichtstun zum Schweigen gebracht und doch von erdrückender Präsenz –, als Arlette zu einem Abschiedstrunk kam. Wir blieben nicht in der Halle, sondern gingen in die Bar.

Arlettes Afrika war so ganz anders als das Afrika, in das die Damen aus Harlem gereist waren. Kurz nachdem wir uns kennen gelernt hatten, sprach Arlette über das Scheitern von Ehen zwischen Einheimischen und Ausländerinnen, wie sie eine war, und meinte, das Leben in Afrika und das Verständnis afrikanischer Lebensweisen lasse alle mitgebrachten Vorstellungen ins Wanken geraten. Und das, fügte sie hinzu, sei etwas Gutes. Was Afrika sie gelehrt hatte, darüber hatte sie sich vorgenommen, bei diesem letzten Besuch zu reden – zuerst in der Bar und später dann, während die Dämmerung sich über die Lagune senkte, auf der Terrasse der Bar.

Sie sprach von den zwei Welten, der Welt des Tages und der nächtlichen Welt, von den zwei Wirklichkeitsbegriffen, die Afrikanern allem Anschein nach so viel Gleichgültigkeit gegenüber ihren materiellen Lebensumständen ermöglichten. Sie habe das an der Elfenbeinküste beobachten können, sagte sie. Reichen Männern in hohen Positionen falle es leicht, am Wochenende in ihre Dörfer zurückzukehren und wieder in Hütten zu leben, das Hüttenleben angenehm zu finden. Sie habe Leute aus Ghana, wo jetzt das Chaos herrsche, gefragt: »Vor kurzem wart ihr noch reich. Jetzt seid ihr arm, und das Land steckt im Schlamassel. Macht ihr euch keine Sorgen?« Und sie hätten geantwortet: »Gestern ging's uns gut. Heute sind wir arm. So ist das eben. Morgen geht's uns vielleicht wieder gut. Vielleicht auch nicht. So ist das eben.« So war das eben in der Oberflächenwelt. Die innere, die andere Welt blieb davon unberührt und intakt. Und nur darauf kam es an.

»Es wäre also nicht schlimm, wenn durch irgendein Unglück diese Stadt hier, Abidjan, in Trümmer fiele?«, fragte ich.

»Nein«, antwortete Arlette, »es wäre nicht schlimm. Die Menschen würden auf ihre gewohnte Weise weiterleben.«

Einige Franzosen waren aus der Bar auf die Terrasse herausgekommen, die in staubig ockerfarbenes Licht getaucht und auf der es mittlerweile kühl war. Sie saßen am Nachbartisch. Es waren Geschäftsleute. Sie zogen Papiere und Broschüren aus Aktenmappen und begannen zu diskutieren. Einer der Männer zeigte Interesse an Arlette. Übertrieben aufmerksam begutachtete er ihre Beine, ihre runde, üppige Figur. Sie saß mit dem Rücken zu ihm und bemerkte es nicht. Sie redete und aß beim Sprechen Nüsse und Knusperzeug.

In einem der Konferenzräume des Hotels fand irgendeine Tagung statt, mit vielen weißen Männern, die an Tischen saßen und einem Mann zuhörten, der vor einer Tafel dozierte: Phantome, die dem Untergang geweihte Sachen planten. Die Sonne versank in staubigem Dunst: Der *harmattan* hatte nun auch die Küste erreicht. Die Lagune war in Dunst gehüllt und das gegenüberliegende Ufer sah aus wie eine Szenerie aus gemäßigten Zonen. Auf der einen Seite des Hotels wurde an den Fundamenten für neue Häuser gearbeitet, die in dieser rasant expandierenden Gegend errichtet werden sollten.

»Arlette«, sagte ich, »Sie vermitteln mir das Gefühl einer Welt ohne Halt. Sie vermitteln mir das Gefühl, dass alles, was unser Leben ausmacht, auf Sand gebaut ist.«

»Aber die Welt ist Sand«, sagte sie. »Das Leben ist Sand.«

Mir schien, dass sie genau das sagte, was Hindus als Lehrmeinung vertreten und in Krisenzeiten als Wahrheit erfahren: dass das Leben eine Illusion ist. Aber das stimmte nicht: Ideen haben ihre eigene kulturelle Identität. Und Arlette war zu ihrem

Wissen, ihrem Bewusstsein von den zwei Welten, durch ihr Interesse an »esoterischen Studien« und afrikanischer Magie gelangt. Dieses Wissen verdankte sich ihrer Bewunderung für das afrikanische Stammesleben: für die Fähigkeit des Häuptlings, zu vergeben, für die jährliche Versöhnungszeremonie, für die Initiationsrituale im heiligen Wald, bei denen siebenjährige Jungen drei Monate lang Prüfungen unterzogen wurden, die ihnen ein neues Bewusstsein von der Welt und ihrem Platz in der Welt vermittelten. Die hinduistische Idee vom Leben als Illusion entsprang dem Nachdenken über das Nichts. Arlettes Idee vom Leben als Sand entsprang ihrem Verständnis und ihrer Bewunderung für eine großartig organisierte Gesellschaft.

Sie redete voller Leidenschaft, voll poetischem Überschwang. Die ganze Zeit über knusperte sie, und die ganze Zeit über beäugte der Franzose am Nebentisch ihre Beine.

Sie brachte dem afrikanischen Weisen, dem Mann, der als Weiser verehrt wurde, große Hochachtung entgegen. Einen solchen Mann gab es derzeit in Abidjan, im afrikanischen Bezirk Treichville. Er war sehr berühmt, der Präsident höchstpersönlich hätte ihm gern seine Reverenz erwiesen. Aber der Weise blieb lieber, wo er war, im Hof eines schlichten Hauses in Treichville. Wenn er in das gutbürgerliche Wohnviertel Cocody zöge, meinte er, könnten ihn die Menschen, die seine Hilfe brauchten, nicht mehr aufsuchen. Sie müssten dann zu Fuß den weiten Weg gehen, weil sie kein Geld für ein Taxi hätten. Und die Wachhunde von Cocody würden sie beißen.

»Vor einiger Zeit reiste ich nach Martinique, um meine Eltern zu besuchen«, erzählte Arlette. »Es war furchtbar für mich. Die Menschen auf den Antillen sind krank. Ihr Leben ist unwirklich. Ich sage Ihnen was: Der Rückflug – es war ein Sonderflug – verzögerte sich um zwei Tage. Und das trieb mich zur Verzweiflung. Meine Mutter war gekränkt, weil ich es so eilig hatte, von ihnen wegzukommen. Ich liebe meine Eltern, aber mein Bedürfnis, Martinique wieder zu verlassen, war stärker als meine Liebe zu ihnen. Sie sind so kleinkariert da drüben, von ihrer Geschichte kaputtgemacht. Das Leben ist etwas so

Großes. Die Welt ist so groß, aber wenn da drüben jemand einen kleinen Posten bei einer Behörde kriegt, hat er das Gefühl, genug mit seinem Leben angefangen zu haben. Sie halten sich, verglichen mit den Afrikanern, für etwas Besseres. Aber ihr Leben ist unwirklich.«

Ich fragte sie nach Yamoussoukro. Warum sollte man eine so große Stadt bauen wollen, wenn die Welt aus Sand ist?

»Der Präsident versucht«, sagte sie, »Afrika in die moderne Welt einzugliedern.«

Meinem Verständnis nach wollte sie damit sagen, dass eine Stadt wie Yamoussoukro für ihren Erbauer nur deshalb, weil er sie erbaute, noch lange nicht die einzige Realität darstellte. Ebony, der Dichter und Staatsdiener, hatte etwas Ähnliches angedeutet. Sein Vater hatte zu ihm gesagt: »Ich schicke dich nicht auf diese Schule, damit du ein Weißer oder ein Franzose wirst. Ich schicke dich, damit du in die neue Welt eintrittst, nichts weiter.«

Während wir das Hotel verließen, kamen wir in der Empfangshalle an den Damen aus Harlem vorbei.

Arlette sagte: »So viele Leute wie sie kommen aus den Vereinigten Staaten zu Besuch hierher. Schwarze, die vorhaben, die Afrikaner zu bekehren. Sie sind genauso wie alle anderen, die mit dieser Absicht herkommen. Sie bringen ihr eigenes Seelenleiden mit nach Afrika. Sie sollten lieber herkommen, um sich von Afrika bekehren zu lassen. Sie spinnen.« (*»Ils sont fous.«)*

November 1982 – Juli 1983

